마음 공부?
무엇이든 물어보세요 2

마음 공부?
무엇이든
물어보세요 2

김태완 지음

심화편 上
마음 공부와 불교의 비밀을 밝힌다

침묵의 향기

머리말

똑! 똑! 똑!

마음은 본래 알 수 없고, 깨달음은 본래 말할 수 없습니다.

마음공부를 어떻게 해야 한다고 말하면, 모두 헛소리입니다.

이미 깨달았다면 말할 필요 없이 분명하므로, 말을 하든 하지 않든 상관이 없습니다.

아직 깨닫지 못했다면 어떤 말도 제대로 알아듣지 못할 것이므로, 말을 하더라도 별 소용이 없을 것입니다.

말할 수 없으면 입을 다물어야 하지만, 어쩔 수 없이 입을 열어야 한다면 최대한 오해가 없도록 말해야 할 것입니다.

그러나 좋은 약에도 부작용이 있듯이, 잘 말한다고 하더라도 오해를 피하진 못할 것입니다.

그런데 왜 수고롭게 이런 책을 썼을까요?

그래도 조금은 도움이 되리라고 기대하기 때문입니다.

똑! 똑! 똑!

지금 이 자리에 활짝 깨어 있어서 한 생각도 없다면 어떤 말도 필요 없겠지만, 아직 깨닫지 못했거나 깨달았다고 하더라도 아직 지혜가 밝지 못하면, 온갖 언어문자와 자기 생각에 속에서 헤맬 수 있습니다.

이처럼 아직 지혜가 밝지 못한 이들에게는 이 책이 약간의 도움이 되리라 기대합니다.

그러나 이 책은 헛된 견해, 근거 없는 선입견, 오래된 고정관념, 습관적 생각과 사고방식을 깨부수기 위한 방편의 말일 뿐, 어떤 지식을 가르치려는 것이 아님을 분명히 해 둡니다.

불교의 가르침은 중생의 망상을 없앨 뿐이지, 부처의 지식을 주는 것이 아닙니다.

중생이 망상에서 벗어나면 부처이지, 따로 얻어야 할 부처는 없기 때문입니다.

불교는 중생에게 있는 망상이라는 병을 치료하는 약인데, 병이 나으면 곧 건강한 것이지 다시 얻어야 할 건강이 따로 있지는 않은 것과 같습니다.

'나'와 '나의 것'이라고 할 것이 모두 사라져 버려 아무것도 없으면 번뇌가 없고, 무엇이라도 있기만 하면 번뇌가 생깁니다.

똑! 똑! 똑!

2023년 문현동 무심선원에서
김태완

차례

하권 차례

1장
깨달음과 언어문자

1. 중생이 부처님의 말씀을 이해할 수 있을까?

똑! 똑! 똑! 여기에 있어야 말에 속지 않습니다.

"마음을 가지고 분별하고 헤아리기만 하면, 자기 마음에 드러나는 것들이 모두 꿈이다."[1]

"부처님은 온갖 비유로써 여러 가지 일을 설명하지만, 이 깨달음을 설명할 수 있는 비유는 없다. 왜냐하면 이 깨달음은 마음으로 아는 길이 끊어져서 생각으로 헤아리거나 말하지 못하기 때문이다."[2]

"이 깨달음은 생각하고 분별하여 이해할 수 있는 것이 아니다."[3]

"저는 평소에 '차라리 이 몸으로 모든 중생을 대신하여 지옥의 고통을 받을지언정, 결코 이 입으로 부처님의 깨달음을 왜곡시켜 중생의 사고방식[4]에 맞게 말함으로써 모든 사람의 눈을 흐리게 만

---

1 《대정신수대장경》제85권에 수록된 《소실육문(小室六門)》의 〈제4문안심법문(第四門安心法門)〉에 나오는 구절.

2 《화엄경》(80권 화엄) 제52권 〈여래출현품〉 37-3에 나오는 구절.

3 《묘법연화경》〈방편품〉에 나오는 구절.

4 4 인정(人情) : 인지상정(人之常情). 사람의 일반적인 감정이나 생각. 중생에게 익숙한 사고방식인 분별심.

15

들진 않겠다.'는 서원을 세우고 있습니다."[5]

　　불교 경전에 나오는 부처님의 말씀과 선어록에 나오는 조사 스님들의 말씀은 모두 중생에게 하시는 가르침의 말씀이지만, 그 내용은 중생의 세계가 아닌 부처의 세계에 관한 말씀입니다. 중생세계는 세간이라고 하는데, 세간의 특징은 분별하여 아는 세계입니다. 반면에 부처세계는 출세간이라고 하여, 분별을 벗어난 세계로서 분별하여 알 수 없는 세계입니다. 그러므로 부처님과 조사의 말씀은 모두 분별할 수 없고 알 수 없는 세계에 대한 말씀입니다.

　　부처님과 조사 스님의 말씀은 분별세계인 세간에 살고 있는 중생을 이끌어 분별을 벗어난 출세간으로 인도하여 중생을 구제하고자 하는 말씀입니다. 분별세계와 분별에서 벗어난 세계는 모두 마음에 해당하는 세계입니다. 중생의 마음은 분별에 사로잡혀서 오로지 분별할 줄만 아는 마음이고, 부처님의 마음은 분별에서 벗어나 분별에 걸리지 않고 살 줄 아는 마음입니다.

　　분별하는 마음으로 생각하여 이해하는 삶을 평생 살아온 중생은 분별에서 벗어난 부처님의 세계는 경험해 본 적이 없으므로 부처님의 세계인 출세간은 전혀 알 수도 없고 상상할 수도 없습니다. 그런 중생에게 분별에서 벗어난 세계를 알려 주고 그 세계로 이끌어서 분별에서 벗어나도록 안내하는 가르침이 부처님과 조사의 가르침의 말씀입니다.

　　그런데 부처님과 조사 스님의 가르침은 말씀으로 되어 있는 가

5 《대혜서장》 이참정(李參政) 한로(漢老)에 대한 답서(1)

16

르침이고, 말씀은 모두 의미를 분별할 수 있고 알 수 있는 언어문자로 이루어져 있습니다. 다시 말해, 분별할 수 없고 알 수 없는 세계를 분별할 수 있고 알 수 있는 언어문자로 말해 주는 것이 부처님과 조사의 가르침의 말씀입니다. 그러므로 부처님과 조사 스님의 말씀은 분별세계에서만 살아가는 중생의 말과는 다릅니다. 여기에서 중생이 부처님과 조사의 말씀을 잘못 알아듣는 문제가 발생합니다.

본래 언어문자는 분별이 만든 것입니다. 무엇을 분별하여 그 분별한 것을 표현하기 위하여 언어문자를 만든 것이지요. 즉, 언어문자는 분별세계의 분별된 것을 표현하는 기능을 하는 것입니다. 그러므로 우리는 직접 경험하지 않은 사실에 대해서도 말을 듣거나 글만 읽고도 그 사실에 대하여 어느 정도 분별하여 알 수 있습니다. 강의를 듣고 책을 보고 공부하는 세속의 공부가 모두 직접 경험하지 않은 사실에 대하여 언어문자를 통하여 간접적으로 지식을 습득하는 공부가 되는 이유도 언어문자가 분별세계를 그려 내는 기능을 하기 때문입니다.

언어문자 즉 말은 우리가 눈·귀·코·혀·몸·마음이라는 통로를 통하여 경험하고 분별하는 모양과 색깔·소리·냄새·맛·촉감·의식(意識) 등을 분별하여 제각각 다른 말을 만든 것입니다. 예컨대, '하늘' '바다' '검다' '희다' 등의 모습과 색깔에 대한 말, '매미소리' '뻐꾸기 소리' 등 소리에 대한 말, '장미꽃 냄새' '똥 냄새' 등 냄새에 대한 말, '신맛' '단맛' 등 맛에 대한 말, '차갑다' '꺼칠꺼칠하다' 등 촉감에 대한 말, '좋다' '싫다' '편안하다' '불안하다' '알겠다' '모르겠다' 등 의식에 관한 말들이 있는데, 이 말들이 어떤 분별되는 사실을 가리키는지는 우리 모두가 경험해 본 적이 있기 때문에 말만 들어도 그 내용을 알 수 있습니다.

이처럼 말은 어떤 분별을 나타내는 것입니다. '무엇이다' '어떻다' 라는 분별이 생기면, 그 분별을 우리는 말로써 기억하고 나타냅니다. 즉, 어떤 것을 경험하여 분별하면 그 내용을 말로써 나타내고 기억하며, 그런 말을 통하여 생각을 합니다. 말은 분별을 통하여 만들어지고, 만들어진 말을 통하여 우리는 생각을 합니다. 생각은 마음속에 그리는 그림인데, 그 그림은 말을 통하여 그립니다. '오늘 저녁에는 열무김치를 된장에 비벼 먹어야겠다.'라고 생각하는데, 이 생각은 단지 말일 뿐이지만 그 내용이 실제로 어떤 것인지를 우리는 잘 압니다. 즉, 말은 분별세계의 모습을 그려 내는 그림입니다.

모든 말은 분별세계를 그리고 있으므로 분별할 수 없는 세계를 말로써 그릴 수는 없습니다. 그러나 깨달음의 세계는 분별을 벗어난 분별할 수 없는 세계입니다. 즉, 깨달음의 세계는 경험할 수는 있으나, 분별되지 않기 때문에 말로써 그릴 수는 없습니다. 다시 말해, 깨달음의 세계는 생각할 수도 없고 말할 수도 없습니다. 깨달음의 세계는 오직 직접 경험이 있을 뿐입니다.

깨달음의 세계는 직접 경험으로 드러날 뿐이고, 말로써 그릴 수는 없습니다. 그렇다면 깨달음에 관해서는 입을 다물고 있어야 할까요? 만약 석가모니가 깨달은 뒤에 깨달음이 말할 수 없는 것임을 알고서 입을 다물었다면, 현재 불교라는 종교는 없겠지요. 가르침은 말을 통하여 할 수밖에 없으므로, 비록 말할 수 없는 깨달음에 대한 가르침이지만 어쩔 수 없이 말을 통하여 가르쳐야 합니다. 이처럼 부처님의 가르침의 말씀은 말할 수 없는 것에 대한 말씀입니다.

부처님의 말은 말할 수 없는 것을 말하는 것이기 때문에 말할 수 있는 것을 말하는 중생의 말과는 다른 말입니다. 중생과 부처가 말하면서 사용하는 단어는 같더라도 그 단어가 가리키는 대상은, 중생의 말은 분별되는 세계를 가리키는 반면에 부처의 말은 분별되지 않는 세계를 가리키므로 똑같이 이해하면 안 되는 것입니다. 이러한 점을 모르고 중생이 부처의 말을 듣고서 중생의 말처럼 똑같이 이해한다면, 완전히 오해하게 됩니다. 중생이 부처의 말을 올바르게 알아들으려면, 부처와 똑같이 분별을 벗어난 세계에서 살아야 합니다. 그러지 않고 중생이 자기가 이해하는 뜻으로 부처의 말을 이해한다면 오해할 수밖에 없습니다. 즉, 부처님의 말씀은 분별에서 벗어난 세계에 관한 말이므로, 중생의 분별심으로는 부처님 말씀을 이해할 수 없습니다.

중생의 분별심으로 부처님의 말씀을 이해하면 모든 말씀을 오해하게 되어 부처님의 모든 가르침이 엉터리가 되므로, 이 점은 불교를 바르게 공부하기 위하여 매우 중요합니다. 불교를 공부하는 사람은 분별심을 벗어나는 깨달음을 체험해야 부처님의 말을 올바로 이해할 수 있음을 알고서, 지금 깨닫지 못한 입장에서 부처님의 말씀을 나름으로 이해한다고 하더라도 그 이해를 바른 이해라고 여기지 말아야 하고, 오로지 분별에서 벗어나는 깨달음을 직접 체험하고자 하는 자세로 공부해야 합니다. 특히 조심할 것은 깨달음이나 부처님의 가르침에 대하여 어떤 견해도 가지고 있지 않아야 하는 것이니, 분별에서 벗어난 깨달음의 세계에는 어떤 견해도 있을 수 없기 때문입니다.

똑! 똑! 똑! 여기에는 한마디 말도 없습니다.

2. 부처의 말은 중생의 말과 어떻게 다른가?

똑! 똑! 똑! 여기에 있어야 말에 속지 않습니다.

중생의 말과 부처의 말은 다릅니다. 사용하는 언어의 단어와 문법이 다른 것이 아니라, 말하고자 하는 목적이 다르고 말하는 대상 세계가 다르기 때문입니다. 즉, 부처와 중생은 같은 언어를 가지고 말하지만, 말하고자 하는 목적과 대상이 다르기 때문에 말이 달라지는 것입니다. 중생이 말하고자 하는 세계는 분별세계이고 분별되는 내용을 전달하려는 목적으로 말하지만, 부처가 말하고자 하는 세계는 분별을 벗어난 세계이고 분별에서 벗어나도록 이끄는 목적으로 말합니다.

원래 말 즉 언어는 분별세계를 분별하기 위하여 만든 것입니다. 언어는 온갖 종류의 이름으로 이루어져 있는데, 각각의 이름은 각각 다르게 분별되는 대상을 가리킵니다. 우리는 언어를 통하여 분별되는 세계의 온갖 사물과 경험을 나타내고 기억하고 생각하고 상상합니다. 즉, 언어는 분별세계에 해당하는 것입니다.

'밥을 먹는다.' '물을 마신다.' '자동차를 탄다.' '친구 아무개를 만난다.' '책을 읽는다.' '청소를 한다.' 등의 언어는 모두 분별되는 사물과 분별되는 행위를 가리킵니다. 직접 그 사물을 보지 않고 직접 그런 행동을 하지 않고, 단지 말만 듣더라도 우리는 그런 사물을 보는 것처럼, 그런 행동을 하는 것처럼 생각하고 이해합니다. 이처럼 언어는 분별되는 세계의 모습을 마음속에 그리는 도구입니다.

우리는 말 즉 언어를 통하여 생각합니다. 생각은 입으로 소리를 내지 않고 마음속으로 하는 말입니다. 말은 생각을 입으로 소리 내어 밖으로 나타낸 것입니다. 생각을 논리적으로 하는 사람은 말도 논리적으로 합니다. 생각을 문자로 적으면 글이 됩니다. 책은 그 책을 쓴 사람이 자기의 생각을 문자로 적어 놓은 것입니다. 그러므로 책을 읽으면 그 사람의 생각을 읽는 것입니다.

이처럼 언어문자는 모두 분별세계를 나타내는 도구입니다. 그러므로 언어문자가 분별에서 벗어난 세계를 나타낼 수는 없습니다. 분별에서 벗어난 세계는 생각할 수 없으므로 당연히 말할 수도 없습니다. 분별에서 벗어나 깨달으면, 분별에서 벗어난 세계가 앞에 나타나 있어서 부정할 수 없고 긍정할 필요도 없는 명백하게 살아 있는 현실이지만, 이 현실은 분별할 수도 없고 생각할 수도 없고 말할 수도 없습니다.

이 분별할 수 없고 생각할 수 없고 말할 수 없는 현실을 말하는 것이 곧 부처의 말입니다. 경전에 나오는 불보살의 말씀이 모두 이런 말이고, 어록에 나오는 조사의 말씀이 모두 이런 말입니다. 분별할 수 없는 세계를 분별되는 말로써 가리키는 것이 부처의 말이고, 말할 수 없는 세계를 말하는 것이 부처의 말인 것이죠. 이에 비하여 중생의 말은 말할 수 있는 세계를 말하는 말이고, 분별되는 세계를 나타내는 말이죠. 그러므로 같은 단어와 같은 문법을 가진 언어로 말하더라도 중생의 말과 부처의 말은 다릅니다.

부처의 말은 말할 수 없는 것을 말하므로, 주로 "…가 아니다." "…는 없다."라는 식의 부정적인 말을 합니다. 예컨대, 깨달음에 대하여 말할 때는 "분별할 수 없다." "말할 수 없다." "생각할 수 없다." "알 수 없다." "보거나 듣거나 느낄 수 없다." "있다고 할 수도 없고 없다고 할 수도 없다." "무엇이라고 할 수 없다." "어떻다고 할 수 없다." "취할 수도 없고 버릴 수도 없다." "얻을 수도 없고 잃을 수도 없다." "생기지도 않고 사라지지도 않는다." "더럽지도 않고 깨끗하지도 않다." "과거도 아니고, 현재도 아니고, 미래도 아니다." "둘이 아니다."라는 등으로 말합니다.

일부 긍정적인 표현도 있지만, 그 내용은 부정적인 의미입니다. 예컨대, 깨달음을 열반이라고도 하는데 열반은 '사라지다'라는 뜻으로서 '분별할 것이 없다.'라는 부정적인 말이고, 또 공(空)이라고도 하는데 공은 '텅 비었다'는 뜻으로서 역시 '분별할 것이 없다.'라는 부정적인 말이고, 또 중도(中道)라고도 하는데 중도는 '이것도 아니고, 이것 아닌 것도 아니다.'라는 뜻으로서 역시 '분별할 수 없다.'라는 부정적인 말이고, 또 해탈(解脫)이라고도 하는데 해탈은 '벗어나다'라는 뜻으로서 역시 '분별에서 벗어난다'라는 부정적인 말이고, 또 반야라고도 하는데 반야는 '지혜'라는 뜻으로서 역시 '지식으로는 알 수 없는 것'이라는 부정적인 뜻의 말입니다.

　이처럼 분별을 벗어난 깨달음의 세계를 나타내는 말은 중생이 가진 모든 분별을 부수어 주는 말일 뿐이고, 중생에게 어떤 분별을 전해 주는 말은 없습니다. 다시 말해, 부처의 말은 중생의 마음이 묶여 있는 분별에서 그 마음을 풀어내어 벗어나도록 도와주는 말이지, 중생의 마음에 어떤 분별을 심어 주는 말은 아닙니다. 그러므로 《금강경》에서도 "최고의 깨달음에서는 얻을 것이 조금도 없다."라고 한 것이고, "'나'라는 생각, '사람'이라는 생각, '중생'이라는 생각, '목숨'이라는 생각이 있으면 보살이 아니다."라고 한 것입니다.

　중생의 말은 주로 어떤 분별, 어떤 생각을 전해 주려는 이른바 정보전달의 기능 위주이지만, 부처의 말은 반대로 중생이 가진 분별이나 생각에서 벗어나도록 이끌어 가는 말이지, 정보전달의 기능을 하는 말이 아닙니다. 다시 말해, 부처님의 말씀은 중생의 마음이 중독되어 집착하고 있는 모든 정보, 즉 생각을 없애 주는 해독제와 같은 역할을 하여 생각에서 벗어나고 분별에서 벗어나 걸림 없는 자유를 얻도록 도와주는 말입니다.

　중생의 말을 들으면 어떤 정보를 전달받아 지식을 얻게 되고 아는 것이 많아지지만, 부처의 말을 들으면 도리어 가지고 있는 지식에서 벗어나고 아는 것이 없어지는 것입니다. 그러므로 불교 경전을 읽거나 조사의 어록을 읽으면 생각에서 풀려나고 분별에서 벗어나 해탈을 얻게 되어야 제대로 읽은 것이고, 부처님과 조사 스님이 베푸신 법의 약을 먹고 효과를 보는 것입니다. 만약 경전과 어록을 읽고 어떤 지식을 얻거나 생각이 생겼다면, 경전과 어록을 잘못

읽은 것이고 역효과가 난 것입니다.

불교를 공부하고 선을 공부하는 사람은 자기의 마음이 얽매여 있는 생각과 지식에서 벗어나 분별할 수 없고 생각도 없고 지식도 아닌 본래 타고난 깨끗한 마음을 깨달으려는 목적으로 공부해야 합니다. 중생이 가진 생각과 지식은 태어난 뒤에 보고 듣고 배워서 익혀 가지고 있고 얽매여 있는 것들이므로, 우리가 타고난 본래의 마음은 아닙니다. 우리가 타고난 본래의 마음은 아무런 생각도 지식도 없는 텅 비고 깨끗한 마음입니다. 이 본래의 텅 비고 깨끗한 마음을 깨달아 회복하는 것이 불교와 선을 공부하는 목적입니다.

부처님이 우리 중생에게 베푸신 자비는 중생이 매여 있는 생각에서 풀려나도록 이끌어 주시는 것입니다. 이것이 바로 "진리가 너희를 자유롭게 하리라."는 말의 본래 뜻입니다. 《반야심경》에서 "중생의 꿈 같은 허망한 생각에서 멀리 벗어나면, 마침내 모든 것이 깨끗이 사라진 열반이다."라고 하는 말도 이것을 나타냅니다. 부처님이 말씀하신 진리란, 우리가 그 진리를 얻어서 그 진리를 짊어지고 그 진리에 얽매여 살라는 것이 아닙니다. 우리가 짊어진 모든 짐을 내려놓고 모든 얽매임에서 벗어나 막힘없는 자유를 누리라고 이끄시는 것이 바로 부처님이 말씀하신 진리입니다.

똑! 똑! 똑! 여기에는 한마디 말도 없습니다.

3. 방편이란 무엇인가?

똑! 똑! 똑! 여기에 있어야 말에 속지 않습니다.

분별할 수 없고 생각할 수 없어서 말할 수 없는 깨달음으로 인도하는 말을 방편의 말이라고 합니다. 부처님과 조사 스님의 모든 말씀은 전부 방편의 말씀인 것이지요. 부처님과 조사의 말씀뿐만 아니라 누가 말하든지 상관없이 깨달음을 가리키고 깨달음으로 인도하는 말은 모두 방편의 말입니다.

방편(方便)이라는 한자 단어는 '편의에 따라 적절히 행한다' '수단' '방법'이라는 뜻이지만, 불교에서 방편은 '접근하다' '도달하다'라는 뜻인 산스크리트 upāya의 번역어입니다. 흔히 방편을 일러 달을 가리키는 손가락이라고 합니다. 손가락은 원래 달과는 아무런 상관도 없는 것이지만 달을 가리키는 수단으로 사용할 수 있고, 그렇게 달을 가리키는 수단으로 사용할 때의 손가락을 방편이라고 하는 것입니다.

깨달음은 분별에서 벗어난 불가사의한 체험이므로 이해할 수도 없고 말로 설명할 수도 없습니다. 즉, 깨달음은 세속의 일처럼 생각하여 설명하고 분별하여 이해할 수 있는 것이 아니고, 생각에서 벗어나고 분별에서 벗어나 직접 체험해야 하는 것입니다. 마치 물을 마셔서 그 물이 따뜻한지 차가운지 저절로 아는 것처럼 깨달음도 오로지 직접 체험해야 하는 일이라는 말은 늘 하는 말입니다.

분별할 수 없고 알 수 없는 불가사의한 깨달음으로 인도하는 방편의 기본적인 특징은 파사현정(破邪顯正)이라는 말로써 나타낼 수 있습니다. 파사현정은 '삿된 것을 부수고 바른 것을 드러낸다.'라는 뜻입니다. 바르지 못하고 삿된 것은 곧 우리의 분별을 가리키고, 바른 것은 곧 분별할 수 없는 우리의 본성을 가리킵니다. 분별할 수 없는 본성을 체험하는 것이 바른 깨달음이기 때문에 분별하는 생각은 삿되다고 한 것입니다.

　불교에서는 우리의 마음에는 분별할 수 없는 진실한 본성과 헛된 분별세계인 의식세계(곧 생각의 세계)라는 양면이 있다고 합니다. 진실한 본성을 확인하는 것이 곧 깨달음이므로, 진실한 본성을 불성(佛性) 즉 깨달음인 본성이라고도 합니다. 우리는 모두 이런 불성을 태어날 때부터 갖추고 있으나, 태어난 이후 분별세계에 마음이 팔려서 분별세계만 보면서 살아왔기 때문에 진실한 불성을 깨닫지 못하고 허망한 분별세계에 얽매여 불안하고 불만족스러운 중생의 삶을 살고 있다고 합니다.

　분별세계를 말할 때 보통 5온(蘊)이나 18계(界)나 8식(識)을 말합니다. 5온은 색수상행식(色受想行識) 다섯 가지인데, 이름과 모습이 있는 물질적 사물을 색이라 하고, 느낌을 수라 하고, 생각을 상이라 하고, 의도적인 행위를 행이라 하고, 의식을 식이라 합니다. 18계는 눈 · 귀 · 코 · 혀 · 몸 · 마음이라는 세계를 인식하는 6가지 기관이 그 대상과 만나 세계를 인식한다는 면에서 만든 말입니다. 눈으로 색깔을 보고 분별하여 알면 눈 · 색깔 · 분별하여 앎이라는 3요소로 분석할 수 있습니다. 그런 식으로 분석하여 귀로 소리를 듣고 분별하여 알고, 코로 냄새를 맡고 분별하여 알고, 혀로 맛을 보고 분별하여 알고, 몸으로 접촉하여 분별하여 알고, 마음으로 생각하여 분별하여 아는 것을 모두 합하여 18계라 합니다. 8식의 체계에서는 18계는 앞6식에 해당합니다. 여기에 분별을 특징으로 하는 제7식과, 제7식까지의 모든 식의 바탕이 되는 제8식을 합하여 8식이라 합니다.

불교에서는 우리가 살아가는 분별세계의 특징을 이렇게 분석하여 말합니다. 이 세계의 특징은 분별하여 아는 세계라는 것입니다. 이렇게 분별하여 아는 세계에 매여서 이 분별세계에서 벗어나지 못하고 살아가는 삶이 중생의 삶입니다. 그런데 이 분별세계는 늘 새롭게 생기고 다시 사라지는 덧없는 세계이기 때문에, 우리 마음은 마치 물결치는 바다 위에 떠 있는 것처럼 불안정하고 사납게 흘러가는 홍수 위에 떠 있어서 어디로 갈지 모르는 두려움에 젖어 있고, 늘 온갖 것을 분별하여 파악하고 좋아하거나 싫어하거나 취하거나 버리는 일을 해야 합니다. 이렇게 불안하고 알 수 없고 두렵고 취하고 버려야 하는 기로에서 고민해야 하는 삶이 바로 중생의 고통스러운 번뇌입니다.

사실, 이런 모든 설명은 불교에서 방편으로 만들어 놓은 것이지만, 실제로 우리의 삶은 그런 불안과 두려움과 알 수 없는 미래와 선택의 고민 속에서 흔들리고 있고, 안정과 안락함과 편안히 쉬는 시간은 거의 없습니다. 말하자면, 분별세계에서 살아가는 우리 중생의 삶은 만족스러운 삶이 아니라는 것을 누구나 잘 알고 있습니다. 그러므로 우리는 안식(安息) 즉 편안한 쉼을 구하러 종교를 찾는 것입니다. 종교가 우리에게 제공하는 것은 불안과 두려움에서 벗어나 편안하고 안락하게 마음이 쉬도록 하는 것입니다.

　불교에서는 우리가 편안히 쉬지 못하도록 만드는 근본 원인이 분별하는 마음이라는 사실을 밝혔습니다. 다시 말해, 분별에서 벗어나면 모든 불안과 두려움과 선택의 고민이 사라진다는 사실을 밝혔습니다. 이것이 바로 부처님이 깨달으신 불이중도(不二中道)입니다. 불이(不二)란 둘이 아니라는 뜻인데, '이것'과 '이것 아님'을 둘로 나누지 않는다는 뜻입니다. 즉, 불이는 분별에서 벗어남을 가리키는 말입니다. 중도(中道)는 '이것'과 '이것 아님'이라는 양쪽 모두에서 벗어나 어느 쪽에도 머물지 않는다는 뜻이니, 역시 분별에서 벗어남을 가리키는 말입니다.

　이처럼 번뇌에서 벗어나 안락하게 쉬는 깨달음은 분별에서 벗어나 불이중도에 통하는 체험입니다. 그러므로 불이중도에 통하도록 인도하는 선지식은 분별이 작동하지 못하게 분별을 막아서 분별을 부수는 파사(破邪)와 분별할 수 없는 불성을 드러내는 현정(顯正)이라는 양면의 방편을 사용하는 것입니다. 분별을 막아서 부수면 분별할 수 없는 불성이 저절로 드러난다는 면에서 파사가 곧 현정이라고 말하기도 합니다.

　분별을 가로막는 방법은 분별할 수 없는 묘한 말을 하거나, 이런 말도 부정하고 이와 반대되는 말도 부정하여 생각이 머물 곳을 없애는 것이 일반적입니다. 분별을 가로막는다고 하여 무조건 생각을 하지 말고 아무 생각도 없이 고요함 속에서 멍하게 있으라고 한다면 이것은 올바른 방편이 아닙니다. 의도적으로 노력하여 아무 생각도 없는 고요함 속에 멍하게 있는 것은 스스로 눈을 감고 캄캄한 어둠을 만드는 행위이니 분별에서 벗어나 깨달음을 얻는 길이 될 수 없습니다.

분별에서 벗어나 불이중도에 통하도록 하는 효과적인 방편은 생각으로 이해할 수 없는 말을 하여 의문 속에 가두거나, 생각으로 하는 모든 말을 부정함으로써 생각을 가로막아 마치 막다른 골목이나 함정에 빠져서 길을 찾을 수 없는 상황처럼 만드는 것입니다. 이런 상황은 분별하고 싶으나 분별할 수 없는 상황인데, 분별하고 싶으나 분별할 수 없는 이런 상황에 처해 있다가 어느 순간 갑자기 분별에서 벗어나는 불가사의한 체험이 발생하면, 이것이 바로 분별에서 벗어나는 깨달음의 체험입니다. 이 체험은 체험만 가능하지, 자신도 알 수가 없으므로 설명할 수도 없습니다.

이러한 불가사의한 체험으로 이끌어 가는 것이 바로 방편입니다. 하나의 비유를 들면 이렇습니다. 가을에 밭둑길로 소를 몰고 가는 사람이 있습니다. 좁은 밭둑길 양쪽의 밭에는 먹음직스러운 곡식이 열려 있습니다. 배가 고픈 소는 길을 가다 말고 오른쪽 밭에 있는 곡식에 입을 댑니다. 그러면 소를 모는 사람은 소의 고삐를 왼쪽으로 당깁니다. 소는 이제 왼쪽 밭의 곡식에 입을 댑니다. 그러면 소를 모는 사람은 다시 소의 고삐를 오른쪽으로 당깁니다. 이렇게 몇 차례 하다 보면 미련한 소도 이쪽저쪽 어디에도 입을 대지 않고 제 갈 길을 가게 될 것입니다. 소의 고삐를 당길 때는 오른쪽에 입을 대면 왼쪽으로 당기고 왼쪽에 입을 대면 오른쪽으로 당길 수밖에 없지만, 고삐를 당기는 뜻은 오른쪽에도 있지 않고 왼쪽에도 있지 않습니다. 깨달음으로 이끄는 방편의 말도 이런 말도 있고 저런 말도 있지만, 말하는 뜻은 이런저런 곳에 있지 않고 도리어 이런저런 곳에서 벗어나게 하려는 것입니다.

또 방편을 대기설법(對機說法)이라고도 하는데, '경우에 알맞게 불법을 말한다.'는 뜻입니다. 소가 오른쪽 밭에 입을 대면 왼쪽으로 고삐를 당기고 왼쪽 밭에 입을 대면 오른쪽으로 고삐를 당기는 것과 같은 뜻입니다. 대기설법과 비슷한 말로 '병에 따라 약을 쓴다.'는 뜻인 응병여약(應病與藥)이라는 말이 있습니다. 예컨대 열이 오른 환자에겐 열을 내리는 약을 쓰고 체온이 떨어진 환자에겐 열을 올리는 치료를 해야 하는 것처럼, 상황에 따라 약을 쓴다는 것입니다. 중생은 '이렇다.'거나 '이렇지 않다.'라고 분별하는 헛된 생각의 병에 걸린 환자이므로, '이렇다.'라고 분별하면 '이렇지 않다.'라는 약을 쓰고 '이렇지 않다.'라고 분별하면 '이렇다.'라는 약을 써서 모든 분별을 부수는 약을 쓴다는 것입니다. 대기설법과 응병여약은 모두 헛된 분별인 생각을 부수어 생각할 수 없는 깨달음으로 이끈다는 파사현정과 같은 말입니다.

이처럼 방편의 말은 '무엇이 어떻다.' '무엇이 있다.'라는 분별을 부수어 분별에서 벗어나도록 이끄는 말입니다. 그러므로 방편의 말은 주로 '무엇이 어떻지 않다.' '무엇은 없다.'라고 부정하는 표현으로 나타납니다. 그러나 '무엇이 어떻지 않다.' '무엇은 없다.'라는 방편의 말을 진실이라 여겨선 안 됩니다. 이렇게 부정하는 방편의 말은 '무엇이 어떻다.' '무엇이 있다.'라는 분별에 머물지 못하도록 하려는 말이지, '무엇이 어떻지 않다.' '무엇은 없다.'라는 분별에 머물도록 하려는 말은 아닙니다. 마치 소의 고삐를 이쪽이나 저쪽으로 당기는 경우와 같습니다. 그러므로 방편의 말을 진실이라고 여겨서 그 방편의 말에 집착하면 큰 잘못입니다. 부처님과 조사의 가르침은 모두 방편의 말이므로 부처님과 조사의 말씀에 집착하면 큰 잘못인 것입니다. 부처님과 조사의 말씀을 듣고서 자기의 생각에서 벗어나 해탈하여 깨달아야 하는 것이지요.

똑! 똑! 똑! 여기에는 한마디 말도 없습니다.

4. 깨달으려면 견해를 만들지 말라고?

똑! 똑! 똑! 여기에 있어야 말에 속지 않습니다.

불교 경전을 보거나 선지식의 법문을 듣는 이유는 분별망상인 생각에서 벗어나 깨달음을 얻으려 하기 때문입니다. 그러나 우리가 어떤 말을 들으면 우리는 저절로 그 내용을 이해하여 알려고 합니다. 그 까닭은 우리가 평소 말을 주고받는 언어생활이 늘 그렇게 이루어지기 때문입니다. 분별세계인 세간의 중생들 사이의 말은 당연히 이해할 수 있는 말을 해야 하고, 듣고서 이해할 수 있어야 합니다. 중생들 사이에 주고받는 말은 경험하여 아는 내용을 생각하여 전달하거나 배워서 알고 있는 지식을 전달하기 위하여 하는 말이기 때문에, 말하는 사람도 이해하고 있어야 하고 듣는 사람도 이해할 수 있어야 말이 서로 통하게 됩니다.

하지만 분별할 수 없는 세계인 깨달음에 관한 말은 듣고서 이해할 수 있는 말이 아닙니다. 불보살이나 조사가 중생을 가르치는 말은 중생에게 어떤 지식을 전달하려는 것이 아니라, 중생을 분별과 생각에서 벗어나도록 이끌어 가는 말이기 때문입니다. 깨달음은 생각할 수 없고 알 수 없기 때문에, 깨달음에 관하여 말하는 불보살이나 조사도 이해하여 아는 생각이나 지식을 말하는 것이 아닙니다. 분별과 생각을 물리치고 당장 앞에 생생하게 드러나 있는 깨어 있는 마음을 가리켜서 이 깨어 있는 마음을 체험할 수 있도록 인도하는 말이 불보살이나 조사의 법문입니다.

그러므로 불보살이나 조사의 법문을 듣는 중생이 그 법문에서 지식을 얻으려 하거나 그 내용을 이해하고 기억하려는 태도로 법문을 들으면 법문을 잘못 듣는 것입니다. 오로지 분별과 생각에서 벗어나 자기의 참마음을 깨달으려는 목적으로 법문을 들어야 합니다. 분별을 벗어난 깨달음의 세계에는 분별이 없고 생각이 없기 때문에 어떤 견해나 관점도 있을 수 없습니다. 불보살과 조사의 바른 법문을 꾸준히 잘 들으면 평소에 가지고 있었던 세계관, 인생관, 가치관 등에서 점차 벗어나게 되고 또 새로운 견해나 관점을 만들지 않게 됩니다.

그렇지만 우리는 오랜 세월 익숙한 세속의 습관에 따라 자기도 모르게 깨달음을 알려고 하고 깨달음에 관한 견해나 관점을 얻으려고 합니다. '결국 깨달음이란 무엇인가?' '도대체 어떻게 해야 깨달음에 이를 수 있는가?' 하는 의문이 계속하여 일어나 우리를 유혹합니다. 우리는 자기도 모르게 이런 의문에 대한 답으로서 '이것이 바로 깨달음이다.' '깨달으려면 이렇게 해야 한다.'는 견해를 얻을 수 있기를 바랍니다. 그러나 이런 의문도 생각이 일으키는 것이므로 깨달음에는 맞지 않고, 당연히 이런 의문에 대한 답도 있을 수 없습니다.

그럼에도 불구하고 중생의 분별하는 마음은 깨달음에 대하여 끊임없이 알려고 하고 어떤 해답을 얻기를 바랍니다. 깨닫기를 바라고 공부하는 사람은 이런 분별심의 유혹에 넘어가지 않도록 조심해야 합니다. 깨달음은 생각하고 이해하는 것이 아니라, 생각과 이해를 벗어나 직접 체험하여야 한다는 사실을 늘 잊지 말아야 합니다. 직접 체험하여야 마음이 자기도 모르게 저절로 달라져 중생의 마음을 벗어나 부처의 마음이 되는 것이고, 그렇게 마음이 저절로 달라져야 비로소 모든 번뇌에서 저절로 벗어나고 삶과 죽음의 문제에서도 저절로 벗어나게 됩니다.

똑! 똑! 똑! 여기에는 한마디 말도 없습니다.

5. 깨달음에 알맞은 한마디 말이란?

똑! 똑! 똑! 여기에 있어야 말에 속지 않습니다.

어리석은 분별망상에서 벗어난 깨달음을 나타내는 알맞은 말이 있을까요? 깨달음은 분별에서 벗어나는 것이므로 생각할 수 없는 것이고, 생각할 수 없기 때문에 당연히 말할 수도 없습니다. 그러므로 깨달음을 나타내는 알맞은 말이란 없습니다. 그러나 말을 하지 않으면 가르칠 수 없으므로 깨닫고자 하는 사람을 가르칠 때는 어쩔 수 없이 말을 해야 합니다. 말할 수 없는 깨달음을 억지로 말하기 때문에 이런 말을 방편의 말이라고 합니다.

분별세계인 중생세계는 당연히 말로써 설명할 수 있습니다. 분별하는 것은 생각하는 것이고 생각하는 것은 곧 말하는 것이기 때문입니다. 그러므로 중생세계에서 우리가 주고받는 말은 말할 수 있는 것을 말하기 때문에 방편의 말이라고 하지 않습니다. 그러나 분별을 벗어나 분별할 수 없는 깨달음에 대한 말은 깨달음이 어떤 것인가를 설명할 수는 없고, 깨달음에 이르도록 해 주기 위하여 분별을 끊어 주고 깨달음에 대한 발심을 내도록 격려해 주는 말인데, 이런 말을 방편의 말이라고 합니다.

실제로 분별망상에서 벗어나 깨달음을 얻는 것이 당연히 근본입니다. 그러나 깨달음을 얻고 나서 깨달음에 이르도록 가르치는 말을 어떻게 하는가에 대한 안목도 갖추어져야 말에 속지 않을 수 있습니다. 여기에 대하여 말씀하신 《대승입능가경》 4권 무상품(無常品) 제3-1에 나오는 부처님의 가르침을 소개합니다.

그때 대혜보살마하살이 다시 부처님께 청하며 말했다.

"세존이시여. 오직 원하옵건대, 종취(宗趣)의 모습을 말씀하셔서 저와 모든 보살마하살로 하여금 이 뜻에 잘 통달하여 온갖 종류의 삿되고 헛된 견해를 따르지 않고 위없는 바르고 평등한 깨달음을 곧장 얻도록 하여 주십시오."

부처님이 말했다.

"잘 들어라. 그대들에게 말하겠다."

대혜가 말했다.

"예."

부처님이 말했다.

"대혜여, 모든 이승(二乘)과 모든 보살에게는 두 종류의 종법(宗法)의 모습이 있다. 어떤 것들이 둘인가? 종취법(宗趣法)의 모습과 언설법(言說法)의 모습이다.

종취법의 모습을 말하자면, 스스로 깨달은 뛰어난 모습으로서 문자언어의 분별에서 벗어나 무루(無漏)[6]의 세계로 들어가 자지행(自地行)[7]을 이루어 모든 바르지 않은 생각과 느낌을 뛰어넘어 마귀와 외도(外道)를 굴복시키고 지혜의 빛이 생겨나게 하니, 이를 일러 종취법의 모습이라고 한다.

언설법의 모습을 말하자면, 9부의 여러 가지 교법(敎法)을 말하여 같음과 다름, 있음과 없음 등의 모습을 벗어나 교묘한 방편으로써 중생의 마음을 따라 이 법에 들어가도록 하니, 이를 일러 언설법

---

6 무루(無漏) : ↔유루(有漏). 물이 샌다는 뜻인 누(漏)는 분별되는 대상을 따라 마음이 새 나간다는 뜻으로 미혹(迷惑)을 가리킴. 즉, 마음이 눈·귀·코·혀·몸·의식을 통하여 대상을 따라 흘러 나간다는 뜻이니, 마음이 제자리를 잊고 대상을 따라 흘러가며 헤맨다는 번뇌망상을 가리킴. 그러므로 무루(無漏)는 그렇게 마음이 흘러 나가지 않음을 가리키므로 곧 깨달아 제자리에서 안정되어 있는 마음을 가리킴.

7 자지행(自地行) : 깨달아서 회복한 자기가 본래 타고난 경지를 자지(自地)라 하니, 자기의 본래 경지에서 행하는 것을 자지행이라 함.

의 모습이라고 한다.

그대와 모든 보살은 마땅히 부지런히 익히고 배워야 한다."

그때 세존은 게송으로 거듭 말했다.

"종취(宗趣; 근본 취지)와 언설(言說; 말로써 설명함),

자증(自證; 스스로 깨달음)과 교법(敎法; 가르침의 법).

만약 잘 알고 볼 수 있다면,

저 헛된 견해를 따르지 않을 것이다.

어리석게도 분별한다면,

진실한 모습이 아니다.

그가 어찌 바라밀을 구하지 않겠는가마는,

법은 없지만 얻을 수는 있다.

온갖 유위법(有爲法)[8]을 관찰해 보면,

생겨나고 사라지는 등의 모습이 이어진다.

이견(二見)[9]을 늘린다면,

뒤집어져서 깨달음이 없을 것이다.

열반은 생각[10]을 벗어났으니,

---

8 유위법(有爲法) : saṃskṛta. 위(爲)는 위작(爲作)·조작(造作)의 뜻. 중생이 분별
하여 의도적으로 행하고 조작하는 모든 일을 가리킨다. 이렇게 분별하여 행하고 조
작하는 모든 일은 반드시 생겨나고 사라지는 허망(虛妄)한 일이다.↔무위법(無爲
法).

9 이견(二見) : 둘로 분별하여 보는 것. 끊어져 사라진다는 단견(斷見)과 늘 항상하
다는 상견(常見)의 이견(二見), 혹은 있다는 유견(有見)과 없다는 무견(無見)의 이견
(二見)이 대표적이다.

10 심의(心意) : ①마음. 성의(誠意). ②의사(意思). 의향(意向). 생각. 뜻.

오직 이 하나의 법만 진실하다.

세간을 보면 모두가 허망하여,

환상이나 꿈이나 파초[11]와 같다.

탐냄과 성냄과 어리석음이 없고,

또한 사람도 없다.

좋아함 때문에 오온(五蘊)을 생겨나게 하니,

꿈속에서 보이는 것과 같다네."

불교를 공부하는 보살에게는 종취법과 언설법이라는 두 개의 법이 있다고 합니다. 종취(宗趣)는 근본 취지라는 뜻으로서 깨달은 마음을 가리킵니다. 깨달은 마음은 생각과 느낌과 언어라는 모든 분별에서 벗어나 밝은 지혜로서 늘 드러나 살아 있는 마음 자체입니다. 그러므로 종취법에는 말이 없습니다.

언설법은 깨달음에 대한 불보살과 조사의 말씀입니다. 언설법은 중생의 분별하는 마음을 가로막아서 분별을 부수어 불이중도에 통하도록 이끄는 방편의 말씀입니다. 방편의 말씀이 가진 기능은 파사현정(破邪顯正)입니다. 삿된 분별을 부수고 분별에서 벗어난 불이중도의 바른 법을 드러내는 기능입니다. 모든 불보살과 조사의 가르침의 말씀은 이런 기능을 가진 방편의 말씀이지, 깨달음이 어떤 것이라고 설명하거나 주장하는 것이 아닙니다. 중생의 마음에서 분

---

11   파초(芭蕉) : 관상용의 여러해살이풀. 구경할 만하지만 그 열매가 실속이 없으므로 실체가 없는 헛된 모습에 비유하기도 한다. 파초의 열매는 껍질을 벗겨 내면 그 속이 텅 비어 있고 딱딱한 씨앗 같은 것은 없다고 함.

별망상이 부수어지면 바른 깨달음이 저절로 드러나는 것이고 따로 얻을 깨달음은 없기 때문입니다.

옛날 선사들은 가끔 "알맞은 말을 한마디 해 보라." 하고 제자를 다그친 경우가 있었는데, 깨달음에 알맞은 말이 정해져 있어서 그렇게 다그친 것이 아닙니다. 제자가 혹시 깨달음에 대한 나름의 견해를 가지고 있는지를 확인하려는 질문입니다. 제자가 만약 깨달음에 대한 나름의 견해를 가지고서 그것을 말한다면, 그 견해를 때려부수기 위하여 그렇게 물었던 것입니다.

깨달음은 분별을 벗어나고 말을 벗어났기 때문에, 알맞은 말도 없고 알맞지 않은 말도 없습니다. 깨달음은 분별을 벗어나 말할 수 없는 것이니, 알맞으냐 아니냐는 말에 달려 있는 것이 아니라 자신의 깨달음에 달려 있습니다. 자기의 마음이 올바르게 깨달아 불이 중도에 들어맞아 있으면 어떻게 말하든 알맞을 것이고 침묵하더라도 역시 알맞을 것입니다. 그러나 자기의 마음이 깨닫지 못하고 분별에 사로잡혀 있으면 어떻게 말하든 알맞지 못할 것이고 침묵하더라도 역시 알맞지 못할 것입니다.

맞는 말이 있고 틀린 말이 있다는 것은 세속의 분별하는 말에 해당합니다. 1 더하기 2는 3이라 하면 맞는 말이고, 1 더하기 2는 4라고 하면 틀린 말입니다. 그러나 분별을 벗어난 출세간의 말에서는 맞는 말과 틀린 말이 있는 것이 아닙니다. 방편의 말이 분별을 벗어난 깨달음으로 이끌고 있는가, 아니면 오히려 분별 속에 머물도록 이끄는가 하는 측면에서 좋은 방편인가 나쁜 방편인가 하는 차이가 있다고 할 수 있습니다.

출세간의 깨달음에 관한 말은 전부 파사현정의 방편의 말일 뿐이고, 깨달음이 어떻다고 설명하는 말은 있을 수 없습니다. 만약 깨달음에 대하여 설명하는 말을 한다면, 그렇게 말하는 사람은 깨달음을 얻지 못하고 아직 분별 속에 머물러 있는 사람입니다. 아직 분별 속에 머물러 있으면서 나름으로 깨달음에 대한 견해를 만들어 깨달음을 설명하려고 하는 말을 일러 망상 가운데 가장 헛된 망상인 법상(法相)을 나타내는 말이라고 합니다.

중국의 유마 거사라고 칭송되는 방 거사(龐居士; ?-808)는 이렇게 말했습니다.

"다만 있는 것을 모두 비우기를 바랄 뿐, 없는 것을 결코 진실하게 여기지 마라."[12]

분별 속에 있는 중생이 가지고 있는 온갖 생각과 견해를 비우기만 하면 되는 것이지, 분별에서 벗어나 다시 깨달음이니 해탈이니 열반이니 하는 견해를 만들지는 말라는 충고입니다. 단지 분별망상에서 벗어나기만 하면 깨달음이지, 다시 얻어야 하는 깨달음이라는 무엇은 없기 때문입니다.

똑! 똑! 똑! 여기에는 한마디 말도 없습니다.

---

12   但願空諸所有, 切勿實諸所無.(《경덕전등록》 제8권 양주거사방온(襄州居士龐蘊))

6. 가장 나쁜 망상은?

똑! 똑! 똑! 여기에 있어야 말에 속지 않습니다.

중생의 생각을 헛된 생각이라 하여 망상(妄想)이라고 합니다. 모든 생각은 분별에서 말미암은 것이므로 헛된 생각입니다. 망상 가운데도 좋은 망상이 있고 나쁜 망상이 있을까요? 모든 생각이 망상이라는 면에서는 본질적으로 같습니다. 그러나 우리가 그 망상에 얼마나 심하게 사로잡혀 있는가 하는 면에서는 분명히 차이가 있습니다.

우리가 진실하다고 여기거나 가치가 있다고 여기거나 좋다고 여기는 생각에는 그렇지 않은 생각에 비하여 당연히 더욱 강하게 집착할 것입니다. 그런 면에서 벗어나기가 더 어려운 생각이 있을 수 있고, 그런 생각이 더 나쁜 생각이라고 할 수 있습니다. 생각이 문제인 이유는 우리가 생각에 사로잡혀서 벗어나지 못하는 것이 바로 번뇌이기 때문입니다.

중국 마조도일(馬祖道一; 709-788) 선사의 제자인 방 거사(龐居士)가 이렇게 말했습니다.

"다만 있는 것을 모두 비워 버리기를 바랄 뿐, 없는 것을 결코 진실하게 여기지 마라."[13]

---

13 《경덕전등록》 제8권 '양주거사방온(襄州居士龐蘊)'에 나오는 방 거사의 말.

이 두 구절에 대하여 대혜종고(大慧宗杲) 선사는 이렇게 평가했습니다.

"이 두 구절만 밝힐 수 있다면 일생의 공부는 끝납니다."[14]

있는 것을 모두 비워 버린다는 것은, 지금까지 살면서 가지고 있었던 온갖 생각을 모두 비워 버린다는 것인데, 이것은 분별에서 벗어나는 불가사의한 해탈의 체험을 가리키는 것입니다. 없는 것을 진실하게 여기지 말라는 것은, 분별에서 벗어나 생각이 없는 해탈을 체험하고서 다시 분별을 일으켜 '이것이 해탈이구나.'라거나 '이것이 텅 빈 공(空)이구나.'라거나 '이것이 깨달음이구나.'라거나 '이것이 나의 본래면목이구나.'라는 생각을 하여 이것을 진실이라고 여기지 말라는 것입니다.

분별에서 벗어나 해탈했다면 분별에서 벗어나 분별이 없는 곳에 익숙해져야 하는데, 다시 분별을 일으켜 '해탈' '공' '깨달음' 등이라 부르며 집착한다면 분별에서 벗어났다가 다시 분별로 되돌아오는 어리석은 결과가 됩니다. 중생의 분별심은 어떤 경험을 하면 꼭 그 경험에 대하여 나름으로 이해하여 알고 그 경험에 이름을 붙여 기억하려고 합니다. 그러므로 분별에서 벗어나는 경험을 하더라도 그 경험에 대하여 생각하여 '이런 경험이 바로 깨달음이구나.' 하고 알려고 합니다.

깨달음에 대한 이런 생각을 법상(法相)이라고 합니다. 법상이란

---

14 《대혜서장》증시랑 천유에 대한 답서3.

법상(法想)과 같은 말로서 법에 관한 생각이라는 뜻입니다. 깨달음, 해탈, 열반, 공(空), 불이, 중도, 불성, 진여, 실상 등 분별에서 벗어난 깨달음을 가리키는 말들은 모두 방편의 말이지, 분별하여 이해하고 알고 생각을 만들어 기억할 그런 말은 아닙니다. 방편의 말은 그 말이 가리키는 것을 실현하면 되는 것이지, 그 말을 이해하고 기억하면 도리어 망상이 됩니다. 그 까닭은 방편의 말은 모두 분별에서 벗어난 체험을 가리키는 말이지, 말을 분별하여 이해해야 할 말은 아니기 때문입니다.

간단히 말하면, 마음공부를 하다가 어느 날 문득 분별에서 벗어나면 분별 없이 살아가야 하지, 다시 분별을 일으켜 분별 없는 것에 대한 생각을 만들어선 안 된다는 것입니다. 이미 분별에서 벗어났으면 분별 없이 살아가는 데에 익숙해지도록 해야 하지, 다시 분별하는 습관에 말려들어서 분별 없는 경험에 대한 분별을 일으킨다면, 이것은 분별에서 철저히 벗어나지는 못한 것입니다.

대승불교에서는 소승의 문제를 지적할 때 부처님이 가르치신 진리인 불법(佛法)에 대한 견해를 소승에서는 벗어나지 못한 것을 가장 문제로 삼습니다. 예컨대《유마경》성문품(聲聞品)에서 유마 거사가 부처님의 십대 제자인 아라한들을 꾸짖을 때도, 그 이유로서 아라한들이 부처님에 대한 생각, 부처님의 가르침에 대한 생각에서 벗어나지 못했음을 주로 지적하고 있습니다. 선사들도 이런 문제를

---

15 미혹(迷惑) : 미(迷)는 안정되지 못하고 이리저리 헤매는 것이고, 혹(惑)은 속는 것이다. 분별망상(分別妄想)에 속아서 본래 마음을 잊어 버리고 드러나고 사라지는 허망한 모습을 따라 이리저리 헤매고 다니는 중생의 상태.

지적합니다. 예를 들어, 마조도일 선사는 이렇게 말했습니다.

"소승의 성문(聲聞)은 깨달은 듯하다가 다시 미혹하게 되고, 범부
는 미혹[15]함 속에서 깨닫게 된다. 성문은 부처의 마음에는 본래 지
위·인과·계급이 없다는 것을 모르고, 마음으로 헤아려 수행이 원
인이고 깨달음이 결과라고 허망하게 생각한다. 텅 빈 선정(禪定)[16]
에 머물러 긴긴 시간을 지나면, 비록 깨달았다고 하더라도 깨닫고
나서 다시 미혹해진다. 모든 보살이 이러한 성문을 마치 지옥의 고
통과 같이 여기는 것은, 성문이 이처럼 공(空)에 빠지고 고요함에
머물러서 불성을 보지 못하기 때문이다. 만약 근기가 뛰어난 중생
이라면 선지식의 말씀을 듣고 바로 깨달아서, 다시는 계급과 지위
를 거치지 않고 즉시 본성을 본다. 그러므로 경전에 말하기를, '범
부에게는 다시 돌아가는 마음이 있으나 성문에게는 없다.'[17]라고 한
것이다."[18]

---

16 공정(空定) : 사공정(四空定). 사무색정(四無色定)과 같음. ①공무변처정(空無
邊處定). 먼저 색(色)의 속박을 싫어하여 벗어나려고, 색의 상(相)을 버리고, 무한한
허공관을 하는 선정(禪定). ②식무변처정(識無邊處定). 다시 더 나아가 내식(內識)이
광대무변하다고 관하는 선정. ③무소유처정(無所有處定). 식(識)인 상(想)을 버리고,
심무소유(心無所有)라고 관하는 선정. ④비상비비상처정(非想非非想處定). 앞의 식
무변처정은 무한한 식(識)의 존재를 관상(觀想)하므로 유상(有想)이고, 무소유처정
은 마음이 존재하지 않는 것을 관상하므로 비상(非想)인데, 이것은 유상을 버리고,
비상을 버리는 선정이므로 비상비비상정이라 함. 이것은 소승(小乘)이 노력하여 성
취하는 것들임.

17 《유마힐소설경》〈불도품(佛道品) 제8〉에 나오는 내용.

18 《사가어록 마조록》.

소승의 수행자인 성문은 어떻게 깨닫는지 어떤 것이 깨달음인지에 대한 견해를 가지고 그 견해에 따라 선정을 수행하여 깨달음을 얻으려고 하기 때문에 선정에는 잘 머물러 있지만, 불성을 보아 깨닫는 견성성불(見性成佛)의 체험을 얻지는 못한다는 것입니다. 수행과 깨달음에 대한 생각이 없는 중생은 오히려 선지식의 말씀을 듣고서 즉시 분별에서 벗어나 불이중도인 불성을 보아 깨달음을 얻을 수 있지만, 수행과 깨달음에 대한 생각에 사로잡힌 소승 수행자인 성문은 그런 생각에서 벗어나지 못하기 때문에 수행은 잘하지만 깨달을 가능성은 없다는 말입니다. 깨달음은 분별인 생각에서 벗어나는 것입니다. 분별에서 벗어나는 것을 일러 불이중도인 진여자성을 본다고 하여 견성(見性)이라고 합니다.

똑! 똑! 똑! 여기에는 한마디 말도 없습니다.

7. 경전의 이야기는 진실인가?

똑! 똑! 똑! 여기에 있어야 말에 속지 않습니다.

불교를 믿는 사람들은 일반적으로 불교 경전에 실린 말을 진리하고 여깁니다. 기독교 같은 경우에는 성서에 실린 말이 한마디도 헛된 말이 없이 모두 진리라고 합니다. 이처럼 종교의 경전에 실린 말이 진리라고 할 경우에 어떤 뜻에서 그렇게 말하는 것일까요?

어떤 말이 진리라고 할 경우에는 그 말이 어떤 맥락에서 진리라고 하는지를 살펴보아야 합니다. 우리가 하는 말이라고 하여 모든 말이 다 같은 것은 아닙니다. 말하는 맥락에 따라 같은 말이라도 다르게 해석을 해야 하는 것은 당연합니다. 이점을 무시하고 모든 말을 같은 말인 것처럼 이해한다면, 커다란 오해가 될 수밖에 없습니다.

예컨대, 자연과학 논문에서 자연의 법칙을 서술하는 말, 역사책에서 역사적 사실을 기록한 말, 정치단체에서 정치적 주장을 내세우는 말, 사회지도자가 도덕적 당위를 강조하는 말, 소설가나 시인이 문학적 감상을 표현하는 말, 어떤 교훈을 주려는 설화나 우화에서 하는 말은 같은 말이라고 하더라도 제각각 전혀 다르게 해석되고 이해되어야 합니다. 이런 맥락과 범주를 무시하고 해석하면 당연히 잘못된 해석이 나올 수밖에 없습니다.

그러면 종교의 경전에 나오는 말은 어떤 말일까요? 그 종교를 믿고 따르는 자를 구원하기 위한 말입니다. 불교에서는 분별의 세계 속에 살고 있는 중생을 분별에서 벗어나도록 이끄는 말로서 분별에서 벗어난 분별할 수 없는 세계를 가리키는 말입니다. 분별에서 벗어난 부처의 세계는 중생의 분별하는 마음으로는 상상할 수도 없고 이해할 수도 없고 알 수도 없습니다. 이처럼 알 수 없는 세계를 말하는 말을 방편의 말이라고 합니다.

불교 경전의 말들은 모두 방편의 말입니다. 자연법칙을 서술하는 말도 아니고, 역사적 사실을 기술하는 말도 아니고, 도덕적 주장을 하는 말도 아니고, 문학적 감상을 표현한 말도 아닙니다. 방편의 말을 일반적으로 달을 가리키는 손가락에 비유합니다. 손가락으로 달을 가리키면, 달을 보아야지 손가락을 보면 안 됩니다. 이처럼 방편의 말인 경전을 보면 그 말을 문자 그대로 이해하여 그러한 사실이 있다고 여겨선 안 되고, 그 말이 가리키는 분별을 넘어선 깨달음의 세계를 보려고 해야 합니다.

이런 면에서 경전의 말은 어떤 교훈이나 지혜를 일깨우려는 설화나 우화의 말과 유사한 면이 있습니다. '개미와 베짱이' '여우와 신포도' 등 이솝우화의 이야기를 볼 때 우리는 당연히 그런 이야기가 현실의 이야기라고 여기진 않고, 그런 이야기가 담고 있는 교훈이나 삶의 지혜를 알아차리게 됩니다.

모든 종교의 경전도 마찬가지입니다. 어리석은 중생을 일깨워서 자기의 생각을 벗어나 깨달아서 지혜를 얻도록 하기 위하여 하는 말이 경전의 말입니다. 즉, 종교의 경전은 과학적 사실을 서술한 것도 아니고, 역사적 사실을 기술한 것도 아니고, 도덕적 당위를 가르치는 것도 아니고, 문학적 감상을 나타낸 말도 아닙니다.

설사 경전의 내용이 어떤 역사적인 사실과 관련되어 있다고 하더라도, 그런 역사적인 사실을 기술하여 전하려는 목적은 전혀 없기 때문에 역사적인 사실을 충실하게 기술하진 않습니다. 경전의 말이 가진 목적은 온갖 견해와 생각에 물들어 있는 어리석은 중생의 마음을 일깨워서 그런 생각과 견해에서 벗어나 해탈을 얻고 지혜를 얻기를 바라고 하는 말일 뿐입니다.

예컨대, 물질인 색(色)이 곧 공(空)이고 공이 곧 색이라는 《반야심경》의 구절은 물질세계의 진실을 말하는 과학적인 주장이 전혀 아닙니다. 이 구절은 분별심에서 벗어나 분별과 분별없음이 둘이 아니라는 불이중도를 성취한 깨달은 사람의 마음을 나타낸 말입니다.

또 《유마경》은 인도 바이샬리 지역의 리차비족에 속한 유마힐이라는 거사가 주인공으로 등장하지만, 유마힐에 관한 이야기들은 전혀 현실적이지 않습니다. 3평 정도의 방에 침상 하나를 두고 앓아 누워 있다고 하는데, 이 작은 방에 병문안 온 보살과 아라한들을 위하여 높이가 수미산만 한 의자 32억 개를 놓고서 32억 명의 보살과 아라한들을 앉게 한다든지, 유마힐의 분신이 무한히 멀리 있는 묘향세계로 가서 밥 한 그릇을 얻어와 32억 명에게 배불리 먹였다든지 하는 등의 이야기에는 어떤 역사적인 현실성도 없습니다. 이런 이야기들은 모두 중생의 생각을 벗어난 깨달음 세계를 나타내는 방편의 이야기입니다.

모든 종교의 이야기에는 이런 유형의 비현실적인 이야기가 들어 있습니다. 중국의 선사(禪師)들에 관한 이야기들도 역사적으로 실존한 인물들에 관한 이야기지만, 선사들의 어록(語錄)에 남겨져 있는 이야기들을 역사적인 사실을 기록한 것으로 여기면 안 됩니다. 선사들의 말씀을 기록한 선어록(禪語錄) 역시 깨달음으로 이끄는 방편의 말씀으로서 남겨져 있는 것이지, 역사적 사실에 대한 기록은 아니기 때문입니다.

선사들에 관한 기록에도 역시 비현실적인 내용들이 많이 나옵니다. 예컨대, 육조 혜능(六祖慧能; 638-713)이 연못에 사는 악룡(惡龍)을 사로잡아 발우 속에 가두었다거나, 백장회해(百丈懷海; 749-814)

가 여우노인을 깨우치게 했다는 이야기나, 숭산원규(嵩山元珪)가 산신령을 시켜 산의 북쪽에 있는 소나무를 하루 저녁에 전부 동쪽으로 옮겼다는 이야기 등 많이 등장합니다. 이런 비현실적인 이야기가 담고 있는 이야기는 당연히 깨달음에 관한 교훈을 담고 있는 종교의 방편이지, 실재한 역사적 사실은 아닙니다.

어떤 종교의 경전이든 경전의 말은 이처럼 어리석은 인간이 알고 있는 세계를 벗어난 알 수 없는 진실에 대한 교훈을 담고 있는 우화나 설화와 같은 성격의 말입니다. 경전의 이런 말을 만약 과학적인 진실이라거나 역사적인 사실이라거나 도덕적이거나 정치적인 주장이라거나 문학적 감상을 표현한 것이라고 오해한다면, 경전을 올바르게 볼 수 없는 것은 자명합니다. 경전은 우리들 어리석은 중생이 평소 알고 있는 것을 넘어선 깨달음의 세계를 알려 주려는 방편의 말임을 잊지 말아야 합니다.

똑! 똑! 똑! 여기에는 한마디 말도 없습니다.

2장
마음공부란 무엇인가

1. 마음공부란 무엇인가?

똑! 똑! 똑! 여기에 있어야 말에 속지 않습니다.

다들 마음공부를 한다고 하는데, 마음공부란 무엇일까요? 마음
공부란 곧 마음의 문제를 해결하는 것입니다. 마음공부는 마음을
치유하는 것이라고 할 수도 있죠. 몸에 있는 문제를 질병이라고 하
는데, 마음에 있는 문제는 질병이라고 하지 않고 번뇌라고 하지요.
몸은 물질이니까, 몸의 문제는 물질적인 방법으로 치료를 합니다.
약을 쓰거나 수술을 하지요. 그러나 마음은 물질이 아니기 때문에
마음에 알맞은 방법으로 해결을 해야 합니다.

번뇌라는 것은 간단히 말하면, 마음이 불편한 것이죠. 마음이 편
안하지 않고 만족스럽지도 않고, 고통스럽고 불안하고 불만족스러
운 것이 번뇌입니다. 마음의 고통을 보통 '마음이 편치 않다.' '마음
이 힘들다.' '마음이 아프다.'는 식으로 말할 수도 있겠지요. 불교에
서는 모든 사람을 고통 속에 사는 중생이라고 하는데, 기독교에서
모든 사람을 죄인이라고 하는 것과 같습니다. 이처럼 종교에서는

모든 사람의 마음에 문제가 있다고 합니다.

물론, '나는 마음이 그렇게 불편하지 않아.' '살아가는 데 마음에 별로 문제가 없어.' '나는 지금 이대로도 살 만해.'라고 말하는 사람들도 있을 것입니다. 그러나 그렇게 말하는 사람들도 종교의 입장에서 보면 다 문제가 있어요. 불교에서 모든 사람은 태어날 때부터 중생이라 하고 기독교에서 모든 사람은 태어날 때부터 죄인이라고 하는 데에는 이유가 있습니다.

그럼 모든 사람의 마음에는 태어날 때부터 무슨 문제가 있을까요? 이 문제를 한마디로 말하면, 마음의 진실을 깨닫지 못하고 헛된 생각에 사로잡혀 있는 어리석음입니다. 불교식으로 말하면 진실을 깨닫지 못하여 어리석음에서 벗어나지(해탈하지) 못한 것이 문제이고, 기독교식으로 말하면 절대자인 신의 품으로 돌아가지 못하여 구원받지 못한 문제겠죠. 기독교식으로 말하면 하느님에게서 쫓겨나 다시 하느님의 품속으로 돌아가지 못한 문제가 될 것이고, 불교식으로 말하면 자기가 본래 가지고 태어난 진실한 본성을 깨닫지 못하여 어리석음에서 벗어나지 못한 문제입니다.

불교에서는 말하길, 우리는 모두 깨달음의 본성인 불성(佛性)을 가지고 태어났다고 합니다. 그렇지만 불성은 볼 수도 없고 들을 수도 없고 느낄 수도 없고 생각할 수도 없는 불가사의한 것이어서, 비록 태어날 때부터 마음에 갖추어져 있긴 하지만 그것을 깨닫지 못하면 불성은 잠재되어 있고 숨겨져 있을 뿐이고 실현되지 못하여 우리는 어리석은 중생으로 살아갈 수밖에 없다고 합니다.

불성이라는 잠재된 진실을 깨닫지 못하고 헛된 생각에 사로잡혀 있는 것을 불교에서는 무명(無明) 즉 밝은 지혜가 없는 어리석음이라고 합니다. 깨달은 사람에게는 밝은 지혜가 있고, 깨닫지 못한 중생에게는 어두운 어리석음이 있다는 것이죠. 이러한 어리석음이 바로 우리의 마음에 있는 근본적인 질병이고 타고난 문제입니다.

사실, 불교뿐만 아니라 모든 종교는 이러한 마음의 문제를 해결하는 마음공부라고 할 수 있습니다. 마음에서 불안, 불만족, 어리석음과 같은 문제들을 해결하는 것이 바로 종교에서의 구원입니다. 불교에서는 이런 구원을 깨달음, 해탈, 열반 등의 이름으로 부릅니다. 마음공부란 종교적인 구원의 체험을 하여 마음에 있는 그런 문제를 극복하고 새로운 마음으로 거듭나는 것이죠. 겉으로는 같은 사람이지만 내면에서는 어리석은 중생이 죽고 지혜로운 부처로 다시 태어나는 것이지요. 그렇게 죽었다가 다시 살아나는, 그래서 새로운 사람으로 거듭나는 경험이 바로 마음공부예요.

그걸 불교에서는 중생을 제도(濟度)하여 깨달은 보살이나 부처가 된다고 하는데, 인도의 브라만교에서는 우주의 창조주와 내가 합하여 하나가 된다는 뜻으로 범아일여(梵我一如)라고 합니다. 이러한 종교적 구원의 경험을 인도에서는 일반적으로 열반, 해탈, 깨달음이라고 표현하고 있고, 중동과 서구의 기독교인들은 구원이라고 말하죠. 이름을 어떻게 붙이든 결국 마음의 불행한 면, 어두운 면, 어리석은 면에서 벗어나 마음이 지혜롭고 밝고 고통이 없어지는 것이 종교의 본질이고 마음공부입니다.

이런 마음공부는 마음을 잠시 편안하게 위로하는 명상이나 요즘 유행하는 힐링 같은 것들과는 차원이 다릅니다. 명상이나 힐링은 주위의 분위기를 바꾼다든지 음악 소리에 집중한다든지 하는 등의 의도적인 수행이나 환경의 조성을 통하여 몸과 마음의 긴장을 풀어서 일시적으로 기분을 편안하게 만드는 것이라면, 마음공부는 이런 수준의 이야기기가 아닙니다. 마음공부는 그런 일시적 기분전환이 아니라, 인간이 태어나면서부터 가지고 있는 마음의 질병인 어리석음을 치유하여 어리석음으로 인한 숙명적인 고통에서 벗어나도록 하여 인간을 영원히 구원하는 것입니다.

태어날 때부터 마음에는 양 측면이 있습니다. 깨달음을 이루고 있는 불성(佛性)도 있고, 분별하고 망상하는 중생의 성질도 있습니다. 깨달음의 지혜도 마음에 갖추어져 있고, 동시에 생각의 어둠 속을 헤매는 어리석음도 마음에 갖추어져 있는 거죠. 이처럼 부처의 성질도 가지고 태어나고 중생의 성질도 가지고 태어나는데, 왜 처음부터 분별을 벗어난 부처의 성질은 실현되지 않고 분별하는 중생의 성질만 드러날까요? 아마도 분별하는 중생의 성질은 육체의 감각기관과 결부되어 있기 때문일 겁니다. 분별한다는 것은 눈으로 보아 분별하고, 귀로 들어 분별하고, 몸으로 느껴 분별하고, 머리로 생각하여 분별하는 것인데, 이게 모두 육체와 결부된 것이지요.

기독교에서 최초의 인간인 아담과 이브에게 하느님이 영원한 삶을 주는 생명나무와 죽음으로 이끄는 선악과(善惡果)가 열리는 나무라는 두 개의 상반된 나무를 에덴동산에 심어 주었다고 하는데, 불교에서 말하는 불성과 중생의 성질이라는 양 측면과 같습니다. 아담과 이브가 죄인의 되어 에덴동산에서 쫓겨나 죽음으로 향하게 되는 이유가 선악과를 따 먹었기 때문이라고 하는데, 선악과를 먹었다는 것은 선과 악을 분별할 수 있게 되었다는 말이거든요. 이것은 불교에서 말하는 중생의 분별심과 같은 겁니다. 선악과를 먹기 전까지는 아담과 이브에게 선과 악이라는 분별이 없었기 때문에 하느님과 함께 살았다고 하죠. 그런데 선악과를 먹자마자 하느님은 "너희는 더이상 나와 같이 살 수 없다."고 하면서 에덴동산에서 내쫓았다고 하는데, 이게 선과 악, 즉 좋고 나쁨을 분별하여 알기 시작함으로써 인간의 세계로 떨어졌다는 거죠.

불교에서도 번뇌하는 중생의 근본 성질을 분별이라고 합니다. 번뇌에서 벗어나지 못하는 중생의 마음을 분별심이라고 해요. 분별이란 '이것'과 '이것 아님'을 나누는 것이죠. 분별을 통하여 우리는 생각하고 판단하여 무언가를 알게 됩니다. 생각이 바로 분별이죠. 사실 우리 중생의 삶은 분별이라는 생각의 꿈속에서 살아가는 것입니다. 우리는 늘 무언가를 분별하고 생각하고 판단하여 알려고 합니다. 중생의 삶은 생각으로 가득 차 있습니다.

태어나 자라면서 배우고 익히는 것이 전부 분별하고 이해하고 기억하는 것이니 교육과 사회생활이 100% 생각 속에서 이루어집니다. 모두가 분별이고 생각입니다. 그렇게 평생 살아왔으니 완전히 생각에 뒤덮여 있습니다. 생각을 벗어난 분별이 없는 삶이 있다고는 상상도 하지 않습니다. 오히려 분별과 생각을 벗어나면 알 수 없는 어둠 속으로 떨어질까 두려워하지요.

그러나 사실, 우리는 태어날 때부터 부처의 본성도 있고 중생의 본성도 있습니다. 두 본성이 다 갖추어져 있지만, 중생의 본성이 주로 발휘되다 보니 부처의 본성은 발휘될 기회가 없이 숨겨져 있었던 것이죠. 그렇게 중생으로 살면서 늘 생각에 매여 살고 늘 분별에서 벗어나지 못하여 '나는 어떻다.' '나의 것은 어떻다.' '세상은 어떻다.' '이것은 좋고, 저것은 싫다.' 하는 갈등과 집착에 사로잡히고, '나' '나의 것' '나의 삶'을 짊어지고 힘들게 살면서도 이러한 삶이 문제라고 느끼지는 못합니다. 어릴 적부터 그렇게 살아와서 그런 삶이 당연하게 여겨지는 것이지요. 이게 중생의 삶입니다.

물론, 어떤 사람은 이런 삶이 만족스럽지 못하여 이런 삶과는 다른 삶이 있지 않을까 하는 생각을 하기도 합니다. 그런 사람 가운데 용기 있는 사람이 현재의 삶을 극복하는 길을 찾는 것이죠. 생각에 갇혀 있는 현재의 삶을 극복하는 것이 바로 마음공부이고 종교입니다.

마음공부와 종교의 본질을 간단히 말하면, 이처럼 생각의 삶을 극복하는 것이라고 할 수 있어요. 어디 경치 좋은 곳에 가서 쉰다든지, 음악을 들으며 눈 감고 편안히 쉰다든지, 앉아서 아무 생각 없이 고요하게 명상한다든지 하여 힘들고 긴장한 마음을 일시적으로 쉬며 온갖 생각을 잠시 내려놓는 정도가 아닙니다.

그렇게 쉬는 것이 아니라, 우리가 태어날 때부터 갖추고 있는 마음의 다른 측면 즉, 생각이 아니고 분별이 아닌 생각과 분별에서 벗어난 마음의 본성을 깨달아서 생각과 분별 속의 삶에서 벗어난 삶을 살게 되는 것이 마음공부이고 종교의 구원입니다. 다시 말해, 부처의 밝은 본성을 뒤덮고 있는 중생의 어두운 구름을 걷어 냄으로써 현재의 삶에서 느끼는 불안과 불만족에서 벗어나 안락하고 만족스러운 삶을 살게 되는 것이 바로 마음공부입니다.

그러므로 마음공부는 사실 사람이면 누구나 해야 하는 거예요. 사람은 누구나 분별하는 생각 속에서 살기 때문에 자기가 알든 모르든 번뇌 속에서 사는 것입니다. 늘 불안과 불만족 속에서 고생하며 살면서도 '삶이란 원래 이런 것이야.'라고 생각하면서 이런 고생스러운 삶이 잘못된 삶인 줄 모릅니다. 생각 속에서 마음이 불편하게 살면서도 이런 고생스러운 삶에 너무나 오랫동안 길들어 익숙해져 있기 때문에 이런 삶에서 벗어나려는 시도를 하지 않는 것이죠. 그 때문에 마음공부를 하여 현재의 삶에서 벗어나려면 큰 용기와 결심이 필요하죠.

정리하면, 우리의 마음에는 태어날 때부터 불편한 면과 편안한 면, 불만족스러운 면과 만족스러운 면, 불안한 면과 안락한 면, 어두운 면과 밝은 면이라는 양면이 있는데, 우리는 태어나서부터 어둡고 불안한 면이 먼저 발휘되어 그런 어둡고 불안함 속에서 고생스러운 삶을 살아왔지만, 마음공부를 하면 마음의 숨겨진 본질을 깨달아서 밝고 안락한 면을 회복할 수 있는 것입니다. 마음공부는 마음의 어둡고 불안하고 불만족스러운 면을 벗어나 밝고 안락하고 만족스러운 면을 회복하는 것입니다. 어둡고 불안한 마음은 고통스러우므로 병든 상태라고 할 수 있죠. 마음이 병들어 고통스러운 상태를 벗어나서 아주 건강하고 안락해지는 것이 바로 마음공부입니다.

똑! 똑! 똑! 여기에는 한마디 말도 없습니다.

2. 마음공부는 어떻게 하나?

똑! 똑! 똑! 여기에 있어야 말에 속지 않습니다.

그러면 마음공부는 어떻게 해야 하는 걸까요? 이게 두 번째 질문이 되겠죠. 즉, 마음공부라는 것을 통해 우리 마음의 어두운 면, 어리석은 면, 이런 질병 상태를 극복하고 밝은 면, 지혜로운 면, 이런 건강함을 찾으려 하면 어떻게 해야 하느냐? 이게 우리의 의문이죠.

우리 마음에는 부처의 본성도 있고 중생의 본성도 있는데, 어떻게 해야 중생의 본성을 극복하고 부처의 본성을 실현할 수 있는가 하는 게 문제입니다. 그런데 이 문제에 대한 답변을 한마디로 말하면, 중생의 본성을 극복하고 부처의 본성을 실현하기 위하여 어떻게 할 수 있는 방법은 없다는 것입니다. 깨달음을 얻기 위하여 쓸 수 있는 어떤 방법도 없다는 거죠. 깨달음을 얻기 위하여 쓸 수 있는 어떤 방법도 없지만, 깨달음을 얻을 수는 있습니다. 이 답변은 대단히 당혹스럽지만, 사실 이게 마음공부의 핵심입니다. 그래서 옛날부터 문 없는 문을 통과해야 한다거나 길 없는 길을 간다고 했던 것입니다.

세속적인 입장에서 공부를 한다는 것은 어떤 정해진 길을 어떤 방법을 통해서 노력하여 나아가는 것이죠. 학교 공부가 그렇고, 어떤 기술이나 예술을 배우는 공부도 그렇습니다. 공부의 방법이 있고 그 방법에 따라서 열심히 노력함으로써 이루어 내는 것이죠. 그래서 세속의 공부는 공부의 방법을 알고 그 방법을 따라 열심히 하기만 하면 되는 겁니다. 그러나 불교에서 깨달음을 얻는 것은 그와는 좀 다릅니다.

불교에서는 중생의 분별하는 마음을 세간(世間)이라 하고, 중생의 분별하는 마음을 벗어나서 분별할 수 없는 부처의 마음을 실현하는 것을 출세간(出世間)이라고 해요. 그런데 분별의 세계인 중생의 마음을 벗어나 분별할 수 없는 부처의 마음을 실현할 수 있는 어떤 방법이라는 것은 있을 수 없습니다. 왜 그러냐 하면, 어떤 방법을 따라서 그 방법을 행한다고 하면 그러한 행위가 곧 분별을 따르는 것이기 때문입니다. 분별을 따르면서 분별에서 벗어날 순 없는 것이죠.

그러므로 분별에서 벗어나는 길을 우리는 알 수 없습니다. 분별에서 벗어나는 길을 안다면 바로 그런 앎이 곧 분별이므로, 그런 앎을 따라서는 분별에서 벗어날 수 없는 것이죠. 마음공부를 하는 사람이 처한 입장은 바로 이런 문 없는 문을 통과하여 길 없는 길을 가야 한다는 것입니다. 마음공부는 이처럼 알 수 없는 미지(未知)의 세계를 탐험하는 일입니다. 앞이 보이지 않는 어둠 속에서 알 수 없는 길을 찾아가는 것이 마음공부입니다.

우리의 마음에는 양면이 있습니다. 의식(意識)할 수 있는 면과 의식할 수 없는 면, 즉 알 수 있는 면과 알 수 없는 면, 달리 말하면 분별(分別)할 수 있는 면과 분별할 수 없는 면이 우리의 마음에 있습니다. 마음은 하나지만, 이런 두 측면이 있습니다. 보통 사람들은 모두 일평생 의식 속에서 의식할 수 있는 면만 보면서 살아갑니다.

우리의 삶이란 늘 무언가를 의식하고 분별하고 아는 행위를 이어 가는 것입니다.

우리는 늘 무언가를 알고 싶어 하기 때문에 의식할 수 없고 분별할 수 없고 알 수 없는 면에 대해서는 관심이 없습니다. 도리어 의식할 수 없고 분별할 수 없고 알 수 없는 것에 대하여는 막연한 두려움도 가지고 피하려고 합니다. 의식할 수 있고 알 수 있는 면을 밝은 면으로 여기고 의식할 수 없고 알 수 없는 면을 어두운 면으로 여겨서 두려워하고 피하려고 하지요. 그리하여 우리는 늘 무언가를 의식하고 분별하여 '무엇은 어떠하다.'라는 견해를 만듭니다.

그러나 이렇게 의식하고 분별하여 '무엇은 어떠하다.'라고 안다고 생각하는 것으로는 우리 마음의 온전한 진실에 통할 수 없습니다. 우리 마음의 본질적이고 근본적인 면은 의식할 수도 없고 분별할 수도 없고 안다고 생각할 수도 없습니다. 비유하자면, 물결을 만드는 물의 모습이 보이지 않는 것과 같고, 영상을 비추어 내는 텅 빈 거울이 보이지 않는 것과 같습니다. 물과 텅 빈 거울이 진실하고 변함없는 본질이고, 물결이나 영상은 그때그때 바람의 영향이나 앞에 나타나는 광경에 따라서 순간순간 나타나 보이고 사라지는 헛된 것입니다.

하나인 마음의 의식할 수 있는 면과 의식할 수 없는 면은 물과 물결의 관계나 텅 빈 거울과 영상의 관계와 같다고 할 수 있습니다. 우리는 보통 의식 속에서 변함없이 안정적이고 만족스러운 무언가를 찾으려고 하지만, 의식 속에는 그런 것이 없습니다. 그리하여 헛되이 흘러가는 줄 알면서도 그런 것에 매달려 집착하지만, 결국 그

60

허망함 때문에 실망하고 불만족합니다.

우리가 찾고자 하는 것은 영원히 변하지 않으면서 불안하지 않고, 갈등이나 번뇌나 근심걱정이 없는 완전히 만족스러운 무엇입니다. 이러한 완전한 만족은 우리 마음의 의식할 수 없는 면을 체험하여 실감할 때 성취됩니다. 이런 체험을 깨달음이라고도 하고 구원이라고도 하고 중생제도라고도 합니다. 그러나 의식할 수 없는 면을 확인하는 체험이기 때문에 의식을 가지고 어떤 방향을 잡아서 어떤 방법으로 접근할 수는 없습니다. 그러므로 깨달음으로 가는 문도 없고 길도 없다고 하는 것입니다.

비록 의식할 수는 없지만, 우리 마음의 한 측면이기 때문에 체험하고 깨달을 수는 있습니다. 깨달음으로 가는 길도 없고 방법도 없는데, 어떻게 깨달을 수 있을까요? 일반적으로 깨달음을 얻는 길에 관해서는 다음 두 가지를 말할 수 있습니다. 첫째는 깨닫고자 하는 결심을 해야 하는 것이고, 둘째는 깨닫고자 하는 뜻이 있다면 깨달음으로 안내하는 스승을 찾아가야 합니다. 깨닫고 싶지만 깨달음을 얻는 길을 알 수 없으므로 이미 깨달음을 경험한 사람의 안내를 따라가는 것이 필요한 것입니다.

그러니까 마음공부를 어떻게 하는 것인지 간단하게 다시 요약해서 말하면, 첫째는 깨닫고 싶어 해야 합니다. 왜냐하면 깨닫고 싶어야 깨달음을 추구하게 되고, 이미 깨달음을 얻고 사람들을 깨달음으로 이끌어 가는 스승을 찾게 되는 거죠. 그러니까 첫 번째 중요한 것은 내가 깨닫고 싶어야 하는 겁니다. 그 말은 무슨 말이냐 하면, 지금 현재 내가 알고 있는 이 세계를 극복하고 넘어서서 내 마음의 한계를 벗어나야겠다는 그런 뜻을 가지고 있어야 한다는 것이죠. 이것을 불교에서는 발심(發心)이라고 해요. 깨닫고자 하는 마음을 낸다는 뜻이죠. 그다음에 두 번째는, 발심을 했지만 깨달음으로 가는 길은 모르기 때문에 깨달음을 얻고서 깨달음으로 이끌어 가는 그런 스승을 찾아가서 그 가르침을 받아야 합니다.

이 두 가지가 마음공부를 어떻게 하느냐 하는 질문에 대한 답이 되는 거죠. 마음공부를 해서 깨닫고 싶다는 발심을 하고 깨닫고자 하는 뜻을 세워야 하는데, 그게 단순히 생각만 그런 게 아니고 마음속 깊은 갈증을 느껴야 합니다. 두 번째는 이미 깨닫고서 깨달음으로 잘 이끌어 가는 좋은 스승을 찾아서 그 가르침을 따라야 하는 겁니다. 그 가르침을 생각으로 이해하라는 게 아니고, 그 안내에 잘 따르라는 것입니다. 스승의 안내를 따라가야 하는 겁니다. 스승의 겉모습을 따라가는 게 아니라 그 마음을 따라가야 하는데, 그렇게 마음에서 마음으로 통하는 것을 이심전심(以心傳心)이라고 하는 거죠. 이 두 가지가 마음공부를 하는 방법이라고 할 수 있고, 그 외에 다른 특별한 방법은 없습니다.

똑! 똑! 똑! 여기에는 한마디 말도 없습니다.

3. 발심은 어떻게 하는가?

똑! 똑! 똑! 여기에 있어야 말에 속지 않습니다.

깨닫고자 하는 마음을 낸다고 하는데, 깨닫고자 하는 마음을 어떻게 내야 합니까? 이건 사실 질문할 필요가 없는 질문입니다. 물론, 이 질문을 많은 사람이 하고는 있지만, 이것은 마치 아픈 사람이 "나는 아픔을 벗어나 병이 낫고 싶은가?" 하고 스스로에게 묻는 것처럼 무의미한 질문입니다. 아픈 사람은 당연히 아픔을 벗어나 낫고 싶죠. 아픈 사람이 아픔에서 벗어나고 싶은 것처럼, 번뇌 속에서 사는 사람은 당연히 번뇌에서 벗어나고 싶은 거죠.

그런데도 꽤 많은 사람이 "어떻게 발심해야 합니까?" 하고 묻습니다. 이렇게 묻는 까닭은 역시 자기의 생각이 이런 바보스러운 질문을 만들어 낸다고 해야 할 것입니다. 이런 질문이 있으니 어쨌든 답을 해 봅니다.

발심의 가장 근본은, "발심은 이렇게 해라." 하고 남이 시켜서 하는 게 아니고, 자기 스스로 저절로 깨닫고 싶어서 저절로 발심하는 것입니다. 나는 현재 내 존재와 내 마음에 대해서 잘 모르겠고, 내 마음 때문에 여러 가지로 불편하고, 항상 마음 때문에 괴롭고 뭔가 편치가 않은데, 그 때문에 이런 불편하고 불안하고 불만족한 상황에서 벗어나고 싶다는 욕구가 저절로 생기는 것이 바로 발심인 거예요.

깨달음이 없는 세속 중생의 삶은 모든 게 불확실하고, 생각이나 느낌이나 기분이나 이런 것에 계속 끌려다니고, 어떤 확고한 진실이나 가치도 모르겠고, 무엇이 옳고 그른지도 확실하지 않고, 까닭 없이 삶이 불만족스럽고 불편하여 이렇게 살고 싶지 않다는 생각이 들죠. 그래서 세속에서 늘 "자기의 마음을 다스려라." "욕망이나 생각이나 기분이나 감정이 일어나는 대로 힘없이 끌려가지 말고 그것을 잘 다스려서 이겨 내라."라는 말을 교훈처럼 많이 하죠. 극기(克己)하라고 가르치는데, '자기를 이긴다.'는 말이거든요. "남을 백 사람 이기는 것보다 자기 한 사람을 이기는 게 더 어렵다."는 말도 합니다. 그만큼 자기의 마음을 이겨 내는 것이 굉장히 어렵죠.

자기 마음에 그렇게 끌려다니는 게 사실 불편하고 싫지만 이겨 낼 힘이 없어요. 그렇다고 내 감정, 내 욕망, 내 기분, 내 생각이 원하는 대로 다 실현하면서 살 수도 없어요. 그걸 억지로 눌러 놓고 살다 보면 또 답답하고 우울하기도 해서 좋은 게 없습니다. 이런 상황에서는 자연스럽게 '내 마음의 속박에서 벗어나고 싶다.'는 느낌을 자기도 모르게 가지게 되죠.

그리하여 누가 시키지 않아도 자기 스스로 '여기에서 벗어나는 무슨 길이 없을까?' 하고 그런 길을 저절로 찾게 되는 것이 가장 기본적이고 올바른 발심이라고 할 수 있습니다. 누가 시켜서가 아니라 자기 스스로 저절로 '내 마음의 문제를 해결하고 싶다.'고 해서 마음공부를 찾는 것이 자연스러운 발심이죠. 자연스러운 발심이 가장 기본적이고 좋은 것입니다.

물론, 그렇게 발심하는 사람이 많지는 않아요. 보통은 마음이 불편해도 '사람은 누구나 다 이렇게 사는 거지.' '삶이라는 게 원래 이런 거지.'라고 생각하면서, 그렇게 불편하게 사는 것에 적응해 버립니다. 그렇게 여기기 때문에 그런 불편한 삶을 별로 문제삼지도 않고 그냥 '이런 것이 삶이고, 나는 여기에서 벗어날 수 없다.'라고 하면서 삽니다. 일반적으로 대다수 사람이 이런 식으로 살아갑니다.

'누구나 이렇게 사는 거지 뭐.' 하면서 살죠.

그런데 그런 사람에게 "그게 아니고 우리는 자기 마음의 문제를 해결할 수 있다." "마음의 문제를 극복하고 이겨 내 마음의 문제에서 벗어나 훨씬 더 만족스럽게 살 수 있다."는 사실을 말해 주는 것이 종교이고 마음공부죠. 종교와 마음공부에서는 "그냥 그렇게 살지 마." "그렇게 힘들 게 살 필요가 없어." "그것을 이겨 낼 수 있어."라고 말해 주죠. 그런 말을 듣고 어떤 사람은 "어? 정말? 그런 극복이 가능할까?" 하는 식으로 발심할 수도 있죠.

이처럼 발심이라는 것은 '그래. 내 마음의 문제를 한번 극복해 보자.' 하고 결심하는 것입니다. 마음에 끌려다니는 게 아니라 마음에서 벗어나 오히려 마음을 부리는 주인 노릇을 한다고 할 수도 있을 것이고, 자기를 극복한다고 할 수도 있겠죠. 그런 식으로 발심을 하는 것입니다.

그런데 이러한 발심은 '기분이 좋지 않으니 기분을 좋게 해야겠다.'는 정도의 일시적인 기분전환을 목표로 하는 가벼운 생각이 아닙니다. 마음의 본질을 깨닫고자 하는 발심이지요. 마음에 있는 어떤 어둠, 두려움, 불안함, 명확하지 않음, 기분이나 생각에 항상 끌려다니는 것, 이게 다 불만족이라고 할 수 있는데, '이런 불만족을 해결해야 하겠다.'고 하는 것이 발심인 겁니다.

그렇다고 '불교에서 이렇게 발심하라고 시키니까 시키는 대로 발심해야지.' 이렇게 생각하는 게 아니라, 자기가 스스로 자기 마음의 불편함을 극복하고자 뜻을 내는 것이 발심이죠. 자기 마음이 불편한지도 모르면서 '불교에서 그렇게 하라고 하니까 그렇게 발심해야지.'라고 한다면 이건 발심이 아니죠. 그렇게 해서는 자기의 내면 깊숙한 곳에서 나오는 절실함이 없기 때문에 효과가 없죠.

사실, 마음공부를 성취하려면 가장 중요한 것이 바로 내면 깊숙한 곳에 자리 잡고 있는 절실함입니다. 절실함이란 '내 마음의 문제를 꼭 해결해야 하겠다.'는 강력한 욕구죠. 마치 사막에서 목마른 사람이 결사적으로 물을 찾는 것처럼, 또는 며칠 굶은 사람이 밥 생각만 온통 가득한 것처럼, 정말 깊은 내면에서 '내가 이것은 꼭 해결해야 하겠다.'는 그런 절실함이 있어야 하죠.

이게 가장 좋은 발심이에요. 이런 절실함이 없으면 공부를 끝까지 해낼 수가 없거든요. 발심이 깊고 절실하지 않으면 공부를 시작하여 불편함이 조금 해결되어 조금 편안해지면 거기서 그만 안주해 버리고, 더욱 철저하고 깊은 공부를 하지 않을 수도 있어요. '내 마음이 안고 있는 모든 문제를 끝내 확실히 해결해야 하겠다.'는 그런 절실하고 깊은 발심이 있어야 공부를 끝까지 해낼 수 있는 겁니다.

물론, 불교의 가르침도 매우 중요합니다. 우선 불교에 대한 믿음이 있어야 하는데, 왜냐하면 공부하다가 조금 편안해지면 '이만하면 살 만하네.'라고 하며 공부를 게을리할 수도 있거든요. 그렇지만 경전에서 부처님의 가르침을 보게 되면 '아! 나의 공부는 아직 멀었구나.' '훨씬 더 큰 자유와 지혜가 있구나.' '조금 편해지기는 했지만 나는 아직까지 확실치 않구나.' 하고 알게 되죠. 그런 면에서 종교의 가르침이 자극이 됩니다. '아직 아니구나. 더 해야 하겠구나.' 하고 말입니다. 그래서 종교의 가르침에 대한 믿음이 있어야 합니다. 믿음이 있어야 계속해서 공부할 수 있기 때문이에요.

그러니까 발심의 첫 번째는 자기 스스로 현재의 자기 마음에 만족하지 않고 '지금 내 마음은 만족스럽지 않다.'는 것을 극복하여 만족한 상태로 가고자 하는 절실함입니다. 그 다음으로는 이러한 가르침이 종교의 가르침이고 선지식의 가르침이기 때문에 그 가르침에 대한 믿음이 있어야 합니다. 이렇게 발심에는 두 가지가 필요한 겁니다. 즉 자기 마음속에서 자기 문제의 불만족을 극복하고자 하는 절실함, 그 다음에 그런 마음의 문제를 극복할 수 있도록 가르침을 펼치는 선지식 또는 종교의 가르침에 대한 믿음, 이 두 가지가 본질이라고 말할 수 있겠죠.

똑! 똑! 똑! 여기에는 한마디 말도 없습니다.

4. 수행이란 무엇인가?

똑! 똑! 똑! 여기에 있어야 말에 속지 않습니다.

마음공부를 하는 경우나 종교의 경우에도 보통 수행을 해야 한다고 말합니다. 깨달음을 얻기 위한 마음공부가 수행을 통해서 하는 공부라고 하면, "어떤 수행을 어떻게 해야 하느냐?"라는 질문이 따라오겠지요.

수행(修行)이라는 말에서 수는 닦을 수(修)이고 행은 행할 행(行)

이죠. 여기서 '닦는다'는 말은 '익숙해진다'는 뜻이에요. 실천수행이라고도 하는데, 실천해서 익숙하게 한다는 뜻입니다. 사물을 닦는다고 할 때도 유리창을 닦는다거나 방바닥을 닦는다거나 물건을 닦는 것도 한두 번 닦는 게 아니라 계속 닦아서 반짝반짝 빛이 나고 깨끗해질 때까지 계속 닦는 거거든요. 한두 번 닦아서 끝나는 게 아니라 어느 정도의 시간 동안 계속한다는 뜻이 있죠. 마음을 닦는다고 할 때도 오랜 기간 익숙해지도록 익힌다는 거예요.

《논어》의 첫머리에 공자가 말한 "학이시습지(學而時習之)."라는 말이 있어요. 배우고서 그 배운 바를 늘 익힌다는 뜻이에요. 회사에 처음 입사하면 수습사원(修習社員)이라는 말을 하죠. 수(修)나 습(習)이나 뜻이 같습니다. 익힌다는 뜻이에요. 회사 일을 익힌다는 말이거든요. 수습(修習)한다는 말은 그 회사에 들어가서 일을 배우고 익힌다는 뜻이잖아요. 그러니까 수행이라고 할 때 수(修)라는 글자는 수습한다는 것과 같은 뜻이에요. 익힌다는 뜻입니다.

사람에게는 태어날 때부터 하나의 마음속에 중생의 마음도 있고 부처의 마음도 있어요. 하나의 마음이지만 양면이 있는 것입니다. 그런데 우리는 태어나서 지금까지 살아오는 동안 늘 중생의 마음만 익혀 왔어요. 중생의 마음을 익혀 왔다는 것은 중생의 마음의 특징인 분별하고 생각하는 것을 익혀 왔단 말이에요. 그 까닭에 중생의 마음을 분별심이라고 하거든요. 우리는 모두 태어나서 지금까지 중생의 마음을 익혀 왔기 때문에 중생의 마음에만 매우 익숙해져 있어요. 그래서 우리는 중생으로 살아가는 게 큰 불편함이 없는 것이에요. 익숙하면 편하지요.

깨달음을 얻기 위한 수행이란 부처의 마음에 익숙해져 가는 것입니다. 마음공부에서 부처의 마음에 익숙해져 가는 것이 바로 수행입니다. 그런데 아직 깨닫지 못했기 때문에 부처의 마음은 아직 경험해 본 적이 없어요. 경험한 적이 없으니까 당연히 익숙하지도 않아요. 그러니까 수행을 하려면 일단 먼저 부처의 마음을 한번 깨달아 경험해야 해요. 한번 깨달아 보면 '아! 이런 것이 있구나.' 하고 경험하게 되죠. 그렇게 경험하게 된 부처의 마음에 익숙해지는 것을 수행이라고 할 수 있습니다. 그러니까 수행이라는 것은 깨달은 뒤에 깨달은 마음에 익숙해져 가는 것입니다.

그러므로 일단은 깨달아야 부처의 마음을 경험하게 되고, 그런 경험을 계속하는 시간이 지나면서 더욱 익숙해지는 거지요. 그러므로 마음공부에서 수행을 말한다면, 깨달은 뒤에 그 깨달음에 익숙해져 가는 게 바로 수행이에요. 행(行)이라는 것은 행동한다는 거니까 실천한다는 뜻이죠. 결국 수행이라는 것은 깨달음을 익히는 행동을 계속한다는 뜻이지요. 익숙하게끔 익히는 행동을 계속하는 거지요.

먼저 깨달은 뒤에 그 깨달음에 익숙해져 가는 게 수행입니다. 그러면 깨닫기 전에는 수행이 불가능할까요? 스스로 아직 깨닫지 못했으니 혼자서 익힐 수는 없습니다. 그런 면에서 아직 깨닫지 못한 사람이 혼자서 행하는 수행은 불가능합니다. 그러나 수행할 수 있는 길은 있습니다. 그 길은 이미 깨달아서 깨달음에 충분히 익숙해져 있는 스승을 찾는 것입니다. 그런 스승을 찾아서 정신적으로 그에게 의지하여 그의 가르침과 정신을 따르는 것입니다.

내 마음은 아직 깨달음을 얻지 못했지만, 스승의 마음은 이미 깨달음 속에 있습니다. 그러므로 내 마음을 내려놓고 스승을 우러르며 스승의 깨달은 마음을 따르고 좇아가는 것이 아직 깨닫지 못한 사람의 수행이 됩니다. 이것을 일러 마음에서 마음으로 통한다는 이심전심(以心傳心)이라고 합니다. 스승의 법문을 들으며 스승의 마음을 따라가는 것이 곧 깨닫기 이전의 수행인 것입니다.

이심전심의 가장 좋은 방법은 스승의 가르침에 귀를 기울이는 것입니다. 스승은 자신의 깨달음에 대하여 경험하는 대로 느끼는 대로 성실하게 이야기합니다. 그 이야기를 열린 마음으로 진지하게 듣는 제자는 서서히 그 이야기 속으로 빨려들어 갑니다. 그렇게 오랫동안 계속 들으면, 단지 말을 듣고서 이해하는 정도를 넘어서 말로는 표현할 수 없는 스승의 깨달은 마음 가까이 다가갈 수 있습니다. 그런 정도에 이르면 제자는 그곳에서 스승의 마음이 아니라 자기 자신의 마음을 확인하는 불가사의한 체험을 할 수 있게 됩니다.

물론, 늘 긴 설법만 들어야 하는 것은 아니고, 짧은 대화 속에서도 스승의 가르침에 자극받아 깨달을 수 있습니다. 제자가 이미 오랫동안 깨달음을 추구해 왔다면 이미 자기 마음의 문 앞에 당도해 있는 것입니다. 이런 경우에는 단지 스승의 한마디 말이 제자의 마음을 격발시켜 깨닫게 할 수도 있습니다. 우리 선(禪)에서는 이렇게 이심전심으로 깨달음이 이루어집니다.

일반적으로 보면 깨닫기 위한 수행으로서 여러 가지 방법을 제시해 놓고 있기는 해요. "좌선을 해라." "기도를 해라." "염불을 해라." "경전을 읽어라." 이런 식으로 여러 가지 방법을 얘기하는데 이게 사실은 이치가 맞지 않습니다. 예를 들어, 좌선을 한다는 것은 대체로 앉아서 의식을 하나의 대상에 집중하는 관법(觀法)을 행하는 것이죠. 머릿속에 떠올린 하나의 생각에 의식을 집중하여 관찰하거나, 호흡이나 눈앞의 대상에 의식을 집중하여 관찰하는 것이 관법이죠. 이것은 의식을 집중하는 훈련이죠. 의식을 집중하는 훈련이 깨달음이라는 결과를 가져올까요?

물론, 의식을 집중하는 훈련을 하면 이 공부를 하는 데에 도움이 되는 면은 있을 수 있어요. 산만한 것보다는 집중을 잘할 수 있으면 마음공부에 도움은 분명히 될 것입니다. 산만하다는 것은 계속 일어나는 온갖 생각에 얽매여 따라다니는 건데, 그렇게 산만한 것보다는 집중력이 있는 것이 공부에 더 도움이 될 것입니다. 그렇지만 의식을 한 곳에 집중하는 것이 깨달음으로 곧장 연결된다거나 그런 집중이 곧 깨달음이라고 할 수는 없습니다. 직접적인 연결고리는 없어요.

깨달음이라는 것은 집중하는 게 아니라 분별하는 중생의 습관을 벗어나 분별없는 부처의 마음이 실현되는 거거든요. 집중을 한다는 것은 내가 무엇에 대해 집중하는 것이기 때문에 주관과 객관의 관계 속에서 집중은 이루어집니다. 다시 말해, 분별하는 중생심에는 주관인 '나'라는 것이 있고 객관인 '대상'이 있단 말이에요. 우리가 무엇에 집중하거나 무엇을 관찰한다고 하면, 내가 그 무엇에 집중하는 것이고 내가 그 무엇을 관찰하는 거죠. 염불을 하는 것도 내가 뭔가를 생각하는 겁니다. 염(念)이라는 게 잊지 않고 생각한다는 말이므로, 나라는 주관이 있고 생각하는 대상이 있어요.

중생세계를 분별세계라고 합니다. 분별이라는 것은 주관과 객관 사이에서 이루어지는 것입니다. 그런데 중생의 이런 분별을 벗어나면, 주관도 없고 객관도 없어요. 나와 남이라는 주관과 객관이 없기 때문에 집중이라는 게 있을 수 없어요. 집중도 없고 산만함도 없죠. 그렇기 때문에 집중을 계속하는 것이 깨달음으로 바로 연결되는 것은 아니에요. 또 집중 상태를 유지하는 것이 깨달음도 아닙니다.

깨달음이라는 것은 단지 분별에서 벗어나는 것이에요. 분별을 벗어나면 공(空)이라 하고, "한 물건도 없다." 하고, 불가사의(不可思議)라고 하듯이, 생각할 수도 없고 말할 수도 없습니다. 분별은 없으나 살아 있는 마음이기 때문에 분별없는 마음으로서 살아 있을 뿐, 집중한다거나 산만하다거나 하는 차별도 당연히 없어요. 그러니까 이렇게 집중하는 것이 곧장 깨달음으로 이어진다고 할 수는 없어요.

깨달음을 비유로 표현하면 꿈에서 깨어나는 것이라고 할 수 있습니다. 깨닫는다는 말이 어두운 잠에서 깨어난다거나 어리석음에서 깨어난다는 뜻이거든요. 그래서 한문으로 번역할 때는 각(覺)이라는 글자를 쓰죠. 영어로도 awake와 같은 단어를 쓰잖아요. 이처럼 깨달음이라는 말은 잠에서 깨어난다는 뜻이에요. 어둠 속에 갇혀 있다가 밝게 깨어난다는 뜻이거든요. 그래서 깨달음을 비유하여 꿈에서 깨어난다고 하는 겁니다.

지금 꿈을 꾸는데 기분이 좋은 꿈 같으면 깨고 싶지 않지요. 그런데 아주 나쁜 꿈, 악몽, 가위에 눌리거나 하면 깨어나고 싶습니다. 처음에는 꿈이 꿈인지 몰라요. 그런데 악몽을 꾸고 계속 괴로우면 '이게 악몽이구나.' '꿈이구나.' 하고 꿈속에서도 알게 돼요. 깨고 싶거든요. 깨고 싶지만 눈이 쉽게 떠지질 않아요. 꿈속에서 꿈에서 깨어나고 싶지만, 깨어날 수 있는 무슨 방법이 꿈속에 있습니까? 없어요.

꿈을 깨려고 꿈속에서는 어떤 방법을 쓰더라도 그 자체가 꿈이기 때문에 깰 수가 없습니다. 꿈속에서 어떻게 하면 이 꿈을 깰 수가 있을까 하고 생각하는 것도 역시 꿈일 뿐이죠. 실제 악몽을 꾸면 그런 생각도 못 합니다. 그냥 깨고 싶어서 진땀이 나고 발버둥을 치고 안달을 할 뿐이지, 실제 악몽의 상황에서는 어떤 방법을 쓰면 깨어날까 하고 생각하는 여유를 부릴 틈이 없습니다.

만약에 그런 여유를 부릴 틈이 있어서 '어떻게 하면 이 악몽에서 깨어날까?' 하고 꿈속에서 생각하더라도 그 자체가 꿈이기 때문에 아무 효과가 없고 아무 쓸데가 없습니다. 방법이라는 게 있을 수 없어요. 꿈속에서 꿈을 깨려고 손으로 다리를 꼬집는다고 꿈을 깰까요?

악몽에서 깨어난 경험이 다들 있을 것입니다. 악몽을 꿀 때는 꿈에서 깨어나고 싶은데도 마음대로 깨어나지 못하니까 안달복달하면서 절실한 것밖에 없습니다. 그렇지만 악몽 속의 공포는 자꾸자꾸 더 심해지죠. 더 두려움에 떨게 되고 더 괴로워집니다. 그래서 막 발버둥을 치다 보면, 어느 순간에 '이러다가 내가 죽겠구나.' 하는 생각이 들 만큼 절박하게 되면 갑자기 한순간 자기도 모르게 눈이 번쩍 떠지면서 악몽이 끝납니다.

마음공부에서 깨달음이 딱 이런 식이에요. 이런 식이지 무슨 요

73

령이나 방법이 있는 건 아니에요. 그렇기 때문에 우리가 종교나 명상에서 일반적으로 제시하는 모든 수행의 방법들은 실질적으로 별 소용이 없는 겁니다. 가장 중요한 것은 깨닫고 싶은 이 발심, 이 절실함, 이것이 극에 다다를 때 저절로 깨달아지는 거예요.

그래서 시절인연이라는 말을 하거든요. 시절인연이란 때가 되어야 한다는 말입니다. 때가 되어야 꽃이 피고 때가 되어야 싹이 트듯이, 깨닫고 싶은 절실함이 쌓이고 더 쌓이고 깊어지고 더 깊어지면 저절로 깨달음이 일어나는 때가 오는 겁니다. 줄탁동시(啐啄同時)라는 말도 있듯이 계란 속에 있는 병아리가 부화해서 알을 깨고 나오는 것도 같은 이치죠. 때가 되어야 합니다. 병아리가 안에서 제대로 크지도 않았는데 알을 깨고 나올 수는 없어요. 때가 되면 저절로 알을 깨고 나오려고 병아리가 알 속에서 발버둥을 치게 되고, 그렇게 발버둥을 치다 보면 알을 깨고 나오는 겁니다. 깨달음의 경험도 이와 비슷합니다. 그렇기 때문에 어떤 수행의 방법이 원인이 되어 깨닫는다는 말은 이치에 맞지 않는 말이에요.

깨달은 뒤에는 분별을 벗어난 새로운 세계에서 살게 됩니다. 거듭 태어났다고 말하는 것처럼 과거의 세계에서 벗어나 새로운 세계에서 삽니다. 지금까지 익숙하게 살아왔던 세계가 아닌 낯선 새로운 세계에 들어왔음을 비로소 경험합니다. 이 새로운 세계에서 평소처럼 생활하지만 이제는 '나'라는 것도 없고, '나의 것'이라는 것도 없고, '내가 사는 세계'라는 것도 없고, 그야말로 아무것도 없어서 좋은 것도 없고 나쁜 것도 없는 처음 겪어 보는 낯선 세계입니다.

이 세계에는 번뇌도 없고 해탈도 없고, 삶도 죽음도 없고 삶과 죽음에서 벗어남도 없고, 행복도 없고 불행도 없고, 어리석음도 없고 깨달음도 없고, 생각이 없고 말이 없는 세계이기 때문에, 지금까지 경험하지 못했던 전혀 새로운 세계에 새롭게 태어나는 것 같은 경험입니다. 온갖 것이 잡다하게 있는 세계에서 벗어나 아무것도 없는 세계에 깨달아 들어오면 너무나도 가볍고 홀가분하고 좋으며, 무엇보다도 이제 비로소 원하던 일이 성취되어서 더이상 바라는 것이 없음이 분명해집니다.

이 깨달음의 세계를 한번 맛보면 지금까지 살아온 과거의 삶은 돌아보기도 싫고 생각하기도 싫어집니다. 마치 지금까지 몸에 맞지 않은 불편한 옷을 입고서 힘들게 살아오다가 이제 비로소 딱 알맞은 편안한 옷으로 갈아입은 것과 같습니다. 그만큼 새로 경험하는 이 깨달음의 세계가 좋은 것입니다. 이제부터는 좋지만 아직은 낯선 이 깨달음의 세계에 익숙해져 가야 하는 공부가 남아 있습니다.

이처럼 중생의 분별심에서 벗어나는 체험을 하면 아직 여기에 익숙하지 못해서 아직까지는 힘이 없고 낯선 상태이긴 하지만, 벌써 마음은 달라져 있기 때문에 굉장히 가볍고 좋죠. 그러니까 이 가볍고 좋은 여기에 익숙해지려고 하는 그 욕망이 이전보다 더 강하게 일어납니다. '빨리 여기에 익숙해져서 좀더 자유롭고, 좀더 가볍고, 좀더 망상에 시달리지 않고, 좀더 아무 일이 없고, 좀더 아무 문제가 없고, 좀더 지혜롭게 되고 싶다.'는 욕망이 강하게 일어나죠.

그러므로 이때부터 더욱더 이 공부에 몰두하게 됩니다. 공부에 더 마음이 기울어져서 선지식의 법문도 더 많이 듣게 되고 공부를 더 열심히 하게 됩니다. 이 세계가 좋다는 사실을 경험하기 때문에 더 열심히 공부하게 되는 거죠. 그러나 익숙해진다는 것은 짧은 시일에 가능한 일은 아니에요. 욕심으로는 빨리 익숙해져서 빨리 더욱 자유로워지고 싶지만, 그게 그렇게는 안 돼요. 수십 년의 시간이 필요하죠. 사실은 남은 여생 동안 천천히 익숙해져 가면서 지혜도 서서히 밝아지게 됩니다.

깨닫고서 깨달은 세계에 점점 익숙해져 가는 것을 '익숙해져 간다'는 뜻에서 수행(修行)이라고 할 수 있습니다. 이처럼 수행이라는 것은 깨달은 뒤에 깨달음에 익숙해져 가는 공부를 계속하는 것입니다. 이 시기 동안 우리 마음은 중생의 망상하고 집착하는 어리석고 무겁고 어두운 마음에서 서서히 멀어지고, 번뇌와 망상이 없는 지혜롭고 자유롭고 가볍고 밝은 보살의 마음으로 천천히 변화해 갑니다.

이때 조심해야 할 것은 역시 생각으로 배워서 익히려고 하면 안 되는 것입니다. 깨달음을 얻는 것은 마치 나무의 새싹이 땅에서 솟아나온 것과 같아서, 그 싹이 자라서 줄기가 되고 가지가 나오고 잎이 생기고 꽃이 피고 열매가 열리려면 충분한 시간이 필요한 것입니다. 또 깨달음을 이루는 것은 마치 아이가 태어나 자라는 것과 같아서, 이십여 년은 자라야 아이가 어른이 되는 것과 같습니다. 요점은 싹이 나올 때 이미 큰 나무가 되어 열매가 맺힐 가능성은 모두 가지고 있지만 그렇게 되려면 시간이 걸리는 것과 같고, 아이가 태어날 때 이미 사람으로서의 모든 가능성을 가지고 태어나지만 한 사람의 어엿한 인간으로 살아가려면 시간이 많이 걸리는 것과 같습니다.

요컨대, 깨달음에 익숙해지고 깨달음의 지혜가 밝아지는 것은 오랜 시간 직접 겪어 가면서 이루어지는 것이지, 단기간에 보고 듣고 배워서 이루는 것은 아니라는 사실입니다. 수행이란 실천수행이라고 하듯이 오로지 직접 체험하고 겪어 가면서 타고난 지혜가 밝아지고 타고난 본성이 발휘되는 것이지, 지식으로 배워서 이해하고 알아 가는 것이 아니라는 사실을 잊으면 안 됩니다. 우리 마음을 일러 여래장(如來藏)이라고 하듯이 여래의 본성과 지혜는 본래 우리 마음에 갖추어져 있는 것이고, 깨달아서 수행하는 것은 그 여래의 본성과 지혜가 드러나 발휘되는 것입니다.

똑! 똑! 똑! 여기에는 한마디 말도 없습니다.

5. 마음은 무엇인가?

똑! 똑! 똑! 여기에 있어야 말에 속지 않습니다.

마음공부를 한다고 하는데, 그러면 마음이 무엇일까요? 마음은 이 세계의 진실을 가리키는 이름입니다. 누군가 "마음은 이런 것이다."라고 말한다면, 이 말은 헛될 수도 있고 진실할 수도 있습니다. 이 말을 생각으로 이해한다면 헛됩니다. 생각에서 벗어난 사람에게는 이 말이 바로 진실한 마음입니다.

눈에 보이는 모습, 귀에 들리는 소리, 느낌이나 기분, 생각 등 우리가 경험하는 모든 것이 마찬가지로 헛될 수도 있고 진실할 수도 있습니다. 경험되는 모든 것을 분별하여 안다면, 모든 것은 헛된 것입니다. 진실은 말과 생각 속에서 나타나지 않고 말과 생각이라는 분별에서 벗어나 체험됩니다. 그러므로 진실은 말할 수 없습니다. 그러나 공부를 하기 위해서는 말을 하지 않을 수 없습니다. 말할 수 없는 것을 억지로 말하는 것을 일러 방편의 말이라고 합니다. 지금 이렇게 말하는 것은 모두 방편의 말입니다.

마음을 간단히 말하면, 어떤 것도 아니면서 모든 것이고, 무엇이든지 마음이면서 그 어떤 것도 아닌 게 마음입니다. 더 직접적으로 말하면, "오늘 날씨가 흐리다."가 마음이고, "점심 식사는 하셨습니까?"가 마음이고, 말없이 창밖을 바라보는 것이 마음입니다.

그러나 '마음은 어떤 것이다.'라고 이해하면 그것은 단지 헛된 생각일 뿐입니다. 마음은 생각하고 이해할 수 있는 것이 아니라, 체험하여 확인되는 것입니다. 마음을 체험하는 것이 바로 생각에서 해탈하는 깨달음입니다. 생각에서 벗어나 깨달아 저절로 밝혀지면 의문이 사라져 매 순간 아주 명백하게 드러나 있습니다만, 생각할 수 없으므로 설명할 수도 없는 것이 마음입니다.

그러나 마음공부를 해야 하기 때문에, 억지로 방편을 베풀어 마음에 관하여 말할 수밖에 없습니다. 사실은 불교뿐만 아니라 모든 종교가 전부 마음공부입니다. 왜냐하면 종교는 인간을 불행으로부터 구원하는 것인데, 불행하다는 것은 근본적으로 마음에서 결정되고 마음에서 좌우되는 것이지, 외부의 물질적인 상황에 좌우되는 게 아니기 때문입니다. 물론, 어리석은 사람들은 '가난해서 불행하다.' '몸이 건강하지 못해 불행하다.' '못생겨서 불행하다.' '공부를 잘하지 못해서 불행하다.' 등으로 생각할 수도 있겠죠. 어리석기 때문에 원인을 잘못 짚은 겁니다. 불행의 근본 원인을 잘못 짚은 것이죠.

우리가 불행한 근본 원인은 타고난 본래의 마음을 깨닫지 못하고 분별하고 생각하는 것만 따라가기 때문입니다. 그렇게 생각에 홀려서 생각 속을 헤매는 것이 바로 중생의 미혹(迷惑)입니다. 참된 근본을 모르고 헛된 생각만 따라가는 것이 우리가 불행한 원인인데도, 생각 속에서는 전혀 그런 사실을 모르니 불행의 원인에 대하여 잘못된 판단을 하죠. 깨달음을 얻어 가르침을 펼친 사람들은 누구나 말하길, 행복과 불행의 근본은 마음이고 우리가 타고난 본래의 마음을 깨달으면 원래 아무 문제가 없다고 합니다.

아무 문제가 없는 본래 타고난 그 마음을 깨닫는 것이 바로 구원입니다. 그러므로 불교에서 "마음을 깨달아 해탈하고 열반에 든다."고 합니다. 예를 들어, 힌두교에서 말하는 범아일여(梵我一如)도 "나와 우주의 창조주인 브라만이 하나다."라는 뜻인데, 그러면 우주의 창조주인 브라만이 물질세계 속의 어떤 존재일까요? 창조주 브라만은 인간처럼 물질적 육체를 가진 존재는 아니죠. 브라만과 아트만이 둘이 아니라고 할 때는 마음을 가리키는 것입니다. 또 기독교에서 구세주니 창조주니 하는 것도 마음에 있는 것이지, 물질적 존재가 아닙니다. 물질세계인 우주 어딘가에 하느님의 나라가 있다고 하는 게 아니거든요. 결국 우리는 마음에서 불행을 느끼고 그 불행을 극복하는 것도 마음에서 해결해야 하기 때문에 종교는 곧 마음 공부입니다.

그러면 마음은 어떤 것일까요? 우리는 마음이라는 말을 흔히 하지만, 사실 마음은 물질세계와는 달라서 겉으로 드러나는 게 아닙니다. 마음은 드러나 분별되는 게 아니기 때문에 알 수도 없고 설명할 수도 없어요. 그러나 마음공부를 해야 하기 때문에 마음이라는 말을 하지 않을 수도 없어요. 불교에서는 마음을 하나의 마음, 일심(一心)이라고 합니다. 마음은 하나뿐이라는 겁니다. 마음이 하나라는 말은 무슨 뜻일까요? 마음에는 바깥이 없다는 거예요. 마음에는 끝이 없다는 거죠. 마음에는 테두리가 없고 바깥이 없으니까 둘이 될 수 없는 거죠. 그렇기 때문에 "모든 것이 마음속에 있다."고도 하고, "세계는 하나의 마음이다."라고도 합니다.

마음은 하나인데 이 한 개 마음에는 양 측면이 있습니다. 《대승기신론》에서는 일심이문(一心二門)이라고 해서, 하나의 마음에 두 개의 문이 있다고 합니다. 두 개의 문은 진여문(眞如門)과 생멸문(生滅門)이라고 합니다.

생멸이란 생기고 사라지는 거니까 모습으로 분별되는 마음입니다. 생기고 사라지는 모습을 나타내므로 분별되는 거죠. 분별되는 모습은 계속 변화하지요. 보는 것, 듣는 것, 느끼는 것, 생각하는 것들은 분별이 되면서 계속하여 변화합니다. 변화한다는 것은 생기고 사라진다는 것이지요. 생기고 사라지는 세계가 분별세계이고 생멸문입니다. 이처럼 생기고 사라지며 분별되는 세계는 우리가 의식하는 세계이고 아는 세계입니다. 즉, 생멸문은 우리 모두가 알고 있다고 여기는 우리가 살고 있는 세계입니다.

진여라는 말은 '진실하고도 여여(如如)하다'는 뜻이에요. 진실함이 곧 여여함이죠. 여여란 변함없이 한결같다는 뜻이니, 이것이 곧 진실함입니다. 때와 장소에 따라 달라지는 것을 진실하다고 할 순 없어요. 그렇게 덧없이 달라지는 것을 허망하다고 하죠. 변함없이 한결같다는 것은 생기고 사라짐이 없다는 것입니다. 생기고 사라짐이 없다는 것은 곧 분별되는 모습이 없다는 말입니다.

생멸문이 분별되는 모습의 세계라면, 생기고 사라짐이 없는 진여문은 분별되는 모습이 없는 세계입니다. 《반야심경》을 가지고 말하면, 색수상행식의 오온(五蘊)이 생멸문이고 공(空)이 진여문입니다. 색(色)은 지수화풍(地水火風)이니까 물질, 수(受)는 느낌, 상(想)은 생각, 행(行)은 의도적 행위, 식(識)은 의식이니 모두 분별세계입니다. 이렇게 분별되는 세계가 생멸문입니다.

공(空)은 텅 비었다는 뜻이지만, 실제로는 텅 빈 허공을 가리키는 말이 아니고 분별을 벗어났다는 뜻입니다. 분별에서 벗어나 분별되는 것이 아무것도 없으니 텅 비었다는 뜻으로 공이라는 말을 한 것입니다. 공과 통하는 말이 불이(不二) 혹은 중도(中道)입니다. 둘로 분별되지 않는다고 하여 불이라 하고, 이것과 이것 아닌 것 둘 가운데 어느 쪽도 아니라고 하여 중도라고 하니, 불이와 중도는 모두 분별을 벗어난 해탈을 가리키는 말입니다. 이 공을 경전에서는 진여자성(眞如自性)이라고도 합니다. 진여자성은 분별되지 않는다는 뜻에서 공이라고 하는 거지요. 분별되지 않는 공이 바로 진여문입니다.

이처럼 하나의 마음에 생멸문과 진여문의 양면이 있다고 하기도 하고, 또 세간(世間)과 출세간(出世間)이라는 말도 하죠. 세간은 분별되는 모습의 세계라고 하여 세간상(世間相)이라는 말을 합니다. 출세간은 분별되는 모습의 세계인 세간을 벗어난 모습이 없는 세계라는 뜻입니다. 우리의 마음세계에는 세간과 출세간의 양면이 있다는 말이지요. 또 진제(眞諦)와 속제(俗諦)라고도 말하는데, 역시 우리의 마음세계에는 깨달아 밝혀지는 진실한 세계와 깨닫지 못한 세속이라는 양면이 있다는 말입니다.

《금강경》에서는 제상(諸相)과 비상(非相)을 말합니다. 여러 가지 모든 모습이라는 뜻인 제상은 분별되는 모습의 세계를 가리키고, 모습이 아니라는 비상은 분별되는 모습에서 벗어난 세계를 가리킵니다. 분별되는 모습이 없는 비상을 성(性)이라고도 합니다. 상(相)이 마음세계의 분별되는 모습이라면, 성은 마음세계의 분별되지 않는 본성(本性)입니다. 자성(自性), 법성(法性), 불성(佛性)은 모두 분별되지 않는 본성과 같은 말입니다.

동서고금을 막론하고 일반적으로 철학과 종교에서는 우리가 사는 세계가 겉으로 드러나 분별되는 현상(現象)의 세계와 겉으로 드러나지 않아서 분별되지 않는 본질(本質)의 세계라는 양면을 가지고 있다고 말합니다. 우리가 사는 세계는 우리의 마음에 나타나는 세계이므로 세계의 양면은 당연히 마음의 양면입니다.

불교에서는 분별되는 모습에 갇혀서 분별되는 모습만 알고 늘 분별만 하면서 사는 사람을 중생이라고 합니다. 중생은 분별에서 벗어나지 못하니 중생의 마음을 분별심(分別心)이라고 합니다. 분별되는 세계는 끊임없이 생기고 사라지는 덧없는 세계이므로 허망하다 하고, 반면에 생기거나 사라짐이 없는 분별되지 않는 세계는 진실하다고 하여 진여(眞如)라고 합니다.

불교에서는 마음을 흔히 거울이나 투명한 수정구슬에 비유합니다. 거울의 본바탕은 텅 비어 있지만 늘 온갖 모습이 나타나서 생멸변화하고, 수정구슬의 본바탕도 투명하여 텅 비어 있지만 역시 언제나 온갖 모습이 나타나서 생멸변화합니다. 사람들은 거울을 볼 때 언제나 그곳에 나타나는 모습만 바라보지 텅 빈 거울은 보지 못합니다. 텅 빈 거울은 눈으로 보는 것이 아니라 경험을 통하여 깨달아 이해해야 하는 것이지요.

그와 마찬가지로 중생의 분별심은 모습을 분별할 줄만 알기 때문에 변함없이 진실한 텅 빈 본바탕은 깨닫지 못하고 덧없이 생멸변화하는 모습에만 사로잡혀 그것을 진실하게 여겨 집착하고 있습니다. 덧없고 헛된 것에 집착하고 얽매여 있으므로 언제나 불안하고 불만족스럽습니다. 이러한 불안과 불만족을 번뇌라고 하는데, 결국 번뇌는 진실을 깨닫지 못한 어리석음이 원인입니다. 어리석은 중생은 생멸변화하는 헛된 것에 홀려서 그것을 따라다닌다고 하여 미혹하다고도 합니다. 미혹이란 무언가에 홀려서 자신을 잃어버리고 헤맨다는 뜻입니다.

생기고 사라지는 온갖 모습에 홀려서 자신의 변함없는 진실을 잃고 헤매는 중생이 모습을 분별하는 것에서 벗어나 분별되지 않는 진여자성을 깨닫는 것을 견성성불(見性成佛)이라고 합니다. 견성성불의 깨달음이 불교 공부의 목적입니다. 깨달음을 해탈이나 열반이라고도 하는데, 묶인 것을 풀고 벗어난다는 뜻인 해탈(解脫)은 분별에서 벗어난다는 뜻이고, 모든 것이 사라져서 아무것도 없다는 뜻인 적멸(寂滅)이라 번역되는 열반은 분별되는 것이 없다는 뜻입니다. 헛된 꿈에서 깨어난다는 뜻인 깨달음은 분별이라는 꿈에서 깨어나 분별에서 벗어난다는 뜻입니다.

이처럼 우리가 살아가는 마음의 세계에는 생기고 사라지는 모습으로 분별되는 허망한 세계와 분별되지 않는 진실한 세계라는 양면이 있습니다. 허망한 모습의 분별세계에 사로잡혀 있는 사람을 중생이라 하고, 분별에서 벗어나 모습 없는 텅 빈 진여에 통하는 깨달음을 얻은 사람을 보살 혹은 부처라고 합니다. 깨달음을 가르친다는 뜻인 불교(佛敎)는 중생을 허망한 분별에서 벗어나 진여를 깨닫도록 가르치는 종교입니다.

그러면 분별되지 않아서 모습이 없는 진여를 깨달으면 모든 분별되는 모습의 세계가 사라질까요? 그렇지는 않습니다. 거울 속의 모습을 보고 그것을 진실하다고 집착한 어리석은 사람이 사실은 거울이 텅 비어 있다는 사실을 깨달았다고 하여 거울에 나타나는 모습이 사라지지는 않는 것처럼, 우리가 헛된 분별심을 벗어나 진여를 깨달아도 분별되는 세계는 그대로 있습니다. 그러나 거울속의 모습이 진실하다고 착각하여 모습에 집착하고 모습에 사로잡혀 벗어나지 못하고 시달렸던 사람이 사실은 모습만 나타날 뿐 아무것도 없다는 진실을 알게 되면, 이제는 그 모습에 집착하거나 그 모습에 사로잡혀서 어리석게 시달리지는 않게 될 것입니다.

마찬가지로, 분별되는 허망한 세계를 진실하다고 착각하여 분별에 사로잡혀서 괴로워하며 살던 사람이 분별에서 벗어나 분별되지 않는 진실을 깨달으면, 지금까지와 똑같이 분별되는 세계에서 살지만 분별에서 벗어났기 때문에 분별에 사로잡혀서 시달리는 번뇌는 없습니다. 겉으로는 여전히 같은 분별의 세계를 살고 있지만, 마음에서는 헛된 분별에서 벗어나 집착으로 인한 고통이 없고 어디에도 걸리지 않는 자유를 누리게 됩니다. 이렇게 마음이 걸림 없이 자유로워지면 마음세계의 실상을 밝게 보는 지혜가 저절로 생깁니다. 어리석은 번뇌의 고통에서 벗어나 밝은 지혜 속에서 사는 것이 보살의 삶이고 부처의 삶입니다. 이것이 불교에서 말하는 중생을 제도한다는 것이고 기독교에서 말하는 죄인을 구원한다는 것입니다.

실제 선을 공부하려고 선지식의 가르침을 구하면, 선지식은 분별할 수 없는 진여를 가리켜 보입니다. 그러므로 공부하는 학인은 선지식의 가르침을 만나 어떻게도 분별할 수 없고 이해할 수 없고 알 수 없게 되어 앞이 꽉 막히게 됩니다. 생각으로 헤아려 분별할 수 없게 된 학인은 마치 문 없는 장벽에 가로막힌 듯하고 쥐가 덫에 갇힌 듯하고 손발이 묶여 꼼짝도 할 수 없게 된 듯합니다. 이렇게 분별심이 작동할 수 없는 상황에서 갑갑해하고 숨 막혀하면서도 깨닫고자 하는 뜻을 버리지 않고 버티다 보면, 어느 순간 예기치 않게 갑자기 이런 갑갑한 상황이 끝나고 개운하고 시원하게 뚫리면서 깨닫게 됩니다. 이렇게 깨닫게 되면 지금까지의 답답함과 갑갑함이 한순간 모두 사라지면서 분별심을 벗어나 끝없고 텅 빈 진실에 통하게 됩니다. 이렇게 되면 분별하는 것도 없고 아는 것도 없는 마음은 무한한 허공처럼 장애물이 없고 머묾이 없고 걸림이 없는 자유를 누리게 됩니다.

똑! 똑! 똑! 여기에는 한마디 말도 없습니다.

6. 중생의 마음과 부처의 마음이란?

똑! 똑! 똑! 여기에 있어야 말에 속지 않습니다.

중생의 마음과 부처의 마음은 어떻게 다를까요? 마음은 본래 하나의 마음인데, 깨닫기 전에는 중생의 마음이라 하고 깨달은 뒤에는 부처의 마음이라고 일컫는 것이죠. 우리 마음은 하나의 마음이지만, 중생의 마음으로 살 수도 있고 부처의 마음으로 살 수도 있습니다.

깨닫기 전의 중생의 마음이란 일반적으로 모든 사람이 자기의 마음이라고 여기고 있는 것인데, 그 특징은 생각하는 마음, 분별하는 마음, 좋아하거나 싫어하는 마음, 집착하는 마음이라고 할 수 있고, 이들을 한마디로 번뇌가 있는 마음이라고 할 수 있겠죠. 우리가 중생일 때는 보통 자기가 마음을 알고 있다고 생각해요. "지금 내 마음이 이렇다."라는 말을 사람들이 자주 하죠. 그런데 그 마음이 어떠하냐고 물어보면, 대개 자신의 생각이나 기분이나 감정이나 욕망이나 이런 것들을 자기 마음이라고 답합니다. 중생의 마음은 그렇게 분별되는 마음입니다.

86

깨달음이란 그런 중생의 마음에서 벗어나는 해탈의 체험입니다. 해탈한 마음은 모든 분별에서 벗어나 중도(中道)에 통한 열반의 마음이고, 다만 깨어 있을 뿐인 깨달음의 마음입니다. 우리가 그런 중생의 마음에서 벗어나는 해탈을 체험하면, 모든 분별에서 벗어나므로 '이것이 마음이다.'라거나 '마음이 어떻다.'라는 이런 생각에 매이지 않아요. 마치 태양이 밝게 비추고만 있듯이 활짝 깨어 있기만 하고 아무런 분별도 생각도 가지고 있지 않습니다. 그러므로 해탈, 열반, 깨달음, 부처, 부처의 마음이라는 말도 방편의 말일 뿐, 진실로 그런 이름으로 분별되는 무엇이 있지는 않습니다.

깨달아 분별에서 해탈한 마음이 되었다고 해서 보고 듣고 느끼고 생각하는 기능이 사라진 것은 아닙니다. 이렇게 설명할 수도 있겠지요. 하나의 마음에 부처의 마음이라는 측면과 중생의 마음이라는 측면이 동시에 갖추어져 있는데, 태어나서부터 늘 중생의 마음이라는 측면이 활성화되어 중생의 마음으로 세상을 살다가, 어느 날 문득 부처의 마음이 깨어나 활성화되면서 부처의 마음과 중생의 마음이 동시에 작동하는 삶을 살게 된다고 할 수 있어요. 중생의 마음은 분별에 머물러 좋아하고 싫어하는 갈등을 일으켜 늘 번뇌와 불만족이 있는 마음이고, 부처의 마음은 분별에 머물지 않아서 좋아하거나 싫어하는 갈등이 없는 편안한 마음입니다.

중생의 마음에는 번뇌와 불만족이라는 고통이 있어서 우리는 본능적으로 중생의 마음에서 벗어나고 싶어 합니다. 이 때문에 각종 마음공부와 종교가 생겨난 것이죠. 중생의 마음으로 살면서 번뇌와 불만족으로 힘들어하다가 마음공부를 하여 문득 중생의 마음에서 벗어나게 되면, 큰 만족과 안심과 편안함, 이제 고통에서 벗어날 길을 찾았다는 안도감이 있습니다. 그러므로 깨달은 사람은 당연히 번뇌의 고통이 없는 부처의 마음에 뿌리를 내리고 살게 되지만, 중생의 마음이 가진 보고 듣고 느끼고 생각하는 기능이 사라지진 않습니다.

하나의 마음이지만, 중생의 마음과 부처의 마음에는 이런 차이가 있습니다. 중생은 항상 "내 마음이 어떻다."라고 말을 합니다. 마음이 가볍다, 무겁다, 우울하다, 기쁘다 하는 식으로 마음에 관하여 말을 합니다. 그런데 분별에서 해탈한 사람은 그렇게 생각하거나 말할 것이 없어요. 아무 생각이 없어요. 누가 "부처의 마음은 어떻습니까?" 하고 물어보아도 밝게 깨어 있기만 할 뿐, 아무 할 말은 없어요. 이렇게 밝게 깨어 있고 생생하게 살아 있을 뿐이고, 어떻다고 말할 수는 없어요. 왜? 아무 생각이 없으니까요. 뭐라고 할 게 아무것도 없으니까요. 그렇지만 보고 듣고 느끼고 생각하는 기능은 저절로 작동하고 있습니다. 이렇게 저절로 보고 듣고 느끼고 생각하지만, 역시 아무것도 없고 누구도 없습니다. 분별이 없으니 주관도 없고 객관도 없다고 할 수 있겠지요. 그래서 깨달은 사람에게는 마음이 없다고 하여 무심(無心)이라고도 합니다.

이처럼 중생에겐 여러 가지 번뇌 망상이 있고 얽매임이 있어서 항상 마음 때문에 괴롭고 힘들다면, 부처에게는 그런 게 없습니다. 부처의 마음은 어디에 머물러 있는 것도 아니고, 어떤 견해를 가지고 있지도 않고, 어딘가에 얽매여 있지도 않아서, 마음 때문에 시달리는 일은 없어요. 간단히 말하면 부처에게는 마음이라고 할 물건이 없어요. (손을 흔들며) 그냥 이것뿐입니다. 보고 듣고 느끼고 생각하고 말하고 행동하고 무엇이든 다 하는데, 마음은 없어요.

중생에겐 여러 가지 종류의 마음이 있어서 마음에 대해서 할 말이 많지만, 부처에겐 마음이 없어서 마음에 대하여 할 말이 없어요. 부처에게 "마음 무엇이냐?"라고 묻는다면, "몰라요. 그렇게 이름 붙일 만한 게 없어요."라고 답할 것입니다. 보고 듣고 느끼고 생각하고 말하고 행동하는 온갖 활동을 하지만, 마음이라고 할 건 없어요. 그러니까 부처는 "깨달은 마음은 이런 것이다."라고 말할 수가 없어요. 그냥 아무 일이 없어요. 뭐든지 다 하는데 항상 아무 일이 없어요. 뭐든지 다 하는데 뭐라고 말할 건 없어요.

간단히 말해서, 중생의 마음은 분별에 사로잡힌 마음이고, 알고 싶어 함에 사로잡힌 마음입니다. 분별하여 알고 싶어하므로 분별하고 아는 주체인 '나'가 있는 마음입니다. 그러므로 중생의 마음은 '내가 세상을 분별하여 아는 일에 집착한 마음'이라고 할 수 있습니다. 분별에서 벗어나 해탈하게 되면, 이런 분별과 앎에 대한 집착에서 벗어난다고 할 수 있습니다. 세상을 알지 못해도 불안하지 않고 궁금하지도 않습니다. 물론, 보고 듣고 느끼고 아는 능력은 있으므로 볼 수 있고, 들을 수 있고, 느낄 수 있고, 알 수 있지만, 분별하고 아는 일에 대한 집착이 사라졌기 때문에 언제나 아무것도 없고 어떤 것에도 얽매이지 않습니다. 분별에서 벗어나 '나'가 사라졌으므로, 세상이 있어도 세상의 모든 일이 번뇌가 되지 않는 것이 깨달은 사람입니다.

여기에서 한 가지 조심해야 할 게 있습니다. 《능엄경》에 "중생의 분별하는 마음을 가지고 부처님의 말씀을 들으면 부처님의 말씀이 중생의 말이 된다."라는 말이 있어요. 중생은 항상 분별할 것이 있어서 늘 분별하지만, 부처에게는 그렇게 분별할 만한 게 없어요. 알고 있는 것도 없고, '뭐가 어떻다.' 이런 생각 자체가 전혀 없습니다. 그러면 부처가 말하는 깨달음에 관한 말들은 분별이 아닐까요? 말을 하고 있으므로 당연히 분별입니다. 그러나 분별할 수 없는 일을 분별하여 말할 수 없는 일을 말하고 있습니다. 이런 말을 방편(方便)의 말이라고 합니다.

　이런 방편의 말은 중생의 말처럼 분별할 수 있는 어떤 사실을 말하는 것이 아니라, 다만 깨달음으로 이끌기 위한 방편으로써의 말입니다. 예를 들어, 부처가 "마음은 텅 빈 허공과 같다."고 말할 경우에 이 말을 듣고서 '텅 빈 허공과 같은 마음이 있구나.'라고 이해한다면, 이런 이해는 부처의 방편의 말을 중생의 분별심으로 잘못 이해한 것입니다. '마음은 텅 빈 허공과 같다.'는 말은 마음이라고 분별할 무엇은 없으니 분별하여 알려고 하지 말라는 뜻의 방편의 말이지, 텅 빈 허공과 같은 마음이 있으니 그런 마음을 알아보라는 말은 아닙니다.

　방편이란 언제나 분별을 벗어나 분별할 수 없는 중도로 이끄는 말입니다. 이법(二法)에서 벗어나 불이법(不二法)으로 이끈다고도 합니다. 깨달음이란 분별에서 해탈하여 분별 없는 중도를 성취하는 일이기 때문에 부처의 가르침은 언제나 분별에서 벗어나는 길을 가리킵니다. 분별에서 벗어난 길은 분별하여 이해할 것은 없고, 다만 분별에서 벗어나는 길이 여기라고 가리킬 수 있을 뿐입니다. 이

90

런 말이 방편의 말이므로, 방편의 말은 달을 가리키는 손가락과 같다고 하고, 달을 가리키면 손가락은 보지 말고 달을 보라고 하는 것입니다. 방편의 말을 들으면 말의 뜻에 사로잡혀 있지 말고 분별에서 벗어나라는 것입니다. 깨달은 사람이 깨달음에 대해서 하는 말은 어디까지나 방편의 말일 뿐이므로, 말 그대로의 의미로 분별하고 이해하여 그렇게 안다고 하면 안 됩니다. 공부하는 사람은 이걸 조심해야 합니다.

그러니까 공부하는 사람이 깨달은 사람의 말을 들었을 때, '그런 게 있구나. 알겠다.'라고 이해할 게 아니고, '저게 정말 뭐지?' '왜 저런 말을 할까?' '어째서 저런 말을 할 수 있지?'라고 의문을 가지고 공부를 해야 합니다. 그리하여 자기 스스로 분별에서 벗어나는 해탈의 체험을 해 보면, 그때 비로소 그 말이 어떤 방편의 말인지를 알 수 있게 됩니다. 그렇게 분별에서 벗어나기 전 중생의 분별하는 마음을 가지고는 사실 부처의 말을 제대로 알 수는 없습니다. 부처의 말을 알려면 오로지 분별에서 벗어나는 체험을 하여 자신도 부처와 같은 마음이 되어야 합니다.

똑! 똑! 똑! 여기에는 한마디 말도 없습니다.

7. 마음이 없으면 깨달음인가?

똑! 똑! 똑! 여기에 있어야 말에 속지 않습니다.

흔히 무심(無心)이 도(道)라는 말을 합니다. "마음이 곧 부처다." 라고 말하면서, 또 "무심, 즉 마음 없음이 도다."라는 말은 왜 할까요? 부처라는 말이나 도라는 말이나 이 두 말이 가리키는 뜻은 깨달음입니다. 그 때문에 이 두 말은 "마음이 곧 깨달음이다."라고 말하고, 다시 "마음 없음이 곧 깨달음이다."라고 말하는 것입니다. 말의 뜻만 놓고 보면 이 두 말은 분명 서로 모순되는 말이므로, 한쪽 말이 참이면 다른 쪽 말은 거짓이 될 것입니다.

그러나 이 두 말은 세간의 분별되는 사실을 기술하는 말이 아니므로 참과 거짓으로 나눌 수는 없습니다. 이 두 말은 분별에서 벗어난 출세간에 관하여 말하는 방편의 말입니다. 마치 병의 증상에 따라 약을 쓰듯이, 방편의 말은 어떤 측면의 효과를 노리고 하는 말입니다. 그러므로 어떤 측면의 효과를 노리느냐에 따라 정반대되는 의미의 말을 할 수도 있습니다.

"마음이 곧 부처다."라는 말은 마음을 깨달아야 한다는 뜻으로서, 아직 깨닫지 못한 사람을 향하여 하는 말입니다. 반면에 "마음 없음이 도다."라는 말은 마음을 깨달으면 분별에서 벗어나기 때문에 "이것이 마음이다."라는 분별이 사라진다는 뜻이므로, 마음을 깨달아 분별에서 벗어난 사람에게 다시 분별에 속아서 '이것이 마음이다.'라고 할 마음이 있는 것처럼 착각하지 말라는 취지로 하는 말입니다.

우리가 설사 한번 분별에서 벗어나는 체험을 했다고 하더라도, 우리는 분별하는 습관에 너무나 익숙해 있기 때문에 자기도 모르게 여전히 분별하여 알려고 합니다. 분별에서 벗어나는 체험을 했다면 이제부터는 분별에서 벗어난 세계에 익숙해져야 합니다. 우리의 행위는 대부분 익숙한 습관에 따라 일어나기 때문에 익숙해진다는 일은 대단히 중요합니다.

마음이 없다는 말은 마음이라고 일컬을 분별이 없다는 뜻입니다. 모든 분별에서 벗어나면 말할 만한 어떤 것도 없습니다. 여기에서 다시 분별하여 말하게 되면, 그런 분별과 말은 모두 깨달음이 아니라 헛된 망상입니다. "마음 없음이 도다."라는 말은 분별에서 벗어났으면 다시는 분별에 속아서 분별을 따라가지 말라는 측면에서 하는 방편의 말입니다.

똑! 똑! 똑! 여기에는 한마디 말도 없습니다.

8. 마음은 텅 비고 깨끗한가?

똑! 똑! 똑! 여기에 있어야 말에 속지 않습니다.

불교 경전이나 선사들의 말씀에 마음은 텅 비고 깨끗하다는 구절, 즉 공(空)과 청정(淸淨)이라는 구절이 흔히 등장합니다. 깨끗한

마음이라는 청정심(淸淨心), 깨끗한 깨달음의 세계라는 청정불국토
(淸淨佛國土), 깨끗한 마음이 부처라는 청정법신불(淸淨法身佛) 등의
말도 많이 등장하고, 텅 비었다는 공(空), 아무것도 없다는 무일물
(無一物)이라는 말도 경전이나 선사들의 말에 많이 등장합니다.

　이런 말들도 당연히 방편의 말이지 객관적으로 분별되는 사실
을 기술하는 말은 아닙니다. 마음의 진실한 모습은 깨달음의 세계
이고, 깨달음의 세계는 분별에서 벗어난 세계이므로 어떠한 분별도
있을 수 없습니다. 분별할 수 없는 세계이므로 말할 수도 없습니다.
말할 수 없는 세계에 대한 말은 모두 출세간을 가리키는 방편의 말
입니다. 방편의 말을 말의 의미 그대로 이해한다면 오해가 일어납
니다. 말의 의미가 나타내는 모습으로 분별되는 무언가가 있는 것
이 아니기 때문입니다.

　이런 방편의 말은 분별에서 벗어나는 체험을 직접 해 보지 않으
면, 사실 알 수 없는 말입니다. 예컨대, 텅 비었다거나 깨끗하다는
말을 듣고서 텅 빈 허공이 있다거나 깨끗한 무언가가 있다고 이해
한다면, 그런 이해는 잘못된 것입니다. 텅 빈 것이 있고 깨끗한 것
이 있다고 한다면, 그런 분별을 하고 있는 것이니 분별에서 벗어나
지 못했기 때문입니다.

　분별에서 벗어나는 체험을 하면 마음이라는 테두리를 벗어나 무
한한 허공에 들어온 듯이 느껴집니다만, 이런 느낌 역시 분별을 본
질로 하는 의식이 경험하는 느낌일 뿐입니다. 실제로 분별에서 벗
어나면 아무런 생각도 느낌도 없이 단지 밝게 깨어 있고 활짝 살아
있을 뿐입니다. 물론, 깨어 있고 살아 있다는 말도 방편으로 하는

말이지, 그런 무언가가 있다고 이해하면 안 됩니다.

분별하는 의식에서 벗어난다고 하면, 마치 기절하거나 깊은 잠에 빠진 사람처럼 의식이 없는 상태라고 오해할 수 있을 것입니다. 그러나 실제로 분별의식에서 벗어나는 경험을 하면, 분별의식은 살아 있는데 분별의식은 없습니다. 이런 것은 분별하는 마음에서 벗어나는 경험이 없는 사람은 절대로 알 수 없습니다. 분별하는 마음에서 벗어나면 저절로 분명하고 명백하여 당연한 사실입니다만, 분별하는 입장에서 생각으로 이해할 수는 없습니다.

어쩌면 이렇게 말할 수도 있습니다. '분별의식으로 활동하는 마음의 측면이 있고, 분별의식 없이 활동하는 마음의 측면이 있다. 하나의 같은 마음의 양 측면이 동시에 나타나면, 분별하면서도 분별이 없는 세계를 살게 된다.'고 할 수 있을 것입니다. 달리 말하면, 분별로써 세상을 보는 마음의 눈이 있고, 분별 없이 세상을 보는 마음의 눈이 있는데, 중생은 분별하는 눈만 뜨고 있다면 부처는 두 눈을 모두 뜨고 있다고 할 수 있을 것입니다.

텅 비었다거나 깨끗하다는 말은 분별할 것이 없다는 말이므로 분별에서 벗어나 있다는 뜻이지, 텅 비고 깨끗한 무언가가 분별된다는 뜻은 아닙니다. 공이 분별에서 벗어났다는 뜻이기 때문에 공은 불이(不二)나 중도(中道)와 같은 의미로 사용합니다. 둘로 나누어 분별하지 못한다는 뜻이지요. 부처님이 출세간을 말씀하신 방편의 말은 이처럼 문자 그대로의 의미로 이해하면 맞지 않습니다. 오직 직접 분별에서 벗어나야 그런 말이 무엇을 나타내는 것인지 저절로 알게 됩니다.

똑! 똑! 똑! 여기에는 한마디 말도 없습니다.

9. 마음공부는 어떻게 진행되는가?

똑! 똑! 똑! 여기에 있어야 말에 속지 않습니다.

마음공부를 시작하여 분별심에서 벗어나는 견성의 체험을 한 번 하는 것으로 마음공부가 완성될까요? 그렇지 않습니다. 필자의 경험으로 보면, 이 공부가 나아가는 길에 지금까지 대체로 세 번의 비약적 변화가 있었다고 할 수 있습니다. 이 세 번의 변화는 그 체험의 이전과 이후가 확실히 달라졌기 때문에, 비약적 변화 혹은 공부의 도약이라고 할 수 있습니다. 세 번의 변화는 다음과 같습니다.

첫째: 분별심에서 벗어나는 체험. (공(空)의 체험)
둘째: 불이중도에 들어맞는 체험. (공과 색(色)이 하나가 되는 체험)
셋째: 의문이 다 사라지는 체험. (물러남이 없는 지위에 오름, 지혜가 밝아짐, 자신감이 충만해짐)

첫 번째 비약적 변화는 분별심에서 벗어나는 체험, 즉 공(空)의 체험입니다. 생각에서 벗어나 깨달음을 얻겠다는 발심을 하고 스승을 찾아 법문을 들으며 몇 년이 지나니, 점점 더 앞뒤가 막히고 어떻게도 할 수가 없어서 마치 몸만 살아 움직이고 마음은 얼어붙어서 작동하지 않는 식물인간처럼 되었습니다. 그런 상황에서도 꾸준히 법회에 참석하여 법문을 들었는데, 어느 날 예기치 못한 순간 문득 모든 장애물이 사라지고 마음이 가벼워지며 벗어나는 체험을 하였습니다.

이때의 느낌은 마음이 가볍고 안도감이 일어나며, 스승께서 무엇을 말씀하시는지 알 수 있는 듯하고, 죽어가던 사람이 다시 살아난 듯하고, 자기 자신이라는 굴레와 자신의 마음이라는 울타리에서 벗어나 가없는 허공 속으로 들어온 듯하였습니다. 생생하게 살아 있지만 아무것도 없고 그 무엇도 아닌 이 허공을 내가 찾고자 했던 나의 진실이라고 여기게 됩니다.

이 허공 속에 있으면 한없는 해방감이 있고, 무언가 살아 있는 진실의 자리에 있는 듯하고, 어떤 것에도 시달림 없는 편안함이 있었기 때문에, 허공에서 벗어나지 않으려는 욕구가 강하게 일어납니다. 그러나 이제 비로소 찾은 허공의 힘은 약하고 지금까지 익숙해 있던 생각의 힘은 여전히 강하여, 생각에 끌려가고 싶지 않지만 어쩔 수 없이 저절로 생각에 끌려가기 때문에 공부에 대한 만족감이 아주 크진 않습니다.

익숙해 있는 생각과 멀어지고, 낯선 허공에는 익숙해져 가는 공부가 이때의 공부입니다. 이때의 공부는 이랬습니다. 하루빨리 공에 익숙해져서 생각의 굴레에서 충분히 벗어나고 싶었기 때문에, 생각으로는 분별할 수 없고 알 수 없지만 경험으로는 감이 있는 이 공(空)에만 늘 뜻을 두었고, 세간의 잡다한 일에는 가능한 한 관심을 두지 않았습니다. 이렇게 분별망상에서 벗어나 한 물건도 없는 공(空)에 익숙해져 가는 시간이 거의 10년 정도 걸린 것으로 기억됩니다.

두 번째 비약적 변화는 분별 없음과 분별이 하나가 되는 체험, 즉 공(空)과 색(色)이 둘이 아니게 되는 불이중도가 이루어지는 체험입니다. 당시에는 매일 저녁 분별 없는 공에 젖어서 한 시간 정도 온천천 냇가 산책로를 산책하였는데, 그 시간이 하루 가운데 가장 행복한 시간이었습니다. 그날도 그렇게 산책길을 걷고 있는데 갑자기 소중하게 의지하고 있던 공(空)이 한순간 사라져 버렸습니다.

처음에는 공부가 잘못되는가 하고 순간 당황하였습니다. 의지하고 있던 공이 사라지니, 예전에 싫어하여 벗어났던 분별세계만 남아 있었기 때문입니다. 그런데 점차 분별세계가 바로 분별 없는 공이어서 버리고 취할 것이 없고 좋아하고 싫어할 것이 없다는 사실이 실감되었습니다. 그렇게 버리고 취할 것이 없어지자 이제는 따로 공부라고 할 것이 없었습니다. 할 공부가 없어지자 이전보다 훨씬 더 가볍고 개운하고 자유로워졌습니다.

이제는 싫어했던 세간의 일들도 훨씬 부담 없이 하게 되었고, 사람을 만나는 일도 훨씬 부담 없이 만나게 되었습니다. 이제 비로소 있음과 없음, 분별과 분별에서 벗어남, 색(色)과 공(空)이 둘이 아닌 중도(中道)라는 말이 실감되었습니다. 온갖 것이 있는 세계와 아무것도 없는 세계가 분명히 다르면서도 또한 따로 있지 않고 하나의 세계여서 취하거나 버리는 선택을 할 필요가 없었으므로, 정말로 할 일이 없었고 할 공부가 따로 없었습니다.

그래도 아직은 힘이 부족한지 완전히 만족스럽지는 않았고 조금은 불안한 면도 있었습니다. 그러나 이제 공부가 어떤 길로 나아가는지를 알게 되었고, 불교에서 왜 불이중도(不二中道)라는 말을 그렇게 많이 하는지도 알게 되었습니다. 공(空)과 색(色)의 양쪽이 있는 줄 알지만, 어느 쪽으로도 떨어지지 않는 중도의 길을 저절로 가게 되었다고 할 수 있을 것입니다. 가없이 무한하고 영원한 허공이 진실한 바탕으로서 흔들림 없이 자리 잡고 있으면서도, 보고 · 듣고 · 느끼고 · 아는 분별의 세계도 늘 나타나 있으니, 세계는 있는 것도 아니고 없는 것도 아니고 있기도 하고 없기도 하다고 말할 만했습니다.

그렇긴 하지만 아직 모든 세계의 실상이 완전히 밝혀진 것은 아니라서, 뭔가 알 수 없는 의문이 남아 있었습니다. 또 중도에 자리 잡은 공부의 힘이 아직은 충분하지 못하여 혹시 공부가 잘못되지나 않을까 하는 불안함이 약간은 남아 있었고, 뭔가 빈틈없이 딱 들어맞지 못하고 미세한 틈이 벌어져 있는 듯한 느낌도 있었습니다. 물론, 이렇게 느끼는 미흡한 부분은 세월이 갈수록 더욱더 줄어들고 점차 좋아져 갔습니다.

세 번째 비약적 변화는 모든 의문과 불안이 사라지고 확고하게 안정되게 된 것입니다. 마치 상처가 깨끗이 아물어서 건강을 찾은 것 같고, 헐거웠던 틈이 모두 깔끔하게 메워져서 매끈해진 것 같고, 뭔가 문제가 있어서 힘이 없었는데 그 문제가 사라지면서 힘이 넘치게 된 것 같고, 어두운 흔적들이 모두 사라져서 전체가 밝아진 것 같은 체험이 일어났습니다.

이제 어디로 던져지거나 내몰려도 깨지거나 상처 입지 않을 것처럼 안심이 되었고, 어떤 일이라도 못할 일은 없을 것 같았고, 모든 알 수 없는 의문이 다 사라져서 남은 의문이 없었고, 마음과 삶의 참모습이 숨김없이 드러난 것 같았고, 결정하지 못하고 주저하거나 머뭇거리는 일이 사라졌고, 불교에서 말하는 방편의 말에 남은 의문이 없었고, 이런 것을 두고 불퇴전(不退轉)의 지위라고 하는가 하는 생각도 들었습니다.

이런 변화는 두 번째 불이중도가 이루어지는 체험 후에 대략 십년 정도 지나서 나타난 체험입니다. 이렇게 되니 훨씬 개운하고 가벼워서 마치 몸도 마음도 없는 듯하고, 애초부터 태어난 적이 없었던 것 같고, 애초부터 세계도 뭐도 없었던 것 같고, 지금까지 듣고 본 경전의 말씀이나 조사의 말씀이 모두 막힘없이 소화되었습니다. 깨달음도 잊고, 불도도 잊고, 마음도 잊고, 마음공부도 잊고, 아무것도 없고 아무 일도 없으면서도, 한편으로는 인간이라는 존재의 실상이 이런 것이구나, 인간이 살아가는 삶의 실상이 이런 것이구나, 종교가 이렇게 사람을 구원하는구나 하는 것들이 모두 저절로 보였습니다.

매일 매 순간 온갖 일이 일어나지만 본래 아무 일도 없다는 사실이 분명하고, 아무것도 거리낄 일이 없고, 아무런 아쉬움도 없고, 하고 싶은 일도 없고, 원하는 것도 없고, 근심도 걱정도 없고, 삶을 걱정하지도 않고 죽음을 두려워하지도 않고, 마치 모든 일이 언제나 저절로 딱딱 들어맞아서 아무런 문제가 없습니다. 이제 종교와 마음공부에 관해서는 어떤 다른 기준도 없이 스스로가 근본이 되고 기준이 되어서 걸림 없이 보게 되고 막힘없이 밝히게 되었습니다. 그 뒤의 시간은 이런 단단함과 밝음이 더욱 깊어지고 강해지는 시간이 흐르고 있습니다.

마음공부가 진행되는 과정을 좀더 세밀하게 나누어 말하면 다음과 같습니다.

① 발심: 깨달아야 하겠다고 스스로 결심한다.

② 선지식의 지도: 깨달아야 하겠다고 결심했지만 어떻게 해야 깨닫는지를 알 수 없기 때문에, 이미 깨달아서 깨달음으로 안내할 줄 아는 선지식을 찾아가서 그 가르침을 받는다.

③ 은산철벽에 막힘: 선지식의 가르침을 받지만 깨달음은 생각으로 이해할 수 없기 때문에 가르침을 받을수록 더욱 답답하고 갑갑해져 간다. 이때는 오로지 의문만 가득하기 때문에 마음이 의문 덩어리라 하여 의단(疑團)이라 하기도 하고, 어떻게도 할 수 없기 때문에 함정에 빠진 짐승이라 하기도 하고, 목에 가시가 걸려서 삼킬 수도 없고 뱉을 수도 없는 것과 같아서 율극봉(栗棘蓬)이라 하기도 하고, 절대로 탈출할 수 없는 감옥에 갇힌 것과 같다고 하여 금강권(金剛圈)이라 하기도 한다.

④ 불가사의한 깨달음: 가슴에 갑갑하고 답답하게 막혀 있던 것이 어느 순간 문득 사라지면서 시원하게 통하여 깨닫는다. 깨달음은 예기치 못한 한 순간 갑자기 일어나는 체험이어서, 예상할 수도 없고 점차 진행되는 과정도 아니다.

⑤ 낯선 깨달음: 비록 생각에서 벗어나게 되어 모든 것이 가벼워졌지만, 생각에서 벗어난 깨달음은 아직 낯설어서 힘이 부족하고

익숙한 생각의 힘은 여전히 강하기 때문에 깨달음의 지혜가 아직은 희미하다. 새로운 세계가 열려서 새로운 세계가 나타나고 그 새로운 세계에서 이전과는 비교도 할 수 없이 편안하고 근심걱정 없는 안락함이 있는 것은 사실이지만, 그 새로운 세계가 어떤 것인지 분별하여 이해할 수는 없다. 이 새로운 세계에서는 사실 아무런 생각이 없기 때문에, 이런 세계가 있구나 하는 생각도 없다.

⑥ 깨달음에 익숙해져 감: 낯설어서 힘이 없는 깨달음에 익숙해져 가는 시간이 필요하다. 익숙해질수록 더욱더 힘이 강해진다. 깨달음에 익숙해져 가며 깨달음의 힘이 강해질수록, 반대로 생각에 휘둘리는 힘은 약해져서 생각에서 더욱 자유로워진다. 생각에서 자유로워질수록 텅 비어서 아무것도 없는 세계가 자신의 진실임이 더욱 분명해진다.

⑦ 공(空)과 분별세계가 둘이 아니게 됨: 어느 정도 시간이 지나면 어느 날 문득 텅 빈 세계가 사라지면서 온갖 분별의 세계 자체가 본래 텅 빈 세계임이 드러난다. 이제는 항상 분별하며 살면서도 언제나 텅 비어서 아무것도 없다. 그리하여 좋아하거나 싫어하는 일 없이 무엇이든 다 하면서 살아도 어떤 것에도 가로막히거나 얽매이지 않고 늘 홀가분하다. 진실한 마음이 따로 없고 헛된 마음이 따로 없고 모든 마음이 다 사라지고 없다. 안으로 자기 자신이 없고 밖으로 세계가 없어서 안과 밖이 없고 주관과 객관도 없다.

⑧ 틈 없이 단단해짐: 어느 순간 공부가 매우 단단해졌음을 느끼고 자신감이 더욱 높아진다. 모든 흔적이 깔끔하게 사라지고 미세한 틈도 없어져서 아주 개운하다. 깨달음, 미혹함, 부처, 중생 등 마

음공부에 관한 말들은 잊어버리고 매일 그저 보통 사람들처럼 살아가는데, 매 순간의 삶에서 제자리를 잃지 않는 지혜가 밝아서 헤매지 않고 흔들림이 없다. 이렇게 살아갈수록 이 밝음과 단단함이 더욱 강해진다.

똑! 똑! 똑! 여기에는 한마디 말도 없습니다.

3장 깨달음이란 무엇인가

1. 깨달음은 어떤 것인가?

똑! 똑! 똑! 여기에 있어야 말에 속지 않습니다.

깨달음은 세속적으로도 흔히 하는 말이지만 세속적으로 뭘 깨달았다고 할 때는 "모르는 것을 알았다."는 뜻인데, 종교적으로 특히 불교에서 깨달았다고 할 때는 모르는 사실을 알았다는 뜻이 아닙니다. 깨달음과 같은 의미로 쓰는 말이 해탈, 열반 등의 말이거든요. 해탈(解脫)은 번뇌에서 벗어난다는 뜻이고, 열반(涅槃)은 어리석고 헛된 망상이 사라진다는 뜻입니다. 깨달음이라는 말도 이와 같은 뜻입니다. 깨달음이란 번뇌의 고통에서 벗어나고 어리석고 헛된 망상이 사라진다는 의미이지, 모르던 사실을 알았다는 것은 아닙니다.

그러므로 불교에서 깨달았다는 말을 '불교의 진리를 알았다.'는 의미로 이해하면 안 됩니다. 불교에서는 깨달음이 없는 사람들을 중생이라고 합니다. 중생이 가지고 있는 문제를 불교에서는 고(苦) 즉 고통이라고 해요. 불교에서 흔히 하는 말에 일체개고(一切皆苦)

가 있는데, '모든 게 다 고통이다.'라는 말이죠. 그런데 이 고통은 육체가 아프듯이 "몸이 아프다."거나 "마음이 아프다."라는 단순한 뜻은 아니고, 좀더 본질적인 의미에서 중생이 태어난 이후 깨닫지 못하고 어리석어서 밝은 지혜가 없이 어둠 속에서 헤매는 삶을 사는 것이 바로 고통이라는 겁니다.

중생의 번뇌를 무명번뇌라고 합니다. 무명(無明)이라는 말은 '밝음이 없다.'는 뜻인데, 밝음은 곧 지혜를 가리킵니다. 밝은 지혜가 없이 어리석음의 어둠 속에서 살고 있는 것이 고통이라는 겁니다. 마음이 아파서 고통스럽거나 몸이 아파서 고통스럽다는 일시적인 의미의 고통은 아니에요. 고통이라는 말은 깨달음의 지혜가 없이 어리석게 사는 삶 자체가 고통이라는 뜻이에요. 밝은 지혜는 깨달음을 통해서 얻는 거죠.

지혜든 어리석음이든 모두 마음의 문제입니다. 행복과 불행도 마음의 문제이고 번뇌도 해탈도 마음의 문제입니다. 마음에서 뭔가 불만족스럽고 불안하고 불확실하여 늘 흔들리고, 생각과 기분에 사로잡혀 시달리고, 보고 듣는 것에 얽매이고, 감정이나 느낌에 빠져서 벗어나지 못하는 것을 고통이라고 할 수 있겠지요. 쉽게 말하면 자기 마음을 이겨 내지 못하는 거죠. 자기 마음을 이겨 내지 못하고 마음의 지배를 받고 있는 것을 고통이라고 할 수 있어요.

깨달음은 그런 마음을 이겨 내어 마음에 시달리지 않는 것입니다. 마음에서 일어나는 여러 가지 생각, 기분, 느낌, 감정, 욕망, 이런 것들에 얽매여 살지 않게 되고, 그것들에서 벗어나 걸림 없이 자유로운 마음이 깨달은 마음입니다. 이것을 《반야심경》에서는 "마음에 장애가 없다."고 합니다. 마음이 무언가에 매여 있거나 무언가에 시달리거나 하는 일이 없는 것이 해탈이고 열반이고 깨달음입니다.

마음이 무언가에 얽매여 있거나 무언가에 시달리는 까닭은 마음이 무언가를 분별하고 있기 때문입니다. 마음속에 무언가가 있다는 것은 곧 무언가가 분별되고 있는 것입니다. 그러니까 중생의 어리석은 마음에는 항상 무언가가 있어요. 생각이 있든지, 감정이 있든지, 기억이 있든지, 눈에 보이고 귀에 들리는 게 있든지, 좋아하는 게 있든지, 싫어하는 게 있든지, 삶이 있든지, 죽음이 있든지, 내가 있기도 하고 남이 있기도 하고, 온갖 것으로 중생의 마음은 가득 차 있어요. 이렇게 마음에 있는 것들이 모두 번뇌를 일으킵니다.

이런 온갖 것은 결국 좋음과 싫음으로 귀결되어서 마음에 부담이 되고 짐이 되죠. 중생의 마음에는 분별되는 온갖 것이 들어 있어요. 그래서 중생의 마음을 분별하는 마음 즉 분별심(分別心)이라고 합니다. 분별심은 분별에 뒤덮인 마음이어서 어두운 마음입니다. 깨달음은 분별심에서 벗어나 분별에 뒤덮이지 않고 밝게 깨어 있는 마음이고, 분별에서 벗어난 해탈한 마음이고, 분별의 어둠이 사라진 열반의 마음입니다.

중생의 마음은 분별에 뒤덮이고 분별에 사로잡혀 있기 때문에 뭔가를 알고 있거나 아니면 모르거나 하는 마음입니다. 반면에 깨달은 마음은 분별을 벗어난 마음이어서 알 것도 없고 모를 것도 없습니다. 다만 모든 곳에서 활짝 깨어 있고 밝게 살아 있어서 헤매지 않을 뿐, 깨달은 마음이 어떤 마음이라고 말하기는 곤란해요. 그래서 불가사의(不可思議)하다고 하고 미묘(微妙)하다고 합니다. 깨달은 마음이 어떤 것인지를 말하기는 어렵지만, 이렇게 말할 수는 있습니다. 즉, 깨달은 마음에는 중생의 마음에 있는 온갖 고통과 번뇌와 어리석음이 없다. 이렇게 중생의 마음에 대하여 상대적으로 말할 수는 있지만, 깨달은 마음이 어떤 것이라고 분별하여 말할 수는 없습니다.

깨달음은 이해하거나 아는 분별심에서 벗어나 있기 때문에 깨달은 마음이 어떤 것인지를 설명할 수도 없고 이해할 수도 없어요. 깨달음은 오로지 직접 겪는 체험일 뿐입니다. 깨달음은 밝은 햇빛처럼 모든 것을 비추지만, 그 자체는 어떤 색깔도 모양도 없어요. 그저 밝게 드러나 살아 있을 뿐이지요. 깨끗한 거울이 사물을 있는 그대로 밝게 비추는 것과 같다고도 해요. 물론, 이런 비유하는 말들로 깨달음을 이해할 수는 없어요. 깨달음은 지금 드러나 있는 진실이고 살아 있는 사실이어서 생각으로 그려질 수가 없어요.

중생의 마음은 분별하는 마음이고 생각하는 마음이에요. 무언가를 알려고 하는 마음이라는 말이에요. 깨달음은 그런 마음에서 벗어난 것이고요. 그러면 아무것도 모르는 게 깨달음이냐 하면 그렇지가 않아요. 모른다는 것도 결국 모른다는 사실을 알고 있기 때문에 그것 역시 아는 것이고 분별하는 것이지요. 깨달음은 안다거나 모른다는 분별에서 벗어나 있습니다. 깨달은 사람은 생각하면서도 생각이 없고, 분별하면서도 분별이 없고, 알면서도 아는 것이 없고, 보면서도 보는 것이 없고, 말하면서도 말이 없다고 할 수 있어요. 이렇게 이야기하는 게 그나마 그럴듯한 말이라고 할 수 있습니다.

깨달음은 오로지 지금 이렇게 드러나 있는 사실이지, "깨달음이 어떤 것이다."라고 생각하거나 말하는 것은 아닙니다. 그러므로 깨달음에 관한 모든 말은 말할 수 없는 것을 억지로 말하는 방편의 말입니다. 깨달음을 방편으로 이렇게 말합니다. 깨달으면 중생의 마음에 있는 번뇌, 고통, 어둠이 사라지고, 분별에서 벗어나 어떤 무엇이라는 것이 없고, 안다거나 모른다는 것이 아니고, 아무것도 없기 때문에 삶과 죽음도 없고, 중생이 행하는 모든 일을 행하면서도 아무것도 하는 일이 없고, 중생이 경험하는 모든 경험을 하면서 살면서도 아무것도 없고, 순간순간 일어나는 온갖 일에서 늘 밝게 깨어 있어서 어디에도 걸림이 없고 머묾이 없고 얽매임 없이 자유롭습니다.

똑! 똑! 똑! 여기에는 한마디 말도 없습니다.

2. 어떻게 깨닫는가?

똑! 똑! 똑! 여기에 있어야 말에 속지 않습니다.

깨달음이라는 것이 우리의 분별과 생각을 넘어서 불이중도(不二中道)에 통하는 일이기 때문에 사실 얻을 수 있는 방법을 알 수 없어요. 다시 말해, 생각을 벗어나는 것도 아니고 생각에 머물러 있는 것도 아니고, 분별하는 것도 아니고 분별하지 않는 것도 아닌 길이 깨달음으로 가는 길이라고 할 수 있는데, 이런 길을 어떻게 알 수가 있겠습니까? 그러므로 "이렇게 하면 깨닫는다."는 말은 할 수가 없습니다. 그러나 깨달음이라는 사건은 우리 마음에서 발생하는 것이므로 경험할 수 있는 일이고, 따라서 어느 정도까지는 말할 수 있습니다.

이를테면, 체험이라는 것은 자신이 뭔가를 의도적으로 행해서 의도에 따라 이루어 내는 경우가 있을 수 있고, 또 그걸 원하지만 얻을 방법이 없기 때문에 원하기만 할 뿐 어떻게 할 수가 없어서 발을 동동 구르고 있다가 어느 순간 문득 원하는 일이 저절로 이루어지는 경우가 있단 말이죠. 깨달음의 경험은 후자에 해당합니다. 깨달음은 어떤 방법에 따라 하나씩 실천해 가서 마지막에 이루어 내는 그런 게 아니고, 깨닫고 싶어서 안달복달하지만 방법이 없어서 발만 동동 구르고 있을 수밖에 없는데, 그런데도 깨닫고 싶은 그 열망을 버리지 않고 있으면 어느 순간 갑자기 깨달음이라는 체험이 저절로 마음에서 이루어지게 됩니다.

기독교에 이런 말이 있잖아요? "두드려라. 그러면 열릴 것이다." 이 말은 안에서 잠겨 있는 문을 열고 안으로 들어가기 위하여 내가 할 수 있는 것은 문을 두드리는 것뿐이고, 문은 안에서 열어 주어야 한다는 뜻이지요. 이 말이 깨달음에 관해서도 아주 적절하다고 할 수 있어요. 나의 의식은 깊은 마음속에 있는 본성이 깨어나도록 원하기만 할 수 있고, 본성이 깨어나는 것은 본성 스스로가 하는 일이지 내 의식이 강제할 수 있는 일이 아니라는 말입니다. 기독교에서는 사람들이 하느님을 믿고 구원을 원하면, 하느님이 알아서 구원해 줄 것이라고 말하잖아요? 사람이 하느님에게 찾아가 나를 구원해 달라고 강제로 요구하거나 자기의 힘으로 구원을 얻을 수는 없단 말이에요. 사람은 그냥 하느님을 믿고 하느님에게 헌신하기만 할 수 있고, 그 사람을 구원하느냐 마느냐는 오로지 하느님에게 달렸다는 거죠. 이 말이 불교에서의 깨달음에도 딱 해당이 됩니다.

기독교에서 말하는 구세주 하느님은 불교에서 말하는 우리 마음 속의 부처님입니다. 불교에서는 부처가 본래 마음속에 있다고 하여 여래장(如來藏)이라고 하지요. 불교에서는 우리의 마음을 여래장이라고 일컫는단 말이에요. 여래가 곧 부처잖아요? 여래가 마음속에 들어 있다는 말입니다. 그래서 선(禪)에서는 "마음이 곧 부처다."라고 하여 즉심시불(卽心是佛)을 말하는 것입니다.

여래가 마음이라는 집 안의 어느 방에 살고 있는데, 우리 중생은 여래의 방 밖에서 문을 두드리는 역할밖에 하지 못한다는 말입니다. 중생이 자기 손으로 그 문을 열고 들어갈 수는 없어요. 그 문을 여는 손잡이는 방 안에만 있으니 방 안의 여래가 열어 주어야지, 다른 방법이 없어요. 중생이 여래를 만나고 싶어서 여래의 방문을 두드리고, 안에 있던 여래가 응답해서 문을 열어 주면 그게 깨달음이죠.

깨달음은 그렇게 이루어지는 겁니다. 깨닫는 방법은 없지만, 깨닫고 싶은 사람이 가서 문을 두드릴 수는 있는 거죠. 망상하는 중생이 할 수 있는 건 그게 최선이니까요. 이것을 깨달음에 대한 필요조건이라고 할 수 있을 거예요. 충분조건과 필요조건이라는 말을 수학 시간에 배웠잖아요? 충분조건이란 그렇게 하면 반드시 그런 결과가 나오는 조건이고, 필요조건은 최소한 이 정도는 해야 그것이 가능할 것이라는 조건이죠. 깨달음에 대한 충분조건은 없어요. "이

113

렇게 하면 반드시 깨닫는다."는 그런 길은 없어요. 그러나 최소한 이런 조건은 갖추어져야 깨달음이라는 체험이 일어날 것이라는 말은 할 수 있어요.

그 필요조건에는 두 가지가 있어요. 먼저 가장 중요한 것은 발심(發心)이라고 하는 조건입니다. 깨닫고 싶어야 한다는 거예요. '나는 반드시 깨닫고 싶다.'라는 뜻을 내는 것이 발심입니다. 발심이란 마음을 낸다는 뜻이거든요. 깨닫고 싶은 거죠. 발심이란 발보리심을 줄인 말인데, 보리라는 말은 인도 말로서 깨달음이라는 뜻이죠. 발보리심은 깨닫고 싶은 마음을 낸다는 말이에요. 이 발심이 첫 번째이고 가장 중요한 필요조건입니다. 깨닫고자 하는 마음을 내기만 해도 마음은 이미 부처가 사는 방을 향하게 된 겁니다. 부처가 사는 방 안에 들어가고 싶은 게 발심이에요.

이제 발심을 했으면 부처가 사는 방으로 가서 문을 두드려야 하는데, 이때 문제는 우리가 아직 부처를 본 적이 없어서 어느 방에 부처가 있는지 몰라요. 왜냐하면 부처는 모습이 없어서 마음이라는 집 안의 어느 방에 있는지를 알 수가 없기 때문이죠. 그러므로 부처가 사는 방으로 나를 인도해 갈 스승이 필요한 거예요. 그 사람을 우리는 선지식(善知識)이라고 불러요. 부처가 있는 곳으로 나를 인도해 갈 스승을 찾아야 해요. 이게 두 번째 필요조건입니다. 깨닫고자 하면 이 두 가지 필요조건이 충족되어야 합니다. 깨닫고 싶어 하는 마음을 내는 것이 첫 번째이고, 깨달음으로 이끌어 갈 스승을 찾는 것이 두 번째입니다.

불교에서는 깨달음을 견성성불(見性成佛)이라고 합니다. 견성(見

性)이란 진여자성(眞如自性)이라는 우리 마음속에 타고난 본성(本性)을 본다는 말입니다. 견성성불이란 마음의 본성을 보는 견성이 바로 성불(成佛)이라는 말입니다. 성불이란 말은 부처를 이룬다는 뜻이니까 깨닫는다는 말이지요.

그런데 본성을 보아야 하는데 본성은 어디 있고 어떻게 보는지 모른다는 것이 문제입니다. 본성은 모습이 없어서 분별되는 게 아니기 때문에, 마음속에 본성이 있지만 어디 있는지는 알 수 없어요. 비록 깨닫고자 하는 마음을 내었지만, 여기서 그만 막히게 되죠. 깨닫고는 싶지만 어디로 가야 할지 어떻게 해야 할지를 모르는 입장이에요. 그러면 방법은 하나밖에 없습니다. 이미 깨달아서 부처가 어디 있는지를 아는 사람의 도움을 받아야 하는 거죠. 이미 깨달은 사람은 그 부처가 있는 방에 들어간 사람이기 때문에 우리를 부처가 있는 곳으로 안내할 수 있습니다.

깨닫고자 발심한 사람은 이처럼 깨달은 사람의 안내를 받아야 부처를 만날 수 있습니다. 그러나 깨달은 스승의 가르침이 깨달음 즉 부처에 대하여 설명을 하고 이해를 시키는 건 아니에요. 마음의 부처인 우리의 본성은 모습이 없어서 분별해서 알 수 없으므로 설명하고 이해할 수가 없어요. 스승이 줄 수 있는 가르침은 설명이 아니라 부처가 어디에 있는지를 가리켜 주는 것뿐이에요. 이것을 이른바 직지인심(直指人心)이라고 하는 겁니다. 우리의 마음을 곧장 가리킨다는 뜻이에요. 손가락으로 달을 가리키듯이 마음은 곧장 가리켜 줄 수만 있고, 마음에 관하여 설명해 줄 수는 없어요.

마음을 깨닫는다는 것은 직접 체험하여 겪어 보아야 하는 것이지, 생각하여 상상하거나 이해할 수는 없기 때문입니다. 이해하고 상상하는 것은 직접적 체험이 아니라, 헛된 생각일 뿐이죠. 배고픈 사람이 밥 먹는 상상을 한다고 배가 불러지지는 않지요. 달마 대사가 "마치 물을 마셔서 차가운지 따뜻한지를 아는 것과 같다."라고 했듯이, 깨달음은 반드시 체험하고 겪어야 하지 생각으로 이해하고 상상하는 것은 아닙니다.

부처가 있는 곳으로 안내하여 부처를 만나게 해 주는 사람이 스승이고 선지식입니다. 선지식은 "여기가 부처가 있는 곳이다." 하고 가리켜 줍니다. 이때 생각으로 판단하려고 하지 말고, 그 말을 듣고서 곧장 부처를 만나야 합니다. 체험해야 한다는 말입니다. 생각하여 판단하면 모두 헛된 망상(妄想)입니다. 깨닫고자 발심한 사람은 이해하여 알려고 하지 말고, 오로지 직접 체험하여 겪어 보려고 하는 태도로 공부해야 합니다.

그런 태도로 공부하면 사실 깨달음은 어렵지 않아요. 부처가 사는 방에 들어가고 싶은데 어느 방인지 어떻게 들어가는지 몰라요. 그런데 이미 부처의 방에 들어가 부처와 함께 사는 사람이 있어요. 그럼 그 사람을 따라가면 되는 겁니다. "따라오십시오. 여기에 부처가 삽니다." 이렇게 선지식은 우리를 이끌어 줍니다. 선지식의 가르침은 기본적으로 법문(法門) 즉 설법(說法)을 통해서 이루어지기 때문에, 설법을 꾸준히 들어야 하고 의문이 있으면 찾아가 물을 수도 있습니다. 그러면 선지식은 우리의 헛된 생각을 부수고 말이나 행동으로 부처가 있는 곳을 가리켜 주죠.

세속에서 "서울 중구 약수동이 어딥니까?" 하고 물어볼 때는 어디라고 설명해 줄 수 있고 그 설명을 듣고 가는 길을 이해하고 그냥 가면 됩니다. 왜냐하면 세속은 다 분별되는 세상이기 때문에 그렇죠. 그런데 이 깨달음은 그렇게 분별되는 세상이 아니기 때문에 그렇게 설명할 수도 없고 이해할 수도 없단 말이죠. 그렇게는 할 수가 없어요. 그러니까 "부처가 뭐냐?"는 질문에 대하여 선지식이 "똥 닦는 막대기다." "잣나무다." (손가락을 세우며) "이거다." (법상을 두드리며) "이거다." 이렇게 가리켜 줘도, 여전히 마음은 오리무중입니다. 알 수가 없어요. 생각으로는 이해할 수가 없다 이겁니다. 비록 생각으로는 알 수 없지만, 계속하여 이런 가르침을 들으며 선지식이 이렇게 가리켜 주는 대로 따라오면, 언젠가는 생각이나 분별심과는 관계없이 저절로 마음이 통하는 때가 오는 겁니다. 그렇게 깨달아지는 거예요.

깨달음으로 가는 길은 유일하게 딱 이 하나의 길밖에 없습니다. "이렇게 수행하면 된다." "저렇게 수행하면 된다."는 식으로 방법을 말하는 사람들도 있지만, 사실 그런 방법은 길이 될 수가 없어요. 어떤 수행 방법을 열심히 실천하여 깨닫는 게 아닙니다. 그렇게 깨달을 수는 없어요. 먼저 깨닫고자 하는 확고한 뜻이 있어야 하고, 그 다음에 이미 깨달음을 얻은 선지식의 안내를 따라가야 합니다.

물론, 선지식의 안내를 받지 않아도 깨달을 수는 있습니다. 불교에서는 그걸 독각(獨覺)이라고 하죠. 독각이란 홀로 깨달았다는 뜻이죠. 어떻게 홀로 깨닫는 것이 가능할까요? 결국 부처는 자기 마음에 있기 때문이죠. 부처는 자기 마음에 있는 진여자성이기 때문에 깨닫고 싶은 갈망이 정말로 절실하다면 자기도 모르게 저절로 깨달아집니다. 어차피 자기 마음이니까 그럴 가능성이 있는 거죠. 하나의 마음에는 망상하는 분별의식도 있고 분별되지 않는 진여자성도 있어요. 마치 하나인 거울에 텅 빈 바탕과 그 위에 나타나는 영상이라는 양면이 있듯이, 하나인 마음에도 이런 양면이 있는 거죠. 그러니까 비록 중생의 망상하는 마음이지만 정말 깨닫고 싶은 뜻이 간절하고 절실하다면, 저절로 진여자성이 드러나 깨달음이 이루어지기도 하죠. 그런 경우도 있을 수 있습니다. 그러나 선지식의 안내를 따르면 더 쉽게 깨달을 수 있습니다. 물론, 가장 중요한 것은 깨닫고 싶어 하는 발심이 가장 중요합니다.

발심을 해서 선지식의 가르침을 따르든 혼자서 공부하든 간에, 생각하고 헤아리고 분별해서는 절대로 깨달을 수 없다는 사실을 명심해야 합니다. '이렇게 공부하는 거구나.' '이렇게 공부하면 깨닫겠지.'라고 생각하면 절대로 안 됩니다. 절대로 그런 망상(妄想)을 하면 안 됩니다.

생각은 항상 깨달음의 반대 방향입니다. 왜냐하면 생각은 분별하고 아는 쪽이기 때문입니다. 중생의 마음이 동쪽에 있다면, 부처의 마음은 서쪽에 있다고 할 수 있어요. 불교에서도 그런 방편의 이야기를 하잖아요? 동쪽에 중생이 사는 더러운 땅인 동방예토가 있고, 서쪽에 부처의 땅인 극락정토가 있다고 하죠. 왜 동쪽과 서쪽이라는 반대 방향을 말하느냐 하면, 중생의 분별 망상하는 마음과 부처의 깨달은 마음이 그렇게 다르다는 거예요. 그러니까 분별하는 쪽인 동쪽으로 아무리 가더라도 서쪽이 나타나지는 않아요. 깨닫고자 하면 분별하는 마음을 의지하면 안 된다는 겁니다. 생각으로 헤아리고 분별하고 판단해서는 깨달을 수 없다는 거예요. 그렇게 해서는 안 됩니다.

중생은 부처가 있는 곳을 모르죠. 생각으로 알 수 없는 곳이니까요. 그러므로 깨달음을 얻으려 하면 분별할 수 없고 이해할 수 없는, 모르는 방향으로 가야 하는 거예요. 알 수 없는 방향으로 가야 거기서 불가사의한 깨달음이 이루어지는 겁니다. 이런 태도가 필요해요. 깨닫고자 발심한 사람이 혼자 공부하든 선지식의 가르침을 따르든 간에 기본적으로 내가 알지 못하는 방향에 부처가 있고 깨달음이 있다는 태도를 가져야 합니다. 열심히 헤아리고 따지고 찾으면 뭔가 내 손에 잡히겠지 하는 식으로 공부한다면 공부하는 태도가 틀린 겁니다. 그렇게 하면 깨달을 수 없습니다.

옛날 중국의 향엄지한 선사가 깨달은 일화가 좋은 사례입니다. 향엄지한 선사는 불교 공부를 굉장히 많이 한 사람이었어요. 불교 경전을 물어보면 모르는 게 없고 방에 책이 가득하고 늘 손에서 책을 놓지 않는 사람이었는데, 백장회해 선사 문하에 있다가 깨닫지 못하고 백장 사후에 위산영우 선사 문하로 들어갔습니다. 위산 선사는 향엄이 올바르게 공부하지 않고 지식으로 공부하는 것을 안타깝게 여겨 드디어 어느 날 향엄을 불러 이렇게 물어보죠.

"네가 엄마 배 속에서 태어난 이후에 배워서 얻은 것은 너의 진실이 아니다. 엄마 배 속에서 나올 때 가지고 나온 것이 너의 참된 진실이다. 그것을 깨달아야 비로소 삶과 죽음의 문제에서 해탈할 것이다. 엄마 배 속에서 나올 때 가지고 나온 것이 무엇인지 아느냐?"

이 질문에 대하여 향엄은 자신의 지식을 총동원하여 온갖 설명을 하였으나, 위산은 다만 "그것은 네가 배워서 아는 지식일 뿐이다."라고 말하며 전혀 인정하지 않았습니다. 드디어 말문이 막힌 향엄이 말했습니다.

"스님, 저는 이제 말할 것이 없습니다. 저는 모르겠으니, 스님께서 가르쳐 주십시오."

위산이 말했습니다.

"내가 말해 준다면 그것은 내가 가지고 나온 나의 진실이지, 너의 진실이 될 수는 없다."

이에 향엄은 자기 방으로 돌아와 하루 밤낮을 꼬박 새우며 아무리 궁리해도 해결이 되지 않자 드디어 좌절하여 불교 공부를 포기하게 됩니다. 향엄은 자신의 방에 있던 책을 모두 끄집어내어 불태워 버리고 간단히 짐을 챙겨 짊어지고 위산을 찾아가 작별 인사를 합니다.

"저는 이번 생에는 불법을 깨달을 인연이 없는 것 같습니다. 이제 불교 공부는 그만두고 세상 구경이나 하며 살려고 합니다."

그리하여 이리저리 떠돌다가 몇 년 뒤에 혜충 국사의 탑을 관리하는 조그만 암자에 자리를 잡고 혼자 살았어요. 탑이라도 관리해야 밥을 얻어먹으니까 그랬겠죠. 매일 탑을 돌보며 주위 청소나 하고 그렇게 사는 거죠. 그렇게 살던 어느 날 탑 주위를 청소하다가 기와 조각 하나를 획 집어 던졌는데, 탑 주위에 있었던 대나무 숲에 맞아서 "딱!" 하고 소리가 났어요. 그 순간 갑자기 향엄에게 깨달음이 일어났어요. 방으로 돌아와 옷을 제대로 차려입고 위산 선사가 있는 방향을 향하여 세 번 절하고서 말했습니다.

"스님의 은혜는 죽어도 잊을 수 없을 것입니다. 스님이 아니었으면 저에게 어찌 오늘 같은 날이 왔겠습니까?"

깨달음은 이런 식으로 일어나는 거예요. 자기가 알고 있는 것은 내버리고 다만 깨달음에 대한 궁금증만 가득차 있었기 때문에 그런 식으로 깨달을 수 있었던 겁니다. 꼭 향엄처럼 하지는 않더라도 자기의 생각을 버리고 스승의 가르침을 따르면 깨달을 수 있습니다. 참된 스승은 마음과 깨달음을 설명해 주거나 이해시키지 않고, 분별되지 않고 알 수 없는 마음을 곧장 가리킬 뿐입니다. 만약 "이러이러한 것이니 알겠어요?" 하며 설명한다면 그런 사람은 세속의 스승이지 출세간의 깨달음으로 이끄는 참된 스승은 절대 아닙니다.

중생이 분별하고 사는 세계를 세속이라 하고, 중생의 분별심을 벗어난 세계를 출세간이라 해요. 깨달음은 출세간의 길이지 세속의 길은 아닙니다. 출세간의 길은 어디로 갈까요? 이렇습니다.

"부처가 무엇입니까?"
(손가락을 세우며)"이거다."

"도가 무엇입니까?"
(법상을 두드리며)"이거다."

"깨달음이 무엇입니까?"
"뜰 앞의 잣나무다."

이런 식으로 곧장 가리켜 줍니다. 그러나 들어도 도대체 알 수가 없죠. 알 수도 없고, 느낄 수도 없고, 생각할 수도 없죠. 그렇지만 (손가락을 흔들며)이렇게 명백하게 가리켜 드리고 있습니다. 깨달음은 이렇게 명백하지만, 단지 알 수가 없을 뿐이에요. 살아 있는 마음이기 때문이죠. 이렇게 명백하지만 이해하거나 알 수는 없어요.

(손가락을 흔들며)"이겁니다." 이렇게 계속 가리켜 드리는 게 법문(法門)입니다. 비록 알 수가 없어서 갑갑하더라도, 계속 이런 법문을 들어야 합니다. 귀를 기울이고 듣는 게 가르침을 따라오는 거니까요. 그러다 보면 어느 순간 갑자기 불가사의한 깨달음의 체험이 일어나는 겁니다.

정해진 길을 의도적으로 하나하나 밟아 가서 깨달음에 이를 수는 없습니다. 그런 길은 없어요. 그러나 필요한 조건이 있습니다. 첫 번째는 깨닫고 싶어 하는 확고한 발심이고, 두 번째는 그 알 수 없는 길을 이미 가서 깨달은 사람의 안내를 받는 것, 즉 선지식의 가르침을 따르는 것입니다. 이때 한 가지 주의할 것은 자기의 생각에 의지하면 안 된다는 겁니다. 자기의 분별심을 믿고 의지하면 안돼요. 자기가 지금 알고 있는 것은 전부 망상의 길이거든요. 모르는 길을 가야 합니다. 알 수 없는 길, 모르는 길을 가니까 결국 의문만 가득 차게 되는 거죠. 뭐가 어떻게 되는지 전혀 모르고 의문으로 가득 차서, 선지식의 안내를 따라가면 깨달을 수 있어요.

똑! 똑! 똑! 여기에는 한마디 말도 없습니다.

3. 깨달았음을 어떻게 아는가?

똑! 똑! 똑! 여기에 있어야 말에 속지 않습니다.

자신이 깨달았는지 아닌지를 어떻게 알 수 있느냐? 깨달음은 남이 증명해 줄 수도 없고 객관적으로 어떤 기준이 있는 것도 아닙니다. 다만 스스로에게서 저절로 증명되죠. 그래서 깨달음을 자신의 내면에서 증명되는 일이라고 하여 자내증(自內證)이라고 합니다.

자내증이란 내면에서 어떤 변화가 일어나는 것입니다. 불만족에서 만족으로의 변화, 두려움에서 안락함으로의 변화, 의문의 어둠 속에서 의문의 어둠을 벗어나는 변화, 불안에서 안정으로의 변화, 쉬지 못함에서 쉬게 되는 변화라고 말할 수 있습니다.

공부하는 사람이 깨닫기 전에는 스스로 '삶이 이게 아닌데.'라고 하면서 뭔가 불만족스럽고 뭔가 의문 속에서 헤매고 있는 것 같고 뭔가에 구속받고 사로잡혀서 답답하고, 이런 여러 가지 불만, 불안, 의문, 불편함 등의 번뇌를 가지고 살아가죠. 깨달음을 체험하면 이전에 가지고 있던 이런 여러 가지 문제들이 사라지는 겁니다. 마음이 뭔가에 사로잡혀 있었다면 사로잡혀 있지 않게 되고, 마음이 뭔가에 의지하고 있었다면 의지하지 않게 되고, '나'에게 집착하고 있었다면 '나'라는 것이 없어져요. 또 불안하고 안정되지 않고 쉽사리 흔들렸던 마음이 아주 굉장히 안정됩니다. 또 내가 원하는 진정한 나의 삶이 아니고 마치 다른 곳에 와서 남의 삶을 살고 있었던 것 같았다면, 이제 비로소 내가 있을 곳으로 와서 나의 진정한 삶을 되찾은 것 같은 느낌이 있습니다.

또 깨달음은 꿈속에 있던 사람이 꿈을 깨어난 것 같다고 비유해 말할 수도 있고, 또 죽어가던 사람이 다시 살아난 것 같다고 할 수 있어요. 그리고 무엇보다도 자신의 근본 바탕, 근원에 도달하게 되어 그 근원이 현재 눈앞에 실현되어 있는 것 같아요. 그러니까 원래의 자기 자리에서 살아야 하는데, 그러지 못하고 다른 곳으로 빠져나가 있다가 다시 원래의 제자리로 돌아온 것 같은 느낌도 들죠. 이런 여러 가지 일이 경험되는 거죠. 또 이제는 이전과는 달리 세상일에 별로 시달림을 받지 않고 모든 것에서 벗어나 있는 것 같아서, 마치 지구에 발붙이고 살면서도 지구를 벗어나 밖에 있는 것 같은 그런 느낌도 있어요.

또 마음이라는 것이 텅 빈 허공처럼 무한하고 끝이 없어서 안과 밖이 구분되지 않고, 마음이라고 이름 붙일 만한 무엇을 분별할 수도 없고, 밝게 깨어 있고 활짝 살아 있으면서 아무 느낌이나 생각도 없고, 생각을 일으켜 분별하면 즉시 허망함을 알게 되고, 말하려고 해도 말할 것이 없어요. 또 마음이 단단하지 못하고 헐거워서 흔들리고 삐걱거리다가 아주 단단하게 안정되어 흔들림도 없고 삐걱거림도 없고, 온갖 근심과 걱정이 저절로 사라져서 아무 할 일이 없고, 과거도 잊고 미래도 잊고 현재도 잊고 순간순간 앞의 일에 반응하며 살 뿐 아무 생각이 없고, 까닭 없이 저절로 마음이 태평해져서 아무 문제가 없어요.

내면이 옛날과 확연하게 달라져 있음을 경험하지만, 바깥으로는 특별히 달라진 모습이 없으므로 이전과의 차이를 모릅니다. 마음에서는 지금까지 몰랐던 세계로 들어왔음을 확실히 알고, 이제부터는 이 새로운 세계에 서서히 익숙해져 갑니다. 문득 깨달아 너무나 만족스러운 새로운 세계에 들어오지만, 아직 이 세계에 익숙하지 않아서 많은 아쉬움이 있습니다. 비유를 하자면, 씨앗에서 땅 위로 싹이 나오기는 했는데 아직까지 큰 나무로 자라서 꽃을 피우고 열매를 맺을 만큼은 아니고, 다만 싹이 나왔을 뿐이죠. 그렇지만 아직 싹이 나오기 전과는 확연하게 다른 것도 사실이죠. 이제 어둠 속에서 벗어나 밝은 곳으로 나왔으니까요.

또 이전에 들었던 말들, 예컨대 "공(空)이다." "무한하다." "텅 비었다." "머물 데가 없다." "모습이 없다." 하는 이런 말들이 이제 비로소 조금씩 공감되고 납득되기 시작합니다. 옛날에 깨달은 사람이 자신의 체험을 말해 놓은 말들을 나도 같은 체험을 함으로써 공감하고 납득하게 되는 것이죠. 물론, 하루아침에 모두 공감하거나 납득되는 것은 아니고, 시간이 많이 흐르면서 하나씩 풀려 갑니다. 이제 비로소 체험한 새로운 세계이기 때문에 하루아침에 모든 게 공감될 수는 없고, 시간이 지나면서 점차 안목이 밝아지면서 좀더 확실하고 좀더 분명하고 좀더 세밀하게 소화되고 공감되고 납득되어 가는 것입니다.

또 깨달음은 양쪽으로 분별하는 걸 벗어나서 불이중도가 성취됐다고 하는데, 이 말도 역시 확실히 공감되고 납득될 때가 옵니다. 처음 마음이 분별에서 벗어나는 체험을 하면 아무것도 분별할 것이 없는 공(空)만을 진실하게 여기고 공에 머물게 되지만, 어느 정도 시간이 지나면 도리어 공이 사라지고 분별세계가 곧 공임이 드러나게 됩니다. 그리하면 분별세계가 곧 분별 없는 공임을 확인하게 되는데, 이때에야 비로소 불이중도(不二中道)라는 말이 실감이 됩니다. 분별되는 색(色)과 분별 없는 공이 둘이 아님이 확실해져서 비로소 불이중도라는 말을 알게 되죠. 결국 마음은 공도 아니고 색도 아니고, 있는 것도 아니고 없는 것도 아니고, 텅 비어 있는 것도 아니고 꽉 차 있는 것도 아니고, 밝은 것도 아니고 어두운 것도 아니고, 어떤 식으로든 분별할 수 있는 게 아니라는 사실이 확실해지는데, 이것을 일러 불이중도의 실상(實相)이라고 함을 납득하게 됩니다.

이런 체험이 깨달음의 체험인데, 한 가지 더 말할 것은, 이런 체험이 일시적으로 지나가는 체험이 아니라는 것입니다. 깨달음은 지금까지 모르고 살아왔던 마음의 새로운 영역으로 들어가는 체험입니다. 지금까지 알고 있던 경험이라면 언제나 주관인 내가 객관인 대상을 경험하는 경험이었고, 이러한 경험 속의 변화라면 관찰되는 객관인 대상의 변화가 있었을 뿐, 주관은 언제나 관찰자로서 변함이 없었습니다. 그러나 깨달음의 체험은 주관과 객관의 관계가 사라지는 체험입니다. 주관도 없고 객관도 없어서 분별이 일어나지 않습니다.

이러한 체험은 마음이 근본적으로 변화되는 체험이어서, 일단 체험이 일어나면 다시는 옛날로 되돌아가지 않습니다. 깨달음은 이처럼 새로운 세계가 열리는 체험이고, 새로운 세계로 들어가서 새로운 세계에서 살면서 새로운 세계의 삶에 익숙해지는 체험입니다. 그러므로 참으로 깨달았다면 이제부터는 과거의 삶은 사라지고 새로운 삶이 시작됩니다. 만약 그러지 않고 어떤 체험이나 느낌이 일어났는데, 시간이 지나면서 그런 체험이나 느낌은 사라지고 다시 이전으로 되돌아간다면, 그것은 주관인 나는 그대로 있고 객관만 변화되는 중생세계의 변화이지, 중생을 벗어나 부처세계에 들어가는 깨달음은 아닙니다.

그렇기 때문에 깨달음이 아닌데도 깨달음이라고 착각하는 경우들이 있어요. 공부를 하다가 문득 이전과 달리 뭔가 좀더 안정된 것 같고, 흔들림이 없어진 것 같고, 마음이 텅 빈 것 같아서 '아! 나도 체험을 했구나.' 하고 생각했는데, 시간이 지나면서 다시 옛날처럼 마음이 흔들리고 힘들고 불안해져서 체험은 사라지고 이전의 삶으로 되돌아간 것 같은 경우가 있어요. 이런 경우는 참된 깨달음이 아닌 것이죠. 그런 경우는 아마도 깨달음에 관하여 많은 이야기를 듣고서 깨닫고자 하는 욕망이 너무 간절하다 보니 자기도 모르게 그런 느낌들이 일시적으로 나타난 경우라고 보아야 할 것입니다.

진짜 깨달음을 체험했다면, 나의 의식으로 이 체험을 알 수도 없고 붙잡을 수도 없고 놓을 수도 없습니다. 참된 깨달음에서는 '나'라는 주관과 '세계'라는 객관이 사라지기 때문에 아무것도 할 수 없어요. 이렇게 주관과 객관이 사라져서 모든 것에서 벗어나는 것은 저절로 일어나는 일이지, 내가 어떻게 할 수가 없는 것입니다. 내가 붙잡거나 놓거나 얻거나 잃거나 하는 것은 주관과 객관 사이에서 일어나는 일이지, 주관과 개관이 사라진 참된 깨달음은 아닙니다. 달리 말하면, 내가 이 깨달음을 긍정하거나 부정하거나 할 수는 없어요. 긍정하거나 부정할 줄 아는 '나'도 없고, 긍정하거나 부정할 만한 '대상'도 없는 것이 참된 깨달음입니다.

그러므로 '나도 깨달았는가 보다.'라고 생각한다면, 그냥 생각일 뿐이지 깨달음이 아닙니다. 깨달은 마음에는 주관과 객관이 없으므로 분별이 없지만, 중생의 마음에는 주관과 객관이 있으므로 언제나 분별이 있습니다. 마음에는 분별이 없는 깨달음의 부처 마음과 분별이 있는 중생 마음이라는 양면이 동시에 살아 있습니다. 그러므로 깨달아서 분별에서 벗어난 사람은 분별이 없는 부처의 마음으로 살지만, 분별하는 중생의 마음도 여전히 작동하고 있으므로 분별하지 않는 것은 아닙니다. 깨달은 사람은 분별이 없는 부처의 마음에 발을 딛고서 분별하는 중생의 마음을 사용하며 살고 있다고 할 수 있습니다.

이처럼 부처의 마음과 중생의 마음이 모두 활동하는 것인데, 부처의 마음은 언제나 분별에서 벗어나 있고 중생의 마음은 항상 분별하고 있습니다. 하나의 마음에서 두 마음이 제각각의 역할을 수행한다고 할 수 있겠지요. 중생의 마음은 분별만 하므로 분별을 벗어난 부처의 마음을 알 수 없고, 부처의 마음에는 분별이 없으므로 분별하는 중생의 마음이 없습니다. 따라서 분별하는 중생의 마음을 가지고 분별 없는 부처의 마음을 알 수는 없습니다. 이것을 모르기 때문에 거짓된 깨달음이라는 착각이 일어나는 것입니다. 중생의 마음을 가지고 부처의 마음을 상상하는 환상이 일어나는 것이지요. 이런 점을 조심해야 합니다.

다시 말하면, 이 (손을 흔들며) 깨달은 마음은 의식(意識)이 온갖 분별을 하고 허망한 생각을 하더라도 그와 상관없이 그냥 늘 이렇게 (손을 흔들며) 분별없이 깨끗하게 갖추어져 있습니다. 한 물건도 없고 아무 일도 없고, 어떤 생각이 일어나든 상관없이 한결같이 이렇게 밝게 깨어 있고 활짝 살아 있습니다. 진짜 깨달음이라면 (손을 흔들며) 이것이 분명해야 합니다. '나도 깨달았구나.'라고 생각하다가 또 '어? 아닌가?' 하고 헷갈리고 자신이 없고 확실하지 않다면, 그것은 의식이 장난을 치고 있는 것이지 깨달음이 아닙니다. 그렇게 착각하는 경우들이 가끔 있어요.

깨달음은 분별하는 의식과는 상관이 없는 일입니다. 안다거나 모른다거나 하는 문제가 아닙니다. 의식은 항상 분별하여 '알겠다.'거나 '모르겠다.'고 합니다. 깨달음은 그런 분별 뒤에 숨겨져 있던 분별 없는 마음이 드러나는 것이라고 할 수 있습니다. 이 분별 없는 마음이 드러나면 의식이 어떻게 분별을 하든지 그런 분별과는 상관없이 늘 분별을 벗어나 이렇게 밝게 드러나 있어요. 그러므로 참으로 깨달았다면 분별할 게 없고 할 일이 없는 이 자리가, 의식이 늘 분별하고 있어도 그 분별과는 상관없이 항상 이렇게 있어요.

이처럼 중생의 마음과 부처의 마음이 하나의 마음에 함께 살아서 활동하고 있기 때문에 깨달음 뒤의 공부에서 잘못에 빠질 위험이 있습니다. 중생의 마음인 분별하는 마음에 익숙해 있던 마음이 부처의 마음인 분별 없는 마음을 깨달아 이 분별 없는 마음에 익숙해져서 마침내 분별과 분별 없음이 둘이 아니게 되어야 공부가 원만해집니다. 그러나 이제 비로소 분별하는 마음에서 벗어나 분별할 것 없는 마음을 체험하여 확인하였다고 하여도 여전히 익숙한 것은 분별하는 마음이고, 분별할 것 없는 마음은 아직 매우 낯선 마음입니다. 다시 말해, 비록 분별에서 벗어나는 체험을 하였다고 하여도 분별하는 마음의 힘이 압도적으로 강합니다. 여기에서 문제가 생길 수 있으니, 극히 주의하여 공부해야 합니다.

분별에서 벗어나 해탈을 체험하여 분별에서 자유로운 마음을 이제 비로소 경험하였다고 하여도 여전히 분별하는 마음의 힘이 훨씬 강하므로, 분별에서 벗어난 체험조차도 분별하는 마음으로 판단하고 분별하여 '이런 것이 분별에서 벗어난 해탈이고 깨달음이구나.' 하고 생각할 수가 있습니다. 이렇게 생각한다면 이 생각은 단지 분별일 뿐이고 분별에서 벗어난 해탈은 아닙니다. 분별에서 벗어난 깨달음에 대한 이런 생각을 일러 법상(法想) 즉 법에 관한 생각이라고 하는데, 법상은 공부인이 참된 깨달음을 얻으려면 반드시 피해야 하는 위험입니다.

분별하는 힘과 분별 없음의 힘이 균형을 이룰 때가 되어야 비로소 분별하면서도 분별에서 벗어나 있고 분별이 없으면서도 분별하면서 살아갈 수 있게 됩니다. 이렇게 살 수 있어야 중생세계와 부처세계가 둘이 아닌 중도(中道)가 실현되는 것이고, 중도의 실현이 바로 올바른 깨달음입니다. 중도가 실현되려면 분별하는 힘과 분별에서 벗어나 자유로운 힘이 균형을 이루어야 하는데, 처음 분별에서 벗어난 체험을 할 당시에는 분별하는 힘이 매우 강하고 분별에서 벗어난 힘은 매우 약합니다. 그러나 공부인은 분별에서 벗어나 분별망상에 시달리지 않는 것이 너무 좋기 때문에 일단 분별에서 벗어나는 체험을 하면 그때부터는 분별에서 벗어난 곳에 익숙해지려하게 됩니다. 그렇지만 익숙해진다는 것은 많은 시간이 걸려서 서서히 진행되는 일이므로 성급하게 굴지 말고 인내심을 가지고 꾸준히 공부할 필요가 있습니다.

주의해야 할 것은 아직 분별심이 강하고 해탈심은 약할 때, 분별심을 가지고 해탈을 분별하여 공부에 대한 견해를 가지지 않도록 조심해야 하는 것입니다. 만약 분별심을 가지고 분별할 수 없는 해탈에 대한 견해를 만든다면 이것이 바로 망상 가운데 가장 나쁜 법상(法想)입니다. 일단 해탈한 경험을 한 사람은 마음이 저절로 변화하여 중도의 안목을 갖출 때까지 분별심에 속지 않고 공부를 이어가야 합니다. 이러한 시간을 참지 못하고 성급하게 깨달음과 깨달음의 공부에 관하여 견해를 만든다면, 이른바 견해에 떨어진 증상만(增上慢; 잘난 체하는 사람)이 되는 것입니다. 한번 제대로 분별심에서 해탈하였다면 시간이 지날수록 저절로 익숙한 분별심에서는 멀어지고 낯선 해탈심에는 가까워지는 변화가 일어납니다. 다만 시간이 걸리는 것이니 분별을 일으켜 견해를 만드는 것만 피하면 됩니다.

실제로 이 공부를 해 보면 체험을 해서 이 자리가 나왔다고 하더라도 의식은 여전히 옛날의 망상하는 습관이 남아서 가끔씩 의심도 하고 다른 생각도 하여 '이런 것이 아닌가? 저런 것이 아닌가?' 하고 헤아리기도 하지만, 그렇게 헤아리다가도 '이게 아닌데.' 하면서 의식의 분별을 따라가지 않고 항상 이 자리가 늘 이렇게 드러나 있다는 사실을 경험하게 되죠. 내 의식이 온갖 망상을 하더라도 그와 관계없이 이 자리는 언제나 이렇게 드러나 있어야 제대로 된 깨달음입니다. 진짜로 분별이 쉬어지고 분별에서 벗어나 본성이 나오면 의식이 온갖 헛된 생각을 하더라도 그와 관계없이 이 자리는 항상 이렇게 드러나 있기 때문에, 시간이 지날수록 저절로 이 자리에 익숙해지는 것입니다.

그래서 이 공부를 무위법(無爲法)이라고 합니다. 일단 분별에서 벗어나 이 자리에 들어오면 아무런 노력도 하지 않고 아무것도 하는 일이 없는데 시간이 지날수록 저절로 이 자리에 익숙해지게 됩니다. 이처럼 이 자리 즉 우리의 본래면목인 진여자성은 분별하는 생각이나 의식과는 관계가 없어요. 그러므로 진짜로 깨달았다면 이 깨달음을 잃어버리고 다시 망상 속을 헤매는 일은 있을 수가 없습니다. 진짜로 해탈하고 진짜로 깨달았다면 이 자리가 딱 나와 있어서 이 자리에는 저절로 익숙해지고 분별망상에서는 저절로 멀어지게 됩니다. 이처럼 생각을 따라서 이리저리 헤매던 과거의 습관은 저절로 힘을 잃어 가고, 본래 자리에서 깨어 있는 힘은 저절로 강해집니다.

이와 같이 깨달았음을 확인하는 것은 분별하고 생각해서 판단하는 것이 아니라, 살아가면서 경험을 통하여 저절로 분명해집니다. 마치 물을 마신 사람은 갈증이 사라지고 마신 물이 찬물인지 따뜻한 물인지를 저절로 알게 되는 것과 같아요. 또 배고픈 사람이 밥을 찾다가 밥을 먹으면 저절로 배고픔이 사라지는 것과 같습니다. 깨닫지 못했을 때의 불만족과 불안이 저절로 사라지고 만족과 안정이 저절로 이루어집니다. 이러한 깨달음의 체험은 오직 자기 스스로가 알 뿐, 남에게 보여 주거나 증명해 줄 수는 없습니다.

어떤 때는 "당신이 참으로 깨달았다면 깨달았다는 사실을 모든 사람이 알 수 있도록 객관적으로 증명해 보라."고 요구하는 사람도 있습니다. 그러나 깨달음은 마음의 문제이고 내면의 문제이므로 밖으로 드러내어 객관적으로 증명해 보일 수는 없습니다. 또 어떤 사람은 이렇게 말하기도 합니다. "깨달은 사람은 신통(神通)한 힘을 갖춘다고 하니 그런 신통한 힘을 한번 보여 달라." 그러나 마음에서 분별을 벗어나 어디에도 막힘없이 신령스레 통하는 힘도 역시 내면의 일이고 마음에서 실현되는 일이므로 오로지 자기에게만 명백한 사실일 뿐, 겉으로 드러내어 보여 줄 수 있는 일이 아닙니다. 물론, 깨달아서 같은 체험을 한 사람이라면 서로 말이 통합니다. 그러나 깨닫지 못한 사람은 깨달은 사람의 말을 제대로 알 수가 없어요. 깨닫지 못한 모든 사람이 누구나 '아! 저 사람이 깨달은 사람이구나.'라고 인정할 수 있는 그런 증명의 수단은 없습니다.

오로지 스스로 직접 깨달아서 경험해 보아야 합니다. 이런 비유를 할 수도 있습니다. 몸속에 병이 있다가 그 병이 나은 것과 같아요. 질병으로 고통스럽게 아프다가 병이 나으면, 몸이 아주 가볍고 전혀 통증이 없고 상쾌한 건강을 느낄 수 있죠. 이런 건강은 본인만이 경험하는 것이지, 남이 경험할 수는 없습니다. 깨달음도 진실로 체험했다면 마음이 확실히 달라지기 때문에 저절로 알 수 있죠. 이처럼 깨달음은 삶 속에서 저절로 체험되고 저절로 증명되는 일이지, 객관적으로 입증할 수 있는 그런 일이 아닙니다.

똑! 똑! 똑! 여기에는 한마디 말도 없습니다.

4. 깨달은 사람을 어떻게 알아보나?

똑! 똑! 똑! 여기에 있어야 말에 속지 않습니다.

깨달은 사람인지 아닌지 무엇을 보고 판단할 수 있느냐고 묻는다면, 사람들은 일반적으로 "깨달은 사람이라면 굉장히 자비롭고 이타적이고 너그럽고 부드럽고 훌륭한 인품을 가진 사람이 아닐까요?"라고 말할 것입니다. 그러나 사실 이런 생각은 맞지 않습니다. 겉으로 드러나는 사람의 모습이나 말씨나 행동은 깨달음과 상관이 없습니다.

깨달음은 내면에서 분별망상을 벗어나는 것이므로 겉으로 드러나는 것을 가지고는 알 수가 없어요. 깨달은 사람이라면 평소의 삶이 자비롭고 이타적이고 너그럽고 헌신적일 것이라는 생각은 중생의 분별심이 좋음과 나쁨이라는 가치판단을 내려서 하는 생각이지만, 깨달은 사람에게는 도리어 이런 분별도 없고 좋음과 나쁨이라는 가치판단도 없습니다.

또 영화나 소설에서 표현하듯이 깨달은 사람 앞에서는 저절로 머리가 숙여지고 숙연해지고 존경하게 되는 마음이 우러나온다거나, 깨달은 사람에게선 후광(後光) 같은 특별한 모습이 보인다거나, 깨달은 사람이라면 보통 사람에게 없는 특별한 능력이 있어서 기적 같은 일을 행한다거나 하는 등도 모두 실제로 깨달은 사람에게는 해당하지 않습니다. 이런 일들은 모두 중생의 분별심이 만들어 낸 헛된 상상일 뿐입니다.

깨달음은 내면에서 일어나는 불가사의한 체험이므로 설명할 수도 없고 이해할 수도 없습니다. 깨달음은 이 순간 여기에서 실현되고 있는 체험일 뿐, 이해하거나 기억할 수는 없습니다. 깨달음은 자기의 내면에서 증명된다고 하여 자내증(自內證)이라고 합니다. 마치 불이 켜져 있듯이 지금 여기에서 분별을 벗어나 실현되고 있는 것이 깨달음이므로, 자기 자신도 이해하거나 기억할 수는 없습니다.

다만 명백하게 마음에서 변화가 일어나 실현되는 체험이므로 깨달음을 체험한 사람끼리 대화를 해 보면 서로 같은 경험을 했다고 대강 확인할 수는 있습니다. 그러므로 남에게 깨달음의 경험이 있는지 없는지 판단하려면 반드시 본인에게 깨달음의 경험이 있어야 합니다. 이해하거나 설명할 수 있는 것은 아니지만 체험하고 있는 일이므로, 서로 진실하게 대화해 보면 같은 체험을 하고 있음을 어느 정도는 알 수 있습니다. 물론, 자신의 의식에 속을 수도 있으므로 100% 확실하게 판단할 수는 없습니다. 이런 경우에는 긴 시간을 두고 대화를 하며 변화하는 모습을 보면, 좀더 분명하게 판단할 수 있습니다.

똑! 똑! 똑! 여기에는 한마디 말도 없습니다.

5. 깨달음에 필요한 조건이 있을까?

똑! 똑! 똑! 여기에 있어야 말에 속지 않습니다.

많은 사람이 깨닫고 싶어 하고, 깨닫고 싶은 사람은 또 누구나 '어떻게 하면 깨달을 수 있을까?' 하는 의문을 가지게 됩니다. 어떻게 하면 깨달을 수 있을까요? 확실히 깨달음에 이르는 믿을 만한 방법이나 길이 있을까요?

결론부터 말하면, '이렇게 하면 반드시 깨달음에 이른다.'라고 보증할 수 있는 확실한 방법이나 길은 없습니다. 만약 그런 방법이나 길이 있다면, 수많은 불교의 경전이 모두 필요 없고, 단지 그 방법만 명확히 알려져 있을 것입니다. 그러나 안타깝게도 반드시 깨달음에 도달함을 보증하는 그런 방법은 없습니다.

깨달음은 분별에서 벗어나는 불가사의한 경험이기 때문에, 깨달음을 경험하기 이전에는 깨달음에 대하여 전혀 알 수도 없고 상상할 수도 없고 이해할 수도 없습니다. 그러나 이런 조건에 처한다면 깨달음이 일어날 가능성이 크다고 말할 수는 있습니다.

깨달음을 가로막는 가장 큰 장애물은 생각으로 분별하여 알려고 하는 습관입니다. 우리는 세속을 살면서 보고, 듣고, 느끼는 일에 대하여 늘 생각하고 분별하여 그 일이 어떤 것인가를 알고자 합니다. 알 수 없는 일이 앞에 닥치면 우리는 불안하고 당황합니다. 이러한 불안과 당황은 그 일이 어떤 것인지를 알게 되면 사라집니다. 이처럼 세속을 사는 중생은 경험하는 모든 일에 대하여 늘 명확히 알고 싶어 하는데, 알고 싶을 때 우리는 그 일에 대하여 생각하고 분별합니다.

사실, 세속의 삶은 언제나 생각으로 분별하는 행위의 연속입니다. 하지만 깨달음은 이렇게 생각하여 분별하는 것에서 벗어나야 가능합니다. 경전에서는 "모든 중생에게는 깨달음의 본성인 밝은 불성(佛性)이 태어날 때부터 갖추어져 있지만, 이 불성은 분별인 생각에 가려져서 드러나지 않는다."고 말합니다. 분별로 알 수 없는 불성은 분별에 가려서 드러나지 않는다는 것입니다.

우리가 태어나서 보고 듣고 배우는 것이란 모두 분별하여 이름을 알게 되는 것입니다. 이름으로 분별하여 그 뜻을 알게 되니, 이름만 들어도 그것이 무엇인지 알게 되는 것이지요. 세상 온갖 것을 보고 들으며 그 이름을 배우고 그 내용을 이해하여 알게 되는 것이 곧 교육입니다. 우리 모두는 그렇게 분별의 교육만 받았지, 분별에서 벗어나 깨달음에 이르는 교육은 받은 적이 없습니다.

그러므로 생각으로 분별하고 이해하여 이름을 말하는 이런 삶이 우리를 분별에서 벗어나지 못하게 가로막는 가장 큰 장애물인 것입니다. 분별이라는 이 장애물을 극복하지 못하면 깨달음은 불가능합니다. 따라서 깨달음을 얻기 위해 반드시 필요한 조건은 분별이 가로막히고 생각할 수 없는 막다른 곳으로 내몰리는 것입니다.

늘 무언가를 알고 싶어 하는 우리는 깨달음에 대해서도 당연히 알고 싶어 합니다. 안다는 것은 곧 생각으로 분별하는 것이므로 깨달음에 대해서도 자연스럽게 생각으로 분별하여 알려고 합니다. 그러나 아무리 생각하고 분별하여도 여전히 생각이고 분별일 뿐, 깨달음은 없습니다. 깨닫고 싶은 사람이면 누구나 이런 입장에 처하게 됩니다.

깨닫고 싶으나 깨닫지 못하고 깨달음에 대하여 알고 싶으나 알수 없어서 답답한 사람은 저절로 깨달음으로 인도하는 선지식을 찾아가게 됩니다. 그러나 이미 깨달은 참된 선지식이라면 그 선지식 역시 이해할 수 없는 말을 하여, 찾아간 사람을 더욱더 알 수 없는 답답함으로 이끌고 갑니다. 선지식의 가르침을 받을수록 더욱더 생각할 수 없게 되고 더욱더 알 수 없게 되어 더욱더 답답해집니다.

이렇게 알고 싶으나 알 수 없고 생각하고 싶으나 생각할 수 없어서 마음이 함정에 빠진 것처럼 꼼짝할 수 없게 되는 것을 일러, 전통적으로 은산철벽에 가로막혔다거나 의문의 덩어리가 되었다거나 금강권 혹은 율극봉이라고 합니다. 이렇게 생각이 작동할 수 없는 상황에 갇히게 되어도 깨달음에 대한 뜻을 포기하지 않고 계속 선지식의 지도를 받으면, 기대하지 않은 어느 날 문득 자기도 모르게 깨달음이라는 경험이 발생합니다.

이처럼 깨달음이라는 경험이 발생하려면, 분별하는 생각이 장벽에 가로막혀서 어떻게도 할 수 없게 되는 상황에 처해야 하는 조건은 필요합니다. 생각을 항복시키고 생각을 극복해야 깨달음에 이르기 때문에, 생각이 어떻게도 할 수 없는 상황에 처하는 조건이 필요한 것입니다. 조금이라도 생각으로 이해할 틈을 준다면, 생각은 그 틈에서 쉬지 않고 활동하여 깨달음을 가로막게 됩니다. 생각이 전혀 쓸모없는 상황에 처해서 생각이 더이상 활동하지 못하게 되어야 비로소 깨달음이 일어날 조건이 만들어진 것입니다.

똑! 똑! 똑! 여기에는 한마디 말도 없습니다.

6. 깨달음에 믿음이 필요한가?

똑! 똑! 똑! 여기에 있어야 말에 속지 않습니다.

종교를 신앙이라고도 합니다. 종교(宗敎)는 근본에 대한 가르침이라는 뜻이고, 신앙(信仰)은 믿고 우러러본다는 뜻입니다. 근본에 대한 가르침을 듣고 근본을 깨닫는 것이라면 이것은 깨달음을 목적으로 하는 불교의 특징에 가까운 말이고, 어떤 절대자를 믿고 우러러본다면 이것은 기독교와 같은 신을 모시는 종교에 가까운 말이라고 하겠습니다.

그러면 불교에서는 믿음이 필요 없을까요? 그렇지 않습니다. 《화엄경》 현수품(賢首品)에 다음과 같은 구절이 있습니다.

"믿음은 도(道)의 근원이며 공덕의 어머니이니 모든 선법(善法)을 기른다."

"믿음은 지혜의 공덕을 키울 수 있고 믿음은 반드시 여래의 지위에 도달케 할 수 있다."

"믿음이 있으면 번뇌의 뿌리를 영원히 없앨 수 있고, 믿음이 있으면 부처의 공덕으로 오로지 나아갈 수 있고, 믿음이 있으면 경계에 집착함이 없고, 모든 어려움을 멀리 벗어나 수월하게 된다."

"믿음이 있으면 온갖 마귀의 길에서 벗어나 위없는 해탈의 길을 드러낼 수 있다."[19]

---

19 《대방광불화엄경》 제14권 〈현수품(賢首品)〉 제12-1.

이처럼 불교에서도 깨달아 해탈하려면 믿음이 반드시 있어야 한다고 말하고 있습니다. 물론, 자기 마음의 실상을 깨달아 해탈하는 불교에서는 어떤 알 수 없는 절대자에 대한 무조건적이고 맹목적인 믿음을 요구하는 것은 아닙니다. 불교에서 말하는 믿음은 어떤 절대자에 대한 맹목적인 믿음은 아닙니다. 그러면 불교에서도 왜 믿음이 필요할까요?

그것은 깨달음이 생각으로 이해할 수 없는 체험이기 때문입니다. 일반적으로 세속에서 누구에게 무슨 말을 할 때 우리는 그에게 먼저 믿음을 요구하지는 않습니다. 믿음보다는 설명하여 이해시키려고 합니다. 우리가 세속에서 누구의 말을 들을 때는 그 사람이나 그 말에 대한 믿음을 가지기보다는, 그 말이 합리적이고 상식적으로 이해되는 말인지 아닌지를 가장 우선하여 판단하기 때문입니다. 왜 그러냐 하면, 우리가 일상에서 하는 말은 모두 누구나 경험할 수 있고 이해할 수 있는 세간의 일을 말하기 때문입니다.

그러나 깨달음은 세간을 벗어난 출세간입니다. 다시 말해, 보거나 듣거나 느끼거나 생각하거나 하여 지각(知覺)하고 분별하고 이해하는 세간의 일을 벗어난 깨달음은, 보이는 색깔이나 모양도 아니고, 들리는 소리도 아니고, 느낌도 아니고, 생각도 아니어서 지각할 수도 없고 분별할 수도 없고 이해할 수도 없고 말로써 설명할 수도 없는 체험입니다. 깨달은 사람도 깨달음에 대하여 분별하거나 이해하거나 말할 수가 없습니다. 깨달음은 오로지 지금 이 순간 드러나 있는 현실일 뿐이어서 생각하는 순간 바로 깨달음이 아닙니다.

깨달음은 아직 깨달은 적이 없는 사람은 절대로 알 수 없는 미묘한 경험이기 때문에 이해하거나 상상할 수 없습니다. 이처럼 설명할 수 없고 이해할 수 없는 것이 깨달음이기 때문에 믿음이 필요한 것입니다. 처음 마음공부를 시작하는 사람은 자신이 겪어 보지 않았고 이해할 수도 없는 깨달음에 대하여 일단 그런 깨달음이 있고 그런 깨달음을 누구나 경험할 수 있다고 믿어야 이 공부를 시작할 수 있습니다. 그런 깨달음이 있다고 믿지 못하거나 아무나 깨달을 수 있는 것이 아니라고 생각한다면, 이 공부를 시작할 수 없을 것입니다.

아직 생각에 사로잡혀 있는 사람이 생각에서 벗어나 깨닫고자 하는 뜻을 세우고 마음공부를 시작하려면, 반드시 부처님의 깨달음, 보살님의 깨달음, 조사의 깨달음, 선지식의 깨달음에 대한 믿음을 가지고 있어야 합니다. 그래야 그분들의 가르침에 귀를 기울이고 공부의 길을 갈 수 있기 때문입니다. 부처님과 선지식의 깨달음을 믿지 못하면, 그분들의 가르침에 귀를 기울이지 않을 것이고, 이 공부를 제대로 할 수 없을 것입니다.

똑! 똑! 똑! 여기에는 한마디 말도 없습니다.

7. 깨달음은 거듭나는 체험인가?

똑! 똑! 똑! 여기에 있어야 말에 속지 않습니다.

선사의 말씀에 이런 구절이 있습니다.

"마땅히 절벽에 매달린 손을 놓아 버리고 스스로 기꺼이 받아들여 죽었다가 다시 살아나야만 한다."[20]

깨달음은 죽었다가 다시 살아나는 체험이라는 말입니다. 이전의 마음이 죽고 새로운 마음으로 다시 살아나는 것이지요. 꿈에서 깨어난다고 하여 깨달음이라 하고, 중생의 허망한 마음에서 벗어난다고 하여 해탈이라 하고, 허망한 마음이 일으키는 번뇌가 사라졌다고 하여 열반이라고 합니다. 깨달음이란 이처럼 마음이 결정적으로 변화하여 과거의 마음에서 벗어나 새로운 마음으로 거듭나는 것입니다. 즉, 깨달음이란 중생의 마음이 죽고 부처의 마음으로 다시 살아나는 일이라고 할 수 있습니다.

종교라는 마음공부에서 깨달음이란 내 마음의 괴로움을 잘 다스려 괴롭지 않게 만드는 정도가 아니라, 괴로움을 일으키는 근본 원인을 뿌리째 제거하여 이전의 마음에서 벗어나 새로운 마음으로 거듭나는 일입니다. 중생이라는 어리석고 괴로운 존재에서 벗어나 어리석음과 괴로움이 없는 부처라는 존재로 새롭게 태어나는 일이 종교라는 마음공부입니다.

그러므로 종교라는 마음공부는 내가 내 마음의 어리석음과 괴로움을 잘 다스려서 어리석음과 괴로움을 줄어들게 하는 일이 아니

---

20 直須懸崖撒手, 自肯承當, 絶後再蘇.(《경덕전등록》 제20권에 나오는 소주(蘇州) 영광원(永光院) 진(眞) 선사의 상당법어(上堂法語).)

라, '나'도 사라지고 '나의 마음'도 사라져서 어리석음과 괴로움이 생기는 원인이 없어지는 것입니다. 어리석음과 괴로움의 원인인 '나'와 '나의 마음'이 사라지면, 마음을 다스릴 일도 없고 마음을 수행할 일도 없습니다. 깨달음을 얻으면 이처럼 할 일이 아무것도 없습니다.

그러므로 마음을 어떻게 다스리라거나 마음을 어떤 방식으로 수행하라는 가르침은 올바른 가르침이 아닙니다. 시끄러운 마음을 고요하게 만들려고 하거나 어리석은 마음을 지혜롭게 만들려는 노력은 우리가 원하는 깨달음으로 안내하지 않습니다. 그러므로 〈신심명〉에서는 이렇게 말했습니다.

"움직임을 그쳐 멈춤으로 돌아가면, 멈춤이 더욱더 움직이게 된다.

오로지 양쪽에만 머물러 있어서야, 어찌 한결같음을 알겠는가?

한결같음에 통하지 못하면, 양쪽에서 효과를 잃으리라.

있음을 버리면 도리어 있음에 빠질 것이고, 공(空)을 따르면 도리어 공을 등질 것이다."[21]

시끄러움을 버리고 고요함으로 나아간다거나, 괴로움을 버리고 즐거움으로 나아간다거나, 어리석음을 버리고 지혜를 얻는다는 등은 모두 둘로 분별하여 하나를 버리고 다른 것을 취하는 의도적인

21　止動歸止, 止更彌動. 唯滯兩邊, 寧知一種. 一種不通, 兩處失功. 遣有沒有, 從空背空.

조작입니다. 분별에 따른 이런 식의 노력은 중생의 문제를 해결해 주지 못합니다. 중생의 문제를 근본적으로 해결하려면 반드시 분별에서 벗어나야 합니다. 그러므로 〈증도가〉에서는 이렇게 말했습니다.

"배움이 끊기고 할 일이 없는 한가한 도인은, 헛된 생각을 없애지도 않고 참됨을 구하지도 않는다."[22]

"참됨도 찾지 않고 허망함도 끊지 않으니, 참됨과 허망함의 둘이 비어서 분별되는 모습이 없음을 밝게 안다."[23]

둘로 분별함에서 벗어나 양쪽이 사라져야 비로소 좋은 것도 없고 나쁜 것도 없어서 취하거나 버리는 일이 없어지고 모든 문제가 사라지는 것입니다. 분별에서 벗어나면, 분별하여 알려고 하는 '나'라는 것이 사라집니다. 분별하여 알려고 하는 '나'가 바로 중생의 뿌리인 분별심인데, 이 분별심이 항복해야 망상(妄想)에서 벗어나 번뇌가 일어나지 않습니다. 우리 앞에 나타나는 모든 것을 분별하여 알려고 하는 중생의 마음을 대혜종고 선사는 원숭이라고 비유하여 말합니다.

"원숭이를 묶은 밧줄을 꽉 쥐고서 놈이 날뛸까 봐 두려워한다면, 이런 사람은 옛 스님이 말씀하신 허무(虛無)에 떨어진 외도(外道)이

---

22 絶學無爲閑道人, 不除妄想不求眞.

23 不求眞不斷妄, 了知二法空無相.

며 혼백이 흩어지지 않은 시체입니다. 참으로 마음의 삶과 죽음을 끊고 마음의 더러운 때를 씻고 마음에 가득한 삿된 생각을 제거하려 한다면, 반드시 이 원숭이를 한 방망이에 때려죽여야만 합니다. 만약 한결같이 원숭이를 묶은 줄을 꽉 붙잡고서 일부러 조복시키려 한다면, 이 사람은 집착이 지나쳐서 참으로 불쌍한 사람이라고 나는 말합니다. 바른 눈으로 본다면, 이들은 모두 하늘의 마귀요 외도요 도깨비요 귀신이지, 우리 불교 집안의 사람이 아닙니다."[24]

모든 문제의 뿌리인 원숭이를 때려죽여서 없애야 하지, 원숭이를 잘 달래고 훈련하여 말을 잘 듣게 만드는 것은 해결책이 아니라는 말입니다. 다시 말해, 중생의 마음에서 확실히 벗어나 중생의 마음이 사라져야 하지, 중생의 마음을 잘 다스려서 중생의 문제를 해결할 수는 없다는 말입니다. 중생의 마음은 분별하는 마음이므로 분별에서 벗어나야 중생의 마음에서 벗어납니다.

분별에서 벗어나 분별 없이 살 수 있는 것이 바로 부처의 마음입니다. 분별에서 벗어난 부처는 분별 없이 분별하고, 생각 없이 생각하고, 보지 않고 보고, 듣지 않고 듣고, 말하지 않고 말하고, 행동하지 않고 행동합니다. 분별에서 벗어난 부처에게는 세상의 온갖 일이 있지만 아무것도 없습니다.

똑! 똑! 똑! 여기에는 한마디 말도 없습니다.

---

24 《대혜법어》묘심 거사(妙心居士)에게 보임.

8. 문득 깨닫고 천천히 익어 간다고?

똑! 똑! 똑! 여기에 있어야 말에 속지 않습니다.

간화선의 창시자로 유명한 중국 송나라의 대혜종고 선사가 깨달음을 체험한 거사에게 보낸 편지글 가운데 다음 구절이 있습니다.

"지난날 하신 말씀에 '이(理)라면 문득 깨달으니 깨달음을 타고서 모두가 녹아 버리지만, 사(事)는 문득 없어지지 않고 점차점차 사라진다.'고 하셨는데, 일상생활 속에서 이 말을 절대 잊어서는 안 됩니다."[25]

여기서 이참정이 말했다는 "이(理)라면 문득 깨닫고 깨달음과 더불어 사라지지만, 사(事)는 문득 제거되지 않고 점차점차 사라진다."[26]라는 구절은 본래《수능엄경》제10권에 나오는 것입니다. 이 말은 마음공부의 양면을 간략하게 요약하여 표현한 방편의 말입니다.

불교에서는 언제나 우리 마음세계에 양면이 있다고 합니다. 번뇌에 시달리는 중생의 면과 번뇌에서 해탈한 부처의 면이라는 양면입니다. 하나의 마음에 중생의 마음과 부처의 마음이라는 양면이 있다고 할 수 있습니다. 이 양면을 가리키는 말은 항상 두 단어를

---

25 《대혜서장》이참정(李參政) 한로(漢老)에 대한 답서.
26 理則頓悟, 乘悟併銷, 事非頓除, 因次第盡.

상대시켜 사용합니다. 예컨대, 중생의 마음세계를 세간이라 일컫고, 부처의 마음세계를 출세간이라 일컫습니다. 이렇게 중생세계와 부처세계를 상대시켜 만든 이름을 대강 정리하면 다음과 같습니다.

하나의 마음세계	
중생세계	부처세계
세간	출세간
삶과 죽음이라는 번뇌	번뇌에서 벗어난 해탈
어리석은 무명(無明)	지혜로운 광명(光明)
속제(俗諦; 세속의 이치)	진제(眞諦; 참된 이치)
고통스러운 삶	열반(고통의 소멸)
이법(二法; 둘로 분별되는 세계)	불이법(不二法; 분별할 수 없는 세계)
양쪽에서 어느 한쪽을 선택함	중도(中道; 양쪽에서 벗어남)
삼라만상이 있음	아무것도 없는 공(空)
겉으로 드러나 있는 현상세계	속에 숨겨져 있는 본질세계
분별하여 알 수 있음	분별할 수 없어 불가사의함
상(相; 모습의 세계)	성(性; 모습 없는 세계)
색수상행식(色受想行識)의 오온(五蘊)	공(空)
사(事; 분별되는 사실)	이(理; 분별할 수 없는 이치)
용(用; 작용으로 나타난 모습)	체(體; 작용의 바탕)
취하거나 버릴 수 있음	취할 수도 버릴 수도 없음
좋거나 나쁨	좋지도 않고 나쁘지도 않음
물결	물
금송아지	황금

이처럼 하나의 마음세계에 양면이 있는데, 이 양면의 다른 점을 한마디로 말하면 분별되는 세계와 분별에서 벗어난 세계입니다. 분별되는 세계가 곧 중생의 마음세계인데, 이 분별에서 벗어나는 것이 해탈이고 열반이고 깨달음입니다. 분별되는 세계는 온갖 것이 분별되어 나타나 있는 세계이고, 분별되지 않는 세계는 아무것도 분별되는 것이 없는 텅 빈 세계입니다. 불교에서는 온갖 분별되는 것들을 물질, 느낌, 생각, 의욕(意慾), 의식(意識)이라는 다섯 가지로 분류하여 오온(五蘊)이라 하고, 분별되지 않는 것은 텅 빈 허공과 같다고 하여 공(空)이라고 합니다.

이(理)와 사(事)라는 방편의 이름으로 본다면, 분별되는 세계는 보통 사람들이 분별하여 인식하고 아는 겉으로 드러나 있는 현상 세계인데 이것을 사(事)라고 하였고, 분별을 벗어나 인식되지 않아서 겉으로 드러나지 않는 본질세계를 이(理)라고 하였습니다. 다시 말해, 사(事)는 분별되는 세계를 가리키고 이(理)는 분별되지 않는 세계를 가리킵니다.

그러므로 《수능엄경》에서 "이(理)라면 문득 깨달으니 깨달음을 타고서 모두가 녹아 버린다."라는 말의 뜻은, 즉각 분별에서 벗어나는 체험을 하면 모든 분별이 사라져서 텅 빈 허공처럼 아무것도 없다는 것입니다. 분별에서 벗어나는 체험은 마치 감고 있던 눈을 뜨듯이 문득 순간적으로 일어나는 경험입니다. 그리고 일단 분별에서 벗어나게 되면 이제는 아무것도 분별되는 것이 없습니다.

이렇게 문득 깨닫는 경험을 불교에서는 견성(見性)이라고 하는데, 본래 갖추어진 본성(本性)을 확인하는 체험이므로 한 번 확인하

148

는 것으로 전체를 다 확인하는 경험입니다. 이것을 《수능엄경》에서는 분별에서 벗어나는 깨달음의 체험이 문득 일어나면 모든 분별에서 벗어난다고 한 것입니다.

그런데 "사(事)는 문득 없어지지 않고 점차점차 사라진다."라는 말은 분별되는 현실생활에서의 익숙함을 가리키는 말입니다. 일상생활에서 분별에서 벗어난 해탈의 효과를 얼마나 누리느냐 하는 것은 어느 쪽에 더 익숙해 있느냐가 좌우합니다. 다시 말해, 분별에서 벗어나는 돈오(頓悟)의 체험을 하였더라도 분별이 사라지는 것은 아니기 때문에 지금까지 익숙해진 분별의 힘이 더 강하느냐 이제 비로소 체험한 분별에서 벗어난 힘이 강하느냐 하면 당연히 이미 익숙한 분별의 힘이 강합니다.

그러므로 비록 분별에서 벗어나 본래 텅 비고 걸림 없이 자재하고 안락한 마음의 바탕을 확인하였다고 하더라도, 아직 여기에 익숙하지 않기 때문에 이런 마음바탕에 머무는 힘은 너무나 약합니다. 처음 분별에서 벗어나는 해탈을 체험한 사람이 오랜 구속에서 벗어나 비로소 해방의 기쁨을 맛보지만, 아직은 그 기쁨이 만족할 만큼 크지 않기 때문에 한편으로는 너무나 기쁘면서도 한편으로는 여전히 부족함에 갈증을 느껴서 더욱더 공부에 몰두하는 것은 당연합니다.

분별에서 벗어나 불이중도에 통한 뒤에 불이중도에 익숙해져 가는 일을 대혜종고는 이렇게 말했습니다.

"다만 깊은 것은 얕게 하시고 얕은 것은 깊게 하시며, 낯선 것은 익숙하게 하시고 익숙한 것은 낯설게 하십시오."[27]

"대개 아득한 예부터 익숙한 곳은 매우 익숙하고 낯선 곳은 매우 낯설어서, 비록 문득 깨달아도 마침내 도(道)의 힘이 저 업(業)의 힘을 이겨 내지 못합니다. 어느 것이 업의 힘일까요? 익숙한 곳이 업의 힘입니다. 어느 것이 도의 힘일까요? 낯선 곳이 도의 힘입니다."[28]

"날이 가고 달이 갈수록 낯선 곳은 저절로 익숙해지고 익숙한 곳은 저절로 낯설어질 것입니다. 어떤 것이 익숙한 곳일까요? 총명하고 영리하게 생각으로 헤아리고 견주어 살펴보는 것입니다. 어떤 것이 낯선 곳일까요? 깨달음, 열반, 진여(眞如), 불성(佛性)이니 사유와 분별이 끊어져 어떻게도 헤아릴 수 없고 마음을 써서 처리할 수 없는 것입니다."[29]

어떤 것에든 우리 마음이 익숙해지는 데는 시간이 필요합니다. 늘 가까이하면 시간이 지나면서 점차 익숙해지는 것입니다. 분별에서 벗어나 마음의 본성을 보아 마음은 본래 텅 비고 깨끗함을 확인하는 것은 문득 일어나는 찰나의 체험이지만, 생활 속에서 그런 본성에 익숙해져 가는 것은 긴 시간이 필요한 것입니다. 그러므로 경

27 《대혜서장》조대제(趙待制) 도부(道夫)에 대한 답서.
28 《대혜법어》여기의(呂機宜)에게 보임.
29 《대혜법어》서제형(徐提刑)에게 보임.

전에서 "사(事)는 문득 없어지지 않고 점차점차 사라진다."라고 한 것입니다.

공부인들 가운데에는 이런 사실을 잘못 이해하여 문득 분별에서 벗어나는 체험으로 공부를 다 한 것처럼 착각하는 경우가 있습니다. 다시 말해, 마음이 본래 공(空)이라는 사실을 확인하면 공부가 끝난 것처럼 생각하는 경우가 있는데, 익숙함의 문제를 모르거나 무시한 오류입니다. 실제로 분별에서 벗어나는 체험을 해 보면 대혜종고 선사의 말처럼 번뇌에서 벗어난 깨달음의 힘은 아직 너무나 약하여, 마음이 여전히 분별망상의 강한 힘에 끌려가고 있음을 잘 압니다. 그렇기 때문에 분별에서 벗어난 체험을 한 사람은 지금까지보다 더욱더 공부에 열의를 보이게 됩니다. 분별에서 벗어나는 것이 얼마나 좋은지 맛보았기 때문입니다.

이처럼 마음공부에는 문득 분별에서 벗어나는 깨달음인 돈오(頓悟)의 체험과, 그 깨달음에 오랜 시간 익숙해져 가는 공부라는 두 측면이 있습니다. 거울에 텅 빈 바탕과 그 바탕에 나타나는 모습인 영상(影像)이라는 양 측면이 있듯이, 우리 마음에도 분별할 수 없는 텅 빈 바탕인 마음과 이 마음에 나타나는 삼라만상이라는 분별의 세계라는 양 측면이 있습니다. 이 양 측면은 서로 떨어질 수 없는 것이라서, 어느 하나만 있을 수는 없습니다. 분별세계와 텅 빈 마음이라는 양 측면이 같이 있으므로 어느 한쪽으로 치우치지 않으려면 양쪽에 똑같이 익숙해져야 합니다. 우리는 지금까지 분별세계에 오랫동안 익숙해져 있으므로 이제는 텅 빈 마음에 익숙해져야 합니다.

분별의 세계가 전부인 줄 알고 살던 중생이 문득 분별할 수 없는 세계가 있음을 확인하는 것이 깨달음입니다만, 분별할 수 없는 세계를 체험하였더라도 여전히 분별에는 익숙하고 분별할 수 없는 세계는 낯선 세계입니다. 우리는 익숙한 것을 따라가지, 익숙하지 않은 것을 따라가진 않습니다. 다시 말해, 익숙함이란 현실 생활에서 우리를 끌고 가는 힘이 있는 것입니다. 힘이 없으면 비록 그것이 좋다고 하더라도 익숙한 쪽으로 끌려가게 되니, 좋은 것을 알아도 그 좋은 것을 누릴 수 없습니다.

사실을 말하면, 마음공부의 전 과정은 깨달음에 익숙해져 가는 과정이라고 할 수 있습니다. 마음공부란 분별세계에서 살던 사람이 분별을 벗어나 텅 빈 마음을 깨달아 분별세계에서 살면서도 언제나 마음은 텅 비어서 아무런 번뇌가 없이 살 수 있게 되는 경험입니다. 분별에서 벗어나는 체험은 알 수 없는 불가사의한 체험이라서, 분별을 벗어나기 위하여 할 수 있는 일은 전혀 없습니다.

유일한 공부의 길은 이미 분별에서 벗어나 살고 있는 선지식을 찾아가 분별에서 벗어난 세계에 관한 이야기를 듣는 것입니다. 분별에서 벗어난 세계의 삶에 관한 이야기를 듣고 또 듣다 보면 자기도 모르게 분별에서 벗어나는 쪽으로 마음이 다가가게 되고, 그렇게 다가가다가 어느 순간 문득 분별에서 벗어나는 체험을 하게 됩니다. 이 체험을 견성성불(見性成佛)이라고 합니다. 그러나 분별에서 벗어나는 체험을 하였더라도 마음은 여전히 분별에는 익숙하고 분별에서 벗어난 세계에는 익숙하지 못하므로, 마음은 익숙한 대로 대부분의 경우 분별을 따라갑니다. 그렇지만 시간이 지날수록 분별에서 벗어난 곳에 익숙해지면서 분별에서 벗어난 곳에 확실히 발을 딛고 있음이 점차 분명하게 됩니다.

이처럼 마음공부에는 문득 깨닫는 체험과 깨달음에 점차 익숙해져 가는 두 가지 측면이 있습니다. 그러나 실제로 공부하는 사람의 입장에서는 언제나 분별에서 벗어난 곳을 바라보고 공부해야 합니다. 그렇게 해야 분별에서 벗어난 곳에 익숙해져 갑니다. 생각으로 헤아리지 말고, 생각이 없는 곳을 바라보고 공부하여 미래도 보지 말고 과거도 보지 말고 현재도 보지 말고, 자신도 보지 말고 남도 보지 말고, 깨달음도 생각하지 말고 어리석음도 생각하지 말고, 공부한다는 생각도 하지 말고 공부해야 합니다.

똑! 똑! 똑! 여기에는 한마디 말도 없습니다.

9. 깨달은 뒤의 수행은 어떻게 하나?

똑! 똑! 똑! 여기에 있어야 말에 속지 않습니다.

이 질문도 체험한 사람들이 주로 많이 하는 질문입니다. 체험을 했으면 그 뒤에는 어떻게 공부를 해야 하느냐는 것은 사실 굳이 말할 필요가 있을까 하는 의문도 들어요. 왜냐하면 깨달음을 얻지 못하여 헤매다가 깨달음을 체험하면 길을 찾았으니 그냥 그 길을 가기만 하면 되기 때문이지요. 그러나 아직 너무나 낯선 길이고 서툰

153

길이기 때문에 여전히 헷갈릴 수는 있습니다. 그러므로 이런 질문이 있을 수 있습니다.

먼저 말씀드릴 것은, 깨닫기 이전에도 깨달음을 얻을 공부방법이라는 것이 정해져 있지 않듯이, 깨달은 이후에도 마찬가지로 수행의 방법이라고 할 수 있는 것은 없습니다. 분별심에서 벗어나 불이중도의 자성에 통한다고 하는 깨달음은 발심한 사람에게 저절로 이루어지는 무위법(無爲法)입니다. 어떤 수행의 방식을 정해 놓고 그대로 열심히 행하는 유위법(有爲法)의 공부가 아닙니다. 유위법은 《금강경》에서도 말하고 있듯이 물거품이나 아지랑이처럼 헛된 것입니다. 참된 성취는 언제나 무위법입니다.

《육조단경》에서 육조 혜능이 말하길, 불법(佛法)은 불이법(不二法)이기 때문에 오직 불이법인 자성(自性)에 통하는 견성(見性)만 말할 뿐이라고 했듯이, 중생의 분별심에서 벗어나는 불가사의한 해탈의 체험은 곧 불이중도(不二中道)의 체험입니다. 분별심에서 벗어나 분별과 무분별의 어느 쪽을 선택하지도 않고 버리지도 않는 것이 불이중도입니다. 그러므로 견성 체험 뒤의 공부란 결국 불이중도의 깨달음이 원만하게 실현되어 가는 시간입니다.

대혜종고 선사는 이 시간을 일러 말하기를, 낯선 것에 낯익어 가고 낯익은 것에 낯설어 간다고 하고는, 반야의 지혜가 낯선 것이고 분별망상이 낯익은 것이라고 했습니다. 비록 분별심에서 벗어나 불이중도에 통하는 체험을 했지만 아직 불이중도에는 너무나 낯설고 생소하며, 여전히 분별망상이 익숙하여 분별망상에 시달리고 있는 현실이 불만족스럽습니다. 그런 까닭에 더욱더 열의를 가지고 공부하게 됩니다만, 실제로는 만족스럽게 되기까지는 많은 시간이 필요합니다.

일반적으로는 분별에서 벗어나면 아무것도 없고 끝도 없는 허공과 같은 마음을 확인하게 되는데, 이것이 나의 본래 마음이구나 하고 여기에 머물려고 애를 쓰게 됩니다. 더구나 여기에 머물면 세속의 온갖 시끄러운 일들에서 벗어나 아무런 일이 없이 가볍고 개운하고 안정되어 있으니 더이상 좋을 수가 없습니다. 그러나 아직은 여기에 머무는 힘이 너무나 약하여 늘 목이 마른 상황입니다.

세속에 잡다하게 시달리는 이전의 마음은 싫고, 지금의 텅 비고 일없는 마음은 마치 고향으로 돌아와 자기 집안에 편안히 머무는 것처럼 만족스럽습니다. 이 일 없는 마음을 자기의 본래마음이라 여기고 여기에 익숙해지려고 하는 시간이 많이 흐릅니다. 그렇게 지내다 꽤 긴 시간이 지나면 어느 날 갑자기 그 텅 빈 마음이 사라지게 됩니다.

갑자기 텅 빈 마음이 사라져 버리니 순간 공부가 잘못되는 것이 아닌가 하고 놀라게 됩니다. 이제 텅 빈 마음은 없고 예전과 같이 분별되는 경계(境界)만 나타나니 예전처럼 되돌아가는 것이 아닌가 하고 놀라는 것이지요. 그러나 예전으로 되돌아간 것이 아니라, 온갖 분별되는 경계가 바로 텅 빈 허공임을 곧 알게 됩니다. 지금까지 싫어하여 배척했던 온갖 분별경계가 바로 텅 빈 허공임을 확인하는 것이지요.

분별되는 온갖 경계가 곧 아무것도 없는 허공임이 확인되니, 이제는 좋아하는 깨달음과 싫어하는 분별망상이 따로 없게 됩니다.

이제야 비로소 할 일이 진짜로 없어진 것이지요. 또 분별망상인 세속과 아무것도 없는 출세간이 둘이 아니라는 불이중도의 실상(實相)을 비로소 확실히 확인하게 된 것입니다. 이렇게 비로소 둘이 아닌 불이중도가 이루어졌지만, 아직 익숙하지 못하여 역시 힘이 부족합니다. 둘이 아닌 하나의 세계가 되었지만, 그 하나의 세계가 아직은 단단하게 결합되지 못하고 틈이 있어서 약간 삐거덕거림이 있습니다.

그렇게 다시 시간이 흐르면 어느 순간 문득 틈이 있어서 삐거덕거리던 마음이 틈 없이 딱 결합이 되어 매우 단단해지는 체험이 옵니다. 이 순간이 되면 비로소 어떤 환경이 되더라도 이제는 흔들림 없고 삐거덕거림 없이 늘 불이중도가 하나의 세계가 되어 뒤로 물러날 일은 없을 것이라는 확신이 들면서 더욱더 안심이 되고 자신감이 자리합니다. 그리하여 무슨 일이든 거리끼지 않으면서 삶을 자유롭고 즐겁게 살게 됩니다.

분별에 가로막혀 있다가 문득 분별에서 벗어나는 해탈의 체험을 하고 나서, 시간이 지나면서 점차로 깊어지는 공부는 이렇게 설명할 수 있습니다. 그러나 공부하는 사람은 언제나 자신이 경험한 만큼만 보는 안목이 있을 뿐, 앞으로 어떻게 될지는 모릅니다. 마치 산을 오를 때 오르는 만큼 멀리 보이고 모르는 길을 갈 때 간 만큼만 아는 것과 같아서, 앞으로 어떤 일이 벌어질지 알 수 없습니다. 비록 듣고서 안다고 하더라도 아직 경험해 보지 못한 일은 역시 알지 못합니다. 깨달음 공부는 오로지 직접 체험할 뿐, 생각하거나 기억할 수는 없기 때문입니다.

앞으로 어떤 일이 일어날지, 어떻게 해야 할지를 전혀 모르는 것이 이 공부입니다. 이 공부에 대하여 상상하거나 예상하거나 '무엇이 어떻다.'는 식으로 판단하는 것은 모두 분별하는 것이므로 헛된 생각인 망상(妄想)입니다. 오직 분별에서 벗어나, 체험이 있을 뿐입니다. 견성 체험 이전에도 견성 체험 이후에도 이 공부에서 조심할 점은 분별하여 판단하거나 상상하지 말라는 것입니다.

분별에 막혀 있다가 저절로 분별에서 벗어나게 된 무위(無爲)의 견성 체험이라면 저절로 불이중도의 안목이 열릴 것이고, 이 안목이 시간이 지나면서 저절로 밝아져 가는 무위의 공부가 바로 이 공부입니다. 그러므로 분별하여 의도적으로 행하는 유위의 길로 가지만 않으면 아무 문제가 없이 저절로 됩니다. 이 공부에서 처음부터 끝까지 조심할 것은 바로 이것입니다.

전통적으로는 깨달으면 정(定)과 혜(慧), 즉 선정(禪定)과 지혜(智慧)가 동시에 갖추어진다고 합니다. 《육조단경》에서는 정과 혜를 등불과 그 불빛에 비유하여 둘이 반드시 동시에 갖추어진다고 합니다. 선정은 마음이 텅 비어 고요히 안정됨이고, 지혜는 분별에 물들지 않고 밝게 깨어 있음입니다. 분별망상에서 벗어나는 체험을 하면 이 둘이 저절로 함께 갖추어지는데, 정서적으로는 고요하고 텅 비어 걸림이 없는 선정을 느끼고, 지성적으로는 어디에도 머물지 않고 밝게 깨어 있는 지혜를 확인한다고 할 수 있습니다. 분별이 가로막혀 있다가 문득 분별에서 벗어나는 돈오(頓悟)의 체험을 하면, 선정과 지혜가 저절로 함께 갖추어져서 세간과 출세간이 둘이 아닌 중도실상(中道實相)을 보는 안목이 생기는 것이지요. 이것은 위에서 말한 내용과 같습니다.

똑! 똑! 똑! 여기에는 한마디 말도 없습니다.

10. 깨달음의 가치는 무엇인가?

똑! 똑! 똑! 여기에 있어야 말에 속지 않습니다.

이 질문은 "무엇 때문에 깨달아야 하는가?" "깨달음에 어떤 가치가 있기에 깨달아야 하는가?" "깨달으면 어떤 좋은 일이 있기에 깨달아야 하는가?"라는 질문과 같습니다.

깨달음은 내면의 마음에서 일어나는 일이기 때문에 깨달음의 가치를 외면적으로 남에게 보여 줄 수는 없습니다. 그러나 내면에서 얻는 비교할 수 없는 큰 만족이 있기 때문에 그런 만족에 대해서는 말할 수 있습니다. 가치를 말한다는 것은 결국 무엇보다 더 좋다고 하는 비교우위를 말하는 것이므로, 세속과는 다른 출세속의 깨달음의 가치를 말하려면 세속과 비교하여 그 좋은 점을 말할 수밖에 없을 것입니다.

깨달음의 가치를 한마디로 말한다면, 더이상 바라는 것이 없는 절대적 만족이라고 할 수 있을 것입니다. 분별의 세계인 세속에서는 만족이라고 하더라도 언제나 비교된 가운데 상대적 만족일 수밖에 없습니다. 어떤 것보다는 더 나으나 또 다른 어떤 것보다는 못하다는 식이죠. 높은 지위에 올라갔으나 더 높은 지위를 바라게 되고, 돈을 많이 벌었으나 더 많이 벌기를 바라고, 인정을 받으면서도 더 많이 인정받기를 바라고, 많이 배웠으나 더 많이 배우기를 바라고, 건강해졌으나 더욱 건강하기를 바라는 식이죠. 그러므로 세속의 만족은 늘 이쪽보다는 낮고 저쪽보다는 못한 상대적 만족입니다.

그러나 분별에서 벗어난 출세간의 만족은 비교가 사라졌기 때문에 더 바라는 것이 없습니다. 더이상 바라는 것이 없는 것이 가장 큰 만족이지요. 깨달음을 무원삼매(無願三昧)라고 말하는 것이 바로 이런 만족을 나타내는 말입니다. 실제로 공부하여 분별에서 벗어나게 되면, '나' '나의 것' '나의 세계'라는 등이 모두 사라지므로, 바라는 것도 없고 하고 싶은 일도 없고 부러운 것도 없게 됩니다. 이런 때 기분으로는 지극한 즐거움도 느끼게 되는데, 이것을 극락(極樂) 혹은 지복(至福)이라고 합니다.

깨달아 모든 분별에서 벗어나면 세계의 모든 것에 대한 집착이 사라지고, 세계의 모든 것이 가졌던 이전의 의미가 모두 없어집니다. 분별에서 해탈하여 세계에는 본래부터 아무런 일도 없고 아무것도 없어서 삶이 텅 빈 허공과 같고 꿈과 같음을 실감하게 되면, 삶의 무게가 사라져서 삶이 전혀 부담스럽지 않습니다. 인생에서 짊어져야 할 근심, 걱정, 두려움이라는 모든 번뇌가 사라졌을 때의 만족감은 세속의 중생들은 결코 맛볼 수 없는 만족입니다.

간단히 말하면, 깨달음의 가치는 바로 이런 만족이라고 할 수 있을 것입니다. 세간을 벗어난 출세간의 가치가 이런 완전한 만족이기 때문에, 《금강경》 같은 경전에서는 부처님이 말씀하시는 깨달음의 가치는 온 우주를 일곱 가지 보석으로 장식하는 것으로도 비교할 수 없다고 한 것입니다. 세속에서 아무리 가치 있는 것이라도 출세간의 가치에는 비교가 되지 않는다는 말입니다. 실제로 분별에서 벗어나 출세간을 한번이라도 맛본 사람이라면, 세속의 모든 것을 준다고 하더라고 출세간을 포기하고 세속으로 되돌아올 수는 없음을 너무나 잘 압니다.

《열반경》에서는 열반의 특징을 상락아정(常樂我淨)이라고 말합니다. 깨달아 열반에 들어가면, 늘 변화하여 불안하던 세계가 한결같아져 안정되고, 세속의 즐거움과 비교할 수 없는 지극한 즐거움이 있고, 세속에서 잘못 알았던 거짓된 나를 벗어나 참된 나를 찾게 되고, 온갖 일로 더럽게 물들어 있던 세계에서 벗어나 아무것도 없이 깨끗해진다는 말입니다. 이런 상락아정도 세속의 가치와는 비교할 수 없는 깨달음의 가치를 말하고 있는 말입니다.

그밖에도 마음을 가로막는 장애가 없어서 자유자재한 신통이 있다거나, 어리석음에서 벗어나 밝은 지혜가 생겨나 헛된 세속의 일에 속지 않는다거나, 불안과 두려움이라는 번뇌가 사라져 지극히 안락하다거나, 생각에 얽매이지 않아서 시비가 없다거나, 마음이 어디에도 머물거나 의지하지 않아서 구속됨이 없다거나 하는 등 깨달음의 특징을 말하는 것들이 바로 깨달음의 가치를 말하는 것이라고 할 수 있습니다.

이런 깨달음의 가치는 오로지 깨달은 사람 자신의 내면에서 누리는 가치이므로 외부적으로 남에게 나누어 줄 수도 없고 내보여 줄 수도 없고 자랑할 수도 없습니다. 그러므로 깨달음의 가치를 깨닫지 못한 중생이 세속의 가치 기준으로 판단하기는 어렵습니다. 다시 말해, 깨달음은 그 자체로 가치가 있지, 세속적 쓸모에 의한 가치 판단을 할 수는 없습니다.

이런 깨달음의 가치를 달리 말하면, 종교에서 말하는 구원의 성취라고도 할 수 있습니다. 인간의 구원이란 결국 모든 고통에서 벗어나는 것인데, 깨달음이 바로 모든 고통(번뇌)에서 해탈하는 것입니다. 어떤 종교에서는 구원을 유한한 인간의 한계에서 벗어나 영원한 삶을 누린다고도 하는데, 분별에서 벗어나면 시간과 장소라는 분별이 사라져서 무한함과 영원함이 우리 자신의 본질임을 실감할 수 있습니다.

똑! 똑! 똑! 여기에는 한마디 말도 없습니다.

11. 깨달은 사람은 어떤 삶을 사는가?

똑! 똑! 똑! 여기에 있어야 말에 속지 않습니다.

깨달음이란 분별하는 마음에서 벗어나 불이중도에 들어맞게 되는 것이라고 했습니다. 마음이 불이중도에 들어맞게 되면 평소의 삶에서 마음은 어떨까요? 중도에 들어맞은 마음은 지금 이렇게 살아 활동하는 마음이어서 말로 설명하는 것이 정확히 맞을 수는 없습니다. 그러나 필자의 경험과 경전과 조사들의 말씀을 바탕으로 중도에 들어맞은 마음의 특징을 다음과 같이 몇 가지 말할 수 있다고 봅니다.

첫째, 중도에 들어맞은 마음에는 아무것도 가지고 있는 것이 없습니다. 중도에 들어맞은 마음에는 아무것도 담아 둘 수 없습니다. 마음이라고 일컬을 것도 없는 것처럼 됩니다. 중도를 경험할 때 마음은 마치 텅 빈 허공처럼 느껴지므로, 중도의 경험을 공의 경험이라고 하기도 합니다. 마음에 담고 있는 것이 없으니, 근심도 없고 번뇌도 없고 늘 가볍습니다. 느낌, 기분, 생각, 감정 등 마음에서 나타나는 현상들은 인연을 따라 나타나지만, 그런 현상들이 마음속에 자리 잡고 괴롭히는 일은 없습니다. 이런 마음을 경전에서는 공(空)이라 합니다.

둘째, 중도에 들어맞은 마음은 어디에도 머물러 있지 않습니다. 마음이 깨달음, 해탈, 열반, 선정, 삼매라고 할 만한 곳에 머물러 있지 않습니다. 다시 말해, 중도에 있는 사람은 마음을 어디에도 두고 있지 않습니다. 머물 마음도 없고 머물 대상도 없습니다. 즉, 주관도 없고 객관도 없고, 안도 없고 밖도 없습니다. 누구도 없고 무엇도 없습니다. "내가 무엇을 어떻게 한다."라고 말하기는 하지만, 마음속에는 그런 생각이 없습니다. 이런 마음을 불교에서는 무주법(無住法)이라고 합니다.

셋째, 중도에 들어맞은 마음에는 어떤 생각이나 견해도 없습니

다. '이것이 중도다.' '이것이 깨달음이다.' '이것이 해탈이다.' '깨달은
사람은 이렇게 살아야 한다.' '깨달음을 얻기 위해서는 이렇게 해야
한다.'는 등의 생각이나 견해가 전혀 없습니다. 깨달음이나 중도에
대하여 생각하는 순간, 즉시 중도에서 벗어나 생각 속으로 들어감
을 저절로 알게 됩니다. 마음에서 분별하는 기능은 세간을 분별하
는 역할을 할 수 있을 뿐이고, 마음에서 분별을 벗어나 중도에 들어
맞는 것은 마음의 본성(本性)에서 이루어지는 일이라고 할 수 있습
니다. 그러므로 분별하는 마음은 본성을 알 수 없고, 본성은 분별되
는 세간을 알 수 없습니다. 하나의 마음이지만, 분별하는 마음은 세
간을 보는 눈이고, 본성은 출세간을 보는 눈이라고 할 수 있습니다.

물론, 세속의 일에 대해서는 필요에 따라서 일시적으로 생각할
수 있지만, 그런 생각에 사로잡혀 있지 않습니다. 마음공부와 깨달
음에 대해서도 역시 일시적으로 방편의 말을 할 순 있지만, 그런 말
은 손가락으로 달을 가리키듯이 그 순간 필요에 따라 하는 말일 뿐
이고 마음속에 견해로서 가지고 있는 견해는 없습니다. 그러므로
중도에 들어맞은 마음은 필요한 생각은 다 하지만, 언제나 아무런
생각이 없습니다. 이런 마음을 불교에서는 무상법(無想法)이라고
합니다.

넷째, 중도에 들어맞은 마음에는 모든 것이 나타나 있으나, 아
무것도 없습니다. 눈, 귀, 코, 혀, 몸, 마음이 살아 있는 사람은 보고,
듣고, 냄새 맡고, 맛보고, 느끼고, 생각하는 활동을 걸림 없이 잘 합
니다만, 언제 어디서나 눈, 귀, 코, 혀, 몸, 마음도 없고, 색깔, 소리,

냄새, 맛, 촉감, 생각도 없습니다. 모든 것이 있으나 아무것도 없으므로 유무중도(有無中道) 혹은 색즉시공공즉시색(色卽示空空卽示色)이라 하기도 하고, 태어나고 늙고 병들고 죽는 삶을 살지만 본래 태어남도 없고 늙음도 없고 병듦도 없고 죽음도 없으므로 생사즉열반(生死卽涅槃)이라고도 합니다.

다섯째, 중도에 들어맞은 마음에는 안팎이 없습니다. 안의 주관과 바깥의 객관이 둘이 아닌 불이중도여서, 안의 내가 없고 밖의 세상이 없습니다. 그러므로 내 마음이 따로 없고 남의 마음이 따로 없고, 마음이 따로 없고 세계가 따로 없습니다. 이를 일러 불교에서는 자타불이(自他不二)라 하기도 하고, 아공법공(我空法空)이라 하기도 합니다.

여섯째, 중도에 들어맞은 마음은 모든 일을 거리낌 없이 하면서도 원래부터 아무 일도 한 적이 없습니다. 중도에서 들어맞은 마음에는 좋음과 나쁨, 맞음과 틀림이라는 분별이 없기 때문에 어떤 일이든 거리낌 없이 할 수 있습니다. 물론, 세속의 일을 분별하여 좋음과 나쁨, 맞음과 틀림을 판단할 줄 모르는 것은 아닙니다만, 마음 속에 그런 가치관이나 세계관을 가지고 있지는 않기 때문에 삶에서 그런 관점과 견해에 걸려서 살지는 않습니다. 마음속에 삶의 기준으로서 가치관이나 인생관이나 세계관을 가지고 그것에 맞추어 살지는 않습니다. 마음은 언제나 어떤 경우에나 머무는 곳이 없고 견해에 사로잡혀 있지 않으므로 무엇이든 부담 없이 할 수 있습니다. 이렇게 걸림 없는 삶을 일러 육조 혜능은 "나는 거리끼는 일이 없다."라고 하였고, 경전에서는 이렇게 자유자재하게 막힘없이 즐겁게 사는 것을 일러 자재신통(自在神通) 혹은 자재신통유희삼매(自在神通遊戲三昧)라고 하였습니다.

일곱째, 중도에 들어맞은 마음은 둘로 나누어 취하고 버리는 길로 가지 않습니다. 둘로 나누어 취하거나 버리는 것이 바로 분별하는 마음입니다. 중도에 들어맞으면 그런 분별하는 마음에서 벗어나므로 양쪽이 따로 없습니다. 양쪽이 따로 없으므로 취하거나 버릴 것도 없고, 좋아하거나 싫어할 것도 없고, 얻거나 잃을 것도 없습니다. 그러므로 중도의 마음은 '이것이 좋을까? 저것이 좋을까?' 하는 갈등 속에서 번뇌하는 삶을 살지 않습니다. 만약 '이것이 맞나? 저것이 맞나?' 하는 번뇌 속에 있다면, 중도에 들어맞지 못하고 있는 것입니다. 그러므로 조사들은 '있는가? 없는가?' 하는 양쪽, 즉 단상이변(斷常二邊)에 떨어지면 외도(外道)라고 비난한 것입니다.

여덟째, 중도에 들어맞은 마음은 '분별함'과 '분별하지 않음'을 나누어 어느 쪽에 머물지 않습니다. 마음공부를 잘못하는 경우를 크게 둘로 나눌 수 있는데, 하나는 분별로 마음의 실상을 알려고 하는 것이고, 다른 하나는 모든 분별을 멈추고 아무런 생각 없는 고요함 속에 있는 것을 분별에서 벗어났다고 착각하는 경우입니다. 모든 분별은 허망하니 분별하여 아는 것은 마음의 실상이 아닙니다. 분별에서 벗어나 중도에 들어맞는다는 것은, 분별함과 분별하지 않음이 둘이 아니어서 분별해도 분별이 없고, 분별하지 않고 분별하는 묘하고 불가사의한 것입니다. 그러므로 분별에서 벗어난다고 하여 분별하지 않고 분별 없는 고요함 속에 있는 것은 분별을 버리고 고요함을 취하는 것이니, 분별함과 분별하지 않음이 둘이 되는 분별입니다. 이처럼 불이중도에서는 말과 침묵이 둘이 아니어서 말에 머물지도 않고 말에서 벗어난 침묵에 머물지도 않습니다. 〈신심명〉에서 "고요함이 곧 시끄러움이고, 시끄러움이 곧 고요함이다."라고 한 것이 바로 이것을 가리킵니다.

아홉째, 중도에 들어맞은 마음에는 의문이 사라집니다. 마음이 중도에 들어맞게 되면 아무런 의문이 남지 않습니다. 그 이유는 아마도 이것이냐 저것이냐 하는 분별에서 벗어나고 주관과 객관이 사라져 어떤 견해도 없고 어떤 대상도 없기 때문일 것입니다. 마음이 있음과 없음이 둘이 아닌 중도에 들어맞게 되면 중도에 들어맞아서 어긋나지 않고 있다는 어떤 감(感)은 확실히 있습니다만, 분별심으로는 중도를 알 수 없고 중도인지 아닌지를 판단할 수 없으므로 의문이 생기지는 않습니다. 의문은 결국 생각으로 분별하고 판단하는 곳에서 생기므로 분별에서 벗어난 중도에서는 당연히 의문이 없을 것입니다.

열째, 중도에 들어맞은 마음을 비유하면 자전거를 타는 것과 같습니다. 옛날 선사는 중도에 들어맞아 걸림 없이 자유롭게 살아가는 마음을 가리켜 외나무다리 위를 걸어가는 것과 같다고 하였습니다. 외나무다리 위를 걸어가는 경우를 보면 왼쪽과 오른쪽의 양쪽이 있으나 양쪽이 둘이 아닌 곳에 발을 딛고서 걸어갑니다. 만약이쪽이나 저쪽에 발을 딛으면 이쪽이나 저쪽으로 떨어져서 외나무다리 위를 걷지 못합니다. 그러나 외나무다리를 걷는 비유보다는 자전거를 타는 비유가 좀더 적절합니다. 외나무다리를 걷는 것처럼 자전거를 타고 가는 일도 왼쪽이나 오른쪽 양쪽 어느 쪽에도 속하지 않는 곳에서 넘어지지 않고 자전거를 타고 갈 수 있습니다. 외나무다리에는 고정된 길이 정해져 있지만, 자전거를 타고 갈 때는 고정된 길이 없습니다. 내 마음대로 오른쪽으로도 왼쪽으로도 갈 수 있지만, 오른쪽으로도 넘어지지 않고 왼쪽으로도 넘어지지 않습니다. 어느 쪽으로도 넘어지지 않고 어디든 타고 갈 수 있는 자유로움이 있는 것이 마치 중도에 들어맞은 마음이 살아가는 것과 유사합니다.

선의 역사에서 조사선의 바른 깨달음인 불이중도를 벗어나 말에 머물거나 침묵에 머무는 것을 공부로 삼는 사람들이 있었습니다. 말에 머물러 선을 공부하는 사람은 공안(公案)이라는 말을 이해하고 평가하는 것으로 공부를 삼았고, 침묵에 머물러 선을 공부하는 사람들은 고요한 침묵 속에서 마음을 비추어 보는 수행을 공부로 삼았습니다. 이들을 문자선(文字禪)과 묵조선(黙照禪)이라고 하는데, 이 둘은 불이중도에 들어맞는 올바른 공부가 아니라 양쪽으로 떨어진 잘못된 공부입니다. 이들에 관해서는 다음 장에서 상세히 알아보겠습니다.

똑! 똑! 똑! 여기에는 한마디 말도 없습니다.

12. 깨달으면 삶과 죽음에서 벗어나는가?

똑! 똑! 똑! 여기에 있어야 말에 속지 않습니다.

흔히 불교에서는 삶과 죽음의 문제를 극복하기 위하여 불교를 공부하여 불법을 깨달아야 한다는 말을 합니다. 불법을 깨달아서 삶과 죽음에서 벗어나라고 말하기도 합니다. 그렇다면 깨달은 사람은 어떻게 삶과 죽음에서 벗어날까요?

깨달음을 체험하면 모든 것이 사라집니다. 모든 것이 사라지기 때문에 깨달음을 열반이라고 합니다. 모든 것이 사라지기 때문에 '나'도 없고, '나의 삶'도 없고, '나의 죽음'도 없습니다. 겉모습으로는 모든 것이 그대로 나타납니다만, 깨달아 분별에서 벗어나면 아무것도 없습니다.

아무것도 없다는 것은 아무런 생각이 없는 것입니다. 실제로는 아무것도 없다는 생각조차도 하지 않습니다. 어떤 생각에도 머물러 있지 않습니다. 어떤 생각도 가지고 있지 않습니다. 보고 듣고 느끼고 생각하고 말하고 행동하는 일들을 이전과 같이 행하고 있지만, 늘 아무것도 없습니다.

보아도 본다는 생각이 없고, 들어도 듣는다는 생각이 없고, 느껴도 느낀다는 생각이 없고, 생각해도 생각한다는 생각이 없고, 말해도 말한다는 생각이 없고, 행동해도 행동한다는 생각이 없으니, 살아도 산다는 생각이 없고, 죽음을 보아도 죽음에 대한 생각이 없습니다. 아무런 생각이 없으니 아무것도 없습니다.

깨달으면 모든 것이 사라져서 모든 것에서 벗어납니다. 모든 것이 나타나 있으나, 아무것도 없습니다. 이렇게 삶과 죽음을 벗어납니다. 살아가다가 언젠가는 죽을 것이라고 알면서도, 삶도 없고 죽음도 없습니다. 분별에서 벗어나면 이런 불가사의한 세계가 펼쳐집니다. 생각에서 벗어나면 이렇게 있음과 없음이 다르지 않게 됩니다.

있음과 없음이 다르지 않게 되므로, 삶과 죽음이 곧 열반이라고 하는 것이고, 불이중도(不二中道)라는 말도 하는 것입니다. 분별에서 벗어나면 삶과 죽음이 있느냐 없느냐의 둘 가운데 하나를 선택하는 것이 아니라, 삶과 죽음이 있음이 곧 삶과 죽음이 없음입니다. 깨달으면 이렇게 삶과 죽음에서 벗어납니다.

똑! 똑! 똑! 여기에는 한마디 말도 없습니다.

13. 깨달은 사람은 자비로운가?

똑! 똑! 똑! 여기에 있어야 말에 속지 않습니다.

깨달으면 저절로 자비롭게 되어서 모든 중생을 위해서 희생하고 베풀면서 살게 될까요? 그렇게 말하는 사람들을 가끔 볼 수 있죠. 이 경우에 말하는 자비(慈悲)라는 말의 뜻은 자기만 위하는 이기적인 행위에서 벗어나 타인을 위하여 베푸는 이타적이고 선한 행위를 가리킵니다.

불교에서는 늘 자비를 말합니다. 자비를 불교사전에서 찾아보면 그 뜻이 '중생에게 즐거움을 주는 것을 자(慈), 중생의 고통을 없애 주는 것은 비(悲), 또는 고통을 없애 주는 것을 자, 즐거움을 주는 것을 비.'라고 풀이하고 있습니다. 즉, 자비는 중생의 고통을 없애고 중생에게 즐거움을 준다는 뜻이죠. 중생의 고통을 없애고 중생을 즐겁게 만든다는 말은 두 가지 관점으로 풀이할 수 있습니다. 다시 말해, 이 말을 세속적인 의미에서 풀이할 수도 있고, 방편의 말로 풀이할 수도 있습니다.

세속적인 의미에서 풀이한다면, 위에서 말한 것처럼 자기만 위하는 이기적인 행위에서 벗어나 타인을 위하여 베푸는 이타적이고 선한 행위를 함으로써 타인의 고통을 없애고 타인에게 즐거움을 주는 방향으로 행하라는 뜻이 됩니다. 다시 말해, 중생을 위하여 희생하고 베풀면서 살라는 뜻이 됩니다. 일반적으로는 대개 이런 의미로 자비를 말합니다.

그러나 불교에서 말하는 모든 말은 달을 가리키는 손가락 같은, 혹은 병을 치료하는 약과 같은 방편의 말입니다. 손가락에 의미가 있는 것이 아니라 달에 의미가 있고, 약에 의미가 있는 것이 아니라 병이 치유된 건강에 의미가 있듯이, 방편의 말은 그 말 자체의 뜻에 의미가 있는 것이 아니라 깨달음이라는 목적에 의미가 있는 것입니다. 다시 말해, 자비라는 말도 깨달음을 가리키는 방편의 말이지, 자비라는 말 자체에는 의미가 없습니다.

불교의 목적은 깨달음을 이룸으로써 중생의 모든 고통이 사라지는 것, 하나입니다. 깨달음을 이룬다는 것은 분별망상이라는 꿈같은 헛된 어리석음에서 벗어나 깨어나는 것인데, 분별망상에서 벗어나는 것이 바로 해탈이고, 분별망상에서 벗어나 모든 고통이 사라지는 것이 열반입니다. 중생의 고통이 사라지고 중생이 즐거워진다는 자비의 뜻도 바로 이런 깨달음을 가리키는 것입니다.

다시 말해, 자비는 해탈이나 열반처럼 깨달음을 가리키는 방편의 말입니다. 이것이 불교에서 말하는 자비라는 방편의 말의 본래 뜻입니다. 자비라는 방편의 손가락이 깨달음이라는 달을 가리키는 것이지요. 세간의 말인 손가락을 가지고 출세간인 달을 가리키는 방편의 말이 자비입니다.

그러므로 자비를 중생을 위하여 희생하고 베풀면서 살라는 뜻으로 해석하는 것은 방편의 말인 자비를 세속적으로 응용하여 해석한 것입니다. 즉, 세속을 벗어나 출세간의 깨달음을 얻으라는 방편의 말을 세속에 적용하여 세속적으로 더 가치 있는 행위를 하라는 뜻으로 해석한 것이지요.

부처님의 말씀은 모두 출세간의 깨달음을 얻으라는 방편의 말인데, 이런 방편의 말을 세속적인 뜻으로 해석할 수도 있습니다. 그러나 방편의 말을 세속적으로 해석하면, 본래 부처님이 의도한 방편의 말로서의 뜻은 사라지고, 새롭게 세속적인 뜻으로 의미가 바뀌게 됩니다.

말을 세속적인 의미로 사용하느냐 출세간을 가리키는 방편의 의미로 사용하느냐는 분명히 구분되어야 합니다. 만약 출세간의 방편으로 말을 사용하면서 그 뜻을 세속적인 뜻으로 해석한다면 의미가 왜곡되어 맞지 않게 됩니다. 마찬가지로 출세간의 깨달음을 가리키는 방편의 의미를 세속의 삶에 적용하여 말한다면 의미가 맞을 수 없습니다.

예를 들어, 불교에서 흔히 하는 말에 무아(無我)라는 말이 있습니다. 이 말의 뜻은 '내가 없다.'인데, 이 말을 세속적인 뜻으로 해석하면 이해할 수 없는 말이거나 '나를 내세우지 말라.'는 정도의 처세술의 뜻으로 억지로 해석할 수밖에 없을 것입니다. 그러나 불교에서 무아라는 말은 분별에서 벗어나면 '나'라는 분별이 사라진다는 매우 정확한 뜻이므로 전혀 억지로 해석할 필요가 없는 단순한 방편의 말입니다.

이처럼 불교에서 말하는 모든 말은 깨달음이라는 달을 가리키는 방편의 말입니다. 방편의 말에 대한 안목이 부족하여 방편의 말을 세속적인 말처럼 이해한다면, 부처님의 모든 말씀을 왜곡되게 이해할 것입니다. 이 점을 불교를 공부하는 사람은 매우 조심해야 합니다.

똑! 똑! 똑! 여기에는 한마디 말도 없습니다.

14. 깨달은 사람은 행복한가?

똑! 똑! 똑! 여기에 있어야 말에 속지 않습니다.

우리가 보통 신문 같은 것을 보면 "행복하기 위하여 불교 공부를 한다."거나 "불교를 공부하면 행복해진다."라는 말들을 가끔 볼 수가 있어요. 그럼 깨달음을 얻은 것은 행복일까요? 물론, 불행은 아니겠죠. 깨달음이 불행이라고 할 수는 없어요. 깨달음이 불행이라면 누가 깨달음을 원하겠습니까?

깨달음이 불행은 아니니 행복이라고 할 수 있겠지만, 세속적인 의미에서의 행복은 물론 아닙니다. 세속에서 벗어나 세속적인 번뇌가 없는 행복이라고 할 수도 있겠지만, 사실은 행복도 불행도 없는 행복이라고 해야 더욱 맞는 말입니다. 세상도 없고 자기도 없으니 좋을 것도 없고 나쁠 것도 없습니다. 무슨 일이든 할 수 있고 어떤 경험이든 하게 되지만, 늘 아무도 없고 아무 일도 없습니다.

사람이 세상을 살아가는데, 사람도 없고 세상도 없습니다. 보고 듣고 느끼고 생각하고 말하고 행동하는데, 아무것도 없고 아무 일도 없습니다. 감정도 나타나고, 기분도 나타나고, 춥기도 하고, 덥기도 하고, 이런저런 생각도 하지만, 아무도 없고 아무것도 없습니다. 생각에 매여서 살지 않고, 감정이나 기분에 매여서 살지 않고, 어떤 것에도 얽매이거나 시달리지 않습니다.

매일 삶을 살아가는데도 삶이 없습니다. 깨달음을 행복이라고 한다면 이러한 출세간의 행복이겠지요. 불행도 없고 행복도 없고,

173

행복하다고 여기는 사람도 없는 삶이 출세간의 행복이라고 해야 할 것입니다. 세간에서 겪는 온갖 일을 똑같이 겪고 있지만, 아무런 일도 없는 것이 출세간의 행복이라고 할 수 있습니다.

똑! 똑! 똑! 여기에는 한마디 말도 없습니다.

15. 깨달으면 훌륭한 인격자가 되나?

똑! 똑! 똑! 여기에 있어야 말에 속지 않습니다.

불교 경전에서는 깨달은 부처님을 성인(聖人)이라고 표현하기도 합니다. 성인이란 범부(凡夫)라는 말의 상대어로서 평범하지 않고 성스러운 사람이라는 뜻인데, 보통 사람들은 성인이라면 일반적인 사람들과 다른 매우 훌륭한 인품과 능력을 가진 사람이라고 생각합니다.

나아가 깨달은 부처님은 중생의 한계를 벗어났기 때문에 모든 면에서 보통 사람들에게는 없는 뛰어나고 위대한 인품과 능력을 갖추고서 그 곁에만 있어도 그 인품의 감화를 받아서 사람이 달라지고, 초인적이고 신통한 능력을 갖추고서 중생의 괴로움을 해결해 줄 수도 있다고 상상합니다. 또 이기심이 사라지고 이타심만 있어서 모든 면에서 자비롭고, 모든 욕망과 감정을 다 극복하여 애착이나 분노가 일어나지 않고 늘 깨끗하고 모든 이들을 사랑하고 부드럽고 조용하며, 강한 설득력을 가진 말솜씨를 갖추어서 아무도 그의 말을 거스를 수 없다고까지 생각하기도 합니다. 그리하여 그 사람이 깨달은 사람인지 아닌지는 그 사람의 이런 인품과 행위를 보면 알 수 있다고 말합니다.

그러나 깨달은 사람에 대한 이런 생각들은 깨달아 본 적이 없는 중생이 자신이 상상하는 모든 좋은 점을 끌어모아 상상한 모습일 뿐이고, 실제 깨달은 사람과는 아무 상관이 없습니다. 세간의 중생은 모든 것을 좋은 것과 나쁜 것으로 나누어 좋은 것을 취하고 나쁜 것을 버리는 것이 당연한 일이지만, 세간에서 벗어난 부처에게는 좋다거나 나쁘다는 분별이 없습니다. 한마디로 말하면, 깨달은 사람은 분별망상 즉 생각에서 벗어나 어떤 생각에도 매여 있지 않은 사람이지, 나쁜 것을 다 버리고 좋은 것만 가지고 있는 사람이 아닙니다.

깨달아 중생의 마음에서 해탈한 사람은 어떤 세속적인 것에 대해서도 의미를 두지 않게 되어 집착하지도 않고 얽매이지도 않기 때문에 더 공정한 판단력을 가질 수는 있다고 봅니다. 그러나 더 좋은 일을 하려고 애쓰지도 않고 더 나은 모습을 보여 주려고 노력하지도 않습니다. 그런 생각도 모두 우리의 해탈을 가로막는 장애물일 뿐이기 때문입니다.

깨달은 사람은 모든 것에서 벗어나 막힘없이 자유자재하며, 어떤 가치관이나 인생관이나 세계관도 가지고 있지 않습니다. 어떤 정해진 인품도 가지고 있지 않고 어떤 특별한 능력도 보여 주지 않아서, 그 사람의 말이나 행동에 나타나는 깨달은 모습이라고 할 만한 어떤 특징도 없습니다.

깨달은 사람의 마음은 언제나 분별에서 벗어나 불이중도에 들어맞은 마음이므로 있으면서도 없는 마음이고 없으면서도 있는 마음입니다. 겉으로 분별되는 세계는 모두 나타나 있지만, 속의 마음에는 아무것도 없습니다. 분별에서 벗어나 안으로 '나'라는 주관도 없고 밖으로 세상이라는 객관도 없습니다. 보고 듣고 느끼고 생각하며 경험하는 세계는 늘 그대로 경험하면서 살고 있지만, 아무것도 없이 텅 비어 있습니다.

대승교리에서 말하는 아공(我空)과 법공(法空)이 이런 깨달음을 나타내며,《반야심경》에서 "오온이 전부 공이다."라는 말이 이런 깨달음을 나타내는 말입니다. 오온(五蘊)이란 중생이 몸과 마음이라고 알고 있는 육체, 느낌, 생각, 행위, 의식 등인데, 이런 것들이 모두 늘 나타나 있지만 또한 늘 텅 비어서 아무것도 없습니다.

이처럼 깨달은 사람은 이 세계를 깨닫지 못한 사람과 똑같이 살아가지만, 언제나 아무것도 없이 텅 비어서 번뇌라는 괴로움과 어리석음이 없는 사람일 뿐이지, 어떤 위대한 모습이나 훌륭한 인품이나 신통한 능력을 갖추고 있는 사람은 아닙니다. 굳이 말한다면, 깨달은 사람은 어떤 행동을 하고 어떤 경험을 하든 늘 아무것도 없어서 마음이 평온하고 안락하며, 분별 없이 모든 일을 대하기 때문에 어떤 것에 말려들어 가서 어리석게 헤매는 일이 없는 사람이라고 할 수 있을 것입니다.

똑! 똑! 똑! 여기에는 한마디 말도 없습니다.

16. 깨달은 사람도 다시 어두워질까?

똑! 똑! 똑! 여기에 있어야 말에 속지 않습니다.

분별이 가로막혀서 어떻게도 할 수 없는 진퇴양난의 입장에 있다가, 문득 저절로 분별에서 벗어나는 체험을 하는 것이 바로 불이 중도에 통하는 견성이고 깨달음입니다. 깨달음은 문득 일어나는 돈오(頓悟)의 체험과, 돈오한 곳에 차차 익숙해진다는 양면이 있습니다.

분별에서 벗어나는 견성 체험은 우리 마음이 본래 타고난 능력이 개발되어 발휘되는 체험입니다. 우리는 깨달을 수 있는 능력을 타고났습니다. 그 능력을 깨닫는 본성이라고 하여 불성(佛性)이라고 합니다. 비록 불성을 타고났지만 우리는 태어난 이후로 오로지 분별하는 쪽으로만 살아왔기 때문에 불성은 마음속에 잠재되어 있을 뿐, 발휘되진 못하고 있습니다. 이 잠재된 능력을 개발하여 발휘되도록 하는 것이 바로 마음공부이고 깨달음 공부입니다.

비유하면 마치 자전거를 배워서 타게 되는 것과 같다고 할 수 있습니다. 우리 몸에는 본래 균형을 잘 잡는 감각이 태어날 때부터 갖추어져 있습니다만, 자전거를 아직 타 본 경험이 없는 사람이 곧장 자전거를 탈 수는 없습니다. 우선 누군가가 뒤에서 잡아 주고서 타는 연습을 해야 어느 순간 혼자서 넘어지지 않고 탈 수 있게 됩니다. 일단 한 번만 탈 수 있게 되면, 다음번에도 탈 수는 있습니다. 그러나 아직 서투르기 때문에 매우 불안정합니다. 그러므로 오랫동안 꾸준히 자전거를 타야만 점차 매우 능숙하고 안정되게 잘 타게 됩니다.

깨달음의 경험도 이와 비슷합니다. 비록 불성을 타고났지만, 선지식의 가르침을 받아야 비로소 익숙한 분별망상에서 벗어나 불이중도의 새로운 세계에 들어가게 되는 체험을 합니다. 불이중도는 분별 있음과 분별 없음의 양쪽이 둘이 아니어서 어느 쪽으로도 기울어지지 않으니, 마치 이쪽으로도 저쪽으로도 넘어지지 않고 자전거를 타는 것과 유사합니다. 이렇게 불이중도에 통하는 능력이 개발되어 발휘되는 것이 바로 돈오(頓悟)라는 깨달음의 체험입니다.

비록 분별에서 벗어나 깨달음을 체험했다고 하더라도, 이 체험은 지금까지 익숙했던 분별세계와는 달리 너무나 낯설고 생소한 세계이므로 익숙해질 필요가 있습니다. 익숙해짐에는 오랜 시간이 필요합니다. 그러므로 마치 매일 자전거를 타면서 익숙해지듯이 늘 새로 체험한 깨달음의 세계에 익숙해지는 공부를 이어 가야 합니다.

만약 자전거를 탈 줄 알게 되어 몇 번 타고는 다시 타지 않고 시간을 보낸다면, 자전거를 타는 솜씨는 한번 경험했던 기억으로 남을 뿐이고 매우 서툰 상태 그대로 발전이 없을 것입니다. 마찬가지로, 만약 분별에서 벗어나 불이중도에 통하는 체험을 하고서 공부를 이어 가지 않고 다시 세속의 분별세계에만 젖어서 산다면 깨달음의 공부는 더 깊이 나아가지 못하고 한번 지나간 예전의 체험으로 기억에 남을 뿐일 것입니다.

그러나 실제로는 분별망상에서 벗어나는 깨달음을 제대로 체험하였다면, 세속의 온갖 시달리는 일들에서 벗어나 지금까지 맛보지 못했던 가벼움과 안락함을 경험하기 때문에 더욱더 공부에 빠져들게 됩니다. 비록 세속의 번뇌망상에서 벗어나 개운한 자유로움을 체험하였지만, 아직은 힘이 약하여 여전히 매우 많이 번뇌망상에 시달리기 때문에 더욱더 공부에 매진하게 되는 것이 자연스러운 일입니다.

똑! 똑! 똑! 여기에는 한마디 말도 없습니다.

17. 깨달으면 좋은 일만 생기나?

똑! 똑! 똑! 여기에 있어야 말에 속지 않습니다.

보통 사람들은 깨달으면 모든 나쁜 일이 사라지고 온갖 좋은 일들만 생길 것이라고 생각합니다. 말하자면, 건강이 좋아지고, 가족이 화목해지고, 사람들이 존경하고, 국가와 사회를 위해서도 중요한 일을 하게 될 것이라고 생각하는 것이지요.

그러나 이러한 생각은 깨달음을 나름으로 상상한 것일 뿐, 사실과는 맞지 않습니다. 깨달음은 어디까지나 마음이라는 내면에서 발생하는 일입니다. 다시 말해, 깨달은 당사자의 내면인 마음에서 발생하는 일이 깨달음입니다. 그러므로 외부의 세계에 깨달음이 모습을 나타내지는 않습니다. 즉, 깨달았다고 하여 육체가 달라진다거

179

나, 주위의 사람들에게 보일 수 있는 어떤 특별한 일이 일어나는 것은 아닙니다.

살아가면서 좋은 일과 나쁜 일이라는 것은 모두 외면적인 일들입니다. 건강이 좋아지거나 가족이 화목해지거나 사업이 잘되거나 원하는 일이 이루어지거나 사회적으로 중요한 일을 하는 등은 모두 외면적인 일들입니다. 깨달음은 내면의 마음이 분별에서 벗어나는 일입니다. 내면의 마음이 분별에서 벗어나면, 그 마음은 좋다거나 나쁘다는 분별에 얽매이지 않습니다.

마음이 분별에서 벗어나므로 깨달은 사람의 마음에는 아무것도 없습니다. 좋음과 나쁨이 없고, 옳음과 그름이 없고, 있음과 없음이 없습니다. 마음이 모든 분별에서 벗어나 아무 일이 없고 어떤 분별에도 걸리거나 막힘이 없어서 아무런 문제가 없는 것이 깨달은 사람의 내면의 삶입니다.

그러나 외면적으로는 매일 먹고사는 문제가 있고, 육체의 건강을 유지하는 문제가 있고, 늙고 병들고 죽는 문제가 있고, 사람들과의 사이에서 원만하게 지내는 문제가 여전히 있습니다. 깨달음은 내면에서 모든 것에서 벗어나 아무런 문제가 없는 것이지, 외면적인 삶이 달라지는 것은 아닙니다.

깨달은 사람에게도 육체의 질병, 가정의 불행, 사업의 실패, 사회적 비극 등이 당연히 일어날 수 있습니다. 그러나 깨달은 사람에게 이런 불행이 닥치더라도 깨닫지 못한 사람이 이런 불행 때문에 겪는 고통은 없습니다. 깨달은 사람에게는 좋은 일이 있어도 좋은 일이 없음과 다름이 없고, 나쁜 일이 있어도 나쁜 일이 없음과 다름이 없기 때문입니다.

참으로 깨달아서 분별에서 확실히 벗어났다면, 그에게 이 세상 모든 일은 꿈속의 일이나 환상 속의 일처럼 애초에 없는 일이 나타나는 것입니다. 이 세계는 애초에 없는 세계인데, 또한 언제나 온갖 모습으로 나타나 있기도 하기 때문입니다. 이처럼 깨달음은 내면의 마음이 달라지는 것이고, 밖의 세상이 달라지는 것은 아닙니다.

불교에서는 삶과 죽음의 고통이라는 윤회를 벗어나는 것을 해탈이라고 하는데, 참된 해탈은 삶과 죽음이라는 윤회의 길을 가면서도 애초에 삶도 없고 죽음도 없는 것입니다. 윤회를 버리고 해탈을 얻는 것이 아니라, 윤회가 바로 해탈임이 깨달음입니다.

똑! 똑! 똑! 여기에는 한마디 말도 없습니다.

18. 깨달으면 전생을 보게 되나?

똑! 똑! 똑! 여기에 있어야 말에 속지 않습니다.

깨달으면 전생을 알게 된다고 주장하는 사람이 가끔 있어요. 깨달으면 숙명통이라는 신통력이 생기기 때문에 전생에 어디에서 어떤 사람으로 어떻게 살았는지 알 수 있다는 것이지요.

숙명통(宿命通)은 숙명지통(宿命智通)이라고도 하는데, 숙명이란 과거 전생이라는 뜻입니다. 불교사전을 찾아보면, 숙명통 혹은 숙명지통은 자신이나 다른 중생이 과거 전생에 겪은 모든 일을 아는 부처의 지혜라고 합니다.

이 말에서 중요한 부분은 부처의 지혜라는 말입니다. 부처의 지혜란 일체종지(一切種智)라고 하는데, 모든 것의 실상(實相)을 깨달아 아는 지혜입니다. 모든 것의 실상을 깨달아 안다는 것은 삼라만상의 분별되는 모습을 안다는 것이 아니라 삼라만상의 분별할 수 없는 진여(眞如)인 자성(自性)을 깨달아 안다는 말입니다.

삼라만상의 분별되는 모습이란 전부 연기하여 나타난 무상(無常)하고 헛된 모습이고, 분별에서 벗어나야 모습 없는 진여인 자성을 깨닫습니다. 헛된 분별에서 벗어나 모습 없는 자성을 깨달아야 온갖 모습으로 생기고 사라지는 헛된 경계에 속지 않아서 언제나 마음에 아무런 장애도 없고 두려움도 없이 여여(如如)할 수 있습니다. 이것이 부처의 지혜입니다.

이처럼 깨달음을 얻은 부처의 지혜란, 어디에서든 언제든 무슨 일이 일어나든 그런 일들의 모습에 속아서 헤매지 않고 늘 변함없이 텅 비고 걸림 없는 자유자재를 누리는 것입니다. 다시 말해, 부처의 지혜는 삼라만상을 잘 분별하여 아는 지혜가 아니라 분별할 것 없고 텅 빈 삼라만상의 자성에 통달하여 분별에 속지 않는 지혜입니다.

부처가 모든 것을 빠짐없이 다 본다는 말은 그 분별되는 모습을 본다는 말이 아니라 모습 없는 자성을 본다는 뜻이고, 부처가 과거 현재 미래의 모든 것을 다 안다는 것은 그 분별되는 모습을 안다는 뜻이 아니라 모습 없는 진여자성을 안다는 뜻입니다.

그렇기 때문에 모래알 하나에서 과거 현재 미래의 모든 것을 다 볼 수 있고, 털끝 하나에 과거 현재 미래의 모든 것이 빠짐없이 다 나타나 있다고 말할 수 있는 것입니다. 무한히 많은 분별되는 모습을 하나하나 분별하여 안다는 뜻은 결코 아닙니다. 그런 일은 있을 수도 없고 있을 필요도 없습니다. 헤아릴 수 없이 나타나는 모든 분별세계의 모습 없는 자성을 깨달아야, 그 온갖 모습에 속아서 헤매는 미혹(迷惑)에 떨어지지 않습니다. 이것이 부처님의 신통력입니다.

그러므로 깨달으면 과거 전생을 다 안다는 말의 뜻은 깨달으면 과거 전생의 모든 일의 자성을 다 안다는 말이지, 그 분별되는 모습을 다 안다는 말은 아닙니다. 분별되는 모습을 알 필요는 전혀 없습니다. 그 자성을 깨달아야 모습에 속지 않고 해탈하여 여여할 수 있습니다. 과거 현재 미래의 모든 것의 자성은 지금 먼지 한 톨에서 빠짐없이 모두 볼 수 있습니다.

똑! 똑! 똑! 여기에는 한마디 말도 없습니다.

19. 깨달으면 꿈꾸지 않는가?

똑! 똑! 똑! 여기에 있어야 말에 속지 않습니다.

이 질문을 하는 사람들도 가끔 있어요. "깨달은 사람에게는 꿈이 없다."라는 말은 원래 중국 송나라의 선승인 대혜종고가 쓴 편지글을 모은 책인 《서장(書狀)》에 나오는 "지인에게는 꿈이 없다."(至人無夢)라는 구절에서 유래한 것입니다.

'지인(至人)'이라는 말은 원래 《장자(莊子)》에 나오는 말인데, 도인(道人)과 같은 뜻이니 지인은 곧 깨달은 사람이라는 말입니다. "지인에게는 꿈이 없다."라는 말이 "깨달은 사람에게는 꿈이 없다."라는 말인데, 이 말이 "깨닫게 되면 잠을 잘 때 꿈을 꾸지 않는다."라는 말로 잘못 이해되어 사람들이 정말 그런가 하고 궁금하게 여기게 된 것이지요.

《서장》에서 대혜종고는 이렇게 말합니다.

"'지인(至人)에게는 꿈이 없다.'라는 말에서 '없다'는 말은 '있다. 없다'라고 할 때의 '없다'가 아니라, 꿈과 꿈 아님이 동일하다는 말입니다."[30]

'지인에게는 꿈이 없다.'라는 말은 잠잘 때 꿈을 꾸지 않는다는 뜻이 아니라, 꿈과 꿈 아닌 깨어 있음이 동일하다는 뜻이라고 합니다. 여기에서 꿈은 분별세계를 가리키고, 꿈이 아닌 깨어 있음은 분별을 벗어난 진여자성을 가리킵니다. 이어지는 대혜의 이야기를 보겠습니다.

"도리어 세간(世間)을 살펴보면 오히려 꿈속의 일과 같습니다. 경전 가운데 본래 분명한 글이 있습니다. '오직 꿈일 뿐이니 곧 전적

---
30 謂至人無夢, 非有無之無, 謂夢與非夢一而已.(《서장》 46. 향시랑(向侍郞) 백공(伯恭)에 대한 답서)

으로 망상(妄想)이다.[31] 그러나 중생은 거꾸로 뒤바뀌어 매일 대하는 눈앞의 경계를 진실이라 여기니, 이 모든 것이 꿈인 줄은 전혀 알지 못합니다. 그 가운데에서 다시 허망한 분별을 일으켜, 헤아리는 마음으로 생각에 얽매인 의식(意識)[32]이 어지럽게 오가는 것을 참된 꿈으로 여기고 있으니, 이것은 바로 꿈속에서 꿈을 말하는 것이며 거꾸로 된 가운데 다시 거꾸로 된 것임을 전혀 모르는 짓입니다. … 꿈과 꿈 아님이 모두 환상임을 깨닫도록 한다면, 모든 꿈이 곧 진실이며 모든 진실이 곧 꿈이어서 취할 수도 없고 버릴 수도 없습니다. 지인(至人)에게는 꿈이 없다는 뜻은 이와 같을 뿐입니다.[33]

깨닫지 못한 중생들이 사실이라고 여기는 분별세계가 깨닫고 보면 도리어 꿈처럼 헛된 것인데, 중생은 분별세계에서 다시 분별하여 잠잘 때 꾸는 꿈을 꿈이라고 하니, 꿈속에서 다시 꿈을 말하는 것과 같다고 한 것입니다. 그러므로 꿈과 꿈 아님이 모두 환상이라고 한 것입니다. '자면서 꿈을 꾼다'와 '잠에서 깨어 있다'고 하는 분별이 모두 헛된 꿈같은 환상입니다.

그러나 분별을 벗어나 깨달은 부처에게는 분별을 벗어난 세계가

---

31 어느 경전의 구절인지 출처를 알 수 없다. 《대반야경》에 "모든 것은 꿈과 같고 환상과 같다."(一切如夢乃至如化)는 취지의 구절들이 많이 등장한다.

32 신식(神識) : 신령스러운 의식(意識). 심식(心識). 심의식(心意識).

33 却來觀世間, 猶如夢中事. 教中自有明文. "唯夢乃全妄想也. 而衆生顚倒, 以日用目前境界爲實, 殊不知全體是夢." 而於其中復生虛妄分別, 以想心繫念神識紛飛爲實夢, 殊不知, 正是夢中說夢, 顚倒中又顚倒. … 令悟夢與非夢悉皆是幻, 則全夢是實, 全實是夢, 不可取不可捨. 至人無夢之義, 如是而已.(《서장》 46. 향시랑(向侍郞) 백공(伯恭)에 대한 답서)

185

따로 있는 것이 아니라, 분별세계 그대로가 곧 분별을 벗어난 세계입니다. 그러므로 꿈과 꿈 아님을 분별함이 모두 환상이며, 꿈이 곧 진실이고 진실이 곧 꿈이어서 어느 것을 취하거나 버릴 수 없다고 한 것입니다. 이것은 곧 깨달은 사람이 보는 이 세계의 실상(實相)입니다. 《반야심경》에서 "색(色)이 곧 공(空)이고, 공이 곧 색이다."라고 하는 것이 바로 이런 실상을 나타낸 말입니다.

이처럼 꿈과 꿈 아닌 깨어 있음이 둘이 아니어서 취할 수도 없고 버릴 수도 없다는 세계의 실상을 나타내는 말이 곧 도를 깨달은 사람에게는 꿈이 없다는 말의 뜻입니다. 이런 방편의 말을 보는 지혜가 없어서 중생의 분별심으로 "도인에게는 꿈이 없다."는 말을 이해한다면, 이런 경우를 일러 분별을 벗어난 세계의 실상을 부처님이 방편으로 말한 것을 마치 중생이 세계를 분별하여 말한 것처럼 이해하는 오류에 떨어진다고 합니다.

대혜도 "부처님께서는 '그대가 인연을 분별하는 마음[34]으로 법(法)을 들으면, 이 법도 인연일 뿐이다.[35]라고 하셨습니다."[36]라고 이런 문제를 지적하고 있습니다. 중생의 분별하는 마음으로 부처님의 말씀을 이해하면, 부처님의 말씀도 분별망상이 될 뿐이라는 것입니다. 부처님의 말씀은 모두 분별에서 벗어난 세계의 불가사의한 실상을 가리키는 방편의 말인데, 이런 말을 중생이 세상을 이해하는

---

34 연심(緣心) : 대상경계에 반연(攀緣: 관계)하는 마음이니, 곧 경계와 접촉하여 경계를 분별하는 마음. 연려심(緣慮心), 분별심(分別心)과 같음.

35 《수능엄경》제2권에 나오는 설법의 한 구절.

36 黃面老子云 : "汝以緣心聽法, 此法亦緣."(《서장》46. 향시랑(向侍郎) 백공(伯恭)에 대한 답서)

식으로 분별하여 이해한다면 당연히 부처님의 말씀도 중생의 분별하는 헛된 말로 이해하게 되는 잘못을 범하는 것입니다.

똑! 똑! 똑! 여기에는 한마디 말도 없습니다.

20. 깨달은 뒤에 화두를 들어야 하나?

똑! 똑! 똑! 여기에 있어야 말에 속지 않습니다.

이 질문은 화두를 가지고 공부하는 간화선 수행자들이 많이 하는 질문 중에 하나입니다. 절에 다니다가 스님에게 화두를 받아 화두를 들고 오랜 세월 수행했는데, 어느 날 문득 분별에서 벗어나는 체험을 하는 경우가 있습니다. 그렇게 분별에서 벗어나는 체험을 하고 나면 화두가 더이상 들리지가 않는다고 해요.

그래서 스님에게 찾아가 "제가 이런 체험을 했습니다."라고 말하면, 스님은 대부분 이렇게 말한다고 해요. "그래, 그런 체험을 했으니까 공부가 한 걸음 나아가기는 했구나. 그래도 화두를 계속 들고서 끝까지 공부해야 한다." 그런 말을 듣고서 이 사람은 다시 화두를 들려고 하지만, 아무리 해도 화두가 들리지 않는다고 해요. 그래서 다시 스님을 찾아가 물으면 여전히 "화두를 들어야 한다."라고만 말하니, 결국 커다란 고민에 빠지고 마는 겁니다.

그렇게 고민에 빠져 있다가 무심선원 법문을 들어 보니 뭔가 귀에 쏙쏙 들어오고 공감이 되니까 드디어 찾아와 "깨달음 뒤에도 화두를 들어야 합니까?"라는 질문을 합니다. 화두를 든다는 것은 깨달음을 얻기 위하여 수행이라는 이름으로 뭔가를 하는 것입니다. 그러나 분별에서 벗어나 마음이 쉬어지면 '사람'도 없고 '불법'도 없으니 누가 무엇을 한다는 일이 없어지는 무위(無爲)가 이루어집니다. 그러므로 모든 일이 쉬어지고 더이상 할 일이 없습니다.

깨달음은 분별에서 벗어나 '나'(주관)와 '법'(객관)이 모두 사라져서 누구도 없고 무엇도 없어서 할 일이 없어지는 무위입니다. 그러므로 참으로 깨달았다면 더이상 수행이라는 이름의 어떤 일도 할 수가 없습니다. 수행이라는 이름으로 무언가를 한다는 것은 분별 속에서 일부러 행하는 유위(有爲)의 행위입니다. 중생은 분별하여 취하고 버리는 유위의 행을 하지만, 분별에서 벗어나 깨달으면 할 일이 없습니다.

이러한 무위는 분별에서 벗어나는 해탈의 체험을 겪은 사람만 알 수 있으니, 이런 체험을 겪어 본 적이 없는 사람은 전혀 알 수가 없습니다. 분별에서 벗어나는 깨달음을 체험하지 못한 사람은 배운 대로 혹은 자기가 생각하는 대로 계속하여 수행하라고 말할 것입니다. 수행은 '나'가 '무언가'를 행하는 유위행이지만, 깨달으면 '나'도 없고 '무엇'도 없어서 할 일이 없습니다. 무엇을 하더라도 하지 않으면서 하는 것이니, 이것이 바로 깨달은 사람의 무위행이고 자유자재함입니다.

똑! 똑! 똑! 여기에는 한마디 말도 없습니다.

188

21. 깨달으면 오도송이 나오나?

똑! 똑! 똑! 여기에 있어야 말에 속지 않습니다.

이 질문도 여러 번 받았던 질문입니다. 아마도 깨달았다는 스님들 가운데 많은 분이 깨달음을 노래한 오도송(悟道頌)을 지었기 때문에 이런 질문을 한 것으로 보입니다.

오도(悟道)는 '도를 깨달았다.'는 뜻이고, 송(頌)은 '시(詩), 노래'라는 뜻입니다. 그러므로 오도송은 '도를 깨닫고서 지은 시'라는 뜻입니다. 불교에서는 경전 속에 나오는 깨달음에 관한 시를 게송(偈頌)이라고 합니다. 오도송은 아마도 이런 전통을 이어받은 것이라고 여겨집니다.

게송의 산스크리트는 gāthā인데 게타(偈陀)로 음역하고 줄여서 게(偈)라 하는데 번역은 송(頌)이므로, 게송은 음역과 의역이 합하여 된 단어입니다. 게송의 내용은 부처님을 찬양하거나 부처님의 가르침을 요약한 것입니다.

이런 게송이나 오도송은 시(詩)라는 문학적 형태를 지닌 작품이기 때문에 즉흥적인 감흥을 노래할 수도 있고, 또 깊은 사유를 거쳐서 잘 다듬어진 형태로 창작될 수도 있겠지요. 경전에 나오는 게송은 대부분 밝은 깨달음의 안목을 가진 부처님이나 보살이 깊은 사유를 통하여 여법(如法)한 내용이 되도록 잘 다듬은 언어로 표현하고 있습니다.

이에 비하여 오도송은 깨달음을 얻고서 당시의 감흥을 즉흥적으로 노래한 것이라고 생각하기 쉽지만, 사실 그런 감흥을 즉흥적으로 노래했다고 보이는 오도송도 있지만 매우 잘 다듬은 형태의 오도송도 많이 보입니다. 즉흥적인 감흥을 노래했든 시간을 두고 잘 다듬어서 썼든 모두 의미를 가진 문자로 표현하고 있으므로 분별 사유를 가지고 작성한 글이라는 사실에는 다름이 없습니다.

그런데 분별심이 꽉 막혀 있다가 문득 분별심에서 벗어나는 해탈의 체험은 생각을 벗어난 불가사의한 체험이지, 어떻게 정리된 형태의 생각이 아닙니다. 체험할 당시에는 꽉 막혀 있던 무언가가 통하는 듯하고, 짊어지고 있던 짐을 내려놓은 듯이 가볍고, 가슴이 막혀서 숨을 쉴 수 없다가 시원하게 숨을 쉴 수 있는 듯하고, 사방이 막힌 곳에 갇혀 있다가 밖으로 나온 듯한 이런 체험이지, 어떤 것이 생각으로 정리되어 알게 되는 경험은 아닙니다.

깨달음이 일어난 체험 당시에는 분별심에서 벗어나기 때문에 생각이 쉬어져서 마음은 텅 비게 되고 아는 것도 사라집니다. 그러므로 이런 체험을 나타내는 시를 짓는다는 것은 어느 정도 시간이 지난 뒤에 다시 생각으로 체험한 것을 되돌아보고 헤아려볼 때나 가능한 것입니다. 그러므로 깨달으면 저절로 오도송이 나온다는 건 이치에 맞지 않습니다.

사람은 무언가를 경험하면 그 경험을 되돌아보고 이해하려 하고 언어문자로 표현하려 하는 욕구가 있습니다. 이런 욕구는 전적으로 언어문자를 배워서 언어문자를 통하여 사유하고 표현하는 것을 익혀 왔기 때문이겠지요. 물론, 이런 표현을 곧잘 하는 사람도 있고, 표현하는 재능이 좀 부족한 사람도 있습니다. 또 시를 배웠기 때문에 시를 쉽사리 짓는 사람도 있고, 그렇지 못한 사람도 있겠지요.

그러므로 깨달음을 체험하면 오도송이 저절로 나온다고 할 수는 없습니다. 스님들이 오도송을 짓는 이유는 아마도 자신의 깨달음을 공식적으로 인정받을 필요가 있기 때문일 것입니다. 깨달음은 전적으로 내면의 일이고 개인적인 일이지만, 출가한 승려들은 깨달음을 얻기 위한 공부가 곧 직업이기 때문에 직업적으로 성취한 것을 내보이고 인정받을 필요가 있는 것입니다.

깨달음을 얻기 위한 공부가 직업이 아닌 재가자의 경우에는 깨달음을 얻어 모든 번뇌에서 벗어나 걸림 없이 자유로운 삶을 누리면 되는 것이지, 자신의 깨달음을 굳이 시로 지어서 남에게 인정받을 필요는 없습니다. 깨달음의 본질은 번뇌망상에서 벗어나 걸림 없이 자유롭고 안락한 삶을 누리는 것이고, 분별과 생각에 속아서 헤매지 않는 것입니다. 굳이 자신의 깨달음을 표현하기 위하여 애써 오도송을 지을 필요는 없습니다.

똑! 똑! 똑! 여기에는 한마디 말도 없습니다.

22. 마음을 고치면 깨닫는가?

똑! 똑! 똑! 여기에 있어야 말에 속지 않습니다.

보통 중생의 마음을 탐진치(貪嗔癡) 삼독(三毒)에 물든 마음이라고 하죠. 탐내고 성내고 어리석은 것을 중생의 마음이라고 하는 것은 중생의 마음은 그런 나쁜 면에 물들어 있다는 말입니다.

탐내는 건 이기적인 욕심을 내는 것인데 이타적 마음을 내어 이기적 욕심을 내려놓고, 성내는 건 화를 내는 것인데 화내지 않고 항상 이성적으로 사고하여 평정심을 유지하려고 노력하고, 어리석은 건 무식하여 지혜가 없으니까 경전을 열심히 읽거나 훌륭한 사람의 가르침을 듣는다든지 해서 지혜를 배우고, 이렇게 노력하여 마음에서 탐진치를 제거하면 깨달을 수 있을까요?

그렇게 노력하면 어느 정도는 그런 마음, 즉 이타적이고 이성적이고 지성적인 마음으로 변화할 수는 있을 것입니다. 다시 말해, 마음이 욕심 없이 담백하다든지, 또 분노와 같은 감정에 쉽게 휩쓸리지 않고 평정을 잘 유지한다든지, 또 많이 보고 들어서 어리석게 속는 일이 거의 없다든지 하는 그런 결과는 나오겠죠.

그러나 그렇게 해서 마음이 좀더 원하는 방향으로 좋아진다고 해서 그것이 곧 깨달음도 아니고 또 깨달음을 가져오는 원인도 아닙니다. 깨달음은 좋다 나쁘다 하는 분별에서 벗어나 번뇌망상에서 해탈하는 것이지, 더 착한 마음이 되거나 더 훌륭한 인품을 갖추는 것이 아닙니다. 깨달음은 좋다거나 나쁘다는 분별의 세상인 세속에서 벗어나 어떤 것에도 얽매임이 없어지는 대자유입니다.

게으른 사람이 더 부지런해진다거나, 악한 사람이 착해진다거나, 이기적인 사람이 이타적으로 된다거나, 사납고 거친 사람이 부드럽고 예의 바른 사람이 된다거나 하는 이런 일은 모두 분별 속에서 하나를 버리고 다른 것을 취하는 세속적인 일이죠. 세속적으로

192

는 이런 변화는 매우 좋은 일이고 바람직한 일입니다만, 이런 변화가 세속을 해탈한 출세간의 깨달음은 아닙니다.

깨달음은 세속적으로 훌륭한 인격을 갖추는 것이 아니라, 고통으로 가득한 사바세계인 세속에서 벗어나는 겁니다. 세속에서 벗어나기 때문에 얽힌 것을 풀고 벗어난다는 뜻으로 해탈(解脫)이라 하고, 세속에서 깨끗이 벗어나면 아무것도 없기 때문에 모든 것이 사라졌다고 하여 열반(涅槃)이라고 합니다. 불교를 처음 배울 때 부처님의 가르침은 다만 삶의 고통을 소멸하는 것이라고 듣는 것과 같습니다.

세속의 특징은 분별하는 세계, 즉 생각하는 세계라는 것입니다. 이것과 저것을 분별하여 좋아하거나 싫어하거나 취하거나 버리거나 하는 집착이 생기면 이런 분별과 집착이 곧 고통의 근본 원인입니다. 그러므로 세속에서 벗어나려면 분별에서 벗어나야 하고 생각에서 벗어나야 합니다.

분별에서 벗어나고 생각에서 벗어나는 체험은 마음을 다스려서 좀더 좋은 마음으로 만드는 것이 아닙니다. 분별심이 막히고 생각이 막혀서 어떻게도 할 수 없는 상황에서 갑자기 저절로 분별에서 벗어나는 불가사의한 경험을 하게 되는 것이 바로 깨달음입니다. 이처럼 깨달음은 마음을 다스려서 더 좋은 마음으로 만들려고 노력하는 유위(有爲)의 일이 아니라, 깨닫고자 마음을 낸 사람에게 문득 저절로 일어나는 무위(無爲)의 체험입니다.

똑! 똑! 똑! 여기에는 한마디 말도 없습니다.

23. 단기간에 깨달을 수 있나?

똑! 똑! 똑! 여기에 있어야 말에 속지 않습니다.

어떤 수행단체에서는 며칠 동안만 공부하면 쉽게 깨달을 수 있다고 광고하는 경우를 가끔 볼 수 있습니다. 자기의 마음을 깨달아 분별망상에서 해탈하는 일이 과연 단기간에 쉽게 성취될 수 있는 일일까요? 그렇게 보지 않는 것이 합리적입니다. 왜 그럴까요?

깨달음은 다만 분별에서 벗어나는 일일 뿐이라고 말하면, 무언가 간단하고 쉬운 일처럼 보일 수 있습니다. 그러나 태어나서 지금까지 수십 년 동안 분별하는 생각에 사로잡혀 살아온 사람이 그렇게 쉽게 분별하는 생각에서 벗어날 수 있을까요? 분별하고 생각하는 것은 우리가 평소 저절로 행하는 깊은 습관이 된 익숙한 일입니다.

우리는 지금까지 살아오면서 분별하고 생각하고 판단하고 이해하는 삶을 살아왔습니다. 분별하고 생각하고 판단하고 이해하는 것을 벗어난 삶을 살아본 적도 없고 상상한 적도 없습니다. 그런데 깨달음은 분별하고 생각하고 판단하고 이해하는 것에서 벗어나는 일입니다.

분별하고 생각하는 것에서 벗어나는 체험은 한순간 일어나는 일이지만, 그렇게 벗어나는 체험이 일어나기까지는 꽤 긴 세월이 필요하고, 또 한 번 벗어나는 체험을 하여도 벗어난 곳에 익숙해지려면 다시 긴 세월이 필요합니다. 즉, 분별에서 벗어나는 깨달음은 어느 순간 문득 일어나는 돈오(頓悟)의 체험이지만, 그런 체험이 일어나기까지 긴 세월 동안 준비가 필요하며, 또 그런 체험 뒤에도 분별에서 벗어난 삶에 익숙해지려면 역시 긴 세월이 필요합니다.

예컨대, 세간에서 익숙한 버릇을 고치려고 하거나 익숙한 습관을 바꾸려고 해도 결심하는 데에 꽤 시간이 필요하고, 실행하고 나서도 예전의 버릇으로 돌아가지 않으려면 꽤 긴 시간이 필요합니다. 정신적인 일에서든 육체적인 일에서든 익숙함에는 반드시 시간이 필요하다는 것은 자연스러운 것입니다.

분별에 사로잡혀 분별된 세간의 일에 집착하여 살아가는 사람이 분별에서 벗어나고 세간에 대한 집착에서 벗어나려면, 먼저 그렇게 하겠다는 결심을 하여야 합니다. 결심한 뒤에는 세간에서 벗어난 깨달음에 관심을 가지고 깨달음에 관한 가르침을 오랫동안 접해야 합니다. 깨달음에 관한 관심을 가지고 세속을 벗어난 깨달음을 가르치는 선지식의 말씀을 오랫동안 들으면 시간이 지날수록 자기도 모르게 저절로 깨달음이라는 고비를 넘을 수 있는 힘이 점차 생긴다고 할 수 있습니다. 그렇게 시간이 흘러 그 힘이 충분해지면 어느 순간 저절로 분별하는 습관에서 벗어나 깨닫게 되는 것입니다.

그렇게 분별에서 벗어나는 깨달음을 체험한 뒤에는 분별에서 벗어난 삶에 익숙해지는 시간이 역시 많이 필요합니다. 익숙해져야 힘이 생깁니다. 한번 분별에서 벗어나는 체험을 해도 아직 익숙한 것은 여전히 분별입니다. 그러므로 비록 분별에서 벗어나는 체험을 하였지만, 여전히 분별에 끌려가는 시간이 대부분입니다. 그렇지만 이제는 분별에서 벗어난 것이 어떤 것인지를 경험으로 알기 때문에, 자꾸 분별에서 벗어난 쪽으로 익숙해지려고 하게 됩니다. 그렇게 분별에서 벗어난 쪽에 익숙해지는 시간이 흐를수록 분별에서 벗어나는 힘이 점차 강해져 갑니다. 분별에서 벗어난 힘이 강해질수록 분별에서 벗어난 깨달음에 대한 안목도 밝아져 갑니다.

이 공부는 그렇게 분별망상에 물들어 살다가 분별망상에서 벗어나는 길을 찾는 깨달음을 경험하고, 이후 분별망상에서 벗어난 삶에 평생 익숙해져 가는 것입니다. 익숙해져야 힘이 생기고 안목도 밝아집니다. 그러므로 단기간에 깨달음을 얻는다는 주장은 합리적이지 않고 자연스럽지도 않습니다. 이 공부를 하는 사람은 《노자도덕경》에서 말한 "큰 그릇은 늦게 이루어진다."는 대기만성(大器晚成)을 염두에 두고 공부를 하여야 합니다.

똑! 똑! 똑! 여기에는 한마디 말도 없습니다.

24. 깨달음 같은 것은 없다고?

똑! 똑! 똑! 여기에 있어야 말에 속지 않습니다.

간혹 인터넷이나 유튜브에서 "깨달음은 없다."라는 구절을 볼 수 있습니다. 이런 말을 보면 '무슨 말도 안 되는 소리야?' 하고 무시하는 사람도 있을 것이고, '그러면 지금까지 깨달음을 가르쳐 온 불교가 거짓이라는 말인가?' 하고 의심하는 사람도 있을 것입니다.

그러나 "깨달음은 없다."는 말은 사실 불교에서 하는 말입니다. 불교 경전에 많이 나오는 말이지요. 불교 경전에서 하는 말은 어떤 사실이 있다거나 없다고 주장하는 말이 아니라, 깨달음으로 이끌기 위한 방편의 말입니다. 깨달음으로 이끌기 위한 방편의 특징을 보통 파사현정(破邪顯正)이라 합니다. 삿된 것을 부수고 바른 것을 드러낸다는 뜻입니다.

깨달음으로 가는 길을 방해하는 삿된 것은 무엇일까요? 바로 분별이고 생각입니다. 중생의 마음은 헛된 분별에 뒤덮이고 분별에 얽매여 벗어나지 못하기 때문에 밝은 깨달음이 없는 것입니다. 중생의 마음을 분별심이라 하는데, 분별심에서 벗어나야 비로소 막힘 없고 걸림 없는 깨달음이 있습니다. 그러므로 분별을 부수는 것이 바로 삿된 것을 부수는 것입니다.

바른 것을 드러낸다고 하는데, 무엇이 바른 것일까요? 분별에서 벗어난 텅 비고 깨끗한 마음이 바로 바른 것입니다. 분별에서 벗어난 텅 비고 바른 마음을 진여(眞如) 혹은 자성(自性) 혹은 본래면목이라고 합니다. 분별되지 않는 자성은 늘 드러나 있지만, 색깔이나 소리가 아니고 느낌이나 생각도 아니므로 알 수는 없어요. 알 수 없지만 늘 앞에 드러나 있는 것을 가리키는 것을 일러 바로 바른 것을 드러낸다고 합니다.

바른 것 즉 진여자성은 분별되지 않으므로 불이법(不二法)이라고도 하고 중도(中道)라고도 합니다. 분별은 둘로 나눈다는 뜻이므로 분별되지 않는 것을 둘이 아니라고 하여 불이법이라 하고, 이쪽과 저쪽의 양쪽에서 모두 벗어났다고 하여 중도라고 합니다. 분별에서 벗어난 불이중도의 자성으로 이끄는 것이 곧 방편의 말입니다. 그러므로 방편의 말에서는 어떤 것도 긍정하지 않습니다. 무엇을 긍정하는 것이 곧 분별이기 때문이고, 그 무엇에 얽매이는 것이기 때문이지요.

그러나 방편이 부정적인 말만 할 수는 없습니다. 긍정적인 말을 해야 믿을 수 있고 따를 수 있기 때문입니다. 가르침을 믿고 따라야 깨달음이라는 결과가 이루어집니다. 그래서 방편은 긍정적인 말과 부정적인 말을 번갈아 합니다.

예를 들어, 불교를 공부하고자 하는 사람은 곧 깨달음을 얻고자 하는 사람인데, 깨달음이라는 일이 있으니 당연히 깨달음을 얻게 된다고 믿습니다. 그래서 우선 우리를 구원하는 깨달음이라는 일이 있으니 믿고 따르라고 말합니다. 불교를 믿고서 깨달음을 얻고자 공부하는 사람이 꾸준히 가르침을 따르다 보면 결국 분별에서 벗어나는 체험을 하게 됩니다.

제자가 깨달음을 체험하였음을 확인한 스승은 이제는 깨달음이 없다고 말하게 됩니다. 만약 분별에서 벗어나 깨달은 제자가 '나는 깨달음을 얻었구나. 이런 것이 깨달음이구나.'라고 생각한다면, 이것은 생각일 뿐이지 참된 깨달음이 아닙니다. 참된 깨달음에서는 모든 분별에서 벗어나므로 아무런 생각도 있을 수 없습니다. 그러므로 스승은 이제는 깨달음이라는 분별도 있어선 안 되고 깨달음에 머물지도 못하게 하려고 깨달음도 없다고 말하는 것입니다.

처음에는 깨달음을 얻으라고 말했다가 깨달음을 얻으면 깨달음이라는 분별도 있어선 안 된다고 가르치는 것이지요. 이것은 철저하게 분별에서 벗어나도록 가르치는 불교의 뛰어난 점입니다. 모든 분별에서 깨끗이 벗어나야 비로소 제대로 자유를 누릴 수 있기 때문입니다.

똑! 똑! 똑! 여기에는 한마디 말도 없습니다.

4장
선이란 무엇인가

1. 선이란 무엇인가?

똑! 똑! 똑! 여기에 있어야 말에 속지 않습니다.

선(禪)이란 무엇인가? (손을 흔들며) 이것이 선이에요. 깨달은 이에게 드러나 있는 이 세계의 실상이 선이에요. 선이라 하든 부처라 하든 실상이라고 하든 깨달음이라 하든 진여라 하든 보리라 하든 모두 (손을 흔들며) 이것을 가리키는 이름이에요. 불법(佛法)이라는 이름도 마음이라는 이름도 (손을 흔들며) 이거 하나를 가리키는 이름입니다.

물론, 선이라는 이름에는 역사적인 맥락이 있어요. 불교의 역사에서 선불교라는 게 있거든요. 중국에서 생긴 거죠. 중국에서 생긴 선불교를 보통 간단히 선이라고 하죠. 중국에서 발생한 선불교를 조사가 대대로 전해 왔다고 하여 조사선(祖師禪)이라 하기도 하고, 종파의 측면에서는 선종(禪宗)이라 하기도 하죠. 이 선은 8세기 이후에 중국에서 널리 유행하고 한국과 일본으로 전파되어 이들 지역의 불교에서 가장 주도적인 위치를 차지해 왔어요.

불교의 본질은 마음을 깨달아 번뇌망상에서 벗어나는 것이지만, 시대적으로, 지역적으로, 내용적으로 여러 종류의 불교가 등장하죠. 지역적으로는 남방불교와 북방불교, 인도불교와 중국불교로 나누기도 하고, 시대적으로는 근본불교, 초기불교, 부파불교, 대승불교로 나누기도 하고, 내용적으로는 현교(顯敎)와 밀교(密敎), 교(敎)와 선(禪)으로 나누기도 합니다.

같은 불교인데 왜 이렇게 다양하게 나눌까요? 마음의 실상을 깨달아서 번뇌망상에서 벗어난다는 불교의 목적은 똑같지만, 그 목적을 달성하는 수단인 방편(方便)이 다르기 때문에 이런 여러 가지 불교를 말합니다. 불교의 목적지는 깨달음으로 동일하지만, 그 목적지로 가는 길이 다양하게 제시되어 있는 것입니다. 중생은 번뇌망상이라는 정신적 병으로 고통받고 있는데, 부처님이 번뇌망상의 병을 치료하는 약인 방편을 처방한다는 뜻에서 방편을 약이라 하기도 합니다. 병은 같지만 약은 여러 가지가 있을 수 있는 것이죠.

번뇌망상이라는 중생의 병을 치료하는 최초의 약을 개발한 분이 2,500년 전의 석가모니 부처님이라면, 이후에 이 약은 다양한 방면으로 개선되어 여러 가지 약이 새롭게 등장한 것이 다양한 불교라고 할 수 있습니다. 시대적, 지역적, 내용적으로 여러 가지 다양한 불교를 말하지만, 불교를 나눌 때 가장 일반적으로는 소승불교와 대승불교로 나눕니다.

소승불교는 석가모니 이후 인도와 그 주변 지역에서 수백 년간 발전해 온 불교이고, 대승불교는 석가모니 사후 500년 정도가 지난 뒤에 새롭게 등장한 불교입니다. 알다시피 소승불교는 현재 스리랑

카, 태국, 미얀마 등 남쪽 지역에 남아 있고, 대승불교는 중국, 한국, 일본 등에 남아 있습니다. 소승은 작은 수레라는 뜻이고 대승은 큰 수레라는 뜻인데, 소승불교가 스스로를 소승불교라고 부르진 않습니다. 대승불교에서 소승불교라는 약이 효능이 떨어지는 약이라는 의미에서 작은 수레, 혹은 버려야 하는 좋지 못한 약이라는 의미에서 대승에 상대하여 낮추어 소승이라고 부른 것입니다. 소승불교와 대승불교의 차이에 대해서는 뒤에 다시 말하겠습니다.

대승불교가 중국으로 들어온 것은 대개 기원 전후한 시기인 후한(後漢) 때라고 합니다. 그 뒤 중국에서 불교는 다시 크게 발전하여 다양한 종파가 성립됩니다. 그러다 서기 8세기경에 드디어 중국에 선이 등장합니다. 일반적으로는 인도의 보리달마가 6세기경에 중국으로 와서 선을 전해 주었다고 합니다만, 실제 역사를 보면 이것은 확실하지 않습니다. 석가모니의 상수제자인 마하가섭이 석가모니에게서 불법을 전해 받은 제1대 조사이고, 대대로 전해져 보리달마는 인도에서 28대 조사인데, 중국에 와서 제1대 조사가 되었다는 조사의 계보가 알려져 있지만, 이 계보는 8세기 이후에 작성된 것입니다. 확실한 사실은 중국의 제6대 조사로 알려진 육조 혜능 이후에 선은 중국에서 크게 유행하게 되었다는 것입니다.

선은 내용적으로 보면 대승불교가 발전하여 나타난 새로운 불교입니다. 대승불교라는 약의 부작용을 개선하여 새롭게 등장한 더욱 효과적인 약이라고 할 수 있습니다. 선에 상대하여 말하는 것이 교(敎)입니다. 선이 등장한 이후 동아시아의 대승불교는 선과 교, 즉 선종(禪宗)과 교종(敎宗)이라는 양종으로 나뉩니다. 교(敎)는 가르침의 말씀, 즉 부처님의 가르침의 말씀이 적힌 경전을 가리킵니다. 그러므로 교종불교는 경전에 의지하고 경전을 통하여 불법을 공부하여 깨달음을 얻고자 하는 불교입니다. 경전을 통한 불교의 공부는 기본적으로 이론적인 공부인 교리 공부입니다.

한편 선의 특징을 말할 때 첫 번째로 말하는 게 불립문자(不立文字)입니다. '언어문자를 세우지 않는다.'는 뜻인데, 경전처럼 언어문자를 통하여 설명하고 이해하는 공부가 아니란 말입니다. 경전에서는 중생의 어리석은 마음은 이런 것이고, 깨달음을 얻은 부처의 지혜는 이런 것인데, 깨닫기 위해서는 이렇게 해야 한다고 언어문자로 설명하고 있어요. 그러니까 경전을 읽는 사람은 경전의 언어문자를 이해하는 것이 우선되는 일이겠죠.

그런데 선에서는 "문자를 세우지 않는다."고 합니다. 언어문자로 불법을 설명하지 않는다는 뜻입니다. 그럼 아예 입을 딱 다물고 한마디 말도 하지 않는다는 뜻일까요? 그런 건 아니고 경전처럼 불법을 설명하고 이해하는 식으로 하는 공부가 아니라는 거예요. 경전을 보면 "잘 듣고 잘 이해하고 잘 기억하라."는 말씀을 계속 한단 말이죠. 경전에서는 잘 듣고 잘 이해하고 잘 기억하면 깨달을 수 있다는 것이죠. 그런데 선에서는 그렇게 해서는 깨닫기가 어렵다고 보는 겁니다. 잘 듣고 잘 이해하고 잘 기억한다고 해서 잘 깨달아지는 건 아니라는 거죠.

왜 그러냐 하면, 깨달음은 이해하고 아는 것이 아니라, 도리어 이해하고 아는 분별에서 벗어나야 깨닫기 때문입니다. 우리가 설명하는 말을 들으면 그 말을 이해하고 생각하기 때문에 분별인 말에 간혀 있게 된단 말이에요. 깨달으려면 분별인 언어문자에서 벗어나야 합니다. 왜냐? 언어문자인 말은 분별이고, 분별은 곧 망상이기 때문입니다. 말이란 무엇입니까? 분별하고 생각한 내용을 소리나 글자로 나타내는 것이 곧 말이죠. 그러므로 말을 듣는 사람은 그 사람의 말을 듣고 그 사람의 생각을 이해하게 되는 거죠. 생각하여 말하고 그 말을 듣고 이해하니 결국 분별에서 벗어날 수 없는 거죠. 이렇게 분별하고 이해만 하면서, 분별에서 벗어나 깨달음을 얻기란 대단히 어려울 것입니다.

물론, 그렇게 말로써 설명하고 이해하는 것으로는 절대로 깨닫지 못한다고 단언할 수는 없지만, 깨달음이라는 것은 기본적으로 분별인 생각에서 벗어나는 경험입니다. 생각은 분별이어서 이분법이지만, 깨달음은 분별에서 벗어나고 생각에서 벗어나기 때문에 불이법(不二法) 혹은 중도(中道)라고 합니다.

이처럼 말을 통하여 말에서 벗어나고 분별을 통해서 분별에서 벗어나고자 하는 것이 교(敎)입니다. 말을 통해서 말에서 벗어나려 하고 분별을 통하여 분별에서 벗어나려고 하니, 계속 시끄럽게 떠들면서 조용하기를 바라는 것처럼 이치가 맞지 않습니다. 왜냐하면 우리가 말을 듣고서 이해하면 우리는 계속하여 말과 생각에 매여 있기가 쉽지, 말과 생각에서 벗어나기가 쉽겠습니까? 분별과 생각에서 벗어나는 것이 깨달음이라고 이해하는 것은 쉽지만, 어떻게 분별과 생각에서 벗어날 수 있는지는 분별할 수도 없고 생각할 수도 없기 때문이죠. 깨달음이 어떤 것인지 설명하고 이해하기는 쉬우나, 그렇게 실행하여 성취하는 길은 설명과 이해를 벗어나 있으니 전혀 알 수가 없는 것이죠. 이처럼 말의 테두리에서 벗어나지 못하는 것이 교가 지닌 가장 큰 결점입니다.

선에서는 교가 지닌 그 결점을 극복하기 위하여 불립문자·교외별전(敎外別傳)을 말합니다. 즉, 설명하고 이해하는 언어문자를 통하지 않고, 그런 언어문자의 길 밖에서 따로 전한다는 것입니다. 언어문자를 통하지 않고 언어문자의 밖에서 어떻게 따로 전할까요? 보통 "불법(佛法)을 전해 준다."고 말합니다만, 사실 불법을 전해 준다는 말은 정확하게는 맞는 말이 아닙니다. 부처님이 깨달은 진리라는 뜻인 불법은 곧 우리 마음의 실상을 가리킵니다. 그런데 우리 마음의 실상은 우리 각자에게 본래부터 갖추어져 있는 것이기 때문에 주거나 받을 수 있는 것이 아닙니다.

불법을 전해 준다는 말의 참된 의미는, 이미 마음의 실상을 깨달은 사람이 아직 깨닫지 못하여 길을 알지 못하는 사람을 깨달음으로 인도해 준다는 것입니다. 깨달음이 생각을 벗어났다는 말은, 생각으로 상상하고 이해하여 아는 것이 아니라 생각과는 관계없는 직접 체험이라는 뜻입니다. 비유를 들면, 매운 고추를 먹고서 입 안이 얼얼한 경험과 '고추가 맵구나.' 하고 생각하는 것의 차이와 같습니다. 혀에는 얼얼한 감각만 있지 혀가 생각하지는 않습니다. 혀의 얼얼한 감각이 두뇌로 전달된 뒤에 두뇌에서 의식하고 생각하는 것이지요. 직접 체험은 혀에서 일어나고, 그것에 대한 생각은 두뇌에서 일어납니다. 따라서 혀의 감각이 실제 경험이고, 두뇌의 의식은 가짜이지요.

우리는 실제로 경험하지 않고도 온갖 일을 생각하고 상상할 수 있습니다. 이처럼 생각과 상상은 헛되이 만들어진 가짜입니다. 깨달음은 생각과 상상 같은 가짜가 아니고 실제로 경험하고 있는 현실입니다. 물론, 감각적 경험은 아닙니다. 고추가 맵다는 식의 감각적 경험은 의식되고 생각될 수 있으므로 결국 분별에 해당합니다만, 깨달음은 의식되거나 생각될 수 없고 분별에 해당하지 않습니다. 깨달음은 오로지 바로 지금의 직접 경험으로 살아 있을 뿐이고, 의식되고 기억되고 생각되고 분별되는 것은 아닙니다. 그러므로 깨달음은 일단 한번 경험해 보아야만 또다시 경험할 수 있는 능력이 생깁니다.

깨달음은 이처럼 오직 당장의 직접 경험일 뿐, 분별되고 기억되고 이해되어 설명할 수 있는 것이 아니므로, 경험해 본 사람이 자신이 현재 경험하고 있는 것을 최대한 가리켜 주고 보여 주는 방식으로 아직 경험하지 못한 사람을 이끄는 길밖에 다른 길이 없습니다. 이미 깨달은 사람이 아직 깨닫지 못한 사람에게 말로써 설명하는 것이 아니라 자신이 현재 경험하고 있는 깨달음을 가리켜 주고 보여 줌으로써 깨달음으로 이끄는 것을 일러 교외별전이라고 하고 또 이심전심(以心傳心)이라도 합니다.

이심전심은 마음으로 마음에 전한다는 뜻이지만, 역시 무엇을 전해 주는 것이 아니라 깨달은 이의 마음이 아직 깨닫지 못한 이에게 영향을 주어서 깨닫도록 이끈다는 뜻입니다. 말로써 설명하고 이해하는 간접적인 것이 아니라, 마음에서 마음으로 직접 전달된다는 뜻이 있습니다. 그러면 어떻게 마음에서 마음으로 직접 전달되어 깨닫도록 이끌 수 있을까요? 불립문자요 교외별전인 이심전심의 구체적인 내용을 설명하는 구절이 바로 직지인심(直指人心)과 견성성불(見性成佛)입니다.

직지인심은 사람의 마음을 곧장 가리킨다는 뜻이죠. 언어문자를 통하여 마음을 설명하여 간접적으로 마음을 알려 주는 것이 아니라, 마음을 직접적으로 가리켜 준다는 것입니다. 예컨대 이런 식이죠. "깨달은 마음은 어떤 것입니까?" 하는 질문에 대하여 교에서는 "분별망상에서 벗어나 번뇌가 없는 마음입니다."라고 대답한다면, 선에서는 다만 이렇게 말합니다. "호떡입니다." 교의 대답을 들으면 생각으로 이해가 되기 때문에 생각에서 벗어난 깨달음과는 아무런 관계가 없습니다. 그러나 선의 대답을 들으면 생각이 가로막혀서 이해가 생기지 않습니다. 생각이 막히고 이해가 생기지 않지만 분명한 대답을 들었습니다. 이런 선의 대답이 바로 분별을 벗어난, 생각할 수 없는 마음의 실상을 곧장 가리키는 것입니다.

그러므로 선의 직지인심에는 두 가지 기능이 있습니다. 첫째는 분별을 가로막아서 생각할 수도 없고 이해할 수도 없게 만드는 기능, 즉 분별을 멈추는 기능입니다. 둘째는 분별할 수 없는 마음의 실상을 곧장 가리켜 주는 기능, 즉 곧장 가리켜서 깨달음에 통하도록 이끄는 기능입니다. 분별하지 못하도록 분별을 가로막고서 분별할 수 없는 마음의 실상을 곧장 가리킴으로써, 분별하지 않고 마음의 실상에 통하여 깨달음을 이루도록 이끄는 것이 바로 선의 직지인심입니다.

또 분별할 수 없는 마음의 실상을 깨닫는 것을 일러 견성성불이라고 합니다. 견성성불이란 자성(自性)을 보아 깨달음을 이룬다는

210

뜻입니다. 즉, 자성을 보는 것이 깨달음이라는 뜻이지요. 자성은 본성(本性), 불성(佛性), 법성(法性)이라고도 하는데, 겉으로 드러나 분별되는 현상에 상대하여 겉으로 드러나지 않아서 분별되지 않는 본질을 가리키는 말입니다. 겉으로 드러나지 않아서 분별되지 않는 것이 자성이므로, 자성을 본다는 말은 눈으로 본다는 뜻이 아니라 마음에서 분별을 벗어나 깨닫는다는 뜻입니다. 자성은 분별을 벗어났기 때문에 불이중도(不二中道)나 공(空)이라는 말로써 나타냅니다. 즉, 자성을 보는 것은 불이중도를 성취하는 것이고 공에 통하는 것입니다. 이 깨달음은 분별에서 벗어나기 때문에 생각하거나 이해하여 아는 것은 아니고, 언제나 당장 지금 여기의 살아 있는 체험입니다.

이처럼 수행이라는 단계적 절차를 거치지 않고 단번에 분별에서 벗어나 불이중도의 깨달음을 이루도록 하기 때문에, 선을 '단도직입'이라 하기도 하고 "한번 벗어나 곧장 여래의 지위에 들어간다."고 하기도 하고 '깨달음의 지름길'이라 하기도 합니다. 그러나 직지인심의 가르침을 받는다고 하여 누구나 이런 깨달음의 효과를 맛볼 수 있는 것은 아닙니다. 이런 단도직입으로 깨닫는 효과가 발생하려면 공부하는 사람의 마음이 그만한 준비가 되어 있어야 합니다. 공부하는 사람이 깨달음을 얻겠다고 결심하고서 스승을 찾아가 그 가르침을 들으며 꾸준히 공부하다 보면, 언젠가는 자기도 모르는 사이에 깨달음이 발생할 만한 마음 상태가 된다고 할 수 있습니다.

선(禪)에서는 전통적으로 이렇게 말합니다. 마음이라는 땅에 지혜의 씨앗을 심어 놓으면 비가 내려 그 땅을 촉촉하게 적시게 되는데, 그렇게 시간이 지나 때가 되면 저절로 씨앗에서 싹이 나오게 된다고 합니다. 마음이라는 땅에 지혜의 씨앗을 심는다는 것은 깨달음을 얻겠다고 마음을 내는 발심(發心)을 가리키고, 비가 내려 마음이라는 땅을 촉촉하게 적신다는 것은 곧 스승의 가르침의 말씀인 설법(說法)을 듣는 것을 가리키고, 때가 되어 지혜의 씨앗이 싹을 틔운다는 것은 곧 깨달음의 체험이 일어난다는 말입니다.

또 선에서 흔히 하는 말에 줄탁동시(啐啄同時)라는 것이 있습니다. 이 말의 뜻은 병아리가 알을 깨고 나올 때 알 속에서는 병아리가 껍질을 쪼고 밖에서는 어미닭이 동시에 껍질을 쪼아야 알이 깨지고 병아리가 밖으로 나온다는 것입니다. 알을 깨고 밖으로 나와야 하는 병아리는 깨닫기 위하여 공부하는 제자를 가리키고, 알을 품고 있다가 때가 되면 밖에서 알을 쪼아 주는 어미닭은 스승을 가리킵니다. 어미닭이 알을 품는 기간은 제자가 스승의 문하에서 가르침을 들으며 공부하는 기간을 가리킵니다. 달걀이 어미닭의 품속에 있다가 때가 되어야 비로소 병아리로 부화하여 알을 깨고 밖으로 나올 수 있는 상태가 되는 것처럼, 공부하는 제자 역시 스승의 문하에서 일정 기간 공부하여야 깨달음을 얻을 만한 마음의 상태가 된다는 의미가 줄탁동시라는 말에 들어 있습니다.

선이 오랫동안의 단계적 수행이라는 노력을 거치지 않고 곧장 깨달아 여래의 지위에 들어가는 단도직입의 지름길이긴 하지만, 스승의 가르침을 듣고서 곧장 깨달을 수 있을 만한 마음 상태가 제자에게 되어 있지 않으면 그런 효과를 볼 수는 없다는 단점이 있습니다. 물론, 이미 오래전부터 발심하여 오랫동안 깨달음에 충분히 목이 마른 공부인이 스승을 찾는 경우에는, 스승을 처음 만나 단 한 번의 가르침으로 곧장 깨닫는 경우도 흔히 있습니다.

선의 특징을 이처럼 불립문자, 교외별전, 이심전심, 직지인심, 견성성불이라는 다섯 구절로 흔히 말합니다만, 여기에 단도직입과 언하변오라는 두 마디를 덧붙일 수 있습니다. 단도직입(單刀直入)은 전투에 나선 병사가 단 한 자루의 칼만 들고서 적진으로 곧장 진격하여 들어간다는 뜻으로서, 선이 점진적인 수행의 단계를 거치지 않고 곧장 깨달음을 얻는 돈오(頓悟)의 공부법임을 나타냅니다. 언하변오(言下便悟)는 말을 듣고서 그 자리에서 곧장 깨닫는다는 뜻으로서, 선에서의 깨달음이 좌선 수행이나 관법수행 같은 수행의 행위에 의하여 깨닫는 것이 아니라 스승의 가르침의 말씀을 듣고서 깨닫게 됨을 나타내는 말입니다.

보통 대다수 사람은 선이라고 하면 좌선(坐禪)이나 관법(觀法) 같은 어떤 수행 방법을 실천함으로써 깨닫는 것으로 오해하고 있습니다. 그러나 이것은 명백한 오해입니다. 선은 지금까지 살펴본 것처럼 스승의 진실한 가르침에 제자가 성실하게 귀를 기울이는 이심전심의 실천을 통하여 깨달음이 이루어지는 것입니다. 선이 가장 꽃을 피웠던 중국 당송(唐宋) 시대 선사들의 공부와 깨달음을 기록한 《전등록》을 살펴보면, 모든 선사가 스승의 말씀을 듣고서 깨달음을 얻었음을 알 수 있습니다.

똑! 똑! 똑! 여기에는 한마디 말도 없습니다.

2. 오직 견성만 말한다고?

똑! 똑! 똑! 여기에 있어야 말에 속지 않습니다.

《육조단경》에 보면 인종 법사가 육조에게 오조(五祖)는 어떤 가르침을 베푸느냐고 묻자 육조가 말하기를, "오직 견성만 말하고 선정이나 해탈은 말하지 않는다."고 합니다. 이에 인종은 다시 "왜 견성만 말하고 선정해탈은 말하지 않습니까?"라고 묻습니다. 육조 혜능의 전기를 기록한 《조계대사별전》이라는 책에도 같은 기록이 있습니다.

왜 견성만 말하느냐는 질문에 대하여 육조는 "법성이 불이법이기 때문입니다."라고 대답합니다. 견성(見性)이라는 말은 자성(自性)을 본다는 뜻입니다. 자성은 본성(本性), 법성(法性), 불성(佛性)이라고도 합니다. 그러므로 '견성만 말한다.'라는 말은 '자성만 보면 된다.' 즉 '법성만 보면 된다.'는 뜻입니다.

그런데 이 자성 혹은 법성은 불이법(不二法)이라는 거예요. 불이법이라는 말은 '둘이 아닌 것'이라는 뜻입니다. 둘이 아니라는 것은 둘로 분별되지 않는다는 말이에요. 분별(分別)이라는 말은 '나누어진다'는 뜻인데, 나누어지는 것은 기본적으로 둘로 나누어지는 것부터 시작하지요. 우리가 무엇을 알게 될 때는 그것과 그것 아닌 것으로 분별함으로써 그것을 알게 됩니다. '무엇을 분별한다.'는 말은 '무엇을 안다.'는 뜻입니다. 우리가 무엇을 생각하고 이해하고 인식하여 알게 되는 것은 모두 분별입니다.

214

따라서 '둘이 아니다.' 혹은 '둘로 나누어지지 않는다.'는 말은 곧 '분별할 수 없다.' '알 수 없다.' '생각할 수 없다.' '이해할 수 없다.'는 뜻이고, 나아가 '취할 수도 없고 버릴 수도 없다.' '생기지도 않고 사라지지도 않는다.'라는 뜻입니다. 우리가 깨달아야 할 우리 마음의 자성은 이처럼 분별할 수 없고 알 수 없고 불가사의한 것입니다. 둘로 나눌 수 없고, 둘 어느 쪽에도 해당하지 않고, '이것'과 '이것 아님'이라는 양쪽에서 모두 벗어났다는 뜻에서 불이법을 중도(中道)라고도 합니다.

그러므로 '견성만 말한다.'는 말은 분별을 벗어난 불이중도(不二中道)만 말한다는 뜻입니다. 사실, 부처님의 말이든 조사(祖師)의 말이든 우리 불교에서는 다만 분별에서 벗어난 불이중도라는 깨달음만 말할 뿐입니다. 생각에서 벗어나고 지식과 견해에서 벗어난 불이중도, 생각이나 분별로써는 알 수 없는 우리의 자성을 직접 체험하여 깨닫도록 이끄는 것이 바로 불교입니다.

견성성불(見性成佛)이라는 말은 견성이 곧 깨달음이라는 뜻입니다. 성불(成佛)이라는 말은 불(佛)을 이룬다는 뜻인데, 불은 깨달음이라는 뜻입니다. 불자들의 흔한 인사말인 "성불하세요."라는 말의 뜻은 "깨달으십시오."입니다.

인종 법사가 다시 육조에게 '왜 선정이나 해탈은 말하지 않느냐?'고 묻자, 육조는 답하기를 "선정과 해탈을 말하면 이법(二法)이기 때문이다."라고 합니다. 이법이란 곧 분별이라는 뜻이니, 선정과 해탈을 말하면 분별이 되기 때문에 선정과 해탈을 말하지 않는다는 것이죠.

이 말은 잘 이해되지 않을 수도 있습니다. 왜 선정과 해탈을 말하면 분별이 되는 것일까요? 선정(禪定)이란 어떤 종류의 수행법을 가리킵니다. 그래서 선정을 수행한다, 선정을 닦는다고 말하지요. 선정을 닦는다고 말하면, 우리는 선정이라는 이름의 어떤 수행법을 분별하고 있는 것입니다. 그러므로 선정은 분별에서 벗어난 불이법이 아니라 이법입니다. 해탈도 마찬가지입니다. 불교의 목적은 번뇌망상에서 벗어나 해탈을 얻는 것이라고 합니다. 이 경우에 해탈은 번뇌망상에서 벗어난다는 뜻이므로 역시 분별이지, 분별에서 벗어난 불이법은 아닙니다.

그런데 불교에서는 선정을 닦는다거나 해탈을 얻는다는 말을 매우 자주 합니다. 선정이나 해탈은 불이중도의 깨달음을 가리키는 방편의 말이기 때문입니다. 다시 말해, 선정이나 해탈이라는 말은 문자 그대로의 의미가 있지만, 불교에서는 그런 의미로 이런 말을 사용하는 것이 아니라 불이중도의 깨달음을 가리키는 방편의 말로 사용합니다. 달을 가리키는 손가락 같은 방편으로가 아니라, 문자 그대로의 뜻으로 이런 말을 사용하면 당연히 이런 말들은 분별이고 이법(二法)이 됩니다.

결국 《육조단경》에서 "다만 견성을 말할 뿐이고, 선정이나 해탈은 말하지 않는다."라고 한 말은, 분별을 벗어난 불이중도의 깨달음만 말할 뿐이니 선정을 닦고 해탈을 얻는다는 식으로 오해하여 분별에 떨어지지는 말라는 뜻입니다. 깨달음은 다만 분별에서 벗어나는 것일 뿐이므로, 닦아야 할 선정이 있다고 하거나 얻어야 할 해탈이 있다고 한다면 분별이고 생각이지 깨달음은 될 수 없습니다.

분별에서 벗어나는 깨달음의 체험은 하나뿐이지만, 이 체험을 가리키는 방편의 말은 매우 많습니다. 깨달음, 해탈, 열반, 불이, 중도, 공(空), 보리, 도(道), 진제(眞諦), 진여(眞如), 성제(聖諦), 출세간, 견성, 성불, 삼매, 선정, 자성(自性), 도피안(到彼岸) 등의 말들이 모두 분별에서 벗어나는 깨달음의 체험을 가리키는 방편의 말들입니다.

마치 하늘에 하나의 달이 있는데 가리키는 손가락은 여러 가지가 있을 수 있는 것과 같이, 방편의 말도 그 말의 문자 그대로의 뜻을 가지고 있는 것이 아니고 다만 분별에서 벗어난 깨달음을 가리키는 것입니다. 그러므로 방편의 말을 문자 그대로의 뜻으로 이해하면 손가락만 보고 달은 보지 않는다고 하는 경우가 되는 것입니다.

깨달음을 얻기 위하여 어떤 종류의 수행을 하여야 한다고 생각하는 경우가 많은데, 이런 생각들이 모두 수행을 위주로 하는 불교의 일파나 외도에게서 영향 받은 잘못된 견해입니다. 이런 견해들은 모두 분별이고 이법(二法)입니다. 깨달음의 본질은 분별에서 벗어나는 불가사의한 체험이지, 어떤 종류의 수행을 실천하는 것이 아닙니다.

해탈이라는 방편의 말은 분별에서 벗어난다는 뜻이고, 열반이라는 방편의 말은 분별에서 벗어나면 분별되는 모든 것이 사라진다는 뜻이고, 깨달음이라는 방편의 말은 분별이라는 꿈에서 깨어나 깨어 있다는 뜻이고, 선정이라는 방편의 말은 분별에서 벗어나면 아무것도 없으므로 마음이 고요히 안정되어 있다는 뜻이고, 삼매라

217

는 방편의 말은 분별에서 벗어나 생각이 없다는 뜻이고, 불이라는 방편의 말은 둘로 나누는 분별에서 벗어나 둘로 나누어 분별하지 않는다는 뜻이고, 중도라는 방편의 말은 둘로 분별되는 이쪽과 저쪽에서 모두 벗어났다는 뜻이고, 공(空)이라는 방편의 말은 분별에서 벗어나 아무것도 분별할 것이 없으므로 텅 비어 있는 것과 같다는 뜻입니다.

이런 말들은 모두 분별에서 벗어난 불가사의함을 나타내는 말이지, 문자 그대로 그런 무엇이 있어서 그렇게 분별된다는 뜻은 아닙니다. 이 말은 이해하기가 어렵습니다. 오로지 직접 스스로 체험하여야 납득되는 말이지, 생각으로 분별하고 헤아려서 이해할 수는 없는 말입니다.

대혜종고의 경우에도 불교의 교리를 공부하였으므로 생기고 사라지며 변화하는 것은 분별심이고 분별심을 벗어난 진여자성은 생기지도 않고 사라지지도 않는다고 하는 말을 많이 보았을 것입니다만, 실제로 자신이 분별심에서 벗어나는 체험을 하기 전에는 그런 말이 가리키는 진실을 전혀 알지 못하고 생멸변화하는 분별심에서 변하지 않는 무엇을 찾으려고 하였기 때문에 원오극근이 망상하지 말라고 꾸짖은 것입니다. 비유하면 마치 거울에 나타나는 영상에서 텅 빈 거울의 모습을 실현하려고 하는 어리석음을 범한 것이지요.

불교 사찰을 도량(道場)이라고 합니다. 도(道)가 있는 장소라는 뜻이지요. 그 도량으로 들어가려면 반드시 통과해야 하는 문이 있습니다. 사찰의 마지막 관문인 불이문(不二門)입니다. 불이문에는 보통 "입차문래막존지해(入此門來莫存知解)"라고 적어 놓았습니다. "이 문으로 들어오면 지식으로 이해하는 것을 가지지 못한다."라는 말입니다. 불이문은 분별에서 벗어나 불이법으로 들어가는 문이라는 말이니, 당연히 그 문을 통과하여 안으로 들어가면 분별인 지식이나 이해는 있을 수 없습니다. 그러므로 도량 즉 도가 있는 곳이라고 하는 것이지요. 이처럼 깨달음의 본질은 단지 분별에서 벗어나는 것이므로 《육조단경》에서는 "다만 견성을 말할 뿐, 선정과 해탈은 말하지 않는다."라고 한 것입니다.

똑! 똑! 똑! 여기에는 한마디 말도 없습니다.

3. 견성성불은 어떤 것인가?

똑! 똑! 똑! 여기에 있어야 말에 속지 않습니다.

불교를 공부하는 불자들이 만나서 하는 인사말은 "성불하세요." 입니다. 우리는 성불하기 위해서 불교를 공부하는 겁니다. 성불이라는 말은 '이루다' '되다'라는 뜻인 성(成)과 '부처' '깨달음'이라는 뜻인 불(佛)이 합해진 말이니까, 그 뜻은 "부처가 된다." "깨달음이 이루어진다."는 것입니다.

선에서는 견성성불(見性成佛)이라는 말을 많이 합니다. 견성성불의 뜻은 견성하는 것이 곧 성불이라는 뜻이지요. 견성이 곧 깨달음이라는 말입니다. 견성이라는 말은 '본다'는 뜻인 견(見)과 '본성' '자성'이라는 뜻인 성(性)이 합쳐진 말로서, '본성을 본다.' '자성을 본다.'는 뜻입니다.

깨달음에 관한 모든 말이 그렇듯이 견성도 방편으로 만든 말입니다. 불교는 중생이 깨달아 부처가 되라는 가르침이기 때문에 그러한 가르침을 나타내는 방편의 말은 중생에 해당하는 말과 부처에 해당하는 말이라는 양 측면의 말이 있어서 서로 상대되어 나타납니다. 중생과 부처, 세간과 출세간, 미혹과 깨달음, 이법(二法)과 불이법(不二法), 모습과 모습 아님, 분별과 분별을 벗어남이라는 양면을 상대하여 말합니다. 중생에 해당하는 말은 분별하여 이해할 수 있는 말이고, 부처에 해당하는 말은 분별하여 이해할 수 없는 말입니다.

견성이라 할 때의 성(性)은 분별되지 않는 본성을 나타내는 말이고, 성에 상대하여 분별되는 것을 나타내는 말은 모습이라는 뜻인 상(相)입니다. 우리의 마음에는 분별되지 않는 성의 측면과 분별되는 상의 측면이라는 양 측면이 있습니다. 분별되지 않는 상의 측면만 알고 늘 분별만 하면서 살아가는 사람이 중생이고, 분별되지 않는 성의 측면을 깨달아 분별하면서 살아도 분별에서 벗어나 있으면 부처라고 하는 것이죠.

《금강경》에 "약견제상비상(若見諸相非相) 즉견여래(卽見如來)."라는 말이 있습니다. "만약 모든 모습을 보아도 모습이 아니라면, 여래를 보는 것이다." 혹은 "만약 모든 모습이 곧 모습이 아니라고 본다면, 여래를 보는 것이다."라는 뜻이죠. 모습을 보는데도 모습이 아니고 모습이 곧 모습이 아니라는 말에서, 모습이 아니라는 비상(非相)은 분별되는 모습이 아니라는 뜻이니 곧 성(性)과 같은 말입니다. 여래를 본다는 말은 곧 깨닫는다는 뜻이죠. 그러므로 《금강경》의 이 구절은 견성성불을 나타내는 구절입니다.

또 《반야심경》에는 "조견오온개공(照見五蘊皆空) 도일체고액(度一切苦厄)."이라는 구절이 있습니다. "오온이 전부 공(空)임을 비추어 보면, 모든 고통스러운 불행에서 벗어난다."는 뜻이지요. 오온은 물질, 느낌, 생각, 행위, 의식이니까 모두 분별되는 모습의 세계입니다. 공(空)은 텅 빈 허공이니까 분별되는 모습이 없는 분별되지 않는 세계입니다. 그러므로 공은 성(性)과 같은 말입니다. 모든 고통스러운 불행에서 벗어나는 것은 곧 해탈이요 깨달음입니다. 분별되는 세계를 보는데 분별되는 것이 없다면, 곧 해탈이요 깨달음이라는 말입니다. 그러므로 《반야심경》의 이 구절 역시 견성성불을 나타냅니다.

《육조단경》에 보면 육조 대사가 오조에게 깨달음을 인가받은 뒤에 오랫동안 숨어 살다가 드디어 세상에 모습을 드러냈을 때가 인종 법사의 법회였습니다. 인종이 육조를 알아보고는 이렇게 물었습니다.

"황매산의 오조께서는 법을 부탁하실 때 어떻게 가르쳐 주십니까?"

이 질문에 대하여 육조 대사는 이렇게 답했습니다.

"가르쳐 주시는 것은 없습니다. 다만 견성(見性)을 말할 뿐이고, 선정과 해탈은 말하지 않습니다."

이 말을 이해하지 못한 인종이 다시 묻습니다.

"왜 선정과 해탈을 말하지 않습니까?"

여기에 대하여 육조 대사는 이렇게 말했습니다.

"이법(二法)이기 때문에 불법(佛法)이 아닙니다. 불법은 불이법 (不二法)입니다."

인종이 불법이 불이법이라는 말의 뜻을 물었을 때 육조 대사는 이렇게 말했습니다.

"오온과 십팔계를 범부는 둘로 보지만, 지혜로운 자는 그 자성 (自性)에 둘이 없음을 밝게 압니다. 둘이 없는 자성이 곧 불성입니다."

이법(二法)은 둘로 나누어 본다는 뜻이니 곧 분별을 가리키고, 불이법은 둘로 나누지 않는다는 뜻이니 곧 분별을 벗어났음을 가리킵니다. 선정과 해탈을 말하면 이법이라고 한 까닭은, 선정이라는 이름으로 부르는 어떤 것이 있고 해탈이라는 이름으로 부르는 어떤 것이 있다면 이것들은 모두 분별되는 것이므로 이법이라고 한 것입니다.

불법이 불이법이라는 뜻은, 우리가 타고난 본성(本性) 즉 자성은 둘로 분별되지 않는 불이법인데, 분별되지 않는 불이법인 자성을 깨달아 보는 것이 곧 견성이라는 것입니다. 다시 말해, 우리의 본성은 분별하여 알 수 있는 것이 아니므로 분별하지 않고 깨달아야 하는데, 분별하지 않고 본성을 깨닫는 것이 곧 견성이고 부처의 깨달음이라는 말입니다. 그러므로 본성을 곧 불성(佛性) 즉 깨달음인 자성이라고도 하는 것입니다.

그럼 견성은 어떻게 이루어질까요? 《육조단경》에서는 말을 듣고서 견성이 이루어진다고 합니다. 육조 혜능 대사도 《금강경》 읽는 소리를 듣고서 깨달음을 얻었다고 했고, 또 오조 홍인 대사는 제자인 신수에게 이렇게 말했습니다.

"위없는 깨달음은 모름지기 말을 듣고서 자기의 본래 마음을 알고 자기의 본성을 보는 것이다."[37]

'언하(言下)'란 '말을 듣고서 즉시' '말을 듣고서 그 자리에서' '말하는 사이에'라는 뜻입니다. 견성이라는 깨달음은 말을 듣고서 즉시 일어나는 체험입니다. 사실, 중국 선종 선사들의 공부 이야기를 기록해 놓은 《전등록》을 보면 모든 선사는 스승이나 도반의 말을 듣고서 즉시 깨달았다고 기록되어 있습니다.

견성은 분별되지 않는 불이법인 자성을 깨닫는 것이므로 당연히 말을 듣고서 그 말을 이해하는 것은 아닙니다. 말을 듣고서 분별하여 이해하는 것이 멈추어지면서 분별에서 벗어나고 이해할 수 없는 깨달음이 일어나는 것이지요. 그러므로 육조 혜능 대사도 이렇게 말했습니다.

"도를 배우는 사람이라면 모든 좋은 생각, 나쁜 생각을 마땅히 몽땅 없애야 한다. 이름 붙일 만한 이름이 없는 것을 일러 자성(自性)이라 하고, 둘 없는 자성을 일러 실성(實性)이라고 한다. 실성 위

---

37   無上菩提, 須得言下, 識自本心, 見自本性.(《육조단경》)

에 모든 가르침의 문을 세우니, 말을 듣고서 곧장 스스로 보아야 한다."[38]

도를 배워서 도를 깨달으려면 먼저 좋은 생각이든 나쁜 생각이든 모든 생각을 없애라고 합니다. 생각을 없애라는 것은 곧 분별하지 말라는 것이지요. 둘로 분별되지 않아서 이름 붙일 수도 없고 말할 수도 없는 자성 위에서 자성에 대한 모든 가르침의 말씀을 하므로, 그 말씀을 듣고는 곧장 분별에서 벗어나 스스로 자성을 깨달아야 한다는 것입니다. 가르침의 말씀은 달을 가리키는 손가락과 같고, 자성은 달이라고 할 수 있습니다. 그러므로 손가락으로 달을 가리키면 손가락은 보지 말고 달을 보라고 하는 것입니다.

분별되는 말로써 분별되지 않는 자성을 가리키는 것이 바로 선지식의 법문(法門)이고 설법(說法)입니다. 분별되는 말을 듣고서 분별이 멈추고 분별되지 않는 자성을 체험하므로 이 깨달음의 체험은 불가사의한 것입니다. 분별에서 벗어나 분별되지 않는 자성에 통하므로 이해할 수도 없고 생각할 수도 없는 체험이지요. 이처럼 깨달음이란 생각에서 벗어나 생각할 수 없는 자성에 통달하는 체험입니다.

또 《육조단경》에서 육조 혜능 대사는 말을 듣고서 문득 분별이 쉬어지고 깨닫는 견성의 체험은 단계적으로 이루어지는 것이 아니라고 합니다.

---

38 學道之人, 一切善念惡念, 應當盡除. 無名可名, 名於自性, 無二之性, 是名實性. 於實性上, 建立一切敎門, 言下便須自見.(《육조단경》)

"자성에는 잘못됨도 없고 어리석음도 없고 어지러움도 없다. 순간순간 반야로써 비추어 보아 늘 법의 모습에서 벗어나면, 자유자재하게 마음대로 할 수 있는데, 세울 만한 무엇이 있겠는가? 자성이 스스로 깨달으면, 문득 깨닫고 문득 닦으니, 역시 점차(漸次)라는 단계는 없다. 그러므로 어떤 법도 세우지 않는 것이다. 모든 법이 적멸(寂滅)한데, 어찌 점차라는 단계가 있겠는가?"[39]

말을 듣고서 문득 분별이 쉬어지고 견성하면, 이제는 분별에서 벗어나 분별할 것이 전혀 없으므로, 당연히 하나, 둘, 셋이라는 단계가 있을 수 없습니다. 단계는 분별이기 때문에 분별에서 벗어난 견성에서는 어떤 단계도 있을 수 없습니다. 그러므로 견성이라는 깨달음은 단 한 번의 체험으로 이루어지는 것입니다.

견성이 어떤 것인지를 다시 정리해 보면 다음과 같은 4가지를 말할 수 있습니다.

① 견성이 곧 성불이다.

깨달음이란 분별되지 않는 자성을 보는 것이다.

② 견성은 분별에서 벗어나 불이법인 자성에 통하는 것이다.

자성은 분별되지 않는 불이법이므로 견성은 분별에서 벗어나는 체험이다. 즉, 견성은 생각에서 벗어나는 체험이다. 생각을 불교에서는 망상(妄想) 즉 헛된 생각이라 하고 이 망상이 곧 번뇌(煩惱)라

---

39 自性無非無癡無亂. 念念般若觀照, 常離法相, 自由自在, 縱橫盡得, 有何可立? 自性自悟, 頓悟頓修, 亦無漸次. 所以不立一切法. 諸法寂滅, 有何次第?(《육조단경》)

225

고 하는데, 견성은 번뇌인 망상에서 벗어나 해탈하는 체험인 것이다.

③ 말을 듣고서 견성한다.

선지식의 가르침의 말씀을 듣고서 문득 분별에서 벗어나 견성한다. 분별되지 않는 자성을 가리키는 말씀인 법문을 듣고서 분별이 쉬어지고 자성에 통달하는 체험이 견성이다.

④ 견성에는 점차적인 단계가 없다.

견성이란 곧 분별에서 벗어나는 체험인데, 분별에서 벗어나면 더이상 분별할 것이 없으므로 견성에 하나, 둘, 셋, 넷이라는 단계는 있을 수 없다.

예전 선지식들의 방편의 말씀을 정리하면 이와 같습니다만, 지금 공부하는 사람의 입장에서 이런 말들은 매우 그럴듯하지만 실제로 깨달음을 얻는 데에 별로 도움이 되진 않습니다. 실제 깨달으려고 공부하는 입장에서 견성성불은 다만 "알 수 없는 마음의 본성을 깨달아라."는 말이구나 하는 정도로 이해하고 넘어가야 합니다. 마음을 깨달으려고 하나 마음은 분별할 수도 없고 알 수도 없으므로 사실상 어떻게도 할 수 없습니다.

똑! 똑! 똑! 여기에는 한마디 말도 없습니다.

4. 말을 듣고서 깨닫는다고?

똑! 똑! 똑! 여기에 있어야 말에 속지 않습니다.

보통 사람들은 생각하기를, 깨달음이라는 것은 어떤 수행이라는 단계를 힘들게 거쳐서 수행이 굉장히 높은 단계까지 가서 마지막에 깨닫는다고 여기죠. 또 대다수 사람은 수행이라는 것이 깨달음에 이르기 위하여 반드시 거쳐야 할 길이라고도 생각합니다.

소승불교에서는 색계사선(色界四禪)과 무색계사선(無色界四禪)이라는 단계적 선정 수행을 거쳐서 마침내 멸진정(滅盡定)이라는 깨달음에 도달한다고 합니다. 그러나 대승불교와 선에서는 그런 단계적 수행을 권하지 않고, 문득 깨달아서 부처가 된다는 돈오성불(頓悟成佛)을 말합니다. 선종(禪宗)에서는 직지인심, 견성성불이라고 하여 스승의 가르침을 듣고서 곧장 깨닫는 돈오를 말합니다.

중국에서 조사선(祖師禪)을 크게 부흥시킨 육조 혜능의 가르침을 담은 《육조단경》에서 육조의 스승인 오조 홍인은 이렇게 말합니다.

"자성을 보는 사람은 말을 듣고서 곧장 보아야 한다. 만약 이와 같다면, 칼을 휘두르며 적진으로 돌진하더라도 역시 자성을 볼 수 있을 것이다."[40]

견성(見性)하는 사람은 말을 듣고서 즉시 견성한다는 것입니다. 그렇게 견성한다면 전쟁터에 나가 싸울 때라도 견성을 잃지 않을

---

40 見性之人, 言下須見. 若如此者, 輪刀上陣, 亦得見之.(《육조단경》)

만큼 견성이 확고하다고 합니다. 사실, 중국 선종에서 깨달음을 얻은 선사들의 이야기를 기록한 《조당집》, 《경덕전등록》 등에서 선사들이 깨닫는 순간의 이야기를 보면 거의 모두 스승의 가르침을 듣고서 깨달았다고 기록되어 있고, 어떤 단계적인 수행을 거쳐서 깨달았다는 기록은 없습니다. 앉아서 좌선 수행에 몰두하는 수도승인 마조도일을 꾸짖어 깨닫게 만든 유명한 이야기가 다음과 같이 전합니다.

도일은 형산의 전법원이라는 절에서 선정(禪定)을 익히다가 남악회양 화상을 만났다. 회양은 도일이 깨달을 만한 그릇이 됨을 알아보고는 물었다.

"스님은 좌선(坐禪)하여 무엇을 하려 하시오?"

도일이 말했다.

"부처가 되려고 합니다."

회양은 이에 벽돌 한 개를 가져와 그 암자 앞의 바위에서 갈기 시작했다. 이것을 보고 도일이 물었다.

"벽돌을 갈아서 무엇 하려 하십니까?"

"갈아서 거울을 만들려고 하네."

"벽돌을 간다고 어떻게 거울이 되겠습니까?"

"벽돌을 갈아 거울이 되지 못한다면, 좌선하여 어떻게 부처가 되겠는가?"

이에 도일이 물었다.

"그러면 어떻게 해야 합니까?"

228

"소달구지가 가지 않는다면, 달구지를 때려야 하겠는가? 소를 때려야 하겠는가?"

도일이 대답이 없자, 회양이 다시 말했다.

"그대는 좌선을 배우고자 하는가, 좌불(坐佛)을 배우고자 하는가? 만약 좌선을 배우고자 한다면, 선(禪)은 앉거나 눕는 것이 아니다. 좌불을 배우고자 한다면, 부처는 정해진 모습이 아니다. 머물러 있지 않은 법은 취할 수도 없고 버릴 수도 없다. 그대가 좌불을 따른다면 부처를 죽이는 것이고, 만약 앉은 모습에 집착한다면 그 도리에 통하지 못한다."

도일은 회양의 가르침을 들으니 마치 차가운 감로수를 마신 듯이 시원하였다. 이에 회양에게 절하고 다시 물었다.

"어떻게 마음을 써야 모습 없는 삼매에 부합하겠습니까?"

회양이 말했다.

"그대가 마음이라는 진리를 배우는 것은 마치 씨앗을 뿌리는 것과 같고, 내가 진리의 요점을 말해 주는 것은 저 하늘이 비를 내려 적셔 주는 것과 같다. 그대는 이번 기회에 인연(因緣)이 맞았으므로 이제 도(道)를 볼 것이다."

"도는 보이는 모습이 아닌데 어떻게 볼 수 있겠습니까?"

"마음에 갖추어진 진리를 보는 눈〔법안(法眼)〕이 도를 볼 수 있다. 모습 없는 삼매도 역시 그렇다."

이에 마조가 물었다.

"이루어지거나 부서지는 것은 아닙니까?"

"만약 이루어짐과 부서짐, 모임과 흩어짐으로써 도를 본다면, 이것은 도를 보는 것이 아니다. 나의 게송을 들어라."

회양이 말했다.

"마음이라는 땅에는 모든 씨앗이 들어 있는데,
비가 오면 모두가 싹을 틔우네.
삼매라는 꽃은 모습이 없으니,
어떻게 부서지고 어떻게 이루어지랴."

도일은 회양의 가르침 덕분에 깨닫게 되어 마음이 초연(超然)해
졌다. 그 뒤 도일은 회양을 10년 동안 모시고 살았는데, 날로 깨달
음의 깊이가 더해 갔다.

회양의 가르침은 이렇습니다. 벽돌을 갈아서 거울을 만들 수 없
듯이, 좌선 수행으로는 깨달음을 얻을 수 없다. 가지 않는 소달구
지를 가게 하려면 소에 매어 놓은 달구지가 아닌 소 자체를 때려야
하듯이, 마음이 깨달으려면 몸으로 행하는 좌선 수행을 할 것이 아
니라 마음이 스스로 깨닫도록 해야 한다. 마음에는 어떤 모습도 없
으니, 앉거나 눕는 육체의 모습에 집착하면 맞지 않다.

그러면 모습 없는 삼매에 들어맞으려면 어떻게 해야 하는가? 즉
분별에서 벗어나 깨달으려면 어떻게 해야 하는가? 여기에 대하여
회양은 두 가지 인연이 갖추어져야 한다고 말합니다. 첫째는 깨달
으려 하는 사람이 마음이라는 땅에다 깨달음의 씨앗을 심어야 하
는 것이고, 둘째는 그 땅에 가르침의 비가 내려야 한다는 것입니다.
이 두 가지 인연이 들어맞으면 깨달음이라는 싹이 돋아난다는 것

입니다.

다시 말해, 학인은 깨달으려 하는 마음을 내는 발심(發心)을 해야 하고, 선지식은 이렇게 발심한 학인에게 깨달음을 가리켜 주는 법문을 해야 한다는 것입니다. 이러한 두 인연이 서로 잘 만나면 깨달음이라는 싹이 돋아난다는 것인데, 선지식의 가르침의 말씀은 곧 직지인심이고 학인이 그 말씀을 듣고 깨닫는 것은 곧 견성성불입니다.

여기에서 도일은 "도는 보이는 모습이 아닌데 어떻게 볼 수 있습니까?"라고 하여, 또 하나의 매우 중요한 질문을 합니다. 이 질문은 '분별되지 않는 진여자성을 어떻게 보고 깨달을 수 있는가?'라는 질문입니다. 이 질문에 대하여 회양은 "마음에 갖추어진 진리를 보는 눈이 도를 볼 수 있다. 모습 없는 삼매도 역시 그렇다."라고 대답합니다.

우리의 마음에는 두 개의 눈이 갖추어져 있다고 할 수 있습니다. 하나는 분별되는 중생세계인 세간(世間)을 보는 분별하는 눈이고, 또 하나는 분별되지 않는 진여자성이라는 진실을 보는 눈입니다. 진여자성을 보통 불교에서는 법(法)이라고 합니다. 그래서 진여자성을 보는 눈을 법안(法眼)이라고 하는데, 이 법안을 부처의 눈이라고 하여 불안(佛眼)이라 하기도 하고, 지혜로운 눈이라고 하여 혜안(慧眼)이라 하기도 하고, 육체의 눈이 아니라 마음의 눈이라고 하여 심안(心眼)이라 하기도 합니다.

분별이란 주관이 객관을 바라보고 그 객관을 대상으로 삼아 그 무엇과 그것 아님을 나누어 분별합니다. 분별에는 반드시 객관을 바라보는 주관인 '나'와 보이는 대상으로서 객관인 '세계'가 나누어져 있습니다. 즉, 분별이란 언제나 '내'가 '무엇'을 분별합니다. 그러므로 분별에서는 항상 안의 '나'와 밖의 '세계'가 분리되어 있습니다. '내'가 '세계'를 바라보는 것이지요. 중생은 언제나 이렇게 세계를 분별하므로 중생세계에서는 늘 내부의 '나'와 외부의 '세계'가 나누어져 있습니다. 이러한 세계가 중생의 차별세계이고, 이 차별세계를 일러 세간이라고 합니다.

반면에 분별되지 않는 진여자성을 보려면 '나'와 '세계'를 나누어 보는 분별의 눈이 아니라, '나'와 '세계'를 나누지 않는 새로운 눈이 열려야 합니다. 이 눈을 법안이라고 하는데, 이 눈이 열린다는 것은 곧 주관과 객관을 나누는 경계선이 사라지고 주관과 객관의 차별이 사라져서 하나로 통하는 체험입니다. 다시 말해, 견성한다는 것은 '나'라는 마음의 테두리가 사라져서 마음이 무한한 우주의 허공과 같아지는 체험이라고 할 수 있습니다. 이처럼 '나'라는 분별의 테두리가 없는 가없고 한량없는 또 하나의 눈이 우리의 마음에는 본래 갖추어져 있는 것입니다. 견성성불 즉 해탈, 열반의 체험이란 이 가없는 눈이 열리는 체험이라고 할 수 있습니다. 실제로 견성을 체험할 때는 안의 '나'와 밖의 '세계'라는 차별이 사라져서 마음이 무한한 허공과 같음을 확인하게 됩니다.

이와 같이 분별을 벗어나 무한한 허공과 하나가 되는 눈이 열리려면, 분별되는 것만 바라보고 있는 마음에 분별되지 않는 것을 제시하여 분별하는 눈을 쓸모없게 만들어야 합니다. 분별하는 눈이 쓸모없게 되면 분별되지 않는 법안이 저절로 열리게 됩니다. 이렇게 분별을 가로막고 분별하지 않는 눈이 열리도록 말과 행동으로 이끌어 주는 것이 바로 선지식의 가르침입니다. 이런 가르침을 경전에서는 파사현정(破邪顯正)이라 하고, 선에서는 직지인심(直指人心)이라 합니다. 삿된 분별을 부수고 분별되지 않는 바른 눈을 드러낸다고 하여 파사현정이라 하고, 사람의 마음 가운데 분별되지 않는 진여자성을 곧장 가리킨다고 하여 직지인심이라 합니다.

따라서 경전에 나오는 부처님의 말씀이든 어록에 나오는 조사나 선사의 말씀이든 올바른 가르침의 말씀은 분별하여 생긴 견해를 부수고 분별되지 않는 진실을 드러내는 말씀입니다. 깨달음은 분별인 생각을 벗어나 분별되지 않는 진여자성에 통하는 것이므로 선지식은 학인이 익숙해 있는 분별을 부수어 주는 말씀을 계속해 주어서 어리석은 분별인 견해에서 학인이 벗어나도록 이끌어 줍니다. 위의 마조도일의 경우에도 남악회양(南嶽懷讓)은 마조도일의 잘못된 견해를 부수는 말씀을 계속하고 있습니다.

사실, 대승 경전을 보면 그 내용이 전부 부처님과 보살들의 파사현정의 말씀이고, 제자들은 그런 말씀을 듣고서 깨달았다고 기록되어 있습니다. 대승불교의 깨달음은 이처럼 모두 파사현정의 말씀을 듣고서 깨닫는 것입니다. 그러나 대승 경전의 경우에는 파사현정의 말씀이 길고 상세하기 때문에 도리어 그 말씀에 얽매여 말씀을 벗어나 깨달음을 얻기가 쉽지 않은 것이 사실입니다. 말하자면, 달을 가리키는 손가락이 너무 많고 화려하여 도리어 달은 보지 못하고 손가락만 쳐다보는 문제가 대승 경전에 있는 것이지요.

이러한 문제를 극복하여 나타난 것이 중국의 조사선입니다. 그리하여 선에서는 문자를 세우지 않는다는 불립문자(不立文字)와 언어문자로 된 가르침인 경전 밖에서 따로 전한다는 교외별전(敎外別傳)을 말합니다. 교외별전이란 스승과 제자가 마음에서 마음으로 전한다는 이심전심(以心傳心)인데, 이심전심은 스승이 마음의 실상을 바로 가리키는 직지인심(直指人心)과 그런 스승의 가르침을 받고서 분별되지 않는 마음의 본성을 보아 깨달음을 이루는 견성성불(見性成佛)로 실현됩니다.

스승의 가르침인 직지인심은 역시 삿됨을 부수고 바름을 드러내는 파사현정의 역할을 합니다. 다만 대승 경전처럼 길고 상세하게 설명하는 것이 아니라, 분별되지 않는 마음을 곧장 가리키는 한 두 마디 말이나 행동으로써 간단하게 분별에서 벗어나 깨달음을 이루도록 이끈다는 점이 특징입니다. 이런 선의 가르침을 대혜종고 선사는 촌철살인(寸鐵殺人)이라고 말했습니다. 이런 직지인심과 견성성불의 두 사례를 소개합니다.

어느 날 마조 대사가 대중을 이끌고 외출하여 서쪽 담장 아래를 지나갈 때 문득 물오리가 날아갔다. 마조 대사가 주위 사람들에게 물었다.

"무엇이냐?"

정 상좌가 말했다.

"물오리입니다."

마조가 말했다.

"어디로 갔느냐?"

정 상좌가 답했다.

"날아갔습니다."

마조가 정 상좌의 귀를 잡아당기자 정 상좌는 아파서 소리를 질렀다. 마조가 말했다.

"여전히 여기에 있는데, 어찌 날아갔단 말이냐?"

정 상좌는 문득 크게 깨달았다.

조주가 남전에게 물었다.

"어떤 것이 도(道)입니까?"

남전이 말했다.

"평소의 마음이 도다."

조주가 물었다.

"향하여 다가가야 합니까?"

남전이 말했다.

"향하려 하면 어긋난다."

조주가 말했다.

"향하지 않으면, 도인 줄 어떻게 압니까?"

남전이 말했다.

"도는 앎에도 속하지 않고 알지 못함에도 속하지 않는다. 앎은 헛된 깨달음이고, 알지 못함은 캄캄한 어둠이다. 만약 참으로 헤아릴 수 없는 도에 통달한다면, 마치 커다란 허공과 같아서 텅 비고 막힘이 없는데, 어찌 억지로 옳으니 그르니 할 수 있겠느냐?"

조주는 이 말을 듣고서 깊은 뜻을 문득 깨달았다.[41]

이 두 사례에서 보듯이 정 상좌와 조주는 어떤 수행의 단계를 거쳐서 깨달은 것이 아니고, 다만 스승의 가르침을 듣고서 깨달았던 것입니다. 그러므로 말을 듣고서 깨닫는 것은 어떤 의도적인 수행을 한 것이 아니기 때문에 무위법(無爲法)으로 깨달았다고 할 수 있습니다. 어떤 수행을 일부러 행하는 것을 일러 유위법(有爲法)이라고 하는데, 유위법은《금강경》에서 "모든 유위법은 꿈같고 환상 같고 물거품 같고 그림자 같고, 이슬 같고 또 번개 같으니, 마땅히 이렇게 보아야 한다."[42]라고 하였듯이, 헛된 것입니다.

영원히 헛되지 않은 진실이 드러나는 깨달음은 어떤 의도적인 노력도 없이 성취되는 무위법입니다. 오조 홍인이 말한 것처럼 말을 듣고서 얻는 무위법인 깨달음은 삶과 죽음이 눈앞에 있는 전쟁터에서도 잃지 않고 영원히 성취되어 있습니다. 참된 깨달음이 무위법일 수밖에 없는 이유는 우리 마음의 진여자성은 분별되지 않으므로 취하고 버리는 유위의 수행을 할 수 없기 때문입니다.

중생이 스스로 일으킨 분별이라는 망상이 쉬어지기만 하면 그 마음에는 분별되지 않는 진여자성이 나타납니다. 이것이 바로 견성이고 깨달음입니다. 그러나 분별망상을 쉬려고 하면 분별망상은 쉬어지지 않습니다. 왜냐하면 분별망상을 쉬려고 하는 바로 그 노력이 곧 분별망상이기 때문입니다. 분별이라는 삿된 망상을 부수는

---

41 《연등회요》제 6권

42 一切有爲法, 如夢幻泡影, 如露亦如電, 應作如是觀.(《금강경》)

길은 분별할 수 없는 것을 제시하여 분별하고자 하더라도 분별할 수 없어서 분별이 저절로 쉬어지도록 이끄는 것입니다.

대혜종고는 이것을 비유하여 쥐를 쥐덫에 들어가도록 미끼를 놓아 쥐덫에 들어간 쥐가 어떻게 하여도 탈출할 수 없게 되어 스스로 죽도록 만드는 일과 같다고 하였습니다. 이렇게 이끄는 것이 곧 설법하는 말씀인 직지인심이라는 무위법의 가르침이고, 말씀을 듣고서 문득 깨닫는 견성성불이라는 무위법의 깨달음입니다. 하나의 예를 들면 다음과 같습니다.

금릉 보은원의 현칙 선사는 활주의 위남 사람이다. 처음에 청봉에게 물었다.

"무엇이 부처입니까?"

청봉이 말했다.

"병정동자(丙丁童子)가 와서 불을 찾는구나."

현칙이 이 말을 마음에 간직하고 있다가 정혜(淨慧; 법안문익)를 만났는데, 정혜가 그 깨달은 뜻을 따져 물었다. 현칙이 대답하였다.

"병정(丙丁)은 불인데 다시 불을 구한다 하는 것은, 현칙이 부처인데 다시 부처를 묻는다 하는 것과 같습니다."

이에 정혜가 말했다.

"하마터면 놓치고 지나갈 뻔하였군! 원래 잘못 알았구나."

현칙은 비록 이런 가르침을 받았으나 여전히 마음은 개운치 않았다. 물러나 온갖 궁리를 다 해 보았으나, 그 현묘한 이치를 깨닫지 못했다. 이윽고 정성을 기울여 가르쳐 줄 것을 부탁하니, 정혜가 말했다.

"그대는 물어보라. 내가 말해 주겠다."

현칙이 이에 물었다.

"무엇이 부처입니까?"

정혜가 말했다.

"병정동자가 와서 불을 찾는구나."

이 말에 현칙은 활짝 깨달았다.[43]

똑! 똑! 똑! 여기에는 한마디 말도 없습니다.

5. 도는 어떻게 닦는가?

똑! 똑! 똑! 여기에 있어야 말에 속지 않습니다.

불교(佛敎)를 불도(佛道)라고도 합니다. 도(道)란 '길'이라는 뜻인데, 인간이 가야 할 바른 길이라는 뜻에서 윤리도덕을 가리키기도 하고 합당하고 올바른 행위를 가리키기도 하지만, 불교에서는 깨달음을 가리키는 산스크리트인 보리(菩提; bodhi)를 번역한 말입니다. 도(道)를 말할 때는 보통 수도(修道)라고 하여 "도를 닦는다."고 합니다. 그래서 불교를 어떻게 공부하느냐 하는 말을 "불도를 어떻게 닦느냐?"라고 말합니다.

---

43 《경덕전등록》 제25권.

'도를 어떻게 닦느냐'라는 질문에 대하여 중국 당나라 때 가장 많은 깨달은 제자를 길러 냈다고 하는 마조도일 선사의 답변을 보겠습니다.

어떤 스님이 물었다.
"어떤 것이 도를 닦는 것입니까?"
마조가 답했다.
"도는 닦는 것에 속하지 않는다.
만약 닦아서 이룬다고 하면, 닦아서 이루어지는 것은 다시 부서지니 곧 성문(聲聞)과 같을 것이다.
만약 닦지 않는다고 하면, 곧 범부(凡夫)와 같을 것이다."[44]

도를 닦는다고 하면 어떤 방식으로 노력하여 도를 이루어 낸다는 뜻이 됩니다. 도를 닦는다는 것은 어떤 행위를 일부러 애써 하는 것이지요. 이렇게 노력하여 이루어지는 것은 본래 있던 것이 아니라 새로 만들어진 것이기 때문에 결국 부서져 사라질 수밖에 없습니다. 생겨난 것은 반드시 사라진다는 뜻인 생자필멸(生者必滅)이라는 말과 같습니다.

소승(小乘)인 성문은 계율을 지키고 선정을 수행하고 지혜를 배우는 것을 불교 공부라고 알고서 그렇게 노력하는데, 이런 노력은 전부 애써 만들어진 것이므로 반드시 다시 사라지게 마련입니다. 도를 닦아서 불도를 이룬다는 것은 모두 이런 노력의 결과이므로,

---

44 《사가어록(四家語錄)》마조록(馬祖錄).

반드시 다시 부서져 사라지게 됩니다. 그러므로 성문은 깨달았다가 다시 미혹(迷惑)하게 된다고 합니다.

이렇게 도를 닦아서 이룬다고 하는 사고방식을 가지고 있다면, 도를 닦지 않으면 곧 범부중생이라는 말이 됩니다. 이처럼 만일 도를 닦아서 이룬다고 하는 견해를 가지게 되면, 도를 닦든 닦지 않든 모두 만족스러운 결과가 되질 않습니다. 그래서 마조 선사는 "도는 닦는 것에 속하지 않는다."고 한 것입니다. 만약 도가 닦는 것에 속한다면, 닦아도 닦지 않아도 모두 만족스러운 결과가 되질 않기 때문입니다.

마조 선사가 "도는 닦는 것에 속하지 않는다."고 하자, 질문했던 스님은 자신이 평소 가지고 있었던 견해와 달랐기에 다시 질문을 이어 갑니다.

그 스님이 다시 물었다.

"그러면 어떻게 해야 도에 통달할 수 있습니까?"

마조가 말했다.

"자성은 본래부터 완전하여 모자람이 없다.

그러므로 다만 좋다느니 나쁘다느니 하는 생각에 머물지 않기만 하면, 도 닦는 사람이라고 일컬을 만하다.

좋은 것에 머물고 나쁜 것을 제거하며, 공(空)을 관(觀)하고 선정(禪定)에 들어가는 것 등은 모두 조작(造作)에 속한다.

만약 다시 밖으로 치달려 구한다면, 더욱더 멀어질 뿐이다.

그러므로 다만 삼계에서 헤아리는 마음[45]이 없기만 하면 된다.

한 생각 허망한 마음이 곧 삼계에서 태어나고 죽는 뿌리가 되니, 다만 한 생각이 없기만 하면 곧 삶과 죽음이라는 문제의 뿌리를 없애는 것이다.

이것이 바로 부처님의 최고의 보물을 얻는 것이다.”[46]

도가 닦는 것에 속하지 않는다면, 도대체 어떻게 해야 도에 통달할 수 있느냐고 묻습니다. 이에 대하여 마조는 우리 마음이 타고난 자성(自性) 즉 우리 마음의 본성(本性)은 본래부터 완전하여 모자람이 없다고 합니다. 우리의 마음은 본래 아무런 문제가 없다는 것이지요. 다시 말해, 우리 마음에는 갈고닦아야 할 문제가 없다는 것입니다.

깨달음을 견성성불(見性成佛)이라고 하듯이, 본래 완전하여 모자람이 없는 자성을 밝힘으로써 깨달음은 이루어집니다. 그런데 이 자성은 분별할 수 없어서 분별에서 벗어나야 밝게 드러납니다. 그러므로 마조 선사는 좋다거나 나쁘다는 분별에 머물지 않는 것이 참으로 도를 닦는 것이라 하고, 또 중생세계인 삼계에서 헤아리는 마음이 없기만 하면 된다고 하고, 또 한 생각의 분별이 없기만 하면 삶과 죽음이라는 문제의 뿌리까지 없애게 된다고 한 것입니다.

좋은 것에 머물고 나쁜 것을 제거하는 행위나, 텅 빈 마음인 공(空)을 관찰하거나, 정신을 하나의 대상에 집중하는 선정(禪定)을

---

45 심량(心量) : 중생이 마음에 미혹을 일으켜 갖가지 외계의 대상을 생각하는 것.
46 《사가어록(四家語錄)》마조록(馬祖錄).

닦는 행위 등은 모두 분별에 의존하여 일부러 조작하는 유위(有爲)의 행위이므로 참된 수행이라고 할 수 없고, 도를 깨달아 실현하는 길이 아닙니다. 《금강경》에서도 말하듯이 일부러 조작하여 행하는 모든 유위의 행위는 물거품이나 아지랑이처럼 헛되고 덧없는 짓입니다.

부처님의 최고의 보물인 깨달음을 얻는 공부는 좋다거나 나쁘다는 분별에서 벗어나는 공부입니다. 분별에서 벗어나려면 분별에 의존하여 일부러 행하는 수행을 할 수는 없습니다. 마조 선사는 "좋다느니 나쁘다느니 하는 생각에 머물지 않기만 하면, 도 닦는 사람이라고 일컬을 만하다."라고 하였는데, 그러면 어떻게 생각에 머물지 않을 수 있을까요?

무엇을 어떻게 한다면 그것은 분별하여 행하는 행위이니 생각에 머무는 것입니다. 무엇을 어떻게 하지 않아도 역시 분별하여 행하는 행위이니 생각에 머무는 것입니다. 어떻게 해도 헛된 분별이고 어떻게 하지 않아도 헛된 분별입니다. 생각할 수도 없고 생각하지 않을 수도 없는 이런 곳에서, 문득 불가사의한 깨달음이 일어날 수 있습니다.

똑! 똑! 똑! 여기에는 한마디 말도 없습니다.

6. 은산철벽과 의단은 무엇인가?

똑! 똑! 똑! 여기에 있어야 말에 속지 않습니다.

마음공부하는 사람이 흔히 듣는 말 가운데 "은산철벽에 막혀야
한다."거나 "의단 속에 들어가야 한다."라는 말이 있습니다. 은산(銀
山)이란 은으로 된 산이라는 말이고, 철벽(鐵壁)이란 쇠로 만들어진
장벽이라는 말로서, 뚫고 지나가기 매우 어려운 장벽을 가리킵니
다. 의단(疑團)이란 의문의 덩어리라는 말로서, 아무것도 아는 것이
없고 의문만 가득 차 있어서 앞이 꽉 막힌 상황을 가리킵니다.

은산철벽에 가로막혀 있다는 말이든, 의문으로 가득 차 있다는
말이든, 모두 길이 보이지 않고 해결책을 알 수 없어서 오도 가도
못하고 막혀 있는 상황을 가리킵니다. 이런 말은 어떤 것을 가리키
는 말일까요? 이런 말은 분별에서 벗어나야 깨달을 수 있는데, 분
별에서 벗어나는 길을 알지 못하여 어떻게도 하지 못하는 상황을
가리키는 말입니다.

도가 있는 장소인 도량(道場)으로 들어가려면 불이문(不二門)을
통과해야 하듯이, 견성성불(見性成佛)하려면 분별을 벗어난 불이법
(不二法)인 자성(自性)을 체험해야 합니다. 중생세계인 세간은 분별
하여 알 수 있는 세계입니다. 그러나 부처세계인 출세간은 분별할
수 없고 알 수 없습니다.

누구나 깨닫고 싶지만 쉽사리 깨닫지 못하는 이유는 깨달음이
분별에서 벗어나고 생각에서 벗어나는 일이기 때문입니다. 깨닫고

243

싶지만 깨달음이 무엇인지 알 수가 없고, 어떻게 해야 깨닫는지 알수가 없습니다. 만약 깨달음이 무엇인지 안다거나 어떻게 하면 깨닫는지를 안다고 하면, 이렇게 아는 것이 바로 분별이므로 이렇게 알아서는 결코 분별에서 벗어나는 것이 아닙니다. 깨닫고 싶지만 깨달음으로 가는 길이 가로막혀 있는 것이지요. 이것을 일컬어 은산철벽이 가로막고 있다거나 의문으로 가득 차 있다고 하는 것입니다.

분별을 벗어나 깨달으려 하고 생각에서 벗어나 해탈하려고 하는 사람이라면 누구나 반드시 이런 장벽에 가로막히게 되고 이런 장벽을 뚫고 지나가야 합니다. 분별에서 벗어나는 일은 분별할 수 없고, 생각에서 벗어나는 일은 생각으로 알 수 없습니다. 분별에서 벗어나고 싶고 생각에서 벗어나고 싶지만, 어떻게 해야 하는지 전혀 분별할 수 없고 알 수 없습니다.

중생은 모두 분별의 그물에 갇혀 있고 생각의 감옥에 갇혀 있어서 분별과 생각에서 한 번도 벗어나 본 적이 없습니다. 다시 말해, 중생은 '내가 무엇을 안다.'고 분별하는 생각에서 벗어나 본 적이 없으므로, 분별에서 벗어나고 생각에서 해탈하려고 하는 순간, 생각이 막히고 분별이 작동하지 않게 되는 것이 자연스러운 일입니다. 이렇게 분별이 막히고 생각이 작동하지 못하여 꽉 막힌 상황을 일러 은산철벽에 막힌다느니 의단에 갇혀 있다느니 하는 것입니다.

분별은 '이것'과 '이것 아님'을 나누어 '이것'을 알게 되는 것이므로 둘로 나눈다는 뜻에서 이법(二法)이라고 합니다. 중생세계는 분별세계이므로 모두 이법의 세계입니다. 그러나 진여자성을 깨달으려면 이런 분별에서 벗어나야 하는데, 이것을 일러 불이법 혹은 중도(中道)라고 합니다. 불이법은 '이것'과 '이것 아님' 둘로 나누지 않는다는 말이고 중도는 '이것'과 '이것 아님'의 양쪽에서 벗어났다는 말이니, 모두 분별에서 벗어난 불가사의(不可思議)함을 가리키는 말입니다.

중생의 마음은 분별하는 마음이니 분별심이라 하는데, 분별하는 마음에서는 주관인 '나'도 있고 객관인 '세계'도 있어서 '나'와 '세계'에서 벗어나지 못하고 사로잡혀 있는 것이 바로 중생의 번뇌입니다. '나'에게 시달리고 '세계'에 시달리며 사는 것이 중생이니, 삶이 괴로움이고 죽음이 두려움입니다. 분별이 곧 생각이니 생각 속의 삶은 번뇌의 삶이고, 두려움의 삶이고, 생각에 가로막힌 어두운 삶입니다.

이런 중생의 분별심인 생각에서 벗어나면, '나'도 없고 '세계'도 없으니 시달림도 없고 괴로움도 없고 두려움도 없습니다. 모든 생각이 사라졌다고 하여 열반(涅槃: 소멸)이라 하고, 모든 생각에서 벗어났다고 하여 해탈이라 하고, 어리석음의 생각에서 깨어났다고 하여 깨달음이라고 합니다.

중생이 분별심인 생각에서 벗어나려고 하나 생각에서 벗어난 것은 생각할 수 없으므로 생각에서 벗어나려고 하는 순간, 생각은 더 이상 쓸모가 없습니다. 생각이 쓸모가 없으니 아는 것도 없고 어떻게 할 수도 없습니다. 생각에서 벗어나 깨달으려 하는 사람이라면 누구나 반드시 이런 상황에 처할 수밖에 없습니다.

이런 상황을 일러 은산철벽에 가로막힌다거나 의단에 갇혀 있다고 하는데, 또 이런 상황을 금강권(金剛圈) 혹은 율극봉(栗棘蓬)이라고도 합니다. 금강권은 가장 단단한 암석인 금강석으로 만든 감옥이라는 뜻이고 율극봉은 가시가 무성한 밤송이라는 뜻인데, 말하자면 금강석으로 만든 감옥에 갇힌 것처럼 벗어나기 어렵고 목에 걸린 가시밤송이처럼 어떻게도 처리할 수 없다는 뜻입니다.

깨달음은 분별을 벗어난 불이중도이므로 불가사의여서 어떻게 해야 깨달을 수 있는지 알 수가 없습니다. 아는 그 마음, 분별하는 마음에서 벗어나는 길은 알 수가 없고 분별할 수가 없습니다. 깨닫기 위해서는 도리어 분별심이 쉬어져야 합니다. 분별심이 쉬어져야 하지만, 분별심을 쉬려고 해서는 분별심이 쉬어질 수 없습니다. 분별심을 쉬려고 하는 그 생각이 바로 분별심이기 때문이지요. 그러므로 분별심을 쉬고 깨닫기 위하여 어떤 의도적인 노력도 할 수가 없습니다.

어떤 의도적인 노력도 할 수 없기 때문에 깨달음은 할 일이 없다는 뜻에서 무위법(無爲法)이라 합니다. 어떤 의도적인 노력을 행하여 무언가를 이루는 것을 유위법(有爲法)이라고 하는데, 《금강경》에서 말하듯이 유위법은 물거품이나 아지랑이처럼 생겼다 사라지는 헛된 일이므로 참된 깨달음에는 해당하지 않습니다.

그러면 아무런 노력도 없이 불이중도의 깨달음이 어떻게 이루어질까요? 분별심이 작동할 수 없어서 멈출 때 분별심에서 벗어난 불이중도는 저절로 이루어질 가능성이 있습니다. 분별심이 작동될 동안은 분별심이 앞을 가로막기 때문에 불이중도에 통할 수 없습니다. 그러므로 깨달음으로 이끄는 스승은 제자의 생각을 가로막아서 분별심이 작동할 수 없는 상황으로 밀어 넣습니다. 깨달음으로 가는 길은 분별심으로 알 수 있는 길이 아니고 알 수 없는 길이기 때문입니다.

깨달음은 불가사의하므로 깨달음으로 가는 정해진 길은 없습니다. 다만 분별심이 앞을 가로막지 않아야 한다는 조건은 필요합니다. 깨닫고자 하는 원을 세워 깨닫기를 바라지만 길을 몰라서 어쩌지 못하고 답답하고 갑갑하게 지내다가 깨달음을 향한 원이 점점 강해지면 어느 순간 문득 분별에서 벗어나 불이중도에 통하는 일이 저절로 일어납니다. 깨달음은 이렇게 이루어지는 무위법이고 불가사의한 경험입니다.

그러므로 깨닫고자 원을 세운 사람은 좋은 스승을 찾아가 그 가르침을 따라야 합니다. 좋은 스승은 제자가 모르는 사이에 제자가 알 수 없는 길로 이끌고 갑니다. 제자의 분별심을 가로막아 어쩔 줄 모르게 함으로써 깨달을 가능성이 있는 곳으로 제자를 이끌고 가는 선지식이 좋은 스승입니다. 알 수 없는 길을 스승을 따라가다 보면 언젠가 저절로 깨닫게 됩니다.

똑! 똑! 똑! 여기에는 한마디 말도 없습니다.

7. 선정을 닦아야 하나?

똑! 똑! 똑! 여기에 있어야 말에 속지 않습니다.

선(禪)이라 하면 흔히 선정 수행, 즉 선정을 닦는다는 말을 떠올립니다. 선정을 닦는 것이 선이라고 생각하는 것이죠. 그러나 선정을 닦는다는 의도적 행위인 수행으로서의 선정과 우리나라에서 전통적으로 말하는 선은 다릅니다. 우리가 보통 말하는 선은 중국에서 8세기에 출현한 조사선(祖師禪)인 선종(禪宗)의 선입니다. 반면에 선정이라는 말은 인도에서 고대부터 사용되던 요가의 수행법에 대한 용어가 불교에 들어왔고 다시 중국으로 들어온 것입니다. 선정이라는 용어를 똑같이 사용하지만 어떤 맥락에서 사용하느냐에 따라 선정이라는 용어의 의미는 확연히 달라집니다.

먼저 선정(禪定)이라는 용어가 인도에서는 어떤 단어이고 중국에서는 어떻게 번역했는지 살펴보겠습니다. 선정이라고 한 단어로 말하지만, 원래는 선(禪)과 정(定)이 다른 말입니다. 선은 인도어 드야나(dhyāna)에 해당하고, 정은 인도어 사마디(samādhi)에 해당합니다. 드야나는 중국에서 선나(禪那), 타연나(馱演那)로 음역하였고, 정려(靜慮), 기악(棄惡), 사유수(思惟修) 등으로 의역하였는데, 선은 선나를 줄인 말입니다. 사마디는 중국에서 삼매(三昧), 삼마제(三摩提), 삼마지(三摩地)라고 음역하였고, 등지(等持), 정수(正受), 조직정(調直定), 정(定)으로 의역하였습니다. 그래서 선정이라고 할 때는 드야나와 사마디의 합성어입니다. 이처럼 드야나가 선이고 사마디가 정이어서 선정이라는 하나의 단어로써 두 의미를 나타냅니다.

이제 이 선정이라는 단어가 어떤 맥락에서 어떤 의미로 사용되는지를 살펴보겠습니다. 불교는 어리석은 중생이 깨달음을 얻어 지혜로워짐으로써 어리석은 망상과 그로 인한 고통스러운 번뇌에서

248

벗어나는 해탈이 목적입니다. 어리석음으로 말미암은 고통에서 벗어나 구원을 얻는 것은 모든 인도 종교의 같은 목적이고, 나아가 인류가 가진 모든 종교의 공통된 목적이라고 할 수 있습니다.

우리의 현재 상황이 어리석음에 빠져 있다면 먼저 '어떤 것이 어리석음이고 왜 어리석은가?'를 가르쳐야 할 것이고, 다음에 '어떻게 어리석음에서 벗어날 수 있는가?'를 가르쳐야 할 것입니다. 불교에서는 가르치기를, 어리석음이란 진실을 깨닫지 못해 밝은 지혜가 없어서 헛된 분별심에 사로잡혀 벗어나지 못하는 것이라고 합니다. 밝은 지혜가 없다는 뜻에서 어리석음을 '밝음이 없다'는 뜻인 무명(無明; avidya)이라고 하지요. 중생은 밝은 깨달음의 지혜가 없어서 헛된 분별심에 사로잡혀 있는 어리석음 속에 있다는 것은 대소승을 막론하고 모든 불교에 공통되는 가르침입니다.

그러나 '어떻게 어리석음에서 벗어날 수 있는가?'라는 문제에 대해서는 어리석음에서 벗어나 깨달음으로 가는 길을 불교에서는 다양하게 제시하고 있습니다. 이 다양한 길을 크게 나누면 점수(漸修)의 길과 돈오(頓悟)의 길, 둘로 구분할 수 있습니다. 점수의 길은 어떤 수행의 행위를 의도적으로 행하여 점차 깨달음을 향하여 나아가는 길이고, 돈오의 길은 가르침을 듣고서 즉시 깨닫는 길입니다.

(1) 점수의 길

점수의 길의 특징을 살펴보면, ① 어떤 특정한 수행의 방법이 주어지고, ② 그러한 수행의 행위를 열심히 실천하는 것이 원인이 되

어 결과로서 어떤 경지를 얻는데, ③ 그런 식으로 점차적이고 단계
적으로 수행을 행하여 나아가면 마침내 어리석은 분별심에서 해탈
하여 깨달음을 얻는다고 합니다.

이러한 점수의 길은 단계마다 행해야 할 수행의 방법과 그 수행
으로 얻는 결과를 규정하고 있습니다. 그러므로 수행하는 사람은
그러한 수행의 방법을 잘 알고, 혼자서 스스로 그러한 수행을 성실
하게 실천해야 하며, 그런 수행으로 얻는 결과에 대해서도 확실히
알아야 합니다. 즉, 모든 수행의 과정이 뚜렷이 분별되고 의식되어
야 합니다.

점수의 길에는 《요가수트라》에서 말하는 8단계 요가 수행에 의
한 해탈이 있고, 소승불교에서 말하는 사선(四禪), 팔정(八定), 구차
제정(九次第定)이 있습니다.

요가의 목적도 불교와 마찬가지로 망상에서 벗어나는 해탈과 번
뇌가 사라지는 열반입니다. 이러한 목적을 달성하기 위하여 요가
에서는 8가지 단계의 수행을 실천하라고 합니다. 8가지는 ① 금계
(禁戒; yama), ② 권계(勸戒; niyama), ③ 좌법(坐法; āsana), ④조식(調息;
prānāyāma), ⑤ 제감(制感; pratyāhāra), ⑥ 응념(凝念; dhāraṇa), ⑦ 정려(靜
慮; dhyāna), ⑧ 삼매(三昧; samādhi)입니다. 앞의 5가지는 육체와 관련
하여 마음 수행을 하기 위한 준비 과정이라고 할 수 있고, 마지막 3
가지가 바로 마음 수행에 해당합니다.

《요가수트라》 자재품 제1에서 "응념은 마음이 어느 곳에 들러붙
는 것이다."라고 하듯이, 응념은 신체의 어느 부위나 외계의 어떤
대상이나 마음에 떠올린 하나의 생각에 의식을 집중하여 흐트러지

250

지 않게 유지하는 정신집중 수행입니다. 응념 수행의 효과는 생각이 고요히 가라앉아서 그 다음 단계인 정려로 들어간다고 합니다.

《요가수트라》 자재품 제2에서 "정려는 일정한 곳에 의식작용이 한결같이 집중된 상태다."라고 하듯이, 정려는 응념의 수행이 익숙해져서 대상에 집중하는 의식이 한결같은 흐름이 되어 이 하나의 대상만 끊어짐 없이 계속하여 의식하게 되는 것입니다. 정려의 인도말은 dhyāna로서 바로 선정으로 번역되는 말입니다. 정려 수행의 효과는 내가 대상을 의식한다는 자각이 서서히 사라져 마침내 생각이 없어지는 삼매로 들어간다고 합니다.

《요가수트라》 자재품 제3에서 "삼매는 한결같은 상태에서 그 대상만 빛나고 주관인 자기는 없어진 것처럼 되는 것이다."라고 하듯이, 주관과 객관이 하나가 되는 상태입니다. 삼매는 수행의 방법이라기보다는 요가 수행의 최종적인 결과물입니다. 정신집중 수행을 계속하면 마침내 삼매에 이른다는 것이죠. 삼매에서는 주관의 의식적 집중 없이 주관은 텅 빈 상태로 객관만 저절로 나타나 있는데, 그렇게 텅 빈 관조자인 주관을 진아(眞我; Puruṣa)라고 합니다. 여기에서 비로소 객관세계는 허망함이 밝혀지고 텅 빈 진아만이 홀로 존재하게 되는데, 이것을 생각이 사라진 무상삼매(無想三昧), 번뇌가 없는 열반, 깨달음의 지혜인 반야라고 합니다.

이처럼 정신집중이라는 수행을 통하여 점차 진아의 독존(獨存)인 열반에 이른다는 요가의 수행이 점수의 길을 잘 보여 주고 있습니다. 여기에서 보았듯이 점수는 무엇을 어떻게 하면 어떤 결과가 생긴다고 하는 식으로, 마음을 의식적으로 조작함으로써 마음에 어떤 결과를 만들어 내는 유위(有爲)의 공부입니다. 그리고 어떻게 수행한다는 것과 어떤 결과가 나온다는 것을 규정해 놓고 그렇게 실천하고 경험하라고 하였으니, 이 모든 공부의 과정은 분별심이 의식하는 가운데 이루어지고 있음을 알 수 있습니다. 이 점이 돈오의 길과는 다른 차이라고 할 수 있습니다.

소승불교에서 말하는 사선, 팔정, 구차제정도 수행의 방법을 실천함으로써 점차 깨달음으로 나아가는 점수의 길입니다. 사선은 색계사선(色界四禪)이며, 팔정은 색계사선과 무색계사선(無色界四禪)을 합하여 팔정이라 하고, 여기에 멸진정(滅盡定)을 더하여 구차제정이라고 합니다.

구차제정의 아홉 단계는 수행에 의하여 얻는 단계적 효과를 늘어놓은 것입니다. 색계의 제1선에서는 심(尋; vitakka. 추론), 사(伺; vicāra. 성찰), 희(喜; pīti. 기쁨), 낙(樂; sukha. 행복), 일경성(一境性; ekaggatā. 정신통일)이 나타나고, 제2선에서는 심과 사는 사라지고 희와 낙과 일경성만 남고, 제3선에서는 희는 사라지고 낙과 일경성이 남고 사(捨; upeṣaka; 무관심. 무집착)과 염(念; sati. 깨어 있음. 마음 지킴)과 지(知; sampajañña. 알아차림)가 나타나고, 제4선에서는 기쁨과 슬픔, 행복과 괴로움이 모두 사라지고 무관심과 염과 일경성만 나타난다고 합니다. 무색계의 제1선은 공무변처정(空無邊處定; 끝없는 허공에 머무는 선정)이고, 제2선은 식무변처정(識無邊處定; 끝없는 의식에 머무는 선정)이고, 제3선은 무소유처정(無所有處定; 가진 것 없음에 머무는 선정)이고, 제4선은 비상비비상처정(非想非非想處定; 생각도 아니고 생각 아닌 것도 아닌 곳에 머무르는 선정)입니다. 아홉 번째 멸진정(滅盡定)은 모든 것이 남김없이 사라진 선정이라는 뜻인데, 생각과 느낌이 사라졌다는 뜻에서 상수멸정(想受滅定)이라고도 합니다. 이 멸진정이 바로 열반이고 깨달음이라고 합니다.

이러한 아홉 단계의 선정을 얻기 위하여 행하는 수행은 지관(止觀) 수행이라고 합니다. 지(止; samatha. 사마타)는 마음이 정지되었다는 뜻으로서 마음의 시끄러움이 고요히 가라앉음을 뜻합니다. 지를 얻는 수행법으로는 요가 수행처럼 호흡을 길게 조절하는 조식(調息)과 마음속에 어떤 대상을 떠올려 그것에 집중하는 응념(凝念)이 대표적입니다. 지와 더불어 행해야 할 수행으로서 관(觀; vipassanā. 위빠사나)이 있습니다. 관을 얻는 수행법으로는 지(知; sampajañña. 알아차림)와 염(念; sati. 깨어 있음. 마음 지킴)이 있습니다. 초기 불교의 경전인 《대념처경》에서는 지와 염 수행을 구체적으로 말하고 있는데, 그 내용을 요약하면 의식에 나타나는 모든 대상을 끊임없이 알아차리고만 있을 뿐, 그것에 집착하지는 말라고 합니다. 마치 거울이 앞에 나타나는 것을 무심하게 비추고만 있을 뿐, 어떤 것에도 집착하거나 기억으로 남겨 두지 않는 것과 같다고 하겠습니다.

이러한 소승불교의 수행법 역시 요가와 마찬가지로 점수의 길로서 구체적인 수행법을 실천함으로써 단계적으로 얻는 결과를 거쳐서 마침내 참된 깨달음에 이른다고 합니다. 구차제정 역시 요가처럼 모든 수행단계에서 행하는 수행법과 얻어지는 결과를 구체적으로 말함으로써 이 수행이 전적으로 의식적으로 행해지는 심리조작임을 알 수 있습니다.

요컨대, 요가의 정신수행이나 소승의 구차제정의 특징은 의식적으로 마음을 조작하는 행위를 통하여 분별망상에서 벗어남으로써 집착에서 벗어나고 번뇌가 사라지는 해탈의 깨달음을 얻는다는 주장입니다. 이러한 점수법의 수행에 관해서는 다음과 같은 의문이 생깁니다.

첫째, 수행하는 행위는 주관이 객관을 상대로 의식적인 행위를 하는 것인데, 어떻게 주관과 객관이 사라지고 분별망상에서 벗어나 열반을 얻게 되는가? 의식으로 분별하여 행하는 의도적인 행위를 유위(有爲)라고 하는데, 열반은 일부러 행하는 일이 없는 무위(無爲)이니 유위의 수행으로 어떻게 무위의 열반이 성취될 수 있을까? 《금강경》에서 말하기를, 부처와 보살은 무위(無爲)로 중생과 구분되고, 모든 유위는 물거품이나 이슬처럼 덧없다고 했습니다.

둘째, 그렇게 수행하여 열반을 얻는다고 하더라도 의도된 노력으로 마음을 조작하여 만들어 낸 열반일 것인데, 수행이라는 노력을 그만두어도 영원히 변치 않는 열반일 수 있을까? 대승불교에서는 영원히 변치 않는 것은 본래부터 성취되어 있는 진여자성뿐이라 하고, 분별망상이라는 꿈에서 깨어나 진여자성에 통하는 무위의 깨달음에 의하여 영원한 열반이 성취된다고 합니다.

(2) 돈오의 길

돈오의 길은 ① 어떤 수행의 방법을 주지 않고, ② 어떤 수행을 행하라고 요구하지도 않고, ③ 곧장 분별심을 물리치고 분별심에서 벗어난 진여실상을 가리켜 줍니다. 점수의 길을 가는 사람은 스스로 행하는 수행의 방법을 늘 실천해야 하지만, 돈오의 길을 가는 사람은 다만 스승의 가르침을 듣는 수밖에 없습니다.

스승의 가르침을 설법(說法) 혹은 법문(法門)이라고 하는데, 스승의 법문은 파사현정(破邪顯正)이라는 특징을 지닙니다. 삿된 것을 부수고 바른 것을 드러낸다는 뜻이지요. 부수어야 할 삿된 것은 우리의 분별심 즉 분별망상(分別妄想)입니다. 분별망상은 생각하고 이해하고 알고 기억하는 것입니다. 드러내야 할 바른 것은 분별되지 않는 것인데, 이것을 보통 진여(眞如), 자성(自性), 불성(佛性), 실상(實相) 등의 이름으로 부릅니다.

스승의 법문을 듣는 제자는 마음에 있는 분별망상이 부서지고 분별되지 않는 진여자성이 드러남으로써 깨달아 해탈합니다. 그러므로 제자는 깨달음에 대해서나 깨달음으로 가는 과정에 대하여 분별하여 알 수가 없고, 오로지 분별할 수 없는 진여자성에만 관심을 가지고 스승의 법문에 귀를 기울여야 합니다. 즉, 제자가 스스로 할 수 있는 일은 없고 알아야 할 지식도 없습니다.

돈오의 길에 해당하는 불교로는 《반야경》, 《유마경》, 《화엄경》, 《열반경》, 《법화경》 같은 대다수 대승 경전의 가르침과 중국 선종(禪宗)의 선이 있습니다.

이들 대승 경전을 읽어 보면 그 내용이 전부 분별을 부수고 분별되지 않는 실상을 드러내려는 파사현정의 말씀임을 알 수 있습니다. 어떤 방식으로 수행하면 어떤 결과가 나타난다는 식의 수행의 단계를 말하는 경우는 없습니다. 그러한 부처님의 말씀 끝에는 반드시 잘 듣고 잘 이해하라는 당부의 말씀이 붙어 있고, 또 그 법회에 모인 대중이 그 법문을 듣고서 깨달았다는 구절도 반드시 등장합니다. 이처럼 대승 경전은 어떤 수행의 방법을 제시하여 그렇게 실천하라는 가르침이 아니라, 분별망상을 부수고 분별되지 않는 실상을 드러내는 파사현정의 법문입니다. 공부하는 사람은 그런 파사현정의 법문을 듣고서 문득 분별망상에서 벗어나 깨달음을 얻는 것이지요.

중국에서 발생하여 우리나라에 전래된 선(禪)인 조사선(祖師禪) 역시 그런 대승불교의 전통 속에 있습니다. 삿된 분별을 부수고 바른 법인 불이중도를 드러내는 것이 선이라는 사실을 《육조단경》에서 분명히 말하고 있습니다. 육조 혜능이 오조로부터 인가를 받고 옷과 발우를 전해 받고서 도망하여 몇 년 사냥꾼을 따라다니며 숨어 살다가 광주 법성사의 인종 법사가 《열반경》을 강의하는 곳에서, "바람이 움직이는 것도 아니고 깃발이 움직이는 것도 아니고, 스님들 마음이 움직입니다."라고 말하여 존재를 나타냈을 때, 인종 법사가 이렇게 물었습니다.

"황매산의 오조께서는 법을 어떻게 가르쳐 주십니까?"

여기에 대한 혜능의 답변은 이렇습니다.

"가르쳐 주는 것은 없습니다. 다만 견성(見性)을 말할 뿐이고, 선정과 해탈은 말하지 않습니다."

이에 인종이 의아하여 물었습니다.

"왜 선정과 해탈을 말하지 않습니까?"

혜능이 분명히 말했습니다.

"선정과 해탈을 말하면 이법(二法)이기 때문에 불법(佛法)이 아닙니다. 불법은 불이법(不二法)입니다."

인종 법사가 다시 물었습니다.

"불법이 불이법이라 하시니 불이법이란 어떤 것입니까?"

혜능이 말했습니다.

"법사께서 강설하시는 《열반경》에서 부처님이 말씀하시길, '선근에는 둘이 있으니, 하나는 항상(恒常)함이고, 하나는 무상(無常)함이다. 그러나 불성은 항상하지도 않고 무상하지도 않으니, 이 까닭에 불성은 끊어짐이 없다.'라고 하였는데, 이것이 불이(不二)입니다. 선(善)하거나 선하지 않으면 둘인데, 불성은 선하지도 않고 선하지 않지도 않으니, 이것이 불이입니다. 오온과 십팔계를 범부는 둘로 보지만, 지혜로운 자는 그 자성(自性)에 둘이 없음을 밝게 압니다. 둘이 없는 자성이 곧 불성(佛性)입니다."

둘로 분별하는 것을 일러 이법(二法)이라 하고 분별하지 않는 것을 일러 불이법(不二法)이라 합니다. 선에서는 무엇이 어떤 것이라거나 무엇을 어떻게 하라고 가르쳐 주는 것이 아니고, 단지 분별을 벗어난 불이법인 자성을 가리킬 뿐이라고 합니다. 다만 견성을 말할 뿐이고 선정과 해탈은 말하지 않는다는 말이 이런 뜻이지요.

선에서도 대승불교처럼 분별을 부수는 파사와 분별되지 않는 진실을 가리키는 현정을 동시에 행하고 있습니다. 삿된 분별을 부수고 분별되지 않는 진실을 가리킴으로써 곧장 불이법에 통하는 견성 체험을 하도록 이끄는 것이 선인 것입니다. 분별에서 벗어나는 깨달음은 언제나 즉각 일어나는 돈오(頓悟)입니다. 육조 혜능은 지성 비구에게 이렇게 말합니다.

"자성에는 잘못됨도 없고 어리석음도 없고 어지러움도 없다. 순간순간 반야로써 비추어 보아 늘 법의 모습에서 벗어나면, 자유자재하게 마음대로 할 수 있는데, 세울 만한 무엇이 있겠는가? 자성이 스스로 깨달으면 문득 깨닫고 문득 닦으니, 또한 점차(漸次)라는 단계는 없다.(自性自悟, 頓悟頓修, 亦無漸次.) 그러므로 어떤 법도 세우지 않는 것이다. 모든 법이 고요히 사라졌는데 어찌 점차라는 단계가 있겠는가?"

분별에서 벗어난 불이법인 자성에는 어떤 모습도 없으니, 점차라는 단계가 있을 수 없습니다. 분별 속에 있느냐 분별에서 벗어났느냐 하는 두 갈래가 있을 뿐이지요. 다시 말해, 견성했느냐 견성하지 못했느냐가 있을 뿐이지요. 즉, 분별을 벗어나 불이법인 자성에 통했느냐, 아니면 아직 이법인 분별 속에 있느냐의 양 갈래가 있을 뿐이지요.

혜능에게 최초로 법을 물었던 자가 도명인데, 그에게 혜능은 이렇게 말합니다.

"선(善)도 생각하지 말고, 악(惡)도 생각하지 마십시오. 바로 이러한 때 어떤 것이 도명 상좌의 본래 모습입니까?"

선이라거나 악이라는 분별에서 떠났을 때 당신 자신의 본래의 모습은 어떤 것이냐고 묻고 있습니다. 분별을 벗어나야 우리의 본래 모습이 나타나기 때문입니다. 육조 혜능은 대중에게 불법을 일깨우는 방법에 대하여도 이렇게 말하고 있습니다.《육조단경》에서 혜능은 "너희들에게 법을 말하는 방법을 가르쳐서, 우리의 종지(宗旨)를 잃어버리지 않도록 하겠다."라고 말하고서 이렇게 말합니다.

"모든 법을 말하면서 불이법인 자성에서 벗어나지 말아야 한다. 만약 어떤 사람이 너희에게 법을 묻는다면, 말을 하되 모두 짝을 이루게 하여 대법(對法)을 취하고, 오고 감에 서로 원인이 되게 하여 마침내 두 대법을 모두 제거함으로써 다시는 갈 곳이 없게 하라."

둘이 서로 인연이 되어 연기(緣起)하여 나타나는 양쪽을 말하고 다시 이 양쪽을 모두 제거함으로써 불이중도를 실현하라는 말입니다. 여기에 대하여 혜능은 다시 좀더 자세히 말합니다.

"만약 누가 너희에게 있음을 물으면 없음으로써 대답하고 없음을 물으면 있음으로써 대답하고, 범부를 물으면 성인으로써 대답하고 성인을 물으면 범부로써 대답하여, 두 말이 서로 원인이 되게 하여 중도(中道)의 뜻을 내도록 하라. 너희는 한 번 묻고 한 번 답하되, 나머지 물음도 한결같이 이처럼 한다면, 도리를 잃지 않을 것이다. 가령 어떤 사람이 묻기를 '무엇을 일러 어둠이라고 하는가?'라고 한다면, 답하기를 '밝음과 어둠은 서로 인연(因緣)이 되니 밝음이 사라지면 어둡다.'라고 말하여, 밝음으로써 어둠을 드러내고 어둠으로써 밝음을 드러냄으로써 오고 감에 서로 원인이 되어 중도의 뜻을 이루도록 하라. 나머지 물음도 모두 이와 같다. 너희들은 뒷날 법을 전함에, 이것에 의지하여 번갈아 서로 가르쳐서 종지를 잃지 않도록 하라."

두 말이 서로 원인이 된다는 것은 곧 두 말이 서로 연기(緣起)한다는 뜻인데, 우리가 무엇을 분별할 때는 늘 이런 연기에 의하여 분별이 이루어집니다. 예컨대, '이 책'이라고 분별할 때는 '이 책 아닌 것'에 상대하여 '이 책'이라고 분별됩니다. 또, '이 책 아닌 것'은 '이 책'과 상대하여 '이 책 아닌 것'으로 분별됩니다. 그러므로 '이 책'과 '이 책 아닌 것'은 서로 원인이 되어 나타나므로 연기입니다. '이 책'과 '이 책 아닌 것'이라는 분별에서 벗어날 때, 연기는 '이 책'과 '이 책 아닌 것'이라는 양변에서 떠나 둘이 아닌 불이중도로 전환됩니다.

이처럼 분별인 연기가 불이중도로 전환되는 체험이 바로 불이법인 자성에 통하는 견성인 것입니다. 견성성불(見性成佛)이라고 하듯이 견성이 곧 깨달음입니다. 삿된 분별을 부수어 바른 중도를 드러내는 것이 곧 파사현정의 대승불교이고 선입니다. 대승 경전에서는 여러 가지 말로써 분별에서 벗어나도록 이끌고 있지만, 선에서는 많은 말을 하지 않고 단 한마디 말로써 분별을 부수고 불이중도의 자성을 가리킵니다. 이것을 직지인심(直指人心)이라고 합니다. 직지인심은 파사와 현정을 동시에 행하여 분별 속에 있는 중생을 즉각 해탈시키는 돈교(頓敎)의 방편입니다. 선사들이 행하는 몇 가지 사례를 보겠습니다.

약산 선사가 처음 석두 선사를 찾아가서는 직지인심과 견성성불을 물었는데, 석두 선사는 이렇게 말했습니다.

"이렇게 해도 안 되고, 이렇게 하지 않아도 안 되고, 이렇게 하고 또 이렇게 하지 않아도 모두 안 된다. 그대는 어떻게 하겠는가?"

향엄 선사는 법문에서 이렇게 말했습니다.

"만약 이 일을 말한다면 다음과 같다. 마치 사람이 나무에 올라가 입으로는 가지를 물고 있으나, 발로는 가지를 밟지 않고 손으로

260

도 가지를 붙잡지 않고 있는데, 나무 아래에서 어떤 사람이 묻기를 '무엇이 조사가 서쪽에서 온 뜻인가?'라고 하는 것과 같다. 답하지 않으면 그의 물음에 어긋나고, 답한다면 목숨을 잃는다. 바로 이러한 때는 어떻게 해야겠느냐?"

수산 선사는 죽비를 들고서 이렇게 물었습니다.

"이것을 죽비라고 부르면 사물을 분별하는 것이고, 죽비라고 부르지 않으면 사물을 무시하는 것이다. 무엇이라고 불러야 하느냐?"

법연 선사는 이렇게 말했습니다.

"길에서 도에 통달한 사람을 만나면, 말로써 응대해도 안 되고 침묵으로 응대하여도 안 된다. 무엇으로 응대해야 하는가?"

파초 선사는 이렇게 말했습니다.

"그대가 주장자를 가지고 있으면 나는 그대에게 주장자를 줄 것이고, 그대가 주장자를 가지고 있지 않으면 나는 그대에게서 주장자를 빼앗을 것이다."

덕산 선사는 늘 이렇게 말했습니다.

"말을 해도 30방 맞아야 하고, 말을 하지 않아도 30방 맞아야 한다."

조주 선사가 아직 깨닫지 못했을 때 스승인 남전 선사에게 물었습니다.

"어떤 것이 도(道)입니까?"

"평소의 마음이 도다."

"향하여 다가갈 수 있습니까?"

"향하려 하면 어긋난다."

여기에서 조주가 이렇게 묻습니다.

"향하지 않는다면, 어떻게 도인 줄 압니까?"

이에 대하여 남전 선사는 이렇게 대답합니다.

"도는 알거나 알지 못하는 것에 속하지 않는다. 아는 것은 허망하게 깨어 있음이고, 알지 못하는 것은 캄캄한 어둠이다. 만약 참으로 의심할 수 없는 도에 통달한다면, 마치 허공과 같아서 드넓게 확 트여 걸림이 없는데 어찌 억지로 옳으니 그르니 할 수가 있겠느냐?"

조주는 이 말을 듣고서 곧장 깨달았습니다.

어떤 승려가 조주 선사에게 물었습니다.

"어떤 것이 조사가 서쪽에서 온 뜻입니까?"[47]

조주가 말했습니다.

"뜰 앞의 잣나무다."

그 승려가 따졌습니다.

"스님께서는 경계를 사람에게 보여 주지 마십시오."

---

47 "어떤 것이 조사가 서쪽에서 온 뜻입니까?"(如何是西來祖師意) : 당송대(唐宋代) 선종(禪宗)에서의 상투적인 질문으로서, 여기서 조사는 달마를 가리키므로, 이 질문은 '달마가 서쪽 인도에서 동쪽 중국으로 온 이유가 무엇이냐?'는 것이다. 달마는 중국에 불교의 진리인 일심법(一心法)을 전하려고 왔는데, 그 전하는 방법이 직지인심(直指人心) 견성성불(見性成佛)의 직지선법(直指禪法)인 조사선(祖師禪)이었다. 결국 이 질문은, '달마가 서쪽에서 와 전한 법(法)이 무엇이냐?'고 묻는 것이다.

조주가 말했습니다.

"나는 경계를 사람에게 보여 주지 않는다."

그 승려가 다시 물었습니다.

"그러면 어떤 것이 조사가 서쪽에서 온 뜻입니까?"

조주가 말했습니다.

"뜰 앞의 잣나무다."

여기에서 말하는 "뜰 앞의 잣나무."를 조주 선사는 분별되는 경계(境界)를 가리키는 말이 아니라고 했으니, "뜰 앞의 잣나무."는 분별을 부수는 말이기도 하면서 동시에 분별을 벗어난 마음을 곧장 가리키는 직지인심입니다. 선사(禪師)의 한마디 짧은 가르침의 말은 파사와 현정을 동시에 행하여 분별되지 않는 불이중도인 자성을 바로 가리키는 것이니, 즉각 분별에서 벗어나 불이중도인 자성에 통하도록 이끄는 가르침입니다. 이처럼 조사선에서는 어떤 수행의 방법을 차근차근 실천하여 어떤 결과를 얻으라고 말하지 않습니다. 즉, 선정의 단계를 열심히 닦아서 해탈을 얻으라고 가르치지 않습니다. 그러므로 혜능은 견성을 말할 뿐, 선정과 해탈은 말하지는 않는다고 한 것입니다. 이처럼 우리의 전통인 조사선은 점차적 수행인 점수(漸修)를 가르치지 않고, 문득 깨닫는 돈오(頓悟)를 가르치는 돈교(頓敎)입니다.

똑! 똑! 똑! 여기에는 한마디 말도 없습니다.

263

8. 좌선은 무엇인가?

똑! 똑! 똑! 여기에 있어야 말에 속지 않습니다.

좌선(坐禪)은 무엇인가? 보통 좌선이라고 하면 좌(坐)는 '앉는다'는 뜻이고 선(禪)은 '선정(禪定)'이라는 뜻으로 이해하여 '앉아서 선정에 든다.'라고 생각합니다. 그러나 대승불교의 경전이나 선종 조사들의 말씀에서는 좌선을 그런 의미로 사용하지 않습니다.

좌선을 '앉아서 선정에 든다.'는 의미로 쓰지 않고, 선정이나 삼매가 진여실상을 가리키듯이 좌선도 불이중도인 진여실상을 가리키는 말로 쓰고 있습니다. 《육조단경》에 보면 황제가 보낸 설간이라는 사자가 이런 질문을 합니다.

"서울에 있는 선승(禪僧)들은 모두 말하기를 '도를 알려고 한다면 반드시 좌선하여 선정을 익혀야 한다. 선정을 익히지 않고 해탈을 얻은 자는 아직 없었다.'고 하는데, 스님께서 말씀하시는 법은 어떻습니까?"

이렇게 질문하는 이유가 있습니다. 그때까지는 보통 참선 수행하는 스님들은 가부좌를 하고 앉아서 관법(觀法)이라는 선정을 닦았습니다. 보리달마에서 대통신수까지 초기 선종의 조사들을 소개한 《능가사자기》라는 책을 보면, 이조 혜가나 삼조 승찬은 고요한 곳에서 좌선에 몰두하였다고 하였고, 사조 도신은 좌선의 방법과 효과에 대하여 구체적으로 설명하고 있으며, 오조 홍인은《관무량수경》에 의거하여 고요히 앉아서 눈을 감고 마음속으로 태양의 모습이나 '일(一)'이라는 글자의 모습을 그리고서 그 모습을 꾸준히 관찰하면 드디어 깨끗한 법신을 볼 수 있다고 하는 좌선 관법(坐禪觀法)의 수행을 말하고 있습니다.

그런 식으로 앉아서 관법을 수행한 게 그때까지 알려진 선이었기 때문에 설간이 "서울에 있는 선승들은 모두 좌선하여 선정을 익혀야 해탈을 얻는다고 말합니다."라고 말한 것입니다. 그런데 남쪽 지방에서 제자들을 지도했던 육조 혜능의 선은 그런 좌선 관법을 수행하는 선이 아니었기 때문에 설간이 육조에게 "스님의 선법(禪法)은 어떤 것입니까?" 하고 물었던 것입니다. 이 질문에 대한 육조 혜능의 대답은 이렇습니다.

"도는 마음으로부터 깨닫는 것인데, 어찌 앉는 것에 있겠습니까?"

도를 깨닫는다는 것은 마음에서 깨닫는 것인데, 몸이 앉거나 일어서는 것과 무슨 상관이 있느냐는 말이에요.

"경전에서 말했습니다. '만약 여래가 앉거나 눕는다고 말한다면, 이것은 삿된 도(道)를 행하는 것이다. 무슨 까닭인가? (여래는) 어디에서 오지도 않고 어디로 가지도 않기 때문이다.'"

이 말은《금강경》에 나오는 구절을 약간 축약해 놓은 말인데, 《금강경》'제29위의적정분'에 보면 이런 내용이 있어요.

"수보리야. 만약 누가 '여래는 오기도 하고 가기도 하고 앉기도 하고 눕기도 한다.'고 말한다면 이 사람은 내가 말하는 뜻을 이해하지 못한 것이다. 무슨 까닭인가? 여래는 오지도 않고 가지도 않는다. 그 까닭에 여래라고 하는 것이다."

가부좌를 하고 앉아서 관법을 수행하는 것을 이전까지는 선(禪)이라고 했다면, 육조 혜능부터의 선은 그런 게 아닙니다. 그런 수행 방법을 행하는 것을 선이라고 하는 게 아니라, 선은 바로 이(손가락을 세우며) 진여실상을 가리키는 것입니다. 몸의 자세를 어떻게 하고 마음을 어떻게 한다는 식의 의도적인 수행의 행위를 선이라고 하는 게 아니라, 도(道), 진여자성, 깨달음, 법계의 실상, 여래, 반야바라밀 등의 이름이 가리키는 유일한 하나의 진실을 가리켜 선이라고 하는 것입니다.

사실, 대승 경전을 보면 그 가르침의 말씀은 항상 어떤 것이 최고의 바른 깨달음이고 어떤 것이 어리석은 망상인지를 말하여 삿된 망상을 부수고 바른 깨달음을 드러내는 내용만 나오고, 바른 깨달음을 얻기 위하여 어떤 방식으로 수행하라는 말은 없습니다. 즉, 중생의 망상을 부수고 바른 깨달음을 드러내는 파사현정(破邪顯正)의 법문만 있고, 수행의 방법과 그 과정을 설명하는 말은 없습니다. 이것이 소승 경전이나 외도의 가르침과는 다른 대승 경전의 가르침입니다.

삿된 망상을 부수고 바른 깨달음을 드러내는 파사현정의 법문을 말하는 설법이 바로 대승 경전이죠. 이런 법문을 듣고 또 듣고 하면 어느 순간 문득 분별망상에서 벗어나 깨달음을 얻는다는 돈오법문(頓悟法門)이 바로 대승불교인 것입니다. 선은 이런 대승불교를 한층 더 발전시킨 것입니다만, 기본적으로는 대승불교의 입장에 서 있습니다. '사람의 마음을 곧장 가리킨다.'는 뜻인 직지인심(直指人心)은 바른 깨달음의 내용인 마음의 실상을 곧장 가리켜 드러내는 것입니다. 이처럼 직지인심은 곧장 진여실상을 가리켜서 그걸 깨닫도록 할 뿐이지, 어떻게 수행하라는 수행 방법을 말하지는 않아요.

《육조단경》에서 육조 혜능은《금강경》의 구절을 인용하고서 또 이렇게 말합니다.

"생겨나지도 않고 없어지지도 않는 것이 여래의 깨끗한 선(禪)이요. 모든 법이 텅 비어 고요한 것이 여래의 깨끗한 좌(坐)다."

생겨나지도 않고 없어지지도 않는 것은 바로 진여실상을 나타내는 말이고, 텅 비어 분별할 것이 없어서 시끄러운 분별 없이 고요한 것 역시 진여실상을 가리키는 말입니다. 생겨나지도 않고 없어지지도 않는다는 것은 생겨나거나 사라지는 분별되는 경계가 아닌 분별되지 않는 진여실상을 가리키는 말이고, 텅 비어서 고요하다는 것은 공(空)과 같은 뜻으로서 역시 분별을 벗어난 진여실상을 가리키는 말입니다. 그러니까 좌선이라는 말은 진여실상을 가리키는 말이지, 몸을 어떻게 만들고 마음을 어떻게 조작한다는 식의 수행법을 가리키는 의미가 전혀 아닙니다.

또 《육조단경》에서 육조 혜능은 이렇게도 말합니다.

"도반들이여, 무엇을 일러 좌선(坐禪)이라 할까요? 이 법문(法門) 속에서 장애가 없어, 밖으로 모든 좋고 나쁜 경계에서 마음에 생각이 일어나지 않는 것을 일러 좌(坐)라고 하고, 안으로 자성을 보아 움직임이 없는 것을 일러 선(禪)이라고 합니다."

여기서는 "온갖 경계에서 생각이 일어나지 않는 것이 좌다."라고 하는데, 이것은 앞에서 "모든 법이 텅 비어 고요한 것이 여래의 좌다."라는 말과 통하는 말입니다. 자성은 분별할 수 없어서 텅 빈 허공과 같다는 말이 경전에는 흔히 등장합니다. 또 여기서는 "안으로 자성을 보아 움직임이 없는 것을 선이다."라고 하는데, 이것은 앞에서 "생겨나지도 않고 없어지지도 않는 것이 여래의 선이다."라는 말과 통하는 말입니다.

안으로 고요하고 밖으로 경계를 따라 망상을 일으키지 않는 것은 곧 깨달음의 양측면을 가리키는 정(定)과 혜(慧)를 말하는 것이니, 좌선은 곧 깨달음을 말하는 것입니다. 그러니까 선이라 하든 좌라 하든 전부 진여실상의 깨달음을 가리키는 방편의 말이지, 어떤 분별된 경계를 가리키는 말이 아니에요.

몸의 자세를 어떻게 하여 앉으라거나 마음에서 어떤 것을 관찰하라거나 알아차리라거나 어떤 무엇에 집중하라거나 하는 말은 전부 분별되는 경계를 가리키는 말입니다. 그건 전부 분별되는 경계를 가리키는 말이지, 분별을 벗어난 깨달음을 가리키는 말이 아닙니다. 이러한 것이 수행을 행하여 깨달음의 결과를 얻는다는 수행 불교인 소승불교의 입장과, 곧장 분별에서 벗어나 깨달음 자체를 가리키는 깨달음 불교인 대승불교의 입장이 가진 차이점이죠.

불교의 가르침을 크게 나누어 보면, 수행의 방법과 단계적 수행의 길을 말하는 수행 불교가 있고, 곧장 중생의 분별망상을 떠나 깨달음의 세계인 불이중도의 진여실상을 말하는 깨달음 불교가 있습니다. 대개 소승불교가 수행 불교이고, 대승불교가 깨달음 불교라고 할 수 있습니다. 물론, 요가처럼 체계적 수행법을 말하는 외도도 소승불교처럼 수행법 종교라고 할 수 있습니다. 그러나《우파니샤드》나《바가바드기타》를 읽어 보면 수행법보다는 대승불교처럼 망상을 부수고 분별을 벗어난 실상을 말하고 있음을 알 수 있습니다.

대승불교의 법문과 선의 법문의 특징은 이처럼 중생의 어리석은 분별에 호소하는 것이 아니라, 곧장 분별심을 벗어나 분별할 수 없는 이 불이중도라고 하는 분별할 수 없는 진여자성을 바로 가리키는 것입니다. 초기 대승불교 경전인《유마경》에서 좌선을 어떻게 말하는지 보면 소승불교와 대승불교의 차이점을 잘 알 수 있습니다.《유마경》의 성문품에 보면 사리불이 좌선을 하고 있다가 유마힐에게 이런 꾸중을 듣습니다.

"이보세요 사리불님! 앉는 것을 좌선이라 여기지 마십시오. 무릇 좌선이라는 것은, 삼계(三界)에 있으면서도 몸과 마음이 나타나지 않는 것이 곧 좌선입니다."

　몸이 앉아 있는 것을 좌선이라고 여기지 말라고 하죠. 앉아 있든
누워 있든 서 있든 몸의 자세와 좌선과는 관계가 없어요. 좌선이란
삼계라는 중생세계에 있으면서도 몸도 마음도 나타나지 않는 것이
라고 합니다. 중생세계는 곧 분별세계입니다. 분별세계인 중생세계
속에 있으면 몸도 분별되고 마음도 분별되어야 하는데, 도리어 몸
도 마음도 나타나지 않는 것이 좌선이라고 합니다. 이 말은 분별세
계 속에 있으면서도 분별세계에서 벗어나 있다는 말입니다.
　이처럼 분별세계 속에 살면서도 분별세계를 벗어나 있는 것이
바로 깨달아 해탈한 보살의 삶이고 열반을 실현하고 있는 것입니
다. 《반야심경》을 빌려 말하면, 오온(五蘊)이 공(空)임을 비추어 보
는 것이고, 《금강경》을 빌려 말하면, 모든 모습을 모습이 아니게 보
는 것이고, 분별되지 않는 진여자성을 보는 견성성불의 경지입니
다. 이처럼 깨달은 사람의 지혜와 안목을 가리켜 좌선이라고 하는
것입니다. 유마힐은 또 이렇게 말합니다.

　"멸정(滅定)에서 나오지 않으면서도 모든 행동거지(行動擧止)를
나타내는 것이 곧 좌선입니다."

　멸정은 곧 모든 것이 남김없이 사라진 선정이라는 뜻인 멸진정
(滅盡定)인데, 적멸(寂滅)이라고 번역되는 열반을 가리킵니다. 모든
것이 사라져서 아무것도 없는 멸진정인 열반에서 모든 것이 사라

졌다는 말은 모든 분별에서 벗어났다는 말과 같습니다. 눈에 보이는 세계가 사라진 것도 아니고, 귀에 들리는 소리가 사라진 것도 아니고, 느낌이 사라진 것도 아니고, 생각이 사라진 것도 아니지만, 분별에서 벗어나 해탈한 마음에는 아무것도 없어서 마치 텅 빈 허공처럼 모든 것이 깨끗이 사라진 것입니다. 이것이 바로 색즉시공 공즉시색(色卽是空 空卽是色)의 깨달음이고 해탈이고 열반입니다.

분별되는 물질인 색이 곧 아무것도 없이 텅 비어서 분별할 것이 없는 공이고 공이 곧 색이어서, 분별되는 세계와 분별되지 않는 세계가 둘이 아닌 하나라는 사실이 바로 깨달은 사람이 경험하는 세계의 실상입니다. 깨달아 해탈한 사람은 분별되는 세계에서 온갖 분별을 하면서도 언제나 분별에서 벗어나 누구도 없고 무엇도 없습니다. 이것이 바로 망상(妄相)이 곧 실상(實相)이라 하고, 생사(生死)가 곧 열반(涅槃)이라고 하는 깨달은 자의 삶입니다. 좌선은 이와 같이 깨달은 자가 경험하는 세계의 실상을 가리키는 말입니다. 유마힐은 또 이렇게 말합니다.

"모든 깨달은 모습을 버리지 않으면서도 중생의 온갖 모습을 나타내는 것이 곧 좌선입니다."

깨달은 모습을 버리지 않으면서 중생의 온갖 모습을 나타내고 있다는 것도 역시 깨달은 자의 삶을 가리킵니다. 깨달은 실상의 자리에서 벗어나지 않으면서도 분별세계에서 중생의 삶을 산다는 말이죠. 역시 좌선의 의미를 깨달음의 세계를 나타내는 것으로 사용하고 있습니다. 또 이렇게도 말합니다.

"생사(生死)에서 벗어나지 않으면서도 번뇌(煩惱)가 없고, 열반(涅槃)을 얻고도 머묾이 없는 것이 곧 좌선입니다."

중생의 삶인 생사윤회에서 벗어나지 않으면서도 중생의 고통인 번뇌가 없다는 것은 중생의 삶을 살면서도 해탈한 보살의 삶을 산다는 말입니다. 열반을 얻고도 열반에 머물러 있지 않고 중생의 삶을 산다는 말도 역시 같은 뜻입니다. 이 말은 중생의 세계인 세간 속에 살면서도 세간을 벗어난 부처의 세계인 출세간 속에 산다는 말입니다. 이러한 삶이 깨달아 해탈한 보살의 삶이고, 이러한 삶이 바로 좌선이라는 것입니다.

유마경은 대승불교의 경전입니다. 이게 대승불교이고 선입니다. 대승불교에서 좌선은 앉아서 어떤 수행을 하는 모습을 가리키는 말이 아니라, 깨달음의 세계를 가리키는 말인 것입니다. 이처럼 대승불교에서 좌선은 열반, 깨달음, 해탈, 진여실상 등과 같은 의미로 사용되지, 몸이 앉는다는 뜻은 전혀 아닙니다.

똑! 똑! 똑! 여기에는 한마디 말도 없습니다.

272

9. 정혜쌍수란 무엇인가?

똑! 똑! 똑! 여기에 있어야 말에 속지 않습니다.

정(定)은 선정(禪定), 혜(慧)는 지혜(智慧)라는 말이고, 쌍수란 쌍(雙)은 '선정과 지혜를 둘이 함께.' 수(修)는 '닦는다.'는 말입니다. 그러나 사실은 하나의 마음에 선정과 지혜가 따로 있는 것은 아니고, 선정과 지혜는 깨달은 마음의 어떤 측면을 일부러 분별하여 말한 방편의 말일 뿐입니다.

방편의 말은 달을 가리키는 손가락과 같다고 하듯이, 말 그 자체의 뜻보다는 어떤 진실을 가리키려고 임시로 만들어 놓은 말입니다. 선정과 지혜라는 방편의 말로써 가리키려는 진실이 어떤 것인지를 살펴보겠습니다.《육조단경》에서 육조 대사는 이렇게 말합니다.

"도반들이여! 나의 이 법문은 정(定)과 혜(慧)를 근본으로 삼습니다. 여러분은 정과 혜가 서로 다르다고 어리석게 말하지 마십시오. 정과 혜는 하나로서 둘이 아닙니다. 정은 혜의 바탕이요 혜는 정의 작용이니, 혜가 있을 때 정이 혜에 있고 정이 있을 때 혜가 정에 있습니다. 만약 이 뜻을 안다면, 정과 혜를 함께 공부합니다. 도를 배우는 모든 사람은, 먼저 선정에 들고서 지혜를 낸다거나 먼저 지혜를 얻고서 선정에 들어간다거나 하면서 선정과 지혜가 각각 별개라고 말하지 마십시오. 이와 같은 견해를 가진 자에게는 법에 2개의 모습이 있으니, 입으로는 좋은 말을 하면서 마음속은 좋지 않아서, 공연히 정과 혜가 있다고 하여 정과 혜가 평등하지 않게 됩니다. 만약 마음과 입이 모두 좋고 안팎이 한결같다면, 정과 혜는 평등합니다. 스스로 깨달아 수행하는 것은 논쟁에 좌우되는 것이 아닙니다. 만약 앞이니 뒤니 하고 논쟁한다면, 어리석은 사람과 같아서 이기느냐 지느냐를 끊지 못하고, 도리어 아(我)와 법(法)을 더욱 내세워 사상(四相; 아상(我相)·인상(人相)·중생상(衆生相)·수자상(壽者相))에서 벗어나지 못할 것입니다."

정과 혜는 바탕과 작용의 관계라고 하는데, 바탕과 작용이란 쉽게 말하면 물과 물결이라고 할 수 있습니다. 물이 바탕이고, 물이 작용하여 움직이면 물결이 일어나겠죠. 비록 물과 물결이 이름도 다르고 뜻도 다르지만, 물과 물결은 본래 둘이 아니고 하나죠. 그런 것처럼 선정과 지혜도 이름과 뜻은 다르지만, 본래 둘이 아니고 하나라는 것입니다. 하나인 마음에서 바탕이라고 분별하여 선정이라 하고, 작용이라 분별하여 지혜라고 한다는 말입니다. 또 이렇게도 말합니다.

"도반들이여, 정과 혜는 무엇과 같을까요? 등불과 그 등불의 불빛과 같습니다. 등불이 있으면 그 불빛이 있고, 등불이 없으면 어둡습니다. 등불은 불빛의 몸체이고, 불빛은 등불의 작용입니다. 이름은 비록 둘이지만, 바탕은 본래 하나입니다."

물과 물결의 비유처럼 등불과 그 등불의 불빛을 비유로 들어 바탕과 작용이 본래 둘이 아님을 말합니다. 물이 있으면 반드시 물결이 있고 물결이 있으면 반드시 물이 있듯이, 또 등불이 켜져 있으면 반드시 불빛이 있고 불빛이 있으면 반드시 등불이 켜져 있듯이, 선정과 지혜는 서로 앞뒤가 없이 둘이 아닌 하나라는 말입니다. 선정이 있으면 지혜가 있고 지혜가 있으면 선정이 있다는 것이죠.

그러므로 정혜쌍수라는 말은 선정과 지혜의 둘을 동시에 각각 닦아야 한다는 말이 아니라, 선정과 지혜는 떨어질 수 없이 같이 수행된다는 말입니다. 즉, 선정과 지혜는 늘 함께 실천되고 함께 나타나고 함께 경험된다는 것이 정혜쌍수라는 말의 뜻인 거죠. 지혜는 깨달은 마음에 나타나는 것이니 당연히 선정도 깨달은 마음에 나타나는 것을 가리킵니다. 다시 말해, 선정과 지혜는 깨달은 마음이 어떤 것인지를 말하려고 방편으로 만든 말입니다. 그러면 어떤 것을 선정이라 하고 어떤 것을 지혜라고 할까요?《육조단경》에서 육조 대사는 선정을 이렇게 말합니다.

"도반들이여, 무엇을 일러 선정(禪定)이라 할까요? 밖으로 분별된 모습을 벗어나는 것이 선(禪)이고, 안으로 어지럽지 않은 것이 정(定)입니다. 밖으로 모습에 집착하면 안의 마음이 어지럽고, 밖으로 만약 모습을 벗어나면 마음이 어지럽지 않습니다. 본성(本性)은 스스로 깨끗하고 스스로 안정되어 있으나, 단지 경계를 보고 경계를 생각하기 때문에 어지럽습니다. 만약 온갖 경계를 보고서도 마음이 어지럽지 않다면, 바로 참된 정(定)입니다. 도반들이여, 밖으로 모습을 벗어나는 것이 선(禪)이고, 안으로 어지럽지 않은 것이 정(定)이니, 밖으로 선(禪)하고 안으로 정(定)하면 곧 선정(禪定)이 됩니다."

밖으로 분별되는 모습을 따라가지 않고 안으로 마음에 어지러움이 없는 것을 선정이라고 합니다. 보고 듣고 느끼고 생각하는 온갖 분별을 따라가면 마음이 어지럽게 되니 선정이 아니고, 온갖 분별을 하면서도 그 분별을 따라가지 않아서 마음에 어지러움이 없으면 선정이라고 합니다. 보고 듣고 느끼고 생각하는 온갖 분별 속에 살면서도 그런 분별에 얽매여 있지 않아서 언제나 분별에서 벗어나 마음이 흔들림 없이 텅 비어 있으면 선정이라고 한다는 것입니다. 이러한 선정은 분별에서 해탈하여 깨달은 사람의 마음이 어떤 것인지를 말하는 것이죠.

그럼 지혜는 어떤 것을 가리킬까요? 《육조단경》에서 육조 대사가 말합니다.

"마치 하늘은 항상 깨끗하고 해와 달은 항상 밝게 빛나지만 구름이 하늘을 뒤덮기 때문에 구름 위는 밝고 구름 아래는 어두워지지만, 문득 바람이 불어 구름이 흩어지면 구름 위와 아래가 함께 밝아지고 만물의 모습이 모두 드러나는 것과 같습니다. 사람의 본성이 늘 떠돌아다니는 것은, 마치 저 하늘의 구름과 같습니다. 도반들이여, 지(智)는 해와 같고 혜(慧)는 달과 같아서 지혜는 항상 밝으나, 바깥으로 경계에 집착하니 허망한 생각이라는 뜬구름에 뒤덮여 자성이 밝지 못합니다. 만약 선지식을 만나 참되고 바른 법을 듣고서 헛된 어리석음을 스스로 제거하면, 안팎이 밝게 통하여 자성 속에 온갖 법이 모두 나타납니다."

지혜는 마음에 어둠이 없는 밝음이라고 합니다. 마음은 본래 맑은 하늘의 해와 달처럼 늘 밝은데, 다만 분별망상이라는 헛된 생각의 구름에 가려서 그 밝음이 드러나지 않는다고 합니다. 발심한 공부인이 선지식을 만나 법문을 듣고서 문득 허망한 생각에서 벗어나면 마음에는 본래 갖추어진 밝은 지혜가 드러나서 어둠에 막히지 않는다고 합니다.

이처럼 육조 대사는 선정을 마음이 분별을 따라가지 않아서 마음에 어지러움이 없는 것이라고 하고, 지혜를 분별에서 벗어나 분별에 막히지 않는 밝음이라고 합니다. 간단히 말해, 선정은 마음이 어지럽지 않고 고요히 안정되어 있는 것이고, 지혜는 분별되는 경계에 막힘이 없어서 모든 경우에 마음이 어둡지 않고 밝은 것이라고 합니다. 이러한 고요히 안정됨과 걸림 없는 밝음이라는 선정과 지혜가 바로 깨달은 사람의 마음의 두 가지 특징을 나타낸다고 하겠습니다.

선정과 지혜라는 이런 양면은 공부인이 선지식의 법문을 듣고서 문득 분별망상에서 벗어나면 저절로 갖추어지는 것입니다. 다시 말해, 이 양면을 따로 각각 갈고닦아야 하는 것이 아니라, 분별에서 벗어나는 해탈의 체험을 한 마음에는 저절로 이 양면이 갖추어져 있는 것입니다. 선정과 지혜는 갈고닦아서 이루어 가야 하는 일이 아니라 우리 마음에 본래부터 갖추어져 있는 우리의 본성입니다.

《육조단경》에서 육조 대사는 말합니다.

"비유하자면, 하나의 등불이 천 년 동안의 어둠을 없앨 수 있듯이, 하나의 지혜가 만 년 동안의 어리석음을 없앨 수 있습니다."

또 이렇게도 말합니다.
"본성에는 원래 지혜가 갖추어져 있어서 스스로 지혜로서 늘 비추어 봅니다."

우리의 본성에 본래 밝은 지혜가 갖추어져 있는데, 다만 분별망상이라는 생각에 홀려서 생각 속을 헤매 다니기 때문에 이런 밝은 지혜가 드러나지 못하는 것이지요. 선지식의 법문을 듣고서 문득 분별망상에서 벗어나면, 본래 갖추어진 지혜가 막힘없이 드러납니다. 깨달음은 언제나 이러한 돈오(頓悟)입니다. 그래서 천년의 어둠도 한순간에 사라진다고 한 것입니다.

선정과 지혜는 바탕과 작용이라고 하였으니 마치 물과 물결처럼 분리될 수 없는 하나이므로, 고요하게 안정된 마음인 선정도 역시 우리 마음에 본래부터 갖추어져 있는 본성입니다. 그러므로 문득 분별망상에서 벗어나는 돈오의 체험으로 숨겨져 있던 선정과 지혜가 드러나 효과를 발휘하게 됩니다. 깨달음이란 분별하는 마음에서 문득 벗어나 분별하는 것도 아니고 분별하지 않는 것도 아닌 불이중도(不二中道)인 공(空)에 통하는 체험인데, 불이중도인 공에 통하면 텅 빈 마음은 본래부터 허공처럼 안정되어 있고 그러면서도 활짝 깨어 있어서 보고 듣고 느끼고 아는 활동을 함에 어디에도 걸리거나 막힘이 없습니다. 실제로 이런 체험을 해 보면 마음이 흔들림 없는 무한한 안정과 활짝 깨어서 어디에도 걸림이 없음을 경험하게 됩니다. 이렇게 문득 깨달아 본성에 갖추어진 선정과 지혜가 드러나 효과를 발휘하게 되는 것이 바로 정혜쌍수의 본래 뜻입니다.

그런데 정혜쌍수에 대한 이러한 견해는 돈오의 길인 대승불교와 조사선에 해당하는 것이고, 점수의 길인 외도와 소승불교에서는 정혜쌍수에 대한 견해가 다릅니다. 점수의 길에서는 분별 속에서 공부하기 때문에 선정을 닦는 것이 따로 있고 지혜를 배우는 것이 따로 있다고 합니다. 앞서 살펴보았듯이, 외도인 요가 수행이나 소승불교에서는 의식을 하나의 대상에 집중하여 그 대상을 관찰하는 관법(觀法)을 통하여 선정을 이룬다고 합니다. 또 이들은 지혜는 경전을 통하여 배워서 알게 된다고 말합니다. 이들은 분별 속에서 수행을 하라고 하니 당연히 선정과 지혜를 분별하여 제각각 닦아야 한다고 하는 것입니다. 그러나 대승불교와 조사선에서는 분별을 벗어나 본래면목을 말하기 때문에 애초에 선정과 지혜를 분리하지 않습니다.

스승의 법문을 듣고 있다가 어느 날 문득 분별에서 벗어나는 체험을 해 보면, 실제로는 아무것도 분별할 것도 없고 말할 것도 없습니다. 선정이라고 말할 수도 없고 지혜라고 말할 수도 없어요. 다만 이렇게 밝고 분명한 현실에서 살아가지만, 어떤 분별도 가지고 있지 않아요. 분별을 따라가는 순간 헛된 망상임이 즉각 드러납니다. 볼 것 다 보고, 들을 것 다 듣고, 느낄 것 다 느끼고, 생각할 것 다 생각하는데, 아무런 분별이 없습니다. 모든 것을 분별하면서도 아무런 분별이 없습니다.

선정은 이런 것이고 지혜는 저런 것이라고 생각할 수는 있겠지만, 그렇게 생각하더라도 선정과 지혜라는 것은 없습니다. 선정과 지혜라는 생각이 나타날 뿐이죠. 어떤 생각도 할 수 있고 어떤 생각도 나타날 수 있지만, 생각은 모두 헛될 뿐입니다. 실제로는 어떤 무엇도 아니어서 분별할 수도 없고 생각할 수도 없는 이것이 언제나 변하지 않는 근원입니다. 이 변하지 않는 근원을 일러 진여자성이라고 합니다.

분별에서 해탈하면 선정이라고 할 것도 없고 지혜라고 할 것도 없는데, 왜 정혜쌍수라는 방편의 말을 만들어 놓았을까요? 분별에서 해탈하여 살아가면 아무런 분별도 없이 허공처럼 텅 빈 흔들림 없는 측면과 모든 분별되는 세계를 밝게 경험하면서도 그러한 분별에 가로막히지 않는 두 측면을 말할 수 있기 때문입니다.

물론, 이러한 두 측면 역시 생각으로 분별하여 하는 말이기 때문에 어디까지나 방편의 말이지 진실한 말은 아닙니다. 즉, 그렇게 말할 수는 있으나 그런 것이 있는 것은 아닙니다. 사실, 분별망상에서 해탈하여 깨어 있는 마음은 순간순간 살아 있는 텅 빈 마음이기 때문에 '무엇이 어떻다.'라는 견해가 있을 수는 없습니다. 그런데도 생각을 해 보면 분명히 그런 두 측면을 말할 수 있는 것처럼 보입니다.

진실을 말하자면, 선정이라는 것도 없고 지혜라는 것도 없지만, 일부러 분별하여 그런 양 측면을 말하여 해탈한 마음이 어떤 것인가를 말하려고 하는 것이죠. 말할 것이 없는데 일부러 의도를 가지고 말하기 때문에 방편의 말이라고 합니다. 이처럼 망상에서 해탈한 마음에는 분별할 것이 아무것도 없지만, 생각해 보면 선정과 지혜라는 양면을 말할 수 있겠다고 이해가 되는 것이죠.

참으로 깨달은 마음이라면 선정이라고 말할 만한 측면도 있고 지혜라고 말할 만한 측면도 있다고 하여, 해탈을 체험한 사람이 자신의 체험이 참된 것인지 아닌지를 판단하는 하나의 기준으로 삼도록 이런 방편의 말을 하는 것입니다. 분별에서 해탈한 깨달음에는 분별할 것도 말할 것도 없지만, 그런 체험을 한 사람이라면 옛사람이 자신의 체험에 대하여 한 말을 공감할 수가 있습니다. 말로 설명할 수 없는 체험을 하는 사람이 그 체험을 억지로 말로 설명하므로 그 설명이 맞는 말은 아니지만, 같은 체험을 한 사람이라면 왜 그런 말을 하는지 납득이 되는 것과 같은 이치입니다.

똑! 똑! 똑! 여기에는 한마디 말도 없습니다.

10. 선병이란 무엇인가?

똑! 똑! 똑! 여기에 있어야 말에 속지 않습니다.

선을 공부하는 사람에게 선병(禪病)을 조심하라고 말합니다. 선병이란 선에 든 병이라는 말인데, 말하자면 선 공부를 잘못하고 있다는 뜻입니다. 그럼 선병은 무엇일까요?

전통적으로 선병은 두 가지를 말합니다. 이 두 가지를 중국 사람들은 혼침(昏沈)과 도거(掉擧)라고 했습니다. 혼침에서 혼(昏)은 '어둡다'는 뜻이고 침(沈)은 '빠졌다'는 뜻이므로, 혼침이란 '어둠 속에 빠졌다.'는 뜻이에요. 다시 말해, 밝음이 없다는 뜻이죠. 도거에서 도(掉)는 '안정되지 못하고 흔들린다' '가지고 놀다'라는 뜻이고 거(擧)는 '들어 올리다' '세우다'는 뜻이므로, 도거는 '들떠서 안정되지 못하다.'는 뜻입니다.

비유하면, 어둠 속에 빠져 있다는 혼침은 물 밑바닥에 푹 가라앉아 가만히 머물러 있는 것과 같고, 들떠서 흔들린다는 도거는 물 표면에서 물결 따라 출렁거리는 것과 같다고 할 수 있습니다.

혼침, 도거와 비슷한 말로 고심망회(枯心忘懷)와 기심관대(起心管帶)가 있습니다. 고심망회란 말라죽은 나무처럼 된 마음으로서 모든 생각을 잊고 고요함 속에 머물러 있음을 뜻하고, 기심관대란 마음을 일으켜 그 일으킨 마음을 놓치지 않고 잘 붙들고 있다는 뜻입니다. 다시 말해, 고심망회란 말라죽은 나무처럼 아무 생동감 없이 고요함에 머물러 있는 마음을 뜻하니 생각이 끊어진 고요함 속에 있는 것이고, 기심관대란 마음을 일으켜 잘 지니고 있다는 뜻이니 생각을 일으켜 그 생각을 늘 붙잡고 있는 것입니다.

그러므로 혼침과 고심망회는 고요함 혹은 분별 없음에 머무는 것이고, 도거와 기심관대는 시끄러움 혹은 분별 있음에 머무는 것입니다. 이 둘은 서로 상대되는 양변이니 중도(中道)에서 어긋나 있습니다. 중도에서 어긋나 양변에 머무니 잘못된 공부이고 병입니다. 이처럼 양변에 떨어지는 것을 또 단상이변(斷常二邊)에 떨어진다고도 합니다. 딱 끊어져 아무것도 없는 곳과 늘 변함없이 있는 곳의 양변에 떨어진다는 뜻인데, 고요함에 머물거나 시끄러움에 머무는 것과 같습니다.

이처럼 양변에 머물려면 시끄러움을 버리고 고요함에 머물든지, 고요함을 버리고 시끄러움에 머물든지 해야 합니다. 즉, 둘로 나누어 취하고 버리는 것이죠. 둘로 나누어 취하고 버리는 것이 바로 분별입니다. 그런데 분별에서 벗어나 취하지도 않고 버리지도 않게 되는 것이 불이중도(不二中道)의 바른 공부입니다. 그러므로 양쪽으로 나누어 취하고 버리는 것은 잘못된 공부이고 선의 병입니다.

고요함에 머문다는 것은 이른바 생각이 끊어진 무념무상(無念無想)의 선정삼매에 머무는 것을 가리키고, 시끄러움에 머무는 것은 이른바 알아차림이나 주시(注視)함에 머무는 것을 가리킵니다. 이 둘은 수행자들이 보통 행하는 수행의 방법에 해당합니다. 선정삼매는 의식이 하나의 대상에 집중되어 있다가 문득 생각이 끊어져서 의식이 사라진 듯한 수행의 결과를 가리키고, 알아차림이나 주시함은 무엇을 끊임없이 의식하고 있는 수행을 가리킨다고 할 수 있습니다.

이러한 수행은 일부러 의식을 조절하여 만들어 내는 것이므로 모두 유위법(有爲法)입니다. 《금강경》에서 "모든 유위법은 물거품 같고 이슬 같고 아지랑이 같다."고 하였듯이, 유위법은 올바른 깨달음이 아닙니다. 일부러 만들어 내는 정신적 상태는 우리가 타고난 본성이 아니고 만들어진 것이므로 모두 헛된 것입니다. 바른 깨달음은 언제나 무위법(無爲法)입니다. 일부러 만드는 것이 아니라 저절로 불이중도에 들어맞는 본래의 모습을 회복하는 것이지요.

우리의 마음에는 고요한 마음과 시끄러운 마음이라는 양면이 있습니다. 시끄러운 마음은 분별하여 취사선택하는 마음인 의식(意識)입니다. 고요한 마음은 분별에서 벗어나 아무런 분별이 없는 마음인 자성(自性)입니다. 《대승기신론》식으로 말하면 시끄러운 마음은 생멸문(生滅門)이고 고요한 마음은 진여문(眞如門)이며, 《반야심경》식으로 말하면 시끄러운 마음은 오온(五蘊)이고 고요한 마음은 공(空)이며, 《금강경》식으로 말하면 시끄러운 마음은 제상(諸相)이고 고요한 마음은 비상(非相)입니다.

선병은 마음의 이 두 측면 가운데 어느 한쪽에 머물러 있는 것입니다. 올바른 깨달음이 불이중도(不二中道)라고 하는 것은 마음의 이 두 측면이 따로 떨어져 있는 둘이 아니면서 이 두 측면의 어느 한쪽에도 머물러 있지 않음을 가리키는 말입니다. 다시 말하면, 분별하면서도 분별이 없고 분별이 없으면서도 분별하는 마음이 바로 깨달은 마음입니다. 다시 말해, 마음의 실상(實相)은 색(色)이 공(空)과 다르지 않고 공이 색과 다르지 않으며, 색이 곧 공이고 공이 곧 색인데, 색을 버리고 공에 머물거나 공을 버리고 색에 머물면 마음의 실상에서 어긋나게 되는 것입니다. 달리 말하면, 분별과 분별에서 벗어남이 둘이 아니어서 분별에도 머물지 않고 분별에서 벗어나 있음에도 머물지 않는 것이 불이중도의 깨달음입니다.

그러면 분별 속에 있는 중생이 분별에 머물지도 않고 분별에서 벗어나 있지도 않으려면 어떻게 해야 할까요? 이것은 분별하여 취사선택할 수 있는 일이 아닙니다. 오로지 묘하고 불가사의한 깨달음의 체험을 통하여 저절로 성취되는 일입니다. 불이중도에 들어맞는 깨달음을 얻고 싶으나 어떻게도 할 수가 없어서 앞뒤가 막히고 손발이 묶인 입장에 있다가 선지식의 가르침에 의하여 문득 자기도 모르게 성취되는 불가사의한 깨달음의 체험이 일어나야 합니다.

똑! 똑! 똑! 여기에는 한마디 말도 없습니다.

11. 돈오돈수인가 돈오점수인가?

똑! 똑! 똑! 여기에 있어야 말에 속지 않습니다.

돈오돈수와 돈오점수는 무엇일까요? 이 질문도 굉장히 많은 사람이 궁금하게 여기는 주제입니다. 왜냐하면 2~30년 전에 우리나라 불교계에서 "돈오돈수가 옳으냐? 돈오점수가 옳으냐?"라는 논쟁이 있었기 때문이죠.

첫째, 돈오돈수와 돈오점수는 서로 비교할 수 있는 말일까요?

돈오돈수와 돈오점수 중 어느 것이 옳은지를 따지기 이전에 먼저 따져 봐야 하는 것이 있습니다. 돈오돈수와 돈오점수라는 두 말을 비교하여 옳고 그름을 판단하려면 이 두 말이 같은 사실에 관한 말이어야 합니다. 다른 사실에 관한 말이라면, 두 말을 비교하는 것이 의미가 없기 때문입니다.

예컨대, "2023년 1월 1일 서울에 비가 왔다."는 말과 "2023년 2월 1일 서울에 비가 오지 않았다."는 두 마디 말을 서로 비교하여 하나는 맞고 하나는 틀렸다고 판단하는 것은 무의미합니다. 같은 날의 날씨에 대한 말이어야 비교할 수 있는데, 다른 날에 대한 날씨를 말했기 때문입니다. 제각각의 날짜에 대해서는 바르게 말했는지 잘못 말했는지를 판단할 수 있으나, 다른 날에 대한 두 말을 마치 같은 날에 대한 말처럼 서로 비교하여 하나는 맞고 하나는 틀렸다고 판단할 수는 없습니다. 두 말을 서로 비교하여 판단하려면, "2023년 1월 1일 서울에 비가 왔다." "2023년 1월 1일 서울에 비가 오지 않았다."라는 식으로 같은 날짜의 날씨에 대한 서로 다른 언급이어야 합니다.

그러므로 돈오돈수와 돈오점수가 같은 대상에 대한 다른 언급인지를 먼저 확인해 보아야 서로 맞고 틀림을 비교할 수 있습니다. 돈오돈수와 돈오점수라는 두 말은 '돈오'는 같은데 돈수와 점수로 서로 주장이 엇갈리는 것처럼 보입니다. 그러나 만약 돈오의 내용이 서로 다르다면, 애초에 말하는 대상이 달라집니다. 따라서 돈오의 내용이 같은지 다른지를 먼저 따져 보아야 합니다.

다시 말해, 돈오돈수가 옳으냐 돈오점수가 옳으냐를 따지려면, 돈오라고 하는 깨달음의 내용은 같은데 깨달음 뒤의 수행이 돈수와 점수로 서로 다른 주장을 하는 것이어야 돈수가 옳은지 점수가 옳은지를 따질 수 있을 것입니다. 만약 돈오라고 말하는 깨달음의 내용이 똑같지 않다면, 애초에 다른 내용을 말하고 있는 것이므로 깨달은 뒤에 돈수가 옳으냐 점수가 옳으냐를 따지는 것은 무의미합니다.

돈오돈수는 《육조단경(六祖壇經)》에서 육조 혜능(六祖慧能; 638-

713)이 말한 것이고, 돈오점수는 규봉종밀(圭峰宗密; 780-841)이 육조 혜능의 제자인 하택신회(荷澤神會; 670-762)의 선을 일러서 말한 것입니다. 그러므로 육조단경에서 혜능이 말하는 깨달음이 어떤 것인지, 규봉종밀이 말하는 하택신회의 깨달음이 어떤 것인지를 먼저 살펴보아 같은 내용의 깨달음을 말하는지를 알아보아야 합니다.

《육조단경》에서 말하는 돈오돈수의 앞뒤 맥락은 다음과 같습니다.

"자성(自性)에는 잘못이 없고 어리석음이 없고 어지러움이 없으니 순간순간 지혜로써 비추어 본다면 늘 법이라는 분별을 벗어나 자유자재하여 종횡으로 걸림이 없을 것인데, 세울 수 있는 무엇이 있겠는가? 자성이 스스로 깨달으면 문득 깨닫고 문득 닦아서[돈오돈수(頓悟頓修)] 다시 점차적인 절차는 없다. 그러므로 어떤 법도 세우지 않고 모든 법이 고요히 사라지는데, 어떤 절차가 있겠느냐?"[48]

《육조단경》을 보면, 육조 혜능은 오로지 자성을 보는 견성(見性)의 깨달음을 말하고 있습니다. 견성은 곧 불이법(不二法)이라고 하는데, 불이법은 바로 여기서 말하듯이 이법(二法)인 분별에서 벗어나는 것입니다. 자성을 깨달으면 문득 분별에서 벗어나 아무것도

48　自性無非無癡無亂, 念念般若觀照, 常離法相, 自由自在, 縱橫盡得, 有何可立? 自性自悟, 頓悟頓修, 亦無漸次. 所以不立一切法, 諸法寂滅, 有何次第?(덕이본《육조단경》)

없으니 깨달음이든 수행이든 모두 문득 성취되는 일이고 남은 절
차는 없다는 말입니다. 분별에서 벗어났으니 당연히 남은 절차가
있을 수 없습니다. 그리하여 혜능은 다시 이렇게 말합니다.

"자성(自性)에는 잘못이 없고 어지러움이 없고 어리석음이 없으
니 순간순간 지혜로써 비추어 보고 마땅히 법이라는 분별을 떠난
다면, 세울 수 있는 무엇이 있겠는가? 자성은 문득 수행하는 것[돈
수(頓修)]이므로, 점차적인 절차를 세운다면 깨달음이 이루어질 수
없다."[49]

이처럼 혜능이 말하는 깨달음은 다만 분별에서 벗어나 불이중도
(不二中道)에 들어맞는 것입니다. 견성하여 깨달으면 분별에서 벗어
나므로 다시 어떤 절차를 말할 수는 없습니다. 그러므로 돈오돈수
라는 말도 사실은 있을 수 없지만, 방편으로 어쩔 수 없이 하는 말
이라고 해야 합니다. 혜능이 말하는 돈오돈수라는 말은 분별에서
벗어나 불이중도의 자성에 들어맞는 깨달음만 말하고 있습니다.

규봉종밀은 중국 화엄종의 제5대 조사였으나, 또한 선종(禪宗)의
문하에서 선(禪)도 공부하여 육조 혜능의 제자인 하택신회의 선을
보리달마에게서 육조 혜능을 거쳐 전해진 바른 법이라고 보았습니
다. 종밀은 교학과 선을 두루 공부한 덕에 대승불교학의 이론을 가
지고 선을 해석한 《선원제전집도서(禪源諸詮集都序)》를 저술하여

---

49 自性無非無亂無癡, 念念般若觀照, 當離法相, 有何可立? 自性頓修, 立有漸次,
契以不立.(돈황본 《육조단경》)

선(禪)과 교(敎)의 회통을 시도하였으며, 배휴(裵休)의 질문에 답한 《중화전심지선문사자승습도(中華傳心地禪門師資承襲圖)》(이하《사자 승습도》라 약칭)를 저술하여 달마에게서 신회에 이르기까지 선종의 계보를 정계와 방계로 구분하기도 하였습니다. 선 문헌에서 돈오점 수라는 말이 최초로 등장하는 것은 규봉종밀의 상기 두 책입니다.

종밀은 《사자승습도》에서 하택신회의 선을 돈오점수의 올바른 선이라고 주장하였는데, 종밀이 말하는 하택신회의 돈오라는 깨달 음은 다음과 같습니다.

"돈오(頓悟)라는 것은 말하자면, 아득한 옛날부터 어리석게 헤매 고 뒤집어져서, 사대(四大)[50]를 몸이라고 여기고 망상(妄想)을 마음 이라고 여겨 사대와 망상을 함께 자기 자신이라고 여겼는데, 만약 선지식을 만나서 불변(不變; 무분별)과 수연(隨緣; 분별), 성(性; 무분별) 과 상(相; 분별), 체(體; 무분별)와 용(用; 분별)의 뜻을 말하는 것을 듣 고서 신령스럽게 알고 봄〔영령지견(靈靈知見)〕이 자기의 참된 마음 이고, 이 본래 텅 비고 끝이 없고 모습이 없는 마음이 바로 법신(法 身)이며, 몸과 마음이 둘 아닌 것이 바로 참된 자기 자신임을 문득 깨닫는다면, 모든 부처님과 털끝만큼도 다르지 않을 것입니다. 그 까닭에 '돈(頓)'이라고 말하는 것입니다."[51]

---

50 지(地)·수(水)·화(火)·풍(風)의 4가지로 물질 즉 육체인 색법(色法)을 구성 하는 원소(元素).

51 頓悟者, 謂無始迷倒, 認此四大爲身, 妄想爲心, 通認爲我, 若遇善友, 爲說如上不 變隨緣, 性相體用之義, 忽悟靈靈知見, 是自眞心, 心本空寂, 無邊無相, 卽是法身, 身 心不二, 是爲眞我, 卽與諸佛分毫不殊. 故云頓也.(《중화전심지선문사자승습도(中華傳

"모든 것이 꿈과 같다고 하는 것은 여러 불보살들이 한결같이 말하는 것입니다. 그러므로 허망한 생각은 본래 고요[적(寂)]하고, 분별되는 경계는 본래 비었[공(空)]습니다. 이 텅 비고 고요한[공적(空寂)] 마음은 신령스럽게 알아서[영지(靈知)] 어둡지 않습니다. 바로 이 텅 비고 고요하면서 고요히 아는 것[적지(寂知)]이 바로 앞서 보리달마가 전해 준 텅 비고 고요한 마음[공적심(空寂心)]입니다."[52]

종밀이 말하는 하택신회의 돈오는 선지식의 설명을 듣고서 텅 비고 모습이 없으면서 신령스럽게 알고 봄[지견(知見)]을 자기의 참된 마음이고 참된 자기 자신이라고 깨닫는 것이라고 합니다. 신회는 달마가 전해 준 참된 마음은 텅 비고 고요하면서 신령스럽게 아는 것[공적영지(空寂靈知)]이라 하고, 이런 마음을 깨닫는 것이 돈오라는 것입니다.

혜능은 분별에서 벗어나 불이중도인 자성을 보는 것을 깨달음이라고 하므로, 분별에서 벗어나는 것이 깨달음의 핵심입니다. 그러므로 깨달음도 수행도 단번에 분별에서 벗어나는 일이 있을 뿐, 달리 거쳐야 할 절차는 없다고 한 것입니다. 그러나 신회는 텅 비고 고요하고 신령스럽게 아는 마음을 깨달아야 한다고 합니다. 즉, 신회의 깨달음은 앎을 주요 속성으로 하는 텅 비고 고요한 마음을 알아차리고 인정하는 것을 깨달음이라고 합니다.

심지선문사자승습도圖〉〉

52　謂諸法如夢, 諸聖同說. 故妄念本寂, 塵境本空. 空寂之心, 靈知不昧. 卽此空寂寂知, 是前達磨所傳空寂心也.(〈중화전심지선문사자승습도〉)

텅 비고 고요하며 신령스럽게 아는 것이 마음이라면, 이런 마음을 깨닫는 것은 이런 마음을 분별하는 것이지 분별에서 벗어나는 것이 아닙니다. 혜능의 깨달음은 분별에서 벗어나는 것일 뿐인데, 신회의 깨달음은 텅 비고 신령스럽게 아는 마음을 확인하는 것이 깨달음입니다. 그런 마음을 확인하는 것은 곧 분별입니다. 이런 점에서 혜능이 말하는 깨달음과 신회가 말하는 깨달음은 전혀 다릅니다.

신령스럽게 아는 것이 참된 마음이라고 주장함으로써 신회는 지해종도(知解宗徒)로 낙인이 찍혔습니다. 지해(知解) 즉 아는 것을 근본으로 삼는다는 것입니다. 이처럼 돈오라는 깨달음의 내용에서 혜능과 신회는 완전히 다릅니다. 돈오라는 같은 말을 했지만 그 내용에서 완전히 다르기 때문에, 혜능의 돈오돈수와 신회의 돈오점수를 동일 선상에서 비교하여 하나는 맞고 하나는 틀리다고 말하는 것은 옳지 않습니다.

또 혜능이 말하는 불이중도의 견성이란 깨달음은 분별에서 벗어나 말할 수 없는 것을 억지로 말하는 방편의 말인 반면에, 신회가 말하는 텅 비고 고요하면서 신령스럽게 아는 마음이라는 것은 그렇게 분별하여 알 수 있는 마음이 있다고 주장하는 것이므로 방편의 말이 아니라 말할 수 있는 사실을 말하는 세속의 말입니다. 하나는 분별을 벗어난 출세간을 가리키는 방편의 말이고 하나는 분별할 수 있는 세간을 가리키는 말이므로, 그 두 말을 동일 선상에 놓고 비교할 수는 없습니다.

물론, 혜능이 말하는 견성이 분별망상에서 벗어나는 올바른 깨달음이고, 신회가 말하는 공적영지의 마음을 아는 것은 올바른 깨달음이 아니라는 사실은 분명합니다. 그러나 이런 사실 때문에 돈오돈수가 맞고 돈오점수는 틀리다고 말할 수는 없습니다. 돈오점수가 비록 종밀에 의하여 신회의 선을 말하는 것으로 최초로 언급되었지만, 돈오점수라는 말이 오로지 신회의 선을 말하는 것으로만 쓰이는 용어는 아니기 때문입니다. 종밀이 《선원제전집도서》에서 돈(頓)과 점(漸), 오(悟)와 수(修)를 다양하게 조합하여 여러 가지 주장을 말하고 있듯이, 돈점(頓漸)과 오수(悟修)의 조합은 일반적인 방편의 말로 얼마든지 사용할 수 있기 때문입니다.

그러므로 신회의 선이 잘못된 선인 까닭은 텅 비고 고요하면서 신령스럽게 안다는 공적영지(空寂靈知)를 참 마음이라고 여기고 그런 마음을 아는 것을 깨달음이라고 하는 지해(知解)에 있지, 신회가 돈오점수를 주장하기 때문은 아닙니다. 마찬가지로, 혜능의 선이 바른 선인 이유는 그 깨달음이 분별을 벗어나 불이중도에 들어맞기 때문이지, 돈오돈수를 주장하기 때문은 아닙니다. 돈오돈수나 돈오점수는 누구나 상황에 따라 사용할 수 있는 방편의 말일 뿐입니다.

둘째, 방편의 말을 진실이라고 여기지 말아야 합니다.

방편의 말은 어떤 사실에 대한 주장이 아니라, 어떤 병에 대하여 약으로 처방한 말입니다. 다시 말해, 방편의 말은 분별되는 사실에 대한 주장이 아니라, 중생의 병을 치료하기 위하여 처방한 약으로서의 말입니다. 그러므로 그 약이 어떤 병을 치료하려 처방된 약인지를 따져 볼 수는 있으나, 이 약은 옳고 저 약은 그르다고 판단할 수는 없습니다. 소화제는 옳고 해열제는 그르다고 할 수는 없기 때문입니다.

물론, 같은 병에 대한 약이라면 제대로 처방된 약인지 아닌지를 판단할 수 있습니다만, 같은 병에 대한 약 처방이라 하더라도 서로 다른 증상에 대한 제각각의 약 처방을 하는 것이 일반적입니다. 만약 돈오돈수와 돈오점수라는 말을 같은 병의 서로 다른 증상에 대한 약으로 처방한다면, 각각 어떤 증상에 대한 약 처방일 수 있을까요?

깨달음과 수행에 대한 말로서 참고할 만한 말은 대혜종고의 다음과 같은 말입니다. 《대혜서장(大慧書狀)》에 실려 있는 '이참정(李叅政) 한로(漢老)에 대한 답서(1)'에서 대혜종고는 이참정이 깨달음을 얻은 뒤의 공부에 대하여 당부하는 말을 다음과 같이 하고 있습니다.

"편지에 이르시길, 성에 도착한 이래로 옷 입고 밥 먹고 손자를 안고 함께 놀아 주는 것들이 하나하나 옛날과 같으나, 이미 끄달리거나 막히는 감정이 없고 또한 기특하다는 생각도 하지 않으며 오래된 습관의 장애도 조금씩 가벼워진다고 쓰신 글을 세 번이나 되풀이해서 읽고는 너무나 기뻤습니다. 이것이 바로 불교를 공부하는 효험입니다. ⋯ '이미 구속되고 막히는 감정이 없고 또 기특하다는 생각도 하지 않는다.'고 하시니 이는 부처님의 말씀과 깊이 들어맞는 것입니다. 이와 같이 말하면 부처님의 말씀이라 부르지만, 이와 달리 말하면 마귀의 말이 됩니다. …

　이 일은 결코 경솔히 해서는 안 되고, 반드시 얻기 어렵다는 생각을 해야 합니다. 흔히 근기가 날카롭고 지혜가 뛰어난 사람이 힘들지 않게 얻고서는 드디어 경솔한 마음을 내어 곧 수행하지 않음으로써, 쉽사리 눈앞의 경계에 끄달려 주인공 노릇을 하지 못하게 됩니다. 그리하여 날이 가고 달이 갈수록 헤매고 다니며 돌아오지 못하면, 도의 힘이 업의 힘을 이기지 못하여 마귀가 기회를 얻게 됩니다. 결정적으로 마귀에게 사로잡혀 버리면, 목숨이 떨어질 때가 되어도 역시 힘을 얻지 못합니다. 반드시 기억해 두십시오.

　지난날 하신 말씀에 '이(理)라면 문득 깨달으니 깨달음을 타고서 모두가 녹아 버리지만, 사(事)는 문득 없어지지는 않고 점차점차 없어진다.'고 하셨는데, 평소의 삶 속에서 이것을 절대 잊어서는 안 됩니다. 그 밖에 옛사람들의 여러 가지 다양한 말들도 일절 진실하다고 여겨서는 안 되고, 또한 헛되다고 여겨서도 안 됩니다. 오랫동안 순수하게 익어 가다 보면, 저절로 자기의 본래 마음과 말없이 하나가 될 것이니, 뛰어나고 특별한 것을 따로 찾을 필요는 없습니다."

　먼저 대혜는 깨달음을 얻은 사람이 누리는 효과를 언급합니다. 생활은 이전과 다를 바 없으나, 감정에 끄달리지 않고 특별하다는 생각도 없고 오래된 습관의 장애도 조금씩 가벼워진다고 하는데, 이것은 곧 해탈의 경험을 말하는 것이고 불이중도에 통하여 어디에도 머물지 않음을 말하는 것입니다. 대혜는 이것이 바로 부처님이 말씀하시는 깨달음이니 다시 다른 법을 찾지 말라고 당부합니다.

　그러나 대혜는 다시 당부하기를, 이러한 해탈의 체험이 곧 깨달음의 전부라고 쉽게 여겨서 공부를 소홀히 해서는 안 된다고 합니다. 그 까닭은 이러한 깨달음을 문득 체험하였다고 하여도 그 즉시로 앞에 나타나는 모든 경계에서 벗어나 걸림 없이 자유롭게 살 수는 없기 때문이고, 오래도록 불이중도에 익숙해지는 수행을 하지 않으면 여전히 경계에 끄달리며 살아가는 중생에서 벗어나지 못하기 때문이라고 합니다.

　그것을 대혜는 도(道)의 힘이 업(業)의 힘을 이기지 못하기 때문이라고 합니다. 도는 곧 깨달음이니 불이중도에 통하여 어디에도 머묾 없이 자유로운 것이고, 업은 곧 습관의 힘이니 지금까지 분별 망상하면서 살아온 습관을 가리킵니다. 도의 힘을 길러 업의 힘을 이기지 못하면 습관에 따라 여전히 경계에 얽매이고 경계에 끄달리면서 살아야 하기 때문에, 깨달음을 얻은 뒤에는 깨달음에 익숙해지는 공부의 시간이 필요한 것입니다.

　그리하여 대혜는, 깨달아서 중생의 분별심에서 벗어나 불이법문에 통하였다고 하더라도, 이제 비로소 깨달아 아직 낯선 불이법문에 익숙해지는 공부를 매우 강조하고 있습니다. 이에 대한 대혜의 당부를 몇 가지 소개합니다.

　"중생 세계의 일은 배울 필요가 없습니다. 아득한 옛날부터 익숙해졌고, 인생살이 역시 익숙하여 저절로 곁가지를 골라내고 그 근원과 만나니, 반드시 옆으로 밀쳐 두어야 합니다. 그러나 출세간의 반야심(般若心)을 배우는 일은 아득한 옛날부터 등지고 있었으므로, 선지식의 말을 조금 듣는다고 하여 저절로 이해되지는 않습니다. 모름지기 결정적인 뜻을 세워 반야심과 어울리고, 결코 둘이 되지 말아야 합니다. 반야심에 깊이 들어간다면 중생사를 애써 물리치지 않아도, 온갖 삿된 마귀와 외도가 저절로 달아나고 항복할 것입니다. 낯선 곳은 익숙해지고 익숙한 곳은 낯설게 하는 일이 바로 이것입니다."[53]

"대개 아득한 예부터 익숙한 곳은 매우 익숙하고 낯선 곳은 매우 낯설어서, 비록 잠시 알아차려도 마침내 도의 힘이 저 업의 힘을 이겨 내지 못합니다. 어느 것이 업의 힘일까요? 익숙한 곳이 업의 힘입니다. 어느 것이 도의 힘일까요? 낯선 곳이 도의 힘입니다."[54]

"어떤 것이 익숙한 곳일까요? 총명하고 영리하게 생각으로 헤아리고 견주어 살펴보는 것이 그것입니다. 어떤 것이 낯선 곳일까요? 보리, 열반, 진여, 불성이니 사유와 분별이 끊어져 어떻게도 헤아릴 수 없고, 그대가 마음을 써서 처리할 수 없는 것이 그것입니다."[55]

이처럼 대혜는 깨달은 뒤에 깨달음에 익숙해지는 공부를 대단히 강조하고 있습니다. 당연한 일입니다. 일평생 분별망상하면서 살아

---

53 《대혜서장(大慧書狀)》 증시랑(曾侍郎) 천유(天游)에 대한 답서(6).
54 《대혜법어(大慧法語)》 여기의 (呂機宜)에게 보임.
55 《대혜법어》 서제형(徐提刑)에게 보임.

296

온 사람이 비로소 분별망상에서 벗어나 불이중도를 깨달았지만, 분별망상은 매우 익숙하고 불이중도의 깨달음은 여전히 매우 생소합니다. 익숙한 일이 힘이 강하고 생소한 일은 힘이 약하기 때문에, 깨달았다고 하지만 여전히 분별망상에 끌려가는 힘이 강하고 분별망상에서 벗어나 깨달음 속에 있는 힘은 약합니다.

깨달음의 효험을 확실하게 보려면 깨달음의 힘이 강해져서 분별망상을 확실히 이겨 낼 수 있어야 합니다. 깨달음의 힘을 키우려면 깨달음에 익숙해져야 하고, 깨달음에 익숙해지려면 시간이 많이 필요합니다. 깨달은 뒤의 수행이란 이렇게 낯선 깨달음에는 낯익어지고 낯익은 분별망상에서는 낯설어지는 것입니다.

분별에서 벗어나는 깨달음을 통하여 모든 분별이 사라지므로 어떤 번뇌도 없습니다. 즉, 분별에서 벗어난 불이중도라는 깨달음에는 아무것도 없기 때문에 아무런 번뇌가 없습니다. 그러나 익숙함이라는 다른 문제가 있습니다. 익숙하지 않으면 그 힘이 약하여 그 혜택을 충분히 누릴 수가 없습니다. 이점에 관해서는 《수능엄경》 제10권에 나오는 다음의 말이 많이 인용됩니다.

"이치(理致)라면 문득 깨달아 깨달음에 의하여 모든 것이 한꺼번에 사라지지만, 사실(事實)은 문득 제거되지 않고 차례차례 사라진다."[56]

생각으로 헤아릴 수 없는 곳에서 한 생각이 문득 부서져 분별에

---

56 理則頓悟, 乘悟倂銷, 事非頓除, 因次第盡.

서 벗어나 불이법문에 들어가는 깨달음을 얻으면, 모든 것이 한꺼번에 몽땅 사라져서 무여열반(無餘涅槃)이 성취됩니다. 이렇게 분별에서 벗어나는 체험을 《수능엄경》에서는 이치(理致)라고 표현하였습니다. 또 깨달음이라는 이치에 대비하여 사실(事實)을 말하는데, 사실에서는 한순간에 모든 것이 몽땅 사라지는 무여열반이 성취되는 것이 아니고, 세월이 흐르면서 점차 사라진다고 합니다.

이치는 분별에서 벗어난 출세간을 가리키고, 사실은 분별세계인 세간을 가리키는 것임을 알 수 있습니다. 출세간은 분별에서 벗어난 공(空)이므로 아무것도 없습니다만, 세간에는 익숙함과 생소함이라는 문제가 있습니다. 익숙하면 수월하고 힘들지 않으며, 생소하면 서툴고 힘이 듭니다. 깨달았느냐 깨닫지 못했느냐가 첫 번째로 중요한 일이지만, 익숙하냐 생소하냐 매우 중요한 일입니다. 익숙하지 못하면 제대로 해낼 수 없기 때문입니다.

앞서 살펴본 육조 혜능의 돈오돈수를 《수능엄경》의 이 구절과 비교하여 보면, "자성이 스스로 깨달으면 문득 깨닫고 문득 닦아서 다시 점차적인 절차는 없다. 그러므로 어떤 법도 세우지 않고 모든 법이 고요히 사라지는데, 어떤 절차가 있겠느냐?"라는 혜능의 말은 《수능엄경》에서 말하는 "이치(理致)라면 문득 깨달아 깨달음에 의하여 모든 것이 한꺼번에 사라진다."에 해당함을 알 수 있습니다. 즉, 혜능의 돈오돈수는 깨달음이라는 이치만 말한 것이고, 점차 익숙해진다는 사실에 관해서는 언급하지 않은 것임을 알 수 있습니다.

《육조단경》에서 혜능도 깨달은 뒤에 깨달음에 익숙해지는 수행에 관하여 다음과 같이 여러 번 언급하고 있습니다.

"네가 만약 마음이 어리석어 자성을 보지 못한다면, 선지식에게 물어서 길을 찾아야 한다. 네가 만약 마음을 깨닫는다면, 곧 저절로 자성을 보아서 법에 따라 수행할 것이다.[57]

"스스로 깨달아 수행하라."[58]

"스스로 깨달아 스스로 수행하라."[59]

"깨달은 사람은 문득 수행한다."[60]

"순간순간 저절로 본성이 깨끗함을 보아 저절로 닦고 저절로 행하면, 저절로 불도(佛道)가 이루어진다."[61]

여기서 혜능은 자성을 깨달은 뒤에 자성을 보는 수행, 문득 이루어지는 돈수(頓修), 순간순간 저절로 자성을 보는 무위(無爲)의 수행을 말하고 있습니다. 자성을 보는 깨달음을 얻고 나면, 순간순간 저절로 자성을 보게 됩니다. 그렇게 시간이 지나면서 점차 자성을 보는 일에 익숙하게 됩니다. 분별을 벗어나서 불이중도에 통하는 견성 체험을 하고 나면, 분별을 벗어난 세계가 문득문득 저절로 앞에 나타납니다.

그러나 여전히 분별의 힘이 훨씬 강하고 분별에서 벗어난 힘은 약합니다. 그래도 순간순간 분별에서 벗어난 세계가 드러나 확인됩

---

57 汝若心迷不見, 問善知識覓路. 汝若心悟, 即自見性, 依法修行.(《법보단경》)

58 自悟修行.(《법보단경》)

59 自悟自修.(《법보단경》)

60 悟人頓修.(《법보단경》)

61 於念念中, 自見本性淸淨, 自修自行, 自成佛道.(《법보단경》)

니다. 그렇게 분별을 벗어난 세계를 체험하면서 시간이 흐르면, 점차 분별에서 벗어난 힘이 강해집니다. 혜능이 말하는 수행은 이러한 체험을 가리킴을 알 수 있습니다. 그렇다면 혜능도 익숙함의 문제를 언급하고 있는 것입니다.

그러면 혜능은 왜 돈오돈수만 말할까요? 그 까닭은 돈(頓)은 시간의 길이가 없는 한순간을 가리키므로 앞뒤가 없어서 분별을 벗어났다는 뜻이 있고, 점(漸)은 긴 시간을 가리키므로 앞과 뒤가 분별되므로 분별 속에 있음을 뜻하기 때문입니다. 혜능이 돈오돈수이고 다시 점차(漸次)는 없다고 한 것이 이런 뜻입니다. 혜능은 언제나 자성을 보아야 한다고 했는데, 분별을 벗어나 자성을 본다는 것은 순간순간 이루어지는 일이지 어떤 시간 동안 점차 이루어지는 일은 아닙니다.

분별에서 벗어나는 것은 언제나 지금 이 순간의 일이기 때문입니다. 그렇기 때문에 혜능은 돈오와 돈수를 강조하여 말한 것입니다. 그렇다고 깨달은 뒤에 깨달음에 익숙해지는 수행을 말하지 않은 것은 아닙니다. 우리는 늘 지금 이 순간을 살고 있으므로 지금 이 순간 분별에서 벗어나 견성하고 있다면, 세월이 흐를수록 견성이 더욱 익숙해질 것입니다. 혜능은 이런 의미에서 돈수를 말했다고 보입니다.

《수능엄경》에서 이(理)와 사(事)로 나누어 깨달음은 문득 이루어지지만 깨달음에 익숙해짐은 점차 이루어진다고 말한 것은 더 이해하기 쉽게 말한 것이라고 할 수 있습니다. 혜능이나 《수능엄경》이나 같은 깨달음의 체험을 나타내면서도 그 방편의 말이 다른 것입니다. 방편의 말은 이처럼 어떤 측면에서 말하느냐의 차이가 있습니다.

여기서 조심할 것은 방편의 말을 진실로 여기고 무조건 그 말만이 옳다고 집착하면 안 된다는 것입니다. 경전에 나오는 부처님과 보살님의 모든 말씀, 선사들의 어록에 나오는 선사들의 모든 말씀은 한마디도 예외 없이 전부 방편의 말입니다. 깨달음이 분별에서 벗어나 자성을 보는 견성(見性)이고 자성은 분별할 수 없는 불이중도이므로, 이런 깨달음에 관한 모든 말은 분별할 수 없어서 말할 수 없는 것을 억지로 말하는 방편의 말일 수밖에 없습니다.

방편의 말은 달을 가리키는 손가락과 같고 병에 따라 처방한 약과 같은 일시적인 수단이지, 언제나 어디서나 변치 않는 영원한 진리가 아닙니다. 그러므로 어떤 방편의 말을 진리로 여겨서 그것만 옳다고 집착하고 고집한다면, 방편의 말이 어떤 것인지 알지 못하는 것입니다. 달을 가리키는 손가락도 그때그때 필요에 따라 여러 사람의 손가락이 등장할 수 있고 약도 여러 가지 다양한 약을 그때그때 필요에 따라 사용할 수 있듯이, 방편의 말도 역시 그와 같기 때문에 그때그때 알맞게 사용하면 되는 것이지 반드시 이것만이 진리라고 고집하는 것은 있을 수 없습니다.

방편의 말을 필요에 따른 일시적인 방편으로 사용하지 않고 오로지 그 방편만을 진리라고 고집한다면, 이것은 방편이 아니라 진실이라고 숭배하는 법상(法相)이 되고 우상(偶像)이 됩니다. 이런 법상과 우상은 우리에게 해탈과 깨달음을 주는 것이 아니라, 도리어 우리를 얽어매고 속박하는 번뇌가 됩니다. 그래서 예부터 선사들은

"그럴듯한 한마디 말은 영원토록 당나귀(중생)를 얽어매는 말뚝이
된다."라고 하여 지극히 조심하라고 경고하였던 것입니다.

똑! 똑! 똑! 여기에는 한마디 말도 없습니다.

12. 오매일여란 무엇인가?

똑! 똑! 똑! 여기에 있어야 말에 속지 않습니다.

오매일여(寤寐一如)란 어떤 것일까요? 오매(寤寐)에서 오(寤)는
'잠을 깨다'는 뜻이고 매(寐)는 '잠을 잔다'는 뜻이며, 일여(一如)란
'한결같이 같다'는 뜻입니다. 그러므로 오매일여란 잠에서 깨어 있
을 때나 잠을 잘 때나 한결같이 같다는 뜻입니다.

오매일여라는 말이 선불교(禪佛敎), 특히 우리나라의 선불교에
서 유명해진 것은 조계종의 종정을 역임하신 해인사의 성철 스님
이 깨달으려면 오매일여가 되어야 한다고 늘 말씀하셨기 때문이지
만, 원래 선의 역사에서 오매일여라는 말이 알려지게 된 것은 중국
송나라 때 간화선을 제창했던 대혜종고 선사가 깨달음을 얻은 이
야기 속에 방편으로 등장하는 말이 오매일여이기 때문입니다. 성철
스님이 오매일여가 깨달음으로 가는 관문이라고 주장하는 근거도
대혜가 깨달은 이야기입니다.

대혜는 16살에 출가하여 불교 경전과 선어록 등 여러 책을 읽고

묵조선(默照禪) 수행을 하기도 했지만, 결국 담당문준 선사를 스승으로 삼고 그 문하에서 공부했습니다. 어느 날 담당이 대혜를 불러서 이렇게 말합니다.

"너는 설법(說法)도 잘하고 공안(公案)에 대한 비평도 잘하지만, 너에게 한 가지 부족한 게 있다. 너는 알겠느냐?"

"모르겠습니다. 제가 무엇이 부족한가요?"

"방장에서 나의 설법을 들을 때는 너에게 선(禪)이 있다가도 방장에서 나가자마자 없어져 버리고, 네가 깨어서 생각할 때는 선이 있다가도 잠이 들자마자 없어져 버린다. 네가 이와 같으니, 어떻게 삶과 죽음의 문제와 맞설 수 있겠느냐?"

이에 대혜가 말했습니다.

"예, 그게 바로 제가 풀지 못하고 있는 문제입니다."[62]

그 얼마 뒤 담당이 병에 걸려 죽음이 임박하자 담당은 자기의 사후에 원오극근 선사를 찾아가서 공부하라고 당부했습니다.

담당이 입적한 뒤에 대혜는 원오를 찾아가서 이렇게 질문합니다.

"제가 잠이 들기 전에는 부처님의 말씀에 의지하여 행동하고 부처님이 금하신 행동은 감히 하지 않으며, 이전에 스님들에게 배웠거나 스스로 공부하여 얻은 것들을 깨어 있을 때는 모두 마음대로 쓸 수 있습니다. 그러나 침상에서 잠이 들락말락할 때 벌써 주재(主宰)하지 못하고, 잠이 들어 꿈에 좋아하는 것을 보면 매우 기뻐하고 나쁜 경계를 만나면 두려워 어쩔 줄 모릅니다. 이 몸이 멀쩡한데도

---

62 《대혜선사연보(大慧禪師年譜)》 '1114년(26세) 정화 4년 갑오(甲午)'

다만 잠 속에서 벌써 이렇게 끄달리며 주재할 수 없으니, 하물며 죽음에 임하여 육체의 여러 고통이 걷잡을 수 없이 다가올 때 어떻게 휘둘리지 않을 수 있겠습니까?"

원오는 대혜의 말을 듣고 다만 이렇게 말했습니다.

"그만! 그만! 망상을 쉬어라. 망상을 쉬어라."

대혜가 다시 묻자 원오는 말했습니다.

"네가 말하는 그런 여러 가지 망상들이 끊어질 때, 너는 저절로 깨어 있을 때와 잠잘 때가 늘 하나인 곳에 도달할 것이다."

대혜는 원오의 가르침을 납득하지 못하고 이렇게 생각했습니다.

'내가 스스로 돌이켜보면, 깨어 있음과 잠들어 있음이 분명히 둘인데, 어떻게 감히 입을 벌려 선(禪)을 말하겠는가? 다만 부처님께서 말씀하신 깨어 있음과 잠들어 있음이 늘 하나라는 말이 허망한 말이라면 나의 이 병을 없앨 필요가 없겠지만, 부처님의 말씀이 진실로 사람을 속이지 않는다면 이것은 곧 나 자신이 아직 깨닫지 못한 것이다.[63]

여기서 대혜가 말한 부처님의 말씀이란 《수능엄경》에 나오는 오매항일(寤寐恒一)이라는 구절로, 깨어 있을 때나 잠잘 때나 늘 같다는 뜻입니다. 대혜가 생각하기에, 경전에서 부처님이 분명히 말씀하시길 깨어 있을 때나 잠잘 때나 늘 같다고 하였는데, 어떻게 이 문제에 대한 질문을 듣고서 망상하지 말라고 하는 것인지 이해가 되지 않았던 것이죠.

그렇게 문제를 안고 지내다가 어느 날 법당에서 원오의 법문을

---

63 《대혜보각선사서》 제29권 '향시랑 백공에 대한 답서'

들고서 대혜는 문득 깨닫게 됩니다. 원오는 법문 중에 이렇게 말했습니다.

"운문에게 누가 묻기를 '온갖 부처가 몸을 나타내는 곳이 어디냐?' 하니까 운문은 '동산이 물위로 간다.'라고 답했는데, 나라면 이렇게 답하겠다. '남쪽에서 따뜻한 바람이 불어오니 처마 밑이 시원하구나.'"

그 말을 듣는 순간 대혜는 갑자기 깨닫게 되었는데 이때의 경험에 대해 말하기를, "나는 이 말을 듣자마자 문득 앞뒤의 시간이 끊어졌다. 비유하자면 마치 한 타래 엉긴 실뭉치를 칼로써 한 번에 몽땅 잘라 버린 것과 같았다."[64]라고 하였습니다. 그리하여 비로소 《수능엄경》에서 부처님이 말한 깨어 있을 때와 잠잘 때가 똑같다는 말이 진실한 말임을 알게 되었다고 다음과 같이 말합니다.

"뒤에 원오 선사께서 '모든 부처님이 나타나는 곳에 따뜻한 바람이 남쪽으로부터 불어온다.'라고 하시는 말씀을 듣고서 홀연 가슴에 걸려 있던 것이 내려갔습니다. 그리하여 비로소 부처님의 말씀이 진실한 말이며, 있는 그대로의 말이며, 속이지 않는 말이며, 허망하지 않은 말이며, 사람을 속이지 않는 참으로 커다란 자비로서, 몸을 가루로 만들어 목숨을 버리더라도 갚을 수 없음을 알았습니다. 가슴에 걸려 있던 것이 없어지고 나서야, 비로소 꿈꿀 때가 바로 깨어 있는 때이며 깨어 있는 때가 바로 꿈꾸는 때라는 것을 알았으며, 비로소 부처님이 말씀하신 깨어 있을 때와 잠잘 때가 늘 하

---

64 《대혜보각선사보설》 제17권 '예시자 단칠이 청한 보설'

나라는 것을 저절로 알았습니다. 이러한 도리는 집어 내어 남에게 보여 줄 수도 없고, 남에게 말해 줄 수도 없습니다. 마치 꿈속의 경계와 같아서 취할 수도 없고 버릴 수도 없습니다.'[65]

대혜가 깨달아서 알았다고 하는 깨어 있을 때와 잠잘 때 변함없이 같은 것은 무엇일까요? 깨달음은 분별에서 벗어난 불가사의한 불이중도(不二中道)의 체험입니다. 분별되는 세계란 우리가 평소 경험하는 의식(意識)의 세계입니다. 분별하여 아는 세계이지요. 분별되는 의식세계는 언제나 변하고 있으므로 늘 똑같을 수는 결코 없습니다. 같은 사물을 분별한다고 하더라도 분별하는 의식은 늘 변하고 있으므로 우리가 분별하고 의식하는 세계가 언제나 변함없이 똑같을 수는 결코 없습니다.

그러면 어떤 것을 늘 똑같다고 할 수 있을까요? 대혜가 깨어 있을 때와 잠잘 때가 똑같다거나 똑같지 않다고 하는 것은 마음을 두고 하는 말입니다. 우리의 마음에는 양면이 있는데, 한 면은 분별하여 알 수 있는 면이고 다른 면은 분별할 수도, 알 수도 없다는 것을 불교에서는 말하고 있습니다. 불교에서 말하는 깨달음이란 우리 마음의 이러한 실상(實相)을 깨닫는 것입니다. 우리 마음의 실상이 어떤 것인가를 말하고, 그런 마음의 실상을 깨닫도록 이끄는 가르침을 펼치는 것이 곧 불교입니다.

모든 불교의 경론(經論)이 이런 가르침을 담고 있습니다. 대표적으로 《대승기신론》에서는 우리의 마음을 이렇게 말합니다.

---

65 《대혜보각선사서》 제29권 '향시랑 백공에 대한 답서'

"바른 뜻을 드러내어 보이는 것이란 한 마음이라는 법에 의하면 두 종류의 문(門)이 있다는 것이다. 무엇이 둘인가? 하나는 마음의 참되고 변함없는 측면〔심진여문(心眞如門)〕이고, 하나는 마음의 생기고 사라지는 측면〔심생멸문(心生滅門)〕이다. 이 두 측면이 모두 각각 모든 법을 전부 포함한다. 이 뜻이 어떠한가? 이 두 측면은 서로 떨어지지 않기 때문이다. 심진여는 곧 하나인 법계의 전체 모습으로서 법문의 바탕이니, 이른바 마음의 자성(自性)으로서 생겨나지도 않고 사라지지도 않는다. 모든 법은 오직 헛된 생각에 의하여 차별이 있으니, 만약 헛된 생각을 벗어난다면 모든 경계의 모습은 없다."[66]

하나의 마음에는 진여의 측면과 생멸의 측면이라는 두 측면이 있는데, 이 두 측면에 마음이 나타내는 모든 것이 전부 포함된다는 것입니다. 마음에서 진여의 측면은 생겨나지도 않고 사라지지도 않는다고 하였으니, 생겨나거나 사라진다는 분별에서 벗어난 측면에 해당합니다. 반면에 생멸의 측면은 헛된 생각이 차별을 일으켜 온갖 모습이 생기고 사라진다고 하였으니, 이것은 생각으로 헤아리고 분별하는 측면에 해당합니다.

마음에는 이런 양 측면이 있지만 이 양 측면은 서로 떨어질 수 없는 하나의 마음이라는 것이 모든 경전이 말하는 우리 마음의 실

66 顯示正義者, 依一心法, 有二種門. 云何爲二? 一者心眞如門, 二者心生滅門. 是二種門皆各總攝一切法. 此義云何? 以是二門不相離故. 心眞如者, 卽是一法界大總相法門體, 所謂心性不生不滅. 一切諸法唯依妄念而有差別, 若離妄念則無一切境界之相.

상입니다. 예컨대 《반야심경》에서는 생멸의 측면을 오온(五蘊)이라 하고 진여의 측면을 공(空)이라 하여, 오온과 공이 다를 수 없는 하나라는 사실을 말하고 있습니다. 또《금강경》에서는 생멸의 측면을 모든 모습이라 하고 진여의 측면을 모습이 아니라고 하여, 모든 모습이 곧 모습이 아님을 본다면 바로 깨달음이라 하고 있습니다. 유식불교에서는 늘 생기고 사라지며 변하는 육식(六識)과 텅 빈 허공 같은 육식의 자성(自性)이라는 양 측면이 우리 마음의 실상이라고 합니다.

불교에서는 마음을 흔히 거울에 비유하는데, 거울에는 변함없이 텅 빈 측면과 그 텅 빈 거울에 언제나 나타나는 온갖 모습의 측면이라는 양 측면이 있기 때문입니다. 우리가 분별하여 아는 세계인 중생의 의식세계는 거울에 나타나는 모습의 측면이고, 이런 분별의식에서 벗어난 자성은 거울에서 텅 빈 바탕의 측면입니다. 우리 마음에서 끊임없이 생기고 사라지는 생각은 생멸의 측면이고, 우리 마음에서 생각을 벗어난 텅 빈 마음은 진여의 측면입니다.

생기고 사라지는 생각에 얽매여 고통스러워하는 것이 곧 중생의 삶이고, 생각에서 벗어나 텅 빈 허공처럼 얽매일 것이 전혀 없는 것이 곧 깨달은 부처의 삶입니다. 깨달음은 텅 빈 허공처럼 불가사의한 진여자성을 체험하여 분별의식에 얽매인 고통에서 벗어나는 해탈입니다. 푸른 산은 본래 움직임이 없고 흰 구름은 본래 오고 간다고 하듯이, 분별의식인 생각은 본래 생기고 사라지는 것이고 진여자성은 본래 생기거나 사라진다고 말할 수 없습니다.

대혜가 생각에서 벗어나 자성을 깨닫는 견성(見性)의 체험이 아직 없었을 때는, 분별의식인 생각이 깨어 있을 때나 잠잘 때나 한 결같아야 한다고 오해를 하고 있었기 때문에 원오는 대혜의 질문에 대하여 망상하지 말라고 했던 것입니다. 대혜가 원오의 설법을 듣다가 문득 분별의식에서 벗어나 앞뒤의 시간이 끊어지고 가슴에 걸려 있던 것이 내려가고 나서야, 비로소 경전에서 말하는 깨어 있을 때나 잠잘 때나 똑같다는 말이 바로 분별의식을 벗어나 불이중도에 들어맞아서 드러난 마음의 실상을 가리키는 것임을 알게 되었던 것입니다. 대혜는 자신의 깨달음을 이렇게 토로합니다.

"보내 주신 편지에서 '깨달음과 깨닫지 못함이 동일하고, 꿈꾸는 때와 깨어 있을 때가 하나다.'라는 말씀을 하셨군요. 부처님께서는 '그대가 분별하는 마음[67]으로 법문을 들으면, 이 법문도 분별일 뿐이다.[68]라고 하셨습니다. '지인(至人)[69]에겐 꿈이 없다.'라고 하는데, 여기서 '없다'는 말은 '있다, 없다'라고 분별할 때의 '없다'가 아니라, 꿈과 꿈 아님이 동일하다는 말입니다."[70]

분별의식에서 벗어나 불이중도에 들어맞으니 우리의 분별심이 어떻게 분별하든지에 상관없이 우리 마음의 실상은 언제나 동일하다는 사실을 알게 된 것입니다. 분별에서 벗어나 중도에 들어맞아

---

67 연심(緣心) : 대상경계에 반연(攀緣)하는 마음이니, 곧 경계와 접촉하여 경계를 분별하는 마음. 연려심(緣慮心), 분별심(分別心)과 같음.
68 《수능엄경》제2권에 나오는 부처님 설법의 한 구절.
69 지인(至人) : 진리를 깨친 사람을 가리키며, 본래 《장자(莊子)》에 나오는 말.
70 《대혜보각선사서》제29권. 46. 향시랑 백공에 대한 답서.

서 보면, 마음의 실상은 언제나 동일하여 깨닫거나 깨닫지 못하거나 잠을 자거나 깨어 있거나 늘 하나의 마음일 뿐입니다. 분별하면 깨달음과 깨닫지 못함이 다르고 잠과 깸이 다르지만, 분별에서 벗어나면 같다거나 다르다거나 하는 분별도 없으므로 늘 같은 하나의 마음입니다.

《수능엄경》에서 깨어 있을 때와 잠잘 때가 늘 한결같다고 말하는 것도 같은 뜻입니다.

"아난아, 저 선남자는 삼매를 닦아서 생각[71]이 다 소멸한 자다. 이 사람은 평상시에 꿈과 생각이 소멸하여 자나 깨나 늘 한결같다〔오매항일(寤寐恒一)〕. 깨달음은 밝고 텅 비고 고요하여 마치 맑게 갠 하늘과 같아서, 다시는 거친 분별세계[72]의 그림자가 없다. 세간의 모든 산하대지를 보면 마치 거울에 밝게 비친 듯하여, 다가와도 달라붙지 않고 지나가도 흔적이 없다."[73]

삼매를 닦아서 생각이 모두 소멸하였다는 것은 분별에서 벗어나 불이중도에 통하였다는 말입니다. 분별을 벗어난 불이중도에서는 아무런 분별이 없으니 꿈도 없고 생각도 없어서 자나 깨나 달라질

---

71 상온(想蘊) : 오온(五蘊)의 하나. 외계(外界)의 사물을 마음속에 받아들이고, 그것을 그려 보는 마음의 작용. 생각.

72 전진(前塵) : 망상심(妄想心) 앞에 대상으로 나타나는 색(色)·성(聲)·향(香)·미(味)·촉(觸)·법(法)의 여섯 가지 경계(境界). 육경(六境)을 가리킴.

73 阿難, 彼善男子, 修三摩提, 想陰盡者. 是人平常, 夢想銷滅, 寤寐恒一. 覺明虛靜, 猶如晴空, 無復麤重, 前塵影事. 觀諸世間, 大地河山, 如鏡鑑明, 來無所粘, 過無蹤跡.(《수능엄경(首楞嚴經)》 제10권의 첫 부분)

일이 없습니다. 깨달아 분별에서 벗어나면 텅 비어 아무것도 없으면서도 밝게 깨어 있어서 어둠 속을 헤매지 않습니다. 모든 분별세계가 육식(六識)에 나타나지만, 마치 거울에 비치는 모습처럼 아무런 집착이나 막힘이 없습니다.

실제로 생각이 꽉 막혀서 꼼짝도 못하고 있다가 문득 생각에서 벗어나 중도에 통하는 체험을 하면, 육식이 그대로 나타나 있지만 아무것도 없습니다. 이전처럼 보고 듣고 느끼고 생각하고 알고 말하고 행동하고 하지만, 애초에 아무것도 없습니다. 아무것도 없지만 밝게 깨어 있고 활짝 살아 있어서 못할 일이 없습니다. 다만 깨어 있고 살아 있을 뿐, 분별도 생각도 없습니다. 여기에서는 다만 이럴 뿐, 같다거나 다르다고 할 수 없습니다. 다만 깨어 있고 살아 있을 뿐인 이것은 언제나 어디에서나 결코 달라지지 않습니다. 이것을 방편으로 진여(眞如) 혹은 자성(自性)이라고 하는데, 자나 깨나 변함없는 것을 말한다면 바로 이것뿐입니다. 물론, 어디까지나 방편으로 하는 말이지, 실제 여기에서는 변함없다는 생각도 없습니다.

똑! 똑! 똑! 여기에는 한마디 말도 없습니다.

13. 불립문자란 무엇인가?

똑! 똑! 똑! 여기에 있어야 말에 속지 않습니다.

311

선(禪)의 특징을 말할 때 불립문자(不立文字)라는 말을 합니다. 불립문자란 '언어문자를 세우지 않는다.'는 뜻인데, 언어문자 즉 말과 글로써 나타내지 않는다는 뜻입니다. 불립문자와 쌍을 이루는 말이 교외별전(敎外別傳)입니다. 교외별전은 '가르침 밖에서 따로 전한다.'는 뜻인데, 여기서 가르침은 언교(言敎) 즉 말씀으로 된 가르침이니 곧 불교 경전입니다.

언어문자로 된 경전의 밖에서 어떻게 따로 전하는가를 나타내는 말이 바로 이심전심(以心傳心)입니다. 이심전심은 '마음으로써 마음에 전한다.'는 뜻인데, 스승과 제자가 직접 만나서 마음을 가지고 마음에 전한다는 뜻입니다. 이처럼 불립문자란 가르침의 말씀을 문자로 남겨서 문자를 통하여 간접적으로 가르침을 전하는 것이 아니라, 스승과 제자가 직접 만나서 질문하고 답하거나 스승이 가르침의 말씀을 함으로써 제자를 일깨워 깨달음에 이르도록 한다는 것입니다.

불립문자는 이처럼 경전처럼 문자를 통하여 간접적으로 가르침을 전하는 것이 아니라, 스승과 제자가 직접 만나 스승이 말이나 행동 등 여러 가지 방편으로 제자를 일깨워 깨달음으로 이끈다는 뜻입니다. 스승이 제자를 일깨울 때는 어떤 행동을 하기도 하지만, 일반적으로는 말을 하여 일깨웁니다. 이 말이 기록되어 남으면 경전처럼 문자로 된 기록인 어록(語錄)이 되겠지만, 제자를 앞에 두고 스승이 제자를 일깨울 때는 기록으로 남기겠다는 의식이 전혀 없습니다.

또 불립문자를 '깨달음은 언어문자로 표현할 수 없다.'는 뜻으로 사용하기도 합니다. 깨달음은 분별에서 벗어나 생각할 수 없는 경험이기 때문에, 깨달음을 분별하면 즉시 허망한 생각 즉 망상(妄想)에 떨어집니다. 언어문자는 생각한 것을 겉으로 나타낸 것이므로, 분별을 벗어난 깨달음은 생각할 수도 없고 말할 수도 없습니다. 그래서 "생각 가는 곳이 사라졌다."〔심행처멸(心行處滅)〕라거나 "입을 열기만 하면 어긋난다."〔개구즉착(開口卽錯)〕라거나 "말의 길이 끊어졌다."〔언어도단(言語道斷)〕라고 합니다.

흔히 선(禪)에 대비하여 교(敎)를 말합니다. 언어로 된 가르침인 교에 대하여 선은 지금 당장 살아 있는 마음의 진실을 가리킵니다. 선은 깨달음 자체이지, 깨달음에 관한 설명이 아닙니다. 물론, 선사들이 제자를 가르치면서 말을 합니다만, 이때의 말은 선을 말로 나타내어 설명한 것이 아니라, 분별을 막아서 분별에서 벗어나 깨달음이 일어나도록 이끄는 방편의 말입니다.

똑! 똑! 똑! 여기에는 한마디 말도 없습니다.

14. 교선일치란 무엇인가?

똑! 똑! 똑! 여기에 있어야 말에 속지 않습니다.

동아시아 불교의 역사에 교선일치라는 말이 있었습니다. 교선일치(敎禪一致)란 교(敎)와 선(禪)이 딱 들어맞는다는 뜻입니다. 교(敎)

313

는 부처님의 가르침인 말씀을 즉, 불교 경전을 가리킵니다. 다시 말해, 교는 깨달음으로 인도하는 부처와 보살의 가르침의 말씀입니다. 이에 비하여 선사(禪師)들이 선(禪)을 말할 때는 일반적으로 선은 깨달음 자체를 가리킵니다. 생각할 수 없고 말할 수 없는 지금 살아 있는 깨달음 자체를 가리키는 말이 선입니다. 그래서 선은 부처님의 마음이고 교는 부처님의 말씀이라고 합니다.

그러므로 교선일치란 깨달음으로 인도하는 방편의 말씀과 깨달은 마음이 일치한다는 말입니다. 깨달음으로 인도하는 방편을 일러 달을 가리키는 손가락에 비유한다면, 깨달은 마음은 달 자체가 됩니다. 손가락과 달은 어떤 면에서 일치할까요? 손가락과 달의 모습은 사실 일치하는 것이 전혀 없습니다. 우리가 따져 볼 수 있는 것은 손가락이 달을 제대로 가리키고 있는가, 혹은 손가락이 달을 어떻게 가리키는가 하는 것일 뿐입니다.

가르침의 말씀인 교는 분별되는 언어문자이고, 깨달은 마음인 선은 분별되지 않습니다. 그러므로 이 둘 사이에 일치하는 것은 없습니다. 다만 가르침의 말씀인 교가 어떻게 중생의 분별을 부수어 깨달음으로 인도하느냐 하는 점이 있을 뿐입니다. 가르침의 말씀인 교의 특징을 한마디로 말하면 파사현정(破邪顯正)입니다. 삿된 분별을 부수고 바른 깨달음을 드러낸다는 뜻입니다.

역사적으로 교선일치설은 중국 화엄종의 제5조인 규봉종밀[74]이 그의 저서인 《선원제전집도서》에서 주장하였고, 그 교선일치설을 이어받은 저술로서 유명한 것은 중국 선종(禪宗) 가운데 법안종(法

---

74 규봉종밀(圭峰宗密; 780-841).

眼宗)의 제3조인 영명연수[75]가 지은《종경록》이며, 우리나라에서는 고려의 보조지눌[76]이 이들의 교선일치설을 계승하였다 하고, 조선의 청허휴정[77]도 그런 경향이 있다고 합니다.

규봉종밀은《선원제전집도서》에서 교를 밀의의성설상교[78], 밀의파상현성교[79], 현시진심즉성교[80]의 셋으로 분류하고, 선을 식망수심종[81], 민절무기종[82], 직현심성종[83]의 셋으로 분류하여 이들이 각각 서로 일치한다고 주장하였습니다.

종밀이 선을 세 가지 특징으로 분류한 것은 선사들의 가르침의 말씀을 분석하여 그 특징으로 분류한 것이지, 깨달은 마음으로서의 선을 분류한 것은 아닙니다. 불립문자를 표방하는 선에서도 가르침의 말씀은 있으니, 그 말씀의 특징을 분류할 수는 있을 것입니다.

이처럼 종밀이 주장한 교선일치설은 부처님의 가르침의 말씀과 선사들의 가르침의 말씀을 서로 비교하여 각각을 3종류로 분류하여 서로 일치한다고 주장한 것입니다. 다시 말해, 교와 선의 일치

---

75 영명연수(永明延壽; 904-975).

76 보조지눌(普照知訥; 1158-1210).

77 청허휴정(淸虛休靜; 1520-1604).

78 밀의의성설상교(密意依性說相教) : 반야경(般若經) 계통 경

79 밀의파상현성교(密意破相顯性教) : 소승(小乘) 경전, 유식불교(唯識佛教) 계통 경전.

80 현시진심즉성교(顯示眞心卽性教) : 여래장(如來藏) 계통 경전.

81 식망수심종(息妄修心宗) : 남종(南宗) 자주(資州)의 지선(智詵), 북종(北宗) 신수(神秀), 보당종(保唐宗), 선십(宣什) 등의 문하(門下).

82 민절무기종(泯絶無寄宗) : 석두(石頭), 우두(牛頭), 경산(徑山) 등의 문하.

83 직현심성종(直顯心性宗) : 마조(馬祖) 문하의 홍주종(洪州宗), 신회(神會) 문하의 하택종(荷澤宗).

를 말한 것이 아니라, 부처님의 말씀과 선사의 말씀의 특징을 분류하여 일치점을 찾은 것이 종밀이 말한 교선일치설입니다. 그러므로 교선일치설은 부처님의 말씀과 부처님의 깨달은 마음이 일치한다는 주장은 아닙니다.

이러한 교선일치설은 경전의 말씀과 선사들의 말씀의 유사점을 분석하여 서로 비교하고 분류한 것으로서, 불교학자의 관심사일 수는 있으나 실제로 공부하여 깨달음을 얻으려는 수행자에게 도움이 될지는 매우 의심스럽습니다. 이런 분류는 모두 언어문자를 생각으로 헤아려서 분석하고 분류한 것이므로, 분별에서 벗어나고 생각을 극복하여 깨달음을 얻는 데는 방해가 될지언정 도움이 된다고 할 수는 없습니다.

똑! 똑! 똑! 여기에는 한마디 말도 없습니다.

15. 교를 버리고 선으로 들어간다고?

똑! 똑! 똑! 여기에 있어야 말에 속지 않습니다.

선불교를 공부하는 사람이라면 사교입선이라는 말을 한 번쯤 들어 보았을 것입니다. 사교입선이란 '교를 버리고 선으로 들어간다.'는 뜻입니다. 교란 부처님의 언교(言敎), 즉 부처님의 말씀에 의한 가르침인 경전을 가리키며, 선은 부처님이 말씀을 통하여 알려 주려고 하는 부처님의 깨달은 마음을 가리킵니다.

부처님께서 중생들도 자기와 같은 깨달음을 얻도록 하고자 하셔서 중생들을 깨달음으로 이끄는 가르침의 말씀이 교이고, 그 말씀으로 이끌어 가려는 목적지인 깨달은 마음이 선이라는 것입니다. 그렇다면 교는 달을 가리키는 손가락이고, 선은 달이라고 비유할 수도 있습니다. 달을 가리키면 손가락은 보지 말고 달을 보라고 하듯이, 깨달음으로 이끄는 말씀을 들으면 깨달아야지 그 말씀에 머물러 말씀에 매여 있어서는 안 되겠죠. 이런 점에서 교를 버리고 선으로 들어가라는 사교입선이라는 말을 할 수 있을 것입니다.

사교입선이라는 말의 뜻은 이렇지만, 현실에서는 경전을 공부하는 사람들이 모인 교종(敎宗)이라는 불교 종파가 있고, 선을 공부하는 사람들이 모인 선종(禪宗)이라는 불교 종파가 있습니다. 불교를 공부하는 사람은 교종으로 들어가 경전을 공부하든지 선종으로 들어가 선을 공부하든지 선택을 해야 합니다. 교종이든 선종이든 목적은 똑같이 깨달음이고, 교종에도 선종에도 가르치는 스승이 있고 배우는 제자가 있습니다.

그러나 그 가르침의 방식에 차이가 있기 때문에 교종과 선종으로 나누는 것입니다. 교종과 선종은 그 가르침의 방식, 즉 방편을 씀에 차이가 있습니다. 교는 스승인 부처님의 가르침이 경전이라는 책에 기록되어 있는데, 그 부처님의 말씀이 중생의 삿된 분별심을 부수고 바른 깨달음을 드러다고 하여 파사현정(破邪顯正)을 특징으로 합니다. 교를 공부하는 학인은 경전을 읽고서 그 가르침을 따라 분별이 부서지고 바른 깨달음을 드러내게 된다는 것입니다. 그러므로 교종의 학인은 경전에 의지하여 경전을 읽는 것으로 공부를 삼습니다.

이에 비하여 선은 불립문자(不立文字), 교외별전(敎外別傳), 이심전심(以心傳心), 직지인심(直指人心), 견성성불(見性成佛)이라는 특징이 있습니다. 경전과 같은 문자를 만들어 놓지 않고 경전 밖에서 따로 전한다는 것은, 스승과 제자가 직접 만나서 마음에서 마음으로 전한다는 것인데, 그때 스승은 사람의 마음을 곧장 가리키고, 제자는 마음의 본성을 보고서 깨닫게 된다는 것입니다.

선에서는 사람의 마음을 곧장 가리킬 뿐이고, '이것도 아니고, 이것이 아닌 것도 아니다.'라는 식의 삿된 분별을 부수는 부정적인 파사나 '만약 온갖 모습을 모습이 아닌 것으로 보면 여래를 만난다.'는 식으로 바른 깨달음을 드러내는 방편을 많이 쓰지는 않습니다. 여기에 선과 교의 차이가 있습니다.

예컨대 "부처가 무엇입니까?" 하고 물었을 때, 선사는 말없이 손가락을 세우거나 "호떡이다."라고 말합니다. 이런 행동이나 말은 모든 의도나 의미나 설명이나 이해를 싹 내버리고 분별할 수 없지만 살아 있는 마음을 곧장 드러내어 보여 주는 직지인심입니다. 만약 교종의 스승에게 "부처가 무엇입니까?" 하고 물었다면, 아마도 "깨달은 사람도 아니고 깨닫지 못한 사람도 아니다."라는 식으로 말하여 분별을 부수어 줄 것입니다. 이런 교종의 말은 분별을 부순다는 취지가 담긴 의도적인 말이지요. 그러나 선사가 손가락을 세우거나 "호떡이다."라고 말할 때는 어떤 취지도 의도도 없습니다. 단지 자신에게 드러나 있는 진실을 숨김없이 보여 줄 뿐입니다.

선사도 물론 경우에 따라서는 교종의 말처럼 "이렇게 해도 안 되고, 이렇게 하지 않아도 안 된다. 어떻게 하겠느냐?"라고 분별심을 부수는 파사의 방편을 사용하기도 합니다. 이런 경우에는 직지인심이라는 방편을 쓴다기보다는 파사현정이라는 방편을 쓰는 것이지요. 선사라고 해서 오로지 직지인심만 하는 것은 아니고 파사현정의 방편도 사용하지만, 교와 다른 선의 특징이라면 당연히 직지인심입니다. 경전의 말씀에는 직지인심의 말씀은 없기 때문입니다.

경전은 파사현정을 달성하기 위하여 말을 많이 합니다. 거의 같은 방편의 말을 반복하여 말하는 것을 볼 수 있습니다. 아마도 한두 마디 말로는 효과를 보지 못한다고 여겨서 그런지 분별을 부수는 같은 취지의 말을 표현만 달리하면서 지겹도록 반복하는 경우를 경전에서는 많이 봅니다.

이에 비하여 선사는 단 한 마디 말로써 가르침을 끝냅니다. 삿된 분별을 부수는 말을 하고 바른 법을 드러내는 말을 한다는 과정이 없이, 단도직입(單刀直入)으로 곧장 마음의 실상을 가리킬 뿐이기 때문입니다. 물론, 학인이 이런 직지인심의 말을 듣고서 분별심이 멈추고 불성이 드러나는 체험을 한다고 분석할 수도 있겠지만, 선사는 이런 의도를 가지고 일부러 그렇게 말하는 것은 아닙니다.

다만 자신에게 의심할 수 없이 드러나 있는 진실을 가리키고 싶어서 손가락을 세우거나 "뜰 앞의 잣나무."와 같은 말을 하는 것입니다. 물론, 이 진실은 분별하여 가리키거나 드러낼 수는 없지만, 이미 깨달은 사람에게 자신의 진실은 너무나 분명하기 때문입니다. 분별할 수 없는 진실은 분별없이 드러낼 수밖에 없기 때문입니다.

똑! 똑! 똑! 여기에는 한마디 말도 없습니다.

16. 뜰 앞의 측백나무란?

똑! 똑! 똑! 여기에 있어야 말에 속지 않습니다.

어떤 이가 조주종심(趙州從諗; 778-897) 선사에게 물었습니다.
"어떤 것이 조사가 서쪽에서 오신 뜻입니까?"
조주가 말했습니다.
"뜰 앞의 측백나무."
그가 따졌다.
"스님께서는 경계를 사람에게 보여 주지 마십시오."
조주가 말했다.
"나는 경계를 사람에게 보여 주지 않는다."
그가 다시 물었다.
"그렇다면 어떤 것이 조사가 서쪽에서 오신 뜻입니까?"
조주가 말했다.
"뜰 앞의 측백나무."

서쪽에서 중국으로 온 조사란 인도에서 중국으로 와서 선(禪)을
전해 준 보리달마를 가리킵니다. 보리달마가 중국으로 온 뜻은 선
을 전하기 위해서이므로, "어떤 것이 조사가 서쪽에서 오신 뜻입니

까?"라는 질문은 곧 "어떤 것이 선입니까?"라는 질문입니다. 선이라는 말을 들으면 보통 선방에 앉아서 좌선하며 수행하는 것으로 이해하겠지만, 이 질문에서 선은 그런 뜻이 아닙니다. "어떤 것이 선입니까?"라는 질문은, "어떤 것이 불교의 진리입니까?" "어떤 것이 우리의 본래 마음입니까?" "어떤 것이 깨달음입니까?" "어떤 것이 우리의 본성입니까?" "어떤 것이 해탈입니까?" "어떤 것이 이 세계의 진실한 모습입니까?"라는 질문과 같은 질문입니다.

이 질문에 대하여 조주는 다만 "뜰 앞의 측백나무."라고만 대답하였습니다. 뜰 앞의 측백나무는 눈에 보이는 사물로서 분별되는 물건이니 하나의 경계(境界)입니다. 경계란 그것과 그것 아님의 경계선을 가진 것, 즉 분별되는 대상을 가리키는 말입니다. 경계를 분별하는 것은 아직 깨닫지 못한 중생의 마음인 분별심이 행하는 일이므로, 불교의 진리도 아니고 깨달음도 아니고 해탈도 아니고 선도 아닙니다.

그러므로 질문자는 "스님께서는 경계를 사람에게 보여 주지 마십시오."라고 따진 것입니다. 이에 대하여 조주는 "나는 경계를 사람에게 보여 주지 않는다."라고 말했지만, 그가 다시 "어떤 것이 조사가 서쪽에서 오신 뜻입니까?"라고 똑같이 묻자 앞과 같이 "뜰 앞의 측백나무."라고 답했습니다. 따라서 조주가 말하는 "뜰 앞의 측백나무."는 눈에 보이고 손으로 만져지는 사물인 측백나무를 가리키는 말이 아닙니다.

조주는 "깨달음이 무엇입니까?"라는 질문에 대한 대답으로서 "뜰 앞의 측백나무."라고 말한 것입니다. 깨달음은 우리의 분별심을 넘어선 불가사의(不可思議)한 것으로서 알 수도 없고 말할 수도 없는 것이라는 사실을 모든 경전에서 말하고 있고, 선을 전한 조사들도 모두 한결같이 말하고 있습니다. 《유마경》에서도 "보고·듣고·느끼고·아는 것은 경계이지, 깨달음이 아니다."라고 분명히 말했습니다.

조주는 "뜰 앞의 측백나무."라고 말함으로써, 볼 수도 없고, 들을 수도 없고, 느낄 수도 없고, 알 수도 없는 깨달음을 나타내고 있습니다. 따라서 조주가 왜 "뜰 앞의 측백나무."라고 말했는지를 우리는 볼 수도 없고, 들을 수도 없고, 느낄 수도 없고, 알 수도 없습니다. 볼 수도 없고, 들을 수도 없고, 느낄 수도 없고, 알 수도 없지만, "뜰 앞의 측백나무."가 깨달음을 나타내고 있음은 분명합니다. 깨달음이 무엇이냐는 질문에 조주가 두 번씩이나 명백하게 "뜰 앞의 측백나무."라고 답했기 때문입니다.

깨달음에 관심을 가지고 깨달음을 추구하는 사람은 조주의 이 말을 듣고서 사방이 꽉 막힌 막다른 골목에 갇혀서 온몸이 얼어붙은 것처럼 어떻게 해야 할지를 알 수 없을 것입니다. "뜰 앞의 측백나무."는 어떠한 추측이나 상상이나 헤아림이나 짐작이나 느낌이나 행동도 용납하지 않습니다. "뜰 앞의 측백나무." 앞에서는 마음도 쓸 수 없고 몸도 쓸 수 없고, 알아도 소용없고 몰라도 소용없고, 잡을 수도 없고 버릴 수도 없습니다. 그렇지만 "뜰 앞의 측백나무."는 명백히 깨달음을 나타내고 있습니다.

이쯤 되면 믿음이 없는 사람은 '무슨 선이 그런가?' 하고 비웃을 것이고, 끈기가 없는 사람은 쉽사리 좌절하여 포기할 것입니다. 그러나 "뜰 앞의 측백나무."는 아무런 맛도 없고 느낌도 없고 생각할 것도 없고 행동할 것도 없지만, 우리 마음의 실상인 깨달음을 명백히 드러내고 있습니다.

똑! 똑! 똑! 여기에는 한마디 말도 없습니다.

17. 죽비가 죽비가 아니라고?

똑! 똑! 똑! 여기에 있어야 말에 속지 않습니다.

대혜종고는 누가 방장실로 찾아오면 손에 죽비를 들고 늘 이렇게 말했다고 합니다.

"죽비라고 부르면 사물을 따라가고, 죽비라고 부르지 않으면 사물을 무시한다. 말을 해도 안 되고, 말을 하지 않아도 안 되고, 생각을 해도 안 되고, 헤아려보아도 안 되고, 소매를 떨치고 곧장 가 버려도 안 되고, 어떻게 하든지 안 된다."

방장실로 찾아가는 사람은 도(道)를 물으러 가는 것이고, 방장 스님의 말씀은 그에게 도를 보여 주는 것입니다. 대혜종고는 도를 보여 줌에 죽비를 손에 들고 이렇게 말한 것입니다. 죽비라고 부르면 눈앞에 보이는 사물을 따라 분별한 것이니, 도가 아닙니다. 죽비라고 부르지 않으면 눈앞에 보이는 사물을 의도적으로 무시하여 말한 것이니 역시 분별일 뿐, 도가 아닙니다.

죽비라고 해도 안 되고 죽비가 아니라고 해도 안 되니 침묵하는 것이 옳을까요? 그러나 말하는 것을 용납하지 않는 것처럼 침묵하는 것도 용납하지 않습니다. 이쯤 되면 '어떻게 하라는 말인가?' 하고 생각이 이리저리 재빠르게 돌아갈 것이지만, 길을 전혀 찾지 못하고 꽉 막혀 있을 것입니다.

여기에서 다시 생각하고 헤아리는 것이 전혀 소용이 없다는 사실을 말해 주었으니, 함정에 빠질까 봐 발버둥치는 사람을 더욱더 함정으로 밀어 넣는 것이고, 절벽에 매달려 허우적거리는 사람의 손을 떼어 내는 것입니다. 말할 수도 없고 침묵할 수도 없고 생각할 수도 없다면, 이제 남은 것은 이 모든 상황을 내던져 버리고 여기에서 도망가는 것입니다. 그런데 대혜종고는 이 상황에서 도망가는 것조차 용납하지 않습니다. 이 상황을 외면하고 도망가면 도를 깨달을 기회를 잃기 때문입니다.

이제 어떻게도 할 수 없는 함정에 빠졌습니다. 대혜의 죽비 이야기를 들은 당시 주봉이라는 장로는 "제가 스님의 죽비 말씀을 들으니 마치 죄인의 재산을 모조리 기록하여 몰수하고는 다시 그에게 재물을 내놓으라고 요구하는 것과 같습니다."라고 하여 그 답답한 심경을 표현하였습니다. 대혜종고는 이것을 일러 마치 생쥐가 덫에 걸린 것과 같아서 이제는 죽는 일만 남았다고 하였습니다. 무엇이 죽을까요? 덫에 걸려 꼼짝달싹할 수 없게 된 것은 몸이 아니라 마음이므로, 마음이 죽는 것입니다.

이렇게 죽음에 이르는 마음의 덫을 일러 선에서는 옛부터 금강권·율극봉이라고 합니다. 금강권이란 세상에서 가장 단단한 금강석으로 만든 울타리라는 뜻으로서 결코 뚫고 벗어날 수 없는 감옥에 갇혔다는 것이고, 율극봉은 밤송이라는 뜻으로서 목구멍에 밤송이가 걸려서 고통스러운데 삼킬 수도 뱉을 수도 없는 진퇴양난의 상황을 가리킵니다. 선을 공부하는 사람이 깨달음을 얻고 도에 통하려면 반드시 이러한 덫에 걸려야 합니다. 어떤 판단도 용납되지 않고 어떤 행동도 허락되지 않는 이런 덫에 걸려 분별망상에 익숙한 중생의 마음이 스스로 항복해야, 비로소 깨달음과 해탈이 있습니다. 그러므로 옛 선사는 "절벽에 매달려 손을 놓아야 스스로 기꺼이 받아들일 것이다. 죽은 뒤에 다시 소생한다면 그대를 속일 수 없을 것이다."라고 말한 것입니다. 대혜종고는 말하기를 이렇게 되어야 비로소 자기의 죽비 이야기에 알맞게 들어맞은 것이라고 하였습니다.

《금강경》에서는 위없는 바르고 평등한 깨달음을 얻으려면 그 마음을 항복시켜야 한다고 하였습니다. 이러한 금강권·율극봉의 상황이 바로 그 마음을 항복시킬 수 있는 상황입니다. 불교를 배우고 선을 공부하는 사람이 깨달음에 이르는 길은 이러한 금강권·율극봉의 덫에 걸리는 길뿐입니다. 깨달음을 얻고자 발심한 사람이 선지식을 믿고 공부하다가 이러한 덫에 자신도 모르게 이끌려 들어가야 깨닫는 것입니다.

그러나 자기가 죽을 줄 알고 덫으로 들어가는 생쥐는 없는 것처럼, 금강권·율극봉에도 스스로 알고서 일부러 들어갈 수는 없습니다. 그렇게 해야 한다고 알고서 일부러 가는 길은 분별의 길이지 분별이 죽는 길이 아닙니다. 선지식을 믿고 선지식의 말씀에 귀를 기울이면 결국 어떻게도 할 수 없는 앞뒤가 꽉 막힌 상황에 늘 처해 있을 것입니다. 공부인을 그렇게 만드는 선지식이 참된 선지식입니다.

똑! 똑! 똑! 여기에는 한마디 말도 없습니다.

18. 평소의 마음이 도라고?

똑! 똑! 똑! 여기에 있어야 말에 속지 않습니다.

조주종심 선사가 남전보원 선사에게 물었다.
"어떤 것이 도(道)입니까?"
남전이 말했다.
"평소의 마음이 도다."
조주가 물었다.
"향하여 다가갈 수 있습니까?"
남전이 말했다.
"향하여 다가가려 하면 어긋난다."
조주가 물었다.
"향하여 다가가지 않으면, 어떻게 도를 압니까?"

남전이 말했다.

"도는 앎에 속하지도 않고, 알지 못함에 속하지도 않는다. 앎은 망상하며 깨어 있는 것이고, 알지 못함은 캄캄한 어둠이다. 만약 의심할 수 없는 도에 참으로 통달한다면, 마치 커다란 허공과 같아서 막힘 없이 텅 비었는데, 어떻게 억지로 옳으니 그르니 할 수 있겠느냐?"

조주는 이 말을 듣고서 깨달았다.

뒷날 고불(古佛; 옛 부처님)이라 불릴 만큼 유명해진 조주가 스승인 남전의 가르침으로 깨달음을 얻은 이야기입니다. 조주의 질문도 매우 핵심을 찌르고 있지만, 남전이 사람을 일깨우는 가르침은 더욱 훌륭하여 한번 살펴볼 가치가 있습니다.

"어떤 것이 도입니까?"라는 질문은, '어떤 것이 깨달음입니까?' '어떤 것이 해탈입니까?' '어떤 것이 불교의 진리입니까?'라는 질문과 같은 질문으로서 공부인이 흔히 스승에게 가르침을 청하는 질문입니다. 이에 대하여 남전 선사는 "평소의 마음이 도다."라고 말했습니다. 평상심(平常心) 즉 평소의 마음이 도라면, 어떤 것이 평소의 마음일까요?

평소에 우리는 보통 자기의 마음을 알고 있다고 여깁니다. 그래서 자기의 마음을 남이 알아주지 않는다고 불평하기도 합니다. 그러나 남이 알아주지 않는 자기의 마음이 어떤 것인지를 물어보면, 모두들 자기의 느낌이나 감정이나 기분이나 생각이나 욕망과 같은 것들을 말합니다. 이런 것들이 곧 우리의 마음이라면, 우리는 마음을 이미 잘 알고 있으므로 다시 깨달을 필요는 없을 것입니다. 그러므로 '평소의 마음이 도'라고 할 때의 마음은 이런 느낌·감정·기분·생각·욕망 같은 것들이 아닙니다. 그러면 평소의 마음은 어떤 것일까요?

평소의 마음이 도라는 가르침에 대하여 조주는, "향하여 다가갈 수 있느냐?"고 질문하였습니다. 조주는 내가 나의 마음을 향하여 다가갈 수 있느냐고 물은 것입니다. 이에 대하여 남전은 "향하여 다가가려 하면 어긋난다."고 하였습니다. 왜 그럴까요? 내가 나의 마음을 향하여 다가간다는 것은 나와 나의 마음이 분리되어 있다는 뜻입니다. 나와 나의 마음은 분리되어 있을까요? 몸과 마음을 벗어나서 나가 따로 있을까요? 몸도 없고 마음도 없다면 어디에 나가 있을까요? 나는 나의 몸을 향하여 다가갈 수 없습니다. 나의 몸과 나는 분리될 수 없기 때문입니다. 마찬가지로 나는 나의 마음을 향하여 다가갈 수 없습니다. 나와 나의 마음은 둘이 아니기 때문입니다. 둘로 분리되어 있지 않은데 분리되어 있는 것처럼 향하여 다가가려 한다면, 그것은 곧 진실에서 어긋나는 것입니다.

남전의 이 가르침에 대하여 조주는 다시 "향하여 다가가지 않으면, 어떻게 도를 압니까?"라고 물었습니다. 이것은 도가 평소의 마음이라면, 평소의 마음을 분별하여 알 수가 있느냐는 질문입니다. 이 물음에 대하여 남전은 "도는 앎에 속하지도 않고, 알지 못함에 속하지도 않는다."라고 말했는데, 그 이유가 앎은 망상하며 깨어 있는 것이고 알지 못함은 캄캄한 어둠이기 때문이라고 하였습니다.

무엇을 안다는 것은 곧 아는 주관과 알려지는 객관이 분리된 둘이라는 것입니다. 여기서 주관은 '나'이고 객관은 '나의 마음'인데, 이미 '나'와 '나의 마음'은 둘이 아니라고 밝혔습니다. 내가 내 마음을 알 수 없는 것은, 마치 눈이 눈 스스로를 직접 볼 수 없는 것과 같습니다. 그러므로 내가 내 마음을 안다고 하면, 그것은 진실이 아닌 헛된 생각입니다. 그렇다고 아무런 앎도 없다면, 그것은 깊은 잠을 자듯이 캄캄한 어둠이니 깨달음은 아닙니다. 이처럼 알아도 도가 아니고 알지 못해도 도가 아닙니다. 그렇다면 어떤 것이 도일까요?

똑! 똑! 똑! 여기에는 한마디 말도 없습니다.

5장
선을 보는 바른 눈

1. 직지인심 견성성불은 무엇인가?

똑! 똑! 똑! 여기에 있어야 말에 속지 않습니다.

우리가 보통 말하는 선(禪)은 8세기에 중국에서 육조 혜능(六祖 慧能; 638-713)에 의하여 생겨나 중국을 비롯하여 우리나라, 일본, 베트남에서 지금까지도 유행하고 있는 이른바 조사선(祖師禪)입니다. 이 조사선의 특징을 말할 때 보통 불립문자(不立文字), 교외별전(敎外別傳), 이심전심(以心傳心), 직지인심(直指人心), 견성성불(見性成佛)의 다섯 구절을 말합니다.

문자를 세우지 않는다는 뜻인 '불립문자'는 도(道)는 언어문자로써 "이것이 도다."라고 나타낼 수 없다는 뜻이고, 경전 밖에서 따로 전한다는 뜻인 '교외별전'과 마음에서 마음으로 전한다는 뜻인 '이심전심'은 언어문자로써 나타내어 전할 수 없는 도를 사람과 사람이 직접 만나 마음에서 마음으로 전한다는 뜻입니다.

언어문자로써 설명하고 이해하는 것이 아니라면 어떻게 도는 마음에서 마음으로 전할까요? 이심전심을 나타내는 말이 사람의 마음을 곧장 가리킨다는 '직지인심'과 본성을 보아 깨닫는다는 '견성성불'입니다.

마음을 깨닫는 것이 깨달음이므로 선에서는 또 즉심시불(卽心是佛)이라고 합니다. 즉심시불은 마음이 곧 부처라는 뜻입니다. 마음은 모습이 없으므로 분별할 수 없으니 설명할 수도 없습니다. 그러나 마음은 언제나 살아 있고 또 우리 삶의 행복과 불행을 결정하는 본질입니다.

마음이 어리석고 괴로우면 중생이고 마음이 지혜롭고 번뇌가 없으면 부처입니다. 달리 말하면, 마음의 실상에 어두워서 마음에서 일어나는 온갖 것에 시달리는 것이 중생이고, 마음의 실상을 깨달아 마음에서 일어나는 온갖 것에 시달리지 않는 것이 부처입니다. 따라서 마음의 실상을 깨닫는 것이 곧 부처의 깨달음입니다.

마음은 보이는 색깔도 아니고, 들리는 소리도 아니고, 어떤 느낌도 아니고, 생각도 아니어서 분별하거나 설명할 수 없습니다. 그렇지만 마음은 언제나 이렇게 살아 있습니다. 모습은 없지만 이렇게 살아 있는 마음을 곧장 가리키는 것을 직지인심이라고 합니다.

선사(禪師)가 선을 배우는 사람에게 행하는 가르침이 바로 이러한 직지인심입니다. 배우는 사람은 보통 "도가 무엇입니까?" "부처가 무엇입니까?" "마음이 무엇입니까?" "조사가 서쪽에서 온 뜻이 무엇입니까?" 등과 같이 질문합니다. 이 경우 선사는 "똥 닦는 막대기다." "뜰앞의 잣나무다." "마을의 쌀값은 얼마냐?" 등처럼 말하기도 하고, 묻는 사람의 이름을 부르기도 하고, 눈을 깜박이거나 손짓을 하기도 하고, 발을 움직이기도 하는 등으로 응대합니다. 이러한 응대가 모두 마음을 곧장 가리키는 직지인심입니다.

　이러한 대답을 듣고서 배우는 사람이 조금이라도 생각으로 헤아리거나 보이는 모습을 따라가거나 들리는 소리를 따라가기라도 하면, 선사는 곧장 그러한 것이 아님을 말하여 그의 분별을 가로막아 줍니다. 예컨대 다음의 사례와 같습니다.

　어떤 사람이 조주종심 선사에게 물었습니다.
　"도가 무엇입니까?"
　조주가 말했습니다.
　"뜰앞의 잣나무다."
　그 사람이 반문했습니다.
　"스님은 사물을 가리키지 마십시오."
　조주가 말했습니다.
　"나는 사물을 가리키지 않았다."
　그 사람이 다시 물었습니다.
　"도가 무엇입니까?"
　조주가 말했습니다.
　"뜰앞의 잣나무다."

　이처럼 직지인심은 마음을 분별하지 못하도록 명확히 해 놓고, 분별할 수는 없지만 살아 있는 마음을 그 자리에서 곧장 가리키는 것입니다.

　견성성불은 분별하여 알 수는 없지만, 이렇게 살아 있는 이 마음에 통하여 깨닫는 것을 가리키는 말입니다. 견성(見性)이란 본성(本性)을 본다는 뜻이지만, 본성은 보거나 듣거나 느끼거나 생각하여 분별할 수 있는 대상이 아닙니다. 본성은 자성(自性), 법성(法性), 불성(佛性)이라고도 하는데, 본성은 기본적으로 분별할 수 없는 것입니다. 그러므로 본성을 둘로 나누어 분별할 수 없다고 하여 불이법(不二法)이라고 합니다.

분별을 벗어난 불이법인 본성을 본다는 것은 주관인 내가 객관인 본성을 보는 것이 아닙니다. 주관이 객관을 보는 것이 아니라 주관도 없고 객관도 없어서 안과 밖이 없이 깨닫는 불가사의한 체험이 곧 불이중도에 통하는 체험인데, 이러한 불이중도의 체험이 성불(成佛)이라고 하는 깨달음입니다.

불이중도의 체험은 중생의 분별하는 마음을 항복시키고 분별에서 벗어나는 불가사의한 체험이기 때문에, 어떻게 하면 불이중도의 체험을 할 수 있는지를 알 수는 없습니다. 만약 '이렇게 하여 불이중도를 체험하는구나.'라고 이해한다면, 이 이해가 바로 분별이므로 결코 분별에서 벗어날 수가 없기 때문이다.

그러므로 선사는 분별할 수 없는 마음을 곧장 가리킬 뿐이고, 어떤 종류의 설명도 하지 않고 어떻게 하라는 지시도 하지 않습니다. "도가 무엇인가?"라는 물음에 단지 "뜰앞의 잣나무."라고 말할 뿐인 것입니다. 만약 질문자에게 어떤 설명을 하거나 무엇을 어떻게 하라고 가르친다면, 그는 질문자를 분별이라는 생각 속에 가두어 버리는 마귀이지 선지식이 아닙니다.

배우는 사람에게 깨달음에 대한 간절한 욕구가 있고 선지식에 대한 믿음이 있다면, 이런 말을 듣고서 분별할 수 없는 벽에 가로막혀 있을 것입니다. 그렇게 분별할 수 없고 이해할 수 없는 벽에 가로막혀 있으면서 선지식의 가르침을 계속 접하며 공부한다면, 언젠가 저절로 문득 분별에서 벗어나는 체험이 일어나게 됩니다. 이 체험이 견성성불이라는 깨달음입니다.

조사선 이전까지의 불교가 문자언어를 마음이라는 달을 가리키는 손가락으로 삼아 문자언어로 설명하는 경전(經典)을 방편(方便)으로 하여 불교의 진리를 전하였다면, 조사선은 애초에 문자언어로 설명하는 방편을 세우지 아니하고, 그 자리에서 즉각 마음을 가리켜 깨닫게 만드는 직지인심입니다. 경전을 통한 불교가 문자언어로 된 가르침을 이해하고 다시 그 이해를 벗어나 깨달아야 하는 조금 둘러가는 먼 길이라면, 조사선은 곧장 마음을 가리키고 그 자리에서 마음을 깨닫는 질러가는 지름길이라고 할 수 있습니다.

똑! 똑! 똑! 여기에는 한마디 말도 없습니다.

2. 개는 흙덩이를 쫓는다고?

똑! 똑! 똑! 여기에 있어야 말에 속지 않습니다.

대위산(大潙山)의 법보(法寶) 선사가 죽비를 집어 들고 이런 법문을 하였습니다.

"죽비라고 부르면 분별에 떨어지고, 죽비라고 부르지 않으면 사실과 어긋난다. 모름지기 사자가 사람을 물 듯이 해야 하지, 강아지가 흙덩이 쫓는 것을 배우진 마라."[84]

여기에서 사자는 사람을 물고 강아지는 흙덩이를 쫓는다는 말이 무슨 뜻일까요? 사람이 강아지 앞에서 흙덩이를 집어서 던지면 강아지는 흙덩이를 쫓아가지만, 흙덩이는 먹을 수 있는 먹이도 아니고 물어 와야 할 의미 있는 물건도 아닙니다. 강아지는 사람이 자기에게 무엇을 준다고 여기고 흙덩이를 쫓아가지만, 사실은 사람에게 놀림을 당한 것이지요.

흙덩이를 쫓아가는 강아지는 말을 따라가는 어리석은 중생을 가리킵니다. 중생은 선지식이 법을 말하면 그 말을 따라가서 그 의미를 알려고 합니다. 그러나 선지식이 법문에서 하는 말은 그 의미를 이해하라고 설명하는 말이 아닙니다. 선지식의 법문은 그 법문을 듣는 중생의 생각이 끊어지고 분별에서 벗어나도록 이끄는 말입니다. 그렇기 때문에 선지식의 설법을 법(法)으로 들어가는 문(門)이라 하여, 법문(法門)이라 하는 것입니다.

사자가 사람을 문다는 것은, 만약 사자 앞에서 사람이 흙덩이를 던진다면, 사자는 그것이 자기를 속이는 흙덩이임을 알고서 그 흙덩이를 쫓아가지 않고 도리어 더이상 속이지 못하도록 흙덩이를 던지는 사람을 물어 버린다는 말입니다. 여기서 사자는 깨달음을

---

84 喚作竹箆則觸, 不喚作竹箆則背. 直須師子咬人, 莫學韓盧逐塊.《오등회원》 제20권) 한로(韓盧)는 전국시대 한(韓)나라에서 생산된 털이 검은 명견(名犬)을 가리킴.

얻은 사람을 가리킵니다. 부처님은 인간 중에 지혜가 가장 뛰어나다고 하여 동물의 왕인 사자에 비유하여 말합니다.

가끔 선사들은 설법하면서, 사자가 한번 울부짖으면 모든 동물은 아무 소리도 내지 못하고 조용히 있다고 말하기도 하는데, 깨달은 사람이 분별을 벗어난 세계의 실상을 말하면 분별 속에 있는 중생들은 그 말을 알아듣지 못하여 입을 다물고 있다는 뜻입니다. 이처럼 사자는 깨달아서 세계의 실상을 보는 안목을 갖춘 사람을 가리킵니다.

이미 깨달아 분별에서 벗어나 세계의 실상을 보는 안목을 갖춘 사람이라면 말에 속지 않기 때문에 누군가 깨달음에 관하여 어떤 말을 하더라도, 말하는 사람의 의도를 즉시 간파하여 그 말에 속지 않고 도리어 그렇게 말하는 사람이 일으킨 분별을 지적하여 더이상 그런 헛된 말을 하지 못하게 대응할 수 있습니다. 이런 경우를 일러 사자는 흙덩이를 쫓지 않고 도리어 사람을 문다고 하는 것입니다. 깨달은 사람은 분별에서 벗어나 깨어 있기 때문에, 누군가 일으키는 분별을 즉시 간파할 수 있기 때문입니다.

똑! 똑! 똑! 여기에는 한마디 말도 없습니다.

3. 입을 열면 어긋난다고?

똑! 똑! 똑! 여기에 있어야 말에 속지 않습니다.

선사들이 하는 말 가운데 "개구즉착(開口卽錯)."이라는 말이 있어요. "입을 열면 즉시 어긋난다."라는 뜻입니다. 물론, 분별에서 벗어난 깨달음의 세계를 가리키는 말입니다. 입을 열어서 말을 한다는 것은 곧 분별하는 것이므로, 분별에서 벗어난 깨달음에서는 입을 열면 즉시 어긋난다고 하는 것입니다. 언어의 길이 끊어졌다는 뜻인 언어도단(言語道斷)이라는 말도 같은 뜻으로 쓰이는 말입니다.

이와 비슷한 말에 "심행처멸(心行處滅)."이라는 말도 있어요. 심행처멸은 '마음 가는 곳이 사라졌다.'는 뜻입니다. 심행(心行)이란 '마음이 간다.'는 뜻인데, 곧 분별하는 것을 가리킵니다. 그러므로 심행처멸이란 '분별할 곳이 없다.'는 뜻입니다. 역시 깨달음을 가리키는 말입니다.

또 비슷한 말에 "호리유차천지현격(毫釐有差天地懸隔)."이라는 말도 있습니다. '털끝만큼의 차이가 있어도 하늘과 땅만큼 멀리 떨어진다.'라는 뜻입니다. 아주 조금의 분별만 일어나도 벌써 깨달음에서 벗어나 분별하는 헛된 생각에 떨어진다는 뜻의 말입니다.

왜 이런 말들을 할까요? 분별에서 확실히 벗어나야 하고 분별에서 벗어난 곳에서 또다시 분별을 하지는 말라는 당부를 하려는 방편의 말입니다. 분별하고 헤아리는 의식(意識)에 젖어서 사는 삶에 우리는 너무나 오랫동안 익숙해져 있고 물들어 있기 때문에, 분별에서 벗어나기도 힘들고 분별에서 벗어나는 경험을 했다고 하여도 여전히 분별하는 힘이 더 강하기 때문입니다.

깨달아서 출세간의 삶을 산다는 것은 분별에서 벗어나 살아가는 것인데, 분별하는 것이 너무나 익숙한 습관이므로 분별에서 벗어나 살아가기가 쉽지 않습니다. 그러므로 분별에서 벗어나는 체험을 한 번 한다고 하여도 다시 자기도 모르게 그런 체험조차 분별하게 되는 잘못을 범하기가 십중팔구입니다.

그러나 분별에서 확실히 벗어나 살 수 없다면 우리는 늘 분별의 그물에서 벗어나지 못하기 때문에, 깨달은 사람이 누리는 막힘없는 큰 자유를 누릴 수가 없습니다. 그러므로 한번 분별에서 벗어나 허공처럼 막힘없고 어떤 무엇도 없이 깨끗한 깨달음을 체험하였다면, 이제부터는 그러한 깨달음에 익숙해지는 세월이 필요합니다. 익숙해져야 일상의 삶에서 힘들이지 않고 저절로 깨달음의 자유를 누릴 수 있기 때문인데, 익숙해지는 데는 많은 시간이 필요합니다.

분별망상에서 벗어나 깨달아 두려움과 불안(不安)이라는 번뇌가 없는 큰 자유를 누리는 것이 깨달음의 본질인데, 이러한 깨달음을 실현하려면 먼저 분별에서 벗어나는 체험을 해야 하고, 다음으로 분별에서 벗어난 삶에 익숙해져야 합니다. 즉, 깨달음의 실현에는 이런 양면이 있습니다. 이런 양면은 불교 경전에서도 선사들의 어록에서도 한결같이 강조하는 말입니다.

깨닫고자 하는 뜻을 낸 사람은 선지식을 찾아가서 깨달음으로 가는 길을 안내받아야 합니다. 이미 깨달아 분별에서 벗어나 자유를 누리는 안목이 밝은 선지식의 말씀을 들으며 공부하는 것이지요. 그렇게 하다 보면 어느 순간 문득 자신도 분별에서 벗어나는 체험을 하게 됩니다. 이런 갑작스럽고 불가사의한 체험을 일러 견성(見性)이라 하기도 하고 돈오(頓悟)라 하기도 합니다. 견성은 분별할 수 없는 본성을 본다는 뜻이고, 돈오는 갑자기 깨닫는다는 뜻입니

341

다.

그러나 이런 깨달음을 얻어서 분별에서 벗어나게 되어도 이 체험은 이제야 하는 경험이므로 너무나 낯설고 생소하며 익숙하지 않은 경험입니다. 익숙하지 않은 경험이므로 분별에서 벗어난 자리에서 살아갈 힘이 없습니다. 힘은 이미 매우 익숙한 분별하는 버릇에 있습니다. 그러므로 여전히 분별에 휘둘리며 살아갑니다.

그렇지만 이미 분별에서 벗어나 자유로워진 체험이 있으므로 분별에 휘둘리며 사는 삶은 상당히 불편합니다. 그러므로 분별에서 벗어나 자유롭게 사는 삶에 익숙해져야 합니다. 이전 선사들은 이 것을 일러 "낯익은 것에 낯설어지고 낯선 것에 낯익어 간다."라고 했습니다. 익숙해진다는 것은 많은 시간이 필요한 일입니다. 많은 시간 동안 그곳에 뜻을 두고 살아가야 익숙하게 됩니다.

이런 시간 동안 다시 분별에 빠져들지 말라고 경계하는 말이 바로 "입을 열면 어긋난다."거나 "언어의 길이 끊어졌다."거나 "마음이 갈 곳이 없다."거나 "털끝만큼이라도 차이가 나면 하늘과 땅만큼 벌어진다."는 등의 말입니다.

똑! 똑! 똑! 여기에는 한마디 말도 없습니다.

4. 마음이 곧 부처인가?

똑! 똑! 똑! 여기에 있어야 말에 속지 않습니다.

옛날부터 선사들은 "마음이 바로 부처다."라는 말을 많이 했습니다. 《육조단경》에 마음이 곧 부처라는 뜻인 즉심즉불(卽心卽佛)이라는 구절이 나오고, 중국의 마조도일 선사의 어록에는 같은 뜻인 즉심시불(卽心是佛)이라는 구절이 나옵니다.

마음이 곧 부처라는 말은 '마음에 깨달음이 있다.' '마음이 깨닫는다.'라는 말이지요. 아직 깨닫지 못한 마음을 중생의 마음이라고 하여 중생심(衆生心)이라 합니다. 중생의 마음이 깨달아 부처의 마음이 되기 때문에 마음이 곧 부처라고 합니다. 그러므로 우리의 마음은 하나의 마음이지만, 중생의 마음이 될 수도 있고 부처의 마음이 될 수도 있습니다.

중생의 마음은 분별하는 마음이고, 부처의 마음은 분별에서 벗어나 불이중도에 통한 마음입니다. 중생의 마음은 분별하는 마음이므로 중생의 마음에는 온갖 것이 다 있습니다. 우리가 물질적인 것과 정신적인 것이라고 알고 있는 모든 것이 있는 마음이 곧 중생의 마음입니다. 중생의 마음에는 늘 무언가가 나타나 있고 무언가를 좋아하거나 싫어하고 있고 무언가를 취하거나 버리고 있으므로, 중생의 마음은 언제나 무언가를 분별하고 판단하여 어떻게 처리할 것인가를 고민해야 하는 부담이 있습니다.

이런 부담을 짊어지고 고민하는 마음이 중생의 마음이기 때문에 중생의 마음에는 늘 해야 할 일이 있어서 쉬지를 못하여 피곤하고 어떤 일이 일어날지 몰라서 불안하고 걱정이 일어납니다. 중생의 마음은 늘 온갖 것을 분별하여 대응하고 처리해야 하므로 쉴 틈이 없고 피곤하고 불안하니 중생은 이런 힘들고 고통스러운 번뇌에서

343

벗어날 수 없습니다.

반면에 부처의 마음은 분별에서 벗어난 마음이므로 부처의 마음에는 아무것도 없습니다. 마음이 분별에서 벗어났으니 마음에는 분별되는 것이 아무것도 없는 것이지요. 세상 사물도 없고 자기 자신도 없습니다. 마음에는 아무것도 없지만, 육체와 세계와 보고 듣고 느끼고 생각하는 일은 이전처럼 나타나 있습니다. 세상은 이전처럼 그대로 나타나 있지만, 마음에는 아무것도 없습니다.

세상이 그대로 있는데 아무것도 없으므로 있음과 없음이 둘이 아닙니다. 이런 세계, 이런 삶을 일러 있음과 없음이 둘이 아니라고 하여 불이중도(不二中道)라고 합니다. 물론, 불이중도라는 말도 방편으로 만든 말이고, 실제로는 이렇게 말할 수 있습니다. "이전처럼 내가 세상에서 살고 있는데, 애초부터 나도 없고 세상도 없고 아무것도 없다." 이런 말은 이해할 수는 없고, 오로지 직접 체험해야만 공감이 되는 말입니다. 이런 삶이 바로 깨달은 사람의 삶으로서, 생사윤회와 해탈열반이 둘이 아닌 대자유의 삶입니다.

똑! 똑! 똑! 여기에는 한마디 말도 없습니다.

5. 단번에 벗어나 성불한다고?

똑! 똑! 똑! 여기에 있어야 말에 속지 않습니다.

깨달음을 견성성불(見性成佛)이라고 합니다. 견성이란 분별에서 벗어나 분별할 수 없는 진여자성을 본다는 뜻입니다. 견성성불은 단번에 분별망상에서 벗어나는 체험인 돈오(頓悟)이지, 점차 단계적으로 이루어 가는 일이 아닙니다. 여기에 관해서 육조 혜능 선사는《육조단경》에서 다음과 같이 말했습니다.

"자성이 스스로 깨달음에 문득 깨닫고 문득 닦아서 점차적인 절차는 없다."[85]

깨달음과 수행이 즉각 성취되어 점차로 나아가는 절차는 없다는 것입니다. 그 이유는 자성의 본질이 드러나면 모든 분별이 사라져서 깨달음과 미혹함의 차별이 없고 수행을 함과 하지 않음의 차별이 사라지기 때문에, 깨달음을 얻을 일이 없고 수행을 할 일이 없기 때문입니다. 분별망상 속의 중생이 분별에서 벗어나는 깨달음을 얻으면, 모든 분별이 사라져서 얻은 깨달음도 없고 행할 수행도 없습니다. 분별에서 벗어나는 한 번의 깨달음으로써 모든 할 일이 없어져 버리는 것이 곧 참된 깨달음입니다.

이러한 깨달음에 관해서는 육조에게 인가받은 영가현각(永嘉玄覺) 선사가 지은 〈증도가(證道歌)〉에도 "한번 벗어나 곧장 여래의 지위로 들어간다."는 구절이 있습니다. 〈증도가〉에 등장하는 이 구절의 앞뒤 문장들을 통하여 현각이 왜 이런 말을 하는가를 살펴보겠습니다.

---

85   自性自悟, 頓悟頓修, 亦無漸次.

覺卽了不施功(각즉료불시공) 깨달으면 그뿐 다시 애쓸 것이 없으
니

一切有爲法不同(일체유위법부동) 모든 유위법(有爲法)[86]과는 같지
않도다.

분별에서 벗어나 깨달으면 모든 분별에서 벗어나 주관인 '나'도
없고 객관인 '법'도 없으므로, 누가 무엇을 한다는 사실이 있을 수
없습니다. 즉, 분별에서 벗어나 깨달으면 할 일이 없어집니다. 이렇
게 분별에서 벗어나면, 분별에 사로잡혀서 좋아하거나 싫어하여 취
하거나 버리는 등의 유위법과는 달리 아무런 할 일이 없는 무위법
(無爲法)의 세계가 됩니다.

住相布施生天福(주상보시생천복) 모습을 분별하여 베풀면 하늘에
태어나는 복을 짓지만

猶如仰箭射虛空(유여앙전사허공) 마치 허공을 우러러 화살을 쏘
아 올리는 것과 같다네.

분별하여 좋은 것을 취하고 나쁜 것을 버리며 이기심을 버리고

---

86   유위법(有爲法) : 유위(有爲)란 분별하여 취하고 버리는 의도적 조작적 행위.
유위법이란 모든 분별하여 취하고 버리는 의도적 조작적 행동을 가리킨다. 유위법
은 조작하여 만드는 것이기에 반드시 다시 사라지므로 생멸법(生滅法)이라고도 한
다. 《금강경》 제32분에 "모든 유위법은 꿈같고 환상 같고 거품 같고 그림자 같으며,
이슬 같고 또 번개 같으니, 응당 이렇게 보아야 한다."(一切有爲法, 如夢幻泡影, 如露
亦如電, 應作如是觀)라는 사구게(四句偈)가 있다.

이타심을 행하면 하늘나라에 태어나는 복을 짓는 일이지만, 좋은 일을 하면 좋은 결과를 얻는다는 인과관계에 의한 결과일 뿐이므로 여전히 분별의 세계입니다. 그러므로 이렇게 복을 짓고 좋은 과보를 받는 것은 분별에서 벗어나 원인도 없고 결과도 없는 열반을 얻는 일은 아닙니다. 복을 짓고 천당에 태어나더라도 여전히 분별 속에 있는 중생이지, 분별에서 벗어나 해탈을 얻은 보살은 아니라는 말입니다.

爭似無爲實相門(쟁사무위실상문) 어찌 무위(無爲)[87]인 실상(實相)의 문에서

一超直入如來地(일초직입여래지) 한 번 벗어나 곧장 여래(如來)의 지위에 들어감과 같으리오?

분별에서 문득 벗어나면 주관과 객관이 사라져서 할 일이 없는 무위법의 세계가 펼쳐지는데, 이것이 바로 한 번 분별에서 벗어나 곧장 깨달음을 이루어 여래의 지위로 들어가는 것입니다. 이렇게 분별에서 벗어나면 《반야심경》에서 말하듯이, 삶과 죽음도 없고 삶과 죽음에서 벗어남도 없게 되어 모든 것이 사라져 열반인 부처의 세계가 실현됩니다. 이러한 깨달음은 복을 아무리 많이 지어도 분별에서 벗어나지 못하여 여전히 중생의 세계를 살아가야 하는 경우와는 비교할 수도 없는 것입니다.

87　무위(無爲) : 유위(有爲)의 반대말로서 분별하고 취하고 버리는 조작을 하지 않는 것.

但得本莫愁末(단득본막수말) 다만 근본을 얻을 뿐 말단을 근심치 말지니

寂滅性中隨飮啄(적멸성중수음탁) 적멸인 자성 속에서 마음대로[88] 먹고 마실지어다.

삶과 죽음이라는 번뇌에서 벗어나고자 하는 사람에겐 분별에서 벗어나 깨닫는 일이 하나의 유일한 근본일 뿐이고, 나머지 모든 불교의 가르침과 수행과 세상의 일은 전부 말단입니다. 수행자는 오로지 근본인 깨달음만 바르게 얻으면 됩니다. 근본이 바르면 말단은 저절로 바르게 되니 근심할 것이 없습니다. 분별이 사라져서 아무것도 없는 것이 우리의 진여자성인데, 분별에서 벗어나 견성하여 진여자성에 들어가면 무슨 일을 하며 어떻게 살더라도 아무 일이 없기 때문에 번뇌가 전혀 없는 깨끗하고 자유로운 세계가 펼쳐집니다.

諸行無常一切空(제행무상일체공) 모든 행위는 덧없고 전체가 비었으니

卽是如來大圓覺(즉시여래대원각) 바로 여래(如來)[89]의 크고 완전한 깨달음이로다.

---

88 수(隨) : ①따르다. 추종하다. 따르는 사람. 수행인. ②쫓다. 추구하다. ③내맡기다. 마음대로 하게 하다. 뜻대로 움직이다. ④-에 따라. -에 의거하여.⑤즉시. 곧.

89 여래(如來) : Tathagata의 번역. 오고 감에 변함이 없어서, 와도 오는 것이 없고 가도 가는 것이 없다는 말. 중도(中道)인 불이법(不二法)을 가리킨다.

중생이 분별에 사로잡혀 행하는 모든 유위행은 전부 생기고 사라지며 변화하지만, 분별의 본질은 연기(緣起)라서 그 실상을 보면 본래 분별할 것은 없고 텅 빈 허공처럼 아무것도 없습니다. 이렇게 허망한 분별에서 벗어나 아무것도 없이 텅 빈 공(空)을 깨닫는 것이 바로 부처님의 완전한 깨달음입니다.

直截根源佛所印(직절근원불소인) 곧장[90] 근원임을 부처님은 인정했으니

摘葉尋枝我不能(적엽심지아불능) 잎 따고 가지 찾는 일을 나는 할 수 없다네.

곧장 분별에서 벗어나 텅 빈 실상을 깨달으면 된 것이지, 또 갈고 닦거나 헤아려 취하거나 버릴 일은 없습니다. 마음공부는 분별에서 벗어나는 깨달음을 단번에 성취하는 것이지, 여러 가지 일을 하나씩 해결해가는 것이 아닙니다.

證實相無人法(증실상무인법) 실상(實相)[91]을 확인하면 사람도 없고 법(法)[92]도 없으니

---

90 직절(直截) : ①곧장. 단도직입적으로. 단순 명쾌하게. 시원시원하게. ②곧장 끊다. ③선종(禪宗)의 경절문(徑截門)을 가리킴.

91 실상(實相) : 만법(萬法)의 진실한 모습. 진실한 모습은 색깔이나 소리로 분별할 수 있는 모습을 가지고 있지 않으므로 실상은 무상(無相)이라고 한다. 진상(眞相), 제일의제(第一義諦), 진여(眞如), 본래면목 등과 같은 말.

92 사람과 법(法) : 사람은 주관(主觀), 법은 객관(客觀). 대승불교는 아공법공(我空法空)이라고 하니, 주관과 객관을 따로 나누어 세우지 않는다.

利那滅却阿鼻業(찰나멸각아비업) 무간지옥[93]에 떨어질 업(業)[94]을 한순간에 소멸시킨다.

분별에서 벗어나 세계의 실상을 깨달으면 주관인 '나'도 없고 객관인 '법'도 없어서, 중생이 안고 있었던 온갖 문제가 한순간 남김없이 다 해결됩니다. 이것이 부처님이 중생에게 베푼 뛰어난 약(藥)입니다.

똑! 똑! 똑! 여기에는 한마디 말도 없습니다.

6. 왜 평소의 마음이 도인가요?

똑! 똑! 똑! 여기에 있어야 말에 속지 않습니다.

중국 선사가 한 말 가운데 유명한 말로서 "평상심시도(平常心是道)."라는 말이 있습니다. 평상(平常)은 평소(平素), 평시(平時)라는

---

93 무간지옥(無間地獄) : 아비지옥. 8열지옥(熱地獄)의 하나. 범어 아비(阿鼻)아비지(阿鼻旨, Avici)의 번역. 남섬부주 아래 2만 유순 되는 곳에 있는 몹시 괴롭다는 지옥. 괴로움을 받는 것이 쉴 사이가 없으므로 이같이 이름. 5역죄의 하나를 범하거나 인과를 무시하고 절이나 탑을 무너뜨리거나 성중(聖衆)을 비방하거나, 공연이 시주물건을 먹는 이는 이 지옥에 떨어진다고 한다.
94 《구사론》에 의하면 5역죄를 범하면 무간지옥에 떨어져 끊임없이 고통을 받게 된다고 한다. 5역죄란 아버지어머니아라한을 살해하는 것, 화합승단을 깨는 행위, 부처님의 몸에 피를 내게 하는 것을 말한다.

뜻이고, 도(道)는 불교에서 깨달음을 뜻하는 산스크리트인 보리(菩提; bodhi)의 번역어로 사용되는 단어로서 깨달음이라는 뜻이므로, '평상심시도'는 '평소의 마음이 깨달음이다.'라는 뜻입니다.

'평소의 마음이 깨달음이다.'라는 말은 '이 마음이 곧 부처다.'라는 뜻인 '즉심시불(卽心是佛)'과 같은 말입니다. 평소의 마음이라면 평소 누구에게나 있는 마음을 가리킵니다. 그러므로 '평소의 마음이 깨달음이다.'라는 말은 평소 누구에게나 있는 마음에 깨달음이 있다는 뜻입니다.

그런데 사실, 평소 누구에게나 있는 마음을 우리는 중생의 어리석은 마음이라고 여기지, 깨달은 마음이라고 여기지 않습니다. 그러므로 깨닫지 못한 사람에게는 평소의 마음이 깨달음이 아니라 망상번뇌입니다. 오직 깨달은 사람에게만 평소의 마음이 망상번뇌가 아니라 깨달음입니다. 평상심(平常心)이 도(道)라는 구절을 말한 선사 몇 분의 말을 보겠습니다.

마조도일 선사는 이렇게 말했습니다.

"도(道)를 곧장 알고자 하는가? 평상심(平常心)이 도다. 무엇을 일러 평상심이라 하는가? 조작함이 없고, 옳고 그름을 따짐이 없으며, 취하거나 버림이 없고, 끊어짐과 이어짐이 없으며, 범부도 없고 성인도 없는 것이 바로 평상심이다. 경전에 말하기를, '중생의 행위도 아니고 부처의 행위도 아닌 것이 바로 보살의 행위다.'[95]라고 하

---

97 《유마힐소설경》 문수사리문질품(文殊師利問疾品) 제5.

였다."[96]

마조가 말하는 깨달음이 되는 평소의 마음이란, 분별하여 취하고 버리는 망상하는 마음이 아니라 분별에서 벗어난 불이중도의 마음을 가리킴을 알 수 있습니다. 평상심이 도라는 이야기가 가장 잘 알려진 일화는 조주종심 선사가 깨달은 다음의 일화일 것입니다.

조주가 남전에게 물었다.
"어떤 것이 도(道)입니까?"
남전이 말했다.
"평상심(平常心)이 도다."
조주가 물었다.
"향하여 다가가야 합니까?"
남전이 말했다.
"헤아려 향하면 어긋난다."
조주가 말했다.
"헤아리지 않으면, 도인 줄 어떻게 압니까?"
남전이 말했다.
"도는 앎에 속하지도 않고 알지 못함에 속하지도 않는다. 앎은 헛된 깨달음이고, 알지 못함은 캄캄한 어둠이다. 만약 참으로 헤아릴 수 없는 도에 통달한다면, 마치 커다란 허공과 같아서 텅 비고

---

96 《사가어록(四家語錄) 마조록(馬祖錄)》.

막힘이 없는데, 어찌 억지로 옳으니 그르니 할 수 있겠느냐?"

조주는 이 말을 듣고서 문득 깨달았다.[97]

뒷날 고불(古佛; 옛 부처님)이라 불릴 만큼 유명해진 조주가 스승인 남전의 가르침으로 깨달음을 얻은 이야기입니다. "어떤 것이 도입니까?"라는 조주의 질문에 남전은 "평소의 마음이 도다."라고 말했는데, 이에 대하여 조주는 "향하여 다가가야 하느냐?"고 물었습니다. 조주는 내가 나의 마음을 향하여 다가가야 하느냐고 물은 것이죠. 이에 대하여 남전은 "헤아려 향하면 어긋난다."고 하였는데, 왜 그럴까요?

내가 나의 마음을 헤아리고 그 헤아린 마음을 향하여 다가간다면, 나와 나의 마음이 분리되어 있다는 뜻이기 때문입니다. 나와 나의 마음은 분리될 수 있을까요? 몸과 마음을 벗어나서 나라는 무엇이 따로 있을까요? 몸과 마음에서 벗어난 어디에 나라는 것이 있을까요? 나는 나의 몸을 향할 수 없습니다. 나의 몸과 나는 분리될 수 없기 때문입니다. 마찬가지로 나는 나의 마음을 향하여 다가갈 수 없습니다. 나와 나의 마음은 둘이 아니기 때문입니다. 둘로 분리되어 있지 않은데 분리되어 있는 것처럼 헤아려서 향하여 다가가려 한다면, 그것은 곧 진실에서 어긋나는 것입니다.

남전의 이 가르침에 대하여 조주는 다시 "헤아려 향하지 않으면, 어떻게 도인 줄 압니까?"라고 물었습니다. 이것은 도가 평소의 마음이라면, 평소의 마음을 분별하여 알 수 있느냐는 질문입니다. 이

---

97 《연등회요(聯燈會要)》.

물음에 대하여 남전은 "도는 앎에 속하지도 않고, 알지 못함에 속하지도 않는다."라고 말했는데, 그 이유가 앎은 망상하며 깨어 있는 것이고 알지 못함은 캄캄한 어둠이기 때문이라고 하였습니다.

무엇을 안다는 것은 곧 아는 주관과 알려지는 객관이 분리된 둘이라는 것입니다. 여기서 주관은 '나'이고 객관은 '나의 마음'인데, 앞서 말했듯이 '나'와 '나의 마음'은 둘로 나누어질 수 없습니다. 내가 내 마음을 알 수 없는 것은, 마치 눈이 눈 스스로를 직접 볼 수 없는 것과 같다고 할 수 있습니다. 그러므로 내가 내 마음을 안다고 하면, 그것은 진실이 아닌 헛된 분별이고 허망한 생각입니다. 그렇다고 아무런 앎도 없다면, 그것은 마치 잠 속에 있듯이 캄캄한 어둠입니다. 이처럼 알아도 깨달음이 아니고 알지 못해도 깨달음이 아닙니다.

남전은 이어서 헤아릴 수 없는 깨달음에 통달하면, 텅 빈 허공과 같아서 옳다거나 그르다고 분별할 것이 없다고 합니다. 이 말을 듣고서 조주는 깨닫게 되는데, 남전이 말하는 평상심은 역시 분별하는 망상심이 아니라, 분별에서 벗어난 불이중도의 불가사의한 마음임을 알 수 있습니다. 분별에서 벗어난 불가사의한 깨달음의 마음은 당연히 말로써 설명할 수가 없고 이해할 수도 없고 나타내 보일수도 없습니다. 그러나 평소의 이 마음에 분명히 분별할 수 없는 깨어 있는 마음이 드러나 있음은 분별에서 벗어나 깨달은 사람에게는 또한 명백한 사실입니다.

장사경잠(長沙景岑) 선사에게 어떤 스님이 묻기를 "어떤 것이 평상심입니까?"라고 하자, 장사는 "자고 싶으면 자고, 앉고 싶으면 앉

고, 더우면 시원한 곳을 찾고, 추우면 따뜻한 곳을 찾는다."라고 하였습니다.[98]

앞서 마조와 남전은 양쪽을 부정하는 말을 하여 분별을 물리치고 불이중도의 깨달음으로 이끄는 말을 하였음에 비하여, 여기 장사는 중생의 망상하는 마음과 부처의 분별에서 벗어난 마음을 따로 말하지 않고, 그냥 평소에 경험하는 것을 말하고 있을 뿐입니다. 깨닫지 못한 중생에게는 장사의 이 말이 모두 허망한 분별이겠지만, 깨달은 사람에게는 이렇게 분별하는 여기에 바로 분별할 수 없는 불가사의한 깨달음이 밝게 드러나 있습니다. 허망한 생각과 진실한 깨달음을 분별하지 않으면서, 온갖 생각 속에서 생각에서 벗어나 있는 것이 원만한 깨달음입니다.

이런 원만한 깨달음에서 평소의 마음이 도라고 하는 것이고, 마음이 곧 부처라고 하는 것입니다. 그러므로 평소의 마음이 도라는 말이나 마음이 곧 부처라는 말은, 스스로 원만한 깨달음을 얻은 사람이 할 수 있는 말이지, 그렇지 못한 사람은 알 수 없는 말입니다.

똑! 똑! 똑! 여기에는 한마디 말도 없습니다.

7. 격외선이란 무엇인가?

똑! 똑! 똑! 여기에 있어야 말에 속지 않습니다.

---

98 《연등회요》.

격외선이라는 말이 있습니다. 격외선(格外禪)에서 격(格)은 격식(格式)이라는 뜻이므로, 격외(格外)는 격식을 벗어났다는 뜻입니다. 여기서 격식은 세간에서 분별하여 헤아려 아는 것, 즉 언어문자의 뜻으로 표현되는 이치를 가리킨다고 하겠습니다. 따라서 격외선은 언어문자를 초월한 불립문자(不立文字)의 조사선(祖師禪)을 가리키는 말입니다.

격외선에 관한 선사(禪師)의 말을 보겠습니다.

"한 구절에서 분별심의 헤아림 밖으로 문득 벗어나면, 도(道)에는 동서남북이 없다. 그러므로 세상이 생기기 이전의 소식은 입으로 말하고 귀로 들어서 전하는 것이 아니다. 격식 밖의 참된 법칙을 어찌 생각으로 헤아려서 알 수 있겠느냐?"[99]

말로 설명할 수 없고 귀로 들을 수 없고 생각으로 헤아려 알 수 없는 것이 격외선이라면, 격외선은 바로 지금 이 마음입니다. 사실 마음이라는 이름도 붙일 수 없는 것이지요. 생각하기 이전에 이미 분명하고, 말하기 이전에 이미 명백한 것입니다. 깨달은 사람에게는 본래부터 분명히 드러나 있어서 언제나 어디서나 분명한 것이고, 깨닫지 못한 사람은 마음속에서 마음을 잃고 헤매는 것입니다.

99　一句頓超情量外, 道無南北與西東. 所以劫前消息, 非口耳之所傳. 格外眞規, 豈思量之能解?(《오등회원》 제14권 명주(明州) 광효사(光孝寺) 요당사철(了堂思徹) 선사)

똑! 똑! 똑! 여기에는 한마디 말도 없습니다.

8. 부처도 조사도 죽이라고?

똑! 똑! 똑! 여기에 있어야 말에 속지 않습니다.

우리 불교 특히 선(禪)에서는 가끔 "부처도 죽이고 조사도 죽여야 한다."는 말을 들을 수 있습니다. 부처님과 조사(祖師)[100] 스님을 스승으로 모시고 공부하는 불제자들이 스승인 부처님도 죽이고 조사도 죽여야 한다는 말을 하다니, 일반인들은 아마도 이런 말을 전혀 이해하지 못할 것이고, 또 불교를 공부하는 사람들 가운데서도 이해하지 못하는 사람도 많이 있을 것입니다.

이 말은 원래 당나라 때 유명한 선사인 임제의현(臨濟義玄; ?-867)의 어록에 다음과 같이 나왔던 것입니다.

"스님들이여! 그대들이 참된 안목을 얻고자 한다면, 다만 다른

---

100   조사(祖師) : 조(祖)는 선조(先祖), 시조(始祖)라는 뜻. 석가모니를 불교를 만드신 부처님이라고 하는 반면에 석가모니가 이심전심(以心傳心)으로 법을 전했다고 하는 제자 마하가섭을 조사라고 한다. 마하가섭 이후 인도에서 대대로 조사들이 법을 전해 와서 제28대 조사가 보리달마인데, 보리달마가 다시 중국으로 와서 법을 전하니 보리달마는 또 중국에서 제1대 조사가 된다. 중국의 2대 조사는 혜가이고, 6대까지 전해져서 중국의 6대 조사는 혜능이다. 혜능은 조사의 법이 이제 널리 세상에 퍼졌으니 조사의 징표인 금란가사와 발우를 더이상 전할 필요가 없으므로 전하지 말라고 유훈하여, 이후에는 조사라는 말 대신 선사(禪師)라는 말을 사용하였다.

사람에게 속지 말고 안에서나 밖에서나 만나기만 하면 즉시 죽여라. 부처를 만나면 부처를 죽이고, 조사를 만나면 조사를 죽이고, 나한을 만나면 나한을 죽이고, 부모를 만나면 부모를 죽이고, 친척 권속을 만나면 친척권속을 죽여야 비로소 해탈을 얻어 사물에 얽매이지 않고 벗어나 자재할 것이다."

임제의 말에서 보듯이 부처를 죽이고 조사를 죽이라고 말하는 이유는 모든 것에서 벗어나 무엇에도 얽매이지 말고 해탈하여 자유자재해야 하기 때문입니다. 여기에서 얽매임을 벗어나 자유자재하다는 말은 육체적인 면이 아니라 정신적인 면을 가리킵니다.

불교에서 깨달음은 헛된 생각 즉 망상(妄想)에서 벗어나는 것입니다. 우리의 마음속은 온갖 생각들로 가득 차 있습니다. 깨닫지 못한 중생의 마음은 생각하는 마음입니다. 중생의 마음은 생각에 물들고 생각에 얽매여 생각 속에서 헤매며 생각에서 벗어나지 못하는 마음입니다. 이렇게 생각에 얽매여 벗어나지 못하는 것이 바로 중생의 고통인 번뇌입니다.

깨달음은 생각에서 벗어나 마음이 텅 비어 깨끗해지는 것입니다. 마음속에 짊어지고 있는 생각이 없으니 마음은 한없이 가볍고 아무런 근심도 없고 번뇌할 일도 없습니다. 이렇게 텅 빈 마음을 공(空)이라 하기도 하고, 모든 것이 사라졌다고 하여 열반이라 하기도 하고, 모든 생각에서 벗어났다고 하여 해탈이라 하기도 하고, 분별에 매여 있지 않다고 하여 불이중도(不二中道)라 하기도 합니다.

이 불이중도의 텅 빈 마음에는 세상의 모든 것이 있는 그대로 나타나지만, 언제나 텅 비고 깨끗하여 나타나는 어떤 것에도 얽매임이 없기 때문에 번뇌가 없는데, 이처럼 분별을 벗어나 번뇌가 없는 마음을 밝은 지혜라고 하여 반야바라밀이라고 합니다. 반야바라밀은 마치 깨끗한 거울이 앞에 있는 사물을 늘 있는 그대로 비추어 나타내지만 거울은 언제나 텅 비어서 아무것에도 얽매이지 않는 것과 같습니다.

세상의 온갖 일을 보고 듣고 느끼고 생각하고 경험하면서 살지만 늘 아무것도 없어서 그 무엇에도 얽매이거나 막히지 않기 때문에 번뇌에 시달림이 없는 마음이 바로 깨달은 사람의 자유로운 마음입니다. 중생은 생각에 사로잡혀 생각을 따라가기 때문에 밝은 지혜도 없고 자유도 없습니다만, 깨달아 해탈한 사람의 마음은 언제나 텅 비어 있기 때문에 무엇에도 얽매이지 않고 자유롭습니다.

이렇게 무엇에도 얽매이지 않고 자유로운 마음이 바로 《금강경》에서 말하는 모든 중생의 마음을 남김없이 사라지게 하여 중생의 마음을 항복시킨 깨달은 마음입니다. 깨달은 마음에서는 중생의 모든 생각이 남김없이 사라졌기 때문에, 중생이라는 생각만 없는 것이 아니라 부처라는 생각도 없고 조사라는 생각도 없고 깨달음이라는 생각도 없고 그 어떤 생각도 없이 텅 비고 깨끗합니다.

《문수반야경》에서 문수보살이 "깨달음의 모습에는 알 수 있는 법이 참으로 없기 때문입니다. 볼 것도 없고, 들을 것도 없고, 얻을 것도 없고, 생각할 것도 없고, 생길 것도 없고, 사라질 것도 없고, 말할 것도 없고, 들을 것도 없습니다. 이와 같이 깨달음의 본성과 모습은 텅 비고 고요하여, 깨달을 것도 없고 알 것도 없고 모양도 없

고 모습도 없는데, 어떻게 깨달음을 얻는 자가 있겠습니까?"[101]라고
한 말이 바로 이런 깨달음을 나타내며, 또 방 거사의 "다만 있는 것
을 모두 비워 버리기 바랄 뿐, 없는 것을 결코 진실하게 여기지 마
라."[102]라는 말도 바로 이런 깨달음을 나타내는 말입니다.

기독교의 성서에 있는 "진리가 너희를 자유롭게 할 것이다."라는
예수님의 말도 이런 뜻으로 이해할 수 있습니다. 중생은 살면서 온
갖 것을 보고 듣고 느끼고 생각하면서 경험하게 되는데, 그런 경험
들을 생각으로 기억으로 마음속에 넣어두고 있습니다. 그러므로 중
생의 삶은 생각이라는 밀림 속에서 헤매고 다니는 삶이지, 생각을
벗어나 생각에 오염되지 않고 살지 못합니다.

특히 우리가 교육받고 배운 것 가운데 옳다거나 진리라거나 좋
다고 여기는 생각에는 더욱 집착이 심하여 도무지 벗어나지 못합
니다. 그것은 가치관, 인생관, 세계관이라고 할 수 있는 것들인데,
우리는 이런 생각들에 의지하여 세상을 보고 인생을 보고 좋다거
나 나쁘다고 판단합니다. 그러나 사실, 이것들은 모두 단지 태어난
이후에 만들어진 생각일 뿐입니다.

종교적으로 말하면, 집착이 심한 이런 생각이 바로 우상(偶像)입
니다. 종교에서 우상을 부수어야 한다는 말은 자기 마음에서 집착
하고 있는 이런 생각들에서 벗어나라는 말입니다. 배우고 교육받아
만들어진 이런 생각들 때문에 개인은 생각의 노예가 되어 자신이

---

101 菩提之相, 實無有法而可知故. 無見無聞, 無得無念, 無生無滅, 無說無聽. 如是
菩提, 性相空寂, 無證無知, 無形無相, 云何當有得菩提者?(《문수사리소설마하반야바
라밀경(文殊師利所說摩訶般若波羅蜜經)》상권(上卷), 만타라선(曼陀羅仙) 한역(漢譯))
102 《경덕전등록》제8권 '양주거사방온(襄州居士龐蘊)'에 나오는 방 거사의 말.

타고난 깨끗한 마음을 깨닫지 못하고 어리석음에 빠지며, 사회적으로는 사람들 사이에 온갖 갈등이 발생하고 크게는 국가 사이에 전쟁도 일어납니다. 생각에서 벗어나야 어리석음에서 벗어나 밝은 지혜가 나오고 사람들 사이의 갈등도 사라지게 됩니다. 사실, 깨달음이란 생각에서 벗어나 자유로워지는 것입니다.

똑! 똑! 똑! 여기에는 한마디 말도 없습니다.

9. 본래 한 물건도 없다고?

똑! 똑! 똑! 여기에 있어야 말에 속지 않습니다.

선을 공부하는 사람이 가끔 듣는 말 가운데 "본래무일물(本來無一物)."이라는 말이 있습니다. 이 말은 '본래 한 물건도 없다.'는 뜻입니다. 본래부터 아무것도 없다는 뜻이지요. 이 말은 분별에서 벗어난 불이중도(不二中道)의 공(空)을 가리키는 말이기도 하고, 또 모든 것이 사라지고 없다는 뜻인 열반을 가리키는 말이기도 합니다.

이 말도 당연히 방편의 말입니다. 왜 이런 방편의 말을 할까요? 분별에서 벗어나지 못한 중생은 무언가 깨달아야 할 것이 있고, 알아야 할 것이 있고, 얻어야 할 것이 있는 것처럼 오해할 수 있기 때문에 이런 말을 한 것이지요. 이처럼 "본래 한 물건도 없다."는 말은 아직 분별에서 벗어나지 못한 중생의 어리석음을 깨부수기 위한 방편의 말입니다.

"본래 한 물건도 없다."는 말이 역사적으로 가장 잘 알려진 것은 육조 혜능(六祖慧能; 638-713)의 게송입니다. 오조 홍인의 제자 가운데 가장 맏이인 대통신수(大通神秀; 606-706)는 자기의 안목을 다음과 같이 표현하였습니다.

"몸은 깨달음의 나무요,
마음은 밝은 경대(鏡臺)와 같다.
늘 부지런히 털고 닦아서,
먼지가 남아 있지 않도록 하라."[103]

이 게송을 보고서 육조 혜능은 자신의 안목을 다음과 같이 나타내었습니다.

"깨달음은 본래 나무가 아니고,
마음 거울도 경대가 아니다.
본래 한 물건도 없는데,
어찌 먼지를 털 필요가 있으랴?"[104]

이 두 게송의 차이는 분명합니다. 신수는 깨달음이라는 열매가 열리는 나무와 같은 몸이 있고, 거울처럼 텅 비고 깨끗한 마음이 있

---

103 身是菩提樹, 心如明鏡臺. 時時勤拂拭, 莫遣有塵埃.(《경덕전등록》 제3권)
104 菩提本非樹, 心鏡亦非臺. 本來無一物, 何假拂塵埃?(《경덕전등록》 제3권)

다고 합니다. 그러므로 마음의 거울을 깨끗하게 털고 닦아야 할 필요성을 말합니다. 그러나 신수의 이 말은 분별 속에서 하는 말이지, 분별에서 벗어난 사람의 말이 아닙니다. 신수가 아직 분별에서 벗어나지 못했기 때문에 어떤 몸이 있고 어떤 마음이 있다고 말한 것입니다. 신수는 분별에서 벗어나는 깨달음을 얻지 못했던 것입니다.

혜능은 몸은 깨달음의 열매가 열리는 나무와 같은 것이 아니고 마음도 거울과 같은 것이 아니라고 하여 몸과 마음이 어떤 무엇이라는 분별을 하지 않고 있습니다. 혜능은 몸과 마음이라는 분별에서 벗어나 있는 것이지요. 혜능은 나아가 "본래 한 물건도 없다."고 하여 모든 분별에서 벗어났음을 말하고 있습니다. 모든 분별에서 벗어나면, 좋음과 나쁨, 깨끗함과 더러움, 밝음과 어둠, 지혜와 어리석음, 깨달음과 미혹함 등 어떤 것도 없습니다. 아무것도 없으니 당연히 할 일도 없습니다. 혜능은 이처럼 분별에서 벗어나 깨달음을 얻었기에 육조(六祖)로 인가를 받은 것입니다.

깨달음이 분별에서 벗어나 허공처럼 아무것도 없어서 할 일이 없다는 사실을 말하는 선사들의 법문을 소개합니다. 먼저 육조 혜능의 제자인 남악회양 선사는 "한 물건이라 하면 맞지 않다."라고 말했습니다.

회양이 조계로 가서 육조를 찾아뵈었더니, 육조가 물었다.
"어디에서 오느냐?"
회양이 말했다.
"숭산에서 옵니다."

육조가 물었다.

"어떤 물건이 이렇게 왔느냐?"

회양이 말했다.

"한 물건이라고 말하면 맞지 않습니다."

육조가 물었다.

"수행과 깨달음에 의지하는 것이냐?"

회양이 말했다.

"수행과 깨달음이 없지는 않으나, 물들지는 않습니다."

육조가 말했다.

"바로 이 물들지 않는 것이 곧 모든 부처님이 기억하고 지키는 것이다. 그대가 이미 그러하고, 나 역시 그러하다."[105]

한 물건이라고 말할 수 없는 것, 즉 분별할 수 없는 것이 바로 우리의 참 마음이라고 합니다. 이 참 마음은 본래부터 물들 수 없어서 늘 깨끗하다고 합니다. 다만 중생은 이러한 본래 마음을 깨닫지 못하고 생각에 사로잡혀서 어리석게 헤매고 있으니, 선지식의 가르침을 따라 공부하여 본래의 참 마음을 깨달아야 한다고 합니다. 이 참 마음을 깨닫는 것이 바로 분별에서 벗어나는 것이고, 분별에서 벗어나면 우리의 마음은 본래부터 깨끗하여 오염된 적이 없음을 확인하게 되므로 이제는 수행도 없고 깨달음도 없게 됩니다.

다음은 마조도일 선사의 제자인 분주무업(汾州無業) 국사가 세상을 떠나기 전에 한 마지막 법문과 임제의현 선사의 법문을 보겠습

---

105 《연등회요》 제4권.

니다.

"그대들의 보고·듣고·느끼고·아는 자성(自性)은 큰 허공과 수명이 같아서 생겨나지도 않고 사라지지도 않고, 모든 경계(境界)는 본래 텅 비고 고요하여 얻을 수 있는 하나의 법도 없다. 어리석어서 헤매는 사람은 이러한 진실을 깨닫지 못하고 경계에 홀려서 끝없이 흘러 다닌다. 그대들 마음의 자성은 본래 있어서 만들어진 것이 아니니 마치 다이아몬드처럼 부서질 수 없고, 삼라만상은 마치 그림자나 메아리 같아서 진실한 것이 아님을 알아야 한다. 그러므로 경전에서 말했다. '오직 이 하나의 일만 진실하고, 나머지 두 번째는 진실이 아니다.'[106] 만약 모든 것이 전부 텅 비었음을 깨달아 분별의 식[107]에 해당하는 한 물건도 없다면, 곧 모든 부처님이 마음을 쓰는 곳이다."[108]

"스님들이여! 여러 곳에서는 '닦아야 할 도(道)가 있고, 깨달아야 할 법(法)이 있다.'고 말을 하는데, 그대들은 무슨 법을 깨닫고 무슨 도를 닦는다고 말하는가? 그대들이 지금 살아가는 곳에 무엇이 부족하기에, 어느 곳을 닦아서 보충하겠다는 것인가? 후배인 어린 스님들이 알지 못하고서 곧 이런 부류의 여우귀신을 믿고는, 그들이 그럴싸하지만 헛된 말을 하여 다른 사람들을 얽어매는 것을 칭찬

---

106 《묘법연화경(妙法蓮華經)》〈방편품(方便品)제2〉에 나오는 게송의 구절.

107 정(情) : 식정(識情). 정식(情識). 분별의식. 분별심

108 《연등회요》 제5권.

하면서 말하기를, '도리와 행동이 서로 들어맞고 삼업(三業)[109]을 보호하고 아껴야 비로소 부처가 될 수 있다.'라고 한다. 이와 같이 말하는 자는 봄날의 가랑비만큼 많이 있다.

그러나 옛사람은 말하기를, '길에서 도에 통달한 사람을 만나거든, 무엇보다도 도를 말하지 마라.'고 하였다. 그러므로 말한다. '만약 사람이 도를 닦으면 도는 행해지지 않고, 만 가지 삿된 경계가 다투어 나타난다. 지혜의 칼을 빼면 한 물건도 없으니, 밝음이 나타나지 않았는데도 어둠이 밝아진다.' 그러므로 옛사람은, '평소의 마음이 바로 도다.'라고 말했던 것이다."[110]

똑! 똑! 똑! 여기에는 한마디 말도 없습니다.

10. 발밑을 비추어 보라고?

똑! 똑! 똑! 여기에 있어야 말에 속지 않습니다.

"발밑을 비추어 보라."는 말은 한자로 조고각하(照顧脚下)인데, 예전 선사들이 가끔 했던 말입니다. 이와 비슷한 뜻의 말은 "눈앞에 있다."는 말입니다. 눈앞과 발밑의 공통점은 지금 바로 접하고 있는 곳이고 또 언제나 접하고 있어서 떠날 수 없는 곳이죠. 우리는 언제

---

109 삼업(三業) : 신업(身業)·구업(口業)·의업(意業)의 세 가지 업(業).
110 《임제록》.

어디서나 눈앞과 발밑에서 벗어나지 못합니다. 눈앞과 발밑은 과거·현재·미래라는 시간과 관계가 없고 이곳·저곳이라는 장소와 상관없이 언제나 접하고 있는 곳입니다.

이처럼 때와 장소를 가리지 않고 언제나 접하고 있는 것이 바로 우리 자신의 근본이라는 점에서 눈앞과 발밑을 말하는 것입니다. 나 자신의 본체는 어떤 정해진 시간과 장소에 있을 수 없기 때문이죠. 나와 다른 객체는 어떤 시간과 장소에서 나에게 인식되고 나와 관계를 가집니다. 그러나 나 자신은 나와 다른 바깥의 무엇이 아니므로, 나 자신은 나 자신에게 인식되지도 않고 나 자신이 나 자신과 관계를 가질 수도 없습니다.

우리가 무엇을 인식하여 알 때는 어떤 시간에 어떤 장소에서 무엇이라고 압니다. 그러나 나 자신이 나 자신에게 대상이 될 수는 없으므로, 나는 나를 인식하여 알 수가 없습니다. 그러므로 나 자신은 어떤 시간 속에 있을 수 없고 어떤 장소에 있을 수도 없습니다.

눈앞과 발밑에서 우리가 벗어날 수 없듯이, 내가 나에게서 떨어질 수 없다는 면에서 눈앞과 발밑을 비유로 말하는 것입니다. 그러므로 "발밑을 보라."거나 "눈앞에 있다."는 말은 우리 자신의 본체를 가리키는 방편의 말이죠. 깨달음이란 우리 자신의 본체를 깨닫는 것이기 때문이죠.

이와 비슷한 방편의 말로서 "지금 여기."라는 말도 흔히 합니다. 역시 우리가 지금이라는 시간을 벗어날 수 없고, 여기라는 장소를 벗어날 수 없기 때문에 하는 말이지요.

그러나 '발밑'이라 하든, '눈앞'이라 하든, '지금 여기'라 하든, 이 모두는 방편의 말이지, 어떤 정해진 시간과 장소를 가리키는 말은 아닙니다. 만약 시간과 장소로 이 말을 이해한다면, 바로 분별을 따라가는 것이므로 헛된 생각에 떨어집니다. 방편의 말을 어떤 정해진 사실로 이해하지 않도록 늘 조심해야 합니다.

방편의 말은 달을 가리키는 손가락과 같아서 손가락을 통하여 달을 보면 손가락은 잊어야 합니다. 방편의 말을 듣고서 문득 분별이 쉬어지고 깨달으면 되는 것이지, 방편의 말을 붙잡고 견해를 만든다면 달은 보지 않고 손가락만 보는 어리석은 짓인 것입니다.

똑! 똑! 똑! 여기에는 한마디 말도 없습니다.

11. 수처작주 입처개진이란?

똑! 똑! 똑! 여기에 있어야 말에 속지 않습니다.

선사들이 가끔 하는 말에 '수처작주, 입처개진.'이라는 말이 있습니다. 수처작주(隨處作主)에서 수처(隨處)는 '곳곳' '도처' '어디나'라는 뜻이고 작주(作主)는 '주인이 되다.'라는 뜻이니, 수처작주는 '어디에서나 주인이 된다.'는 뜻입니다. 입처개진(立處皆眞)에서 입처(立處)는 '서 있는 곳' '발 딛고 있는 곳'이라는 뜻이고 개진(皆眞)은 '모두 참되다.'라는 뜻이니, 입처개진은 '발 딛는 곳마다 모두 참되다.'라는 뜻입니다.

주인이 된다는 것은 어디에도 얽매임 없이 자유롭다는 뜻이지요. 하인은 주인에게 얽매이지만 주인은 스스로 존재할 뿐, 누구에게도 어디에도 얽매임이 없습니다. 그러므로 주인이 된다는 것은 깨달아서 모든 번뇌를 벗어나 해탈한 자유를 누림을 가리킵니다. 어디에서나 주인이 된다는 것은 깨달음이 확실하여 어디에 있든지 어떤 인연을 만나든지 상관없이 매 순간 막힘없이 자유로운 도인의 삶을 가리킵니다.

참되다는 말은 거짓되다 혹은 헛되다는 말의 반대말입니다. 헛되거나 거짓된 것은 일시적으로 나타나고 사라져서 믿을 수 없고 덧없는 것을 가리킵니다. 이에 대하여 참된 것은 때와 장소에 상관없이 늘 변함없어서 믿을 수 있는 것을 가리킵니다.

한순간 스쳐 지나가는 인연은 헛되지만, 우리의 본성은 늘 그 자리에 그대로 있기 때문에 참되다고 합니다. 그래서 본성은 참되고 변함없다는 뜻에서 진여(眞如)라고 합니다. 진여인 본성을 깨달아 언제나 어디서나 본성에서 벗어나지 않으면 이를 일러 '발 딛는 곳마다 모두 참되다.'라고 할 수 있습니다.

사실, 생각(생각은 의식(意識)이라고도 할 수 있습니다.)에 매여서 생각 속에서 살 때는 생각은 매 순간 변화하므로 변함없이 참된 것이 무엇인지 알 수 없습니다. 말은 '변함없이 참되다.'라고 하지만, 실제로 그런 것이 무엇인지 알지 못합니다. 그러다가 선지식의 가르침을 받고 문득 생각에서 벗어나는 체험을 하게 되면, 모든 생각이 사라진 곳에서 비로소 영원히 변할 수 없는 곳을 확인하게 됩니다.

이렇게 생각에서 벗어나는 체험, 즉 분별에서 벗어나는 체험을 해야만 비로소 시작도 없고 끝도 없고 안도 없고 밖도 없는 무한하고 영원한 생명을 확인하게 됩니다. 모든 분별이 사라지면 텅 빈 허공과 같이 막힘이 없으므로 자유로운 주인의 삶을 살게 되고, 분별이 사라져 텅 빈 허공과 같은 것에는 같거나 다름이 없이 언제나 어디서나 한결같이 살아 있고 깨어 있어서 참되다고 말할 수 있습니다.

이처럼 어디에서나 주인이 된다는 수처작주와 발 딛는 곳마다 모두 참되다는 입처개진은 모두 깨달은 사람의 삶을 가리키는 말입니다. 깨닫게 되면 삶이 저절로 이렇게 되는 것이지, 일부러 노력하여 이런 삶을 만드는 것은 절대로 아니라는 사실도 말해 놓겠습니다. 깨달음은 언제나 저절로 이루어지는 무위법(無爲法)입니다.

똑! 똑! 똑! 여기에는 한마디 말도 없습니다.

12. 사람을 죽이기도 하고 살리기도 한다고?

똑! 똑! 똑! 여기에 있어야 말에 속지 않습니다.

선사들은 가끔 "사람을 죽인다."거나 "사람을 살린다."는 말을 합니다. 또는 사람을 죽이는 칼이라고 하여 살인도(殺人刀)라 하거나 사람을 살리는 칼이라고 하여 활인검(活人劍)이라는 말도 합니다. 사람을 죽이기도 하고 살리기도 한다는데, 누가 어떤 사람을 어떻게 죽이고 어떤 사람을 어떻게 살리는 것일까요?

사람을 죽이기도 하고 살리기도 한다는 말은 뛰어난 스승이 학인을 가르쳐 이끄는 솜씨를 가리키는 말입니다. 여기서 죽기도 하고 살아나기도 하는 사람은 곧 깨닫기를 바라고 공부하는 학인을 가리키는 말이고, 죽이기도 하고 살리기도 하는 사람은 곧 학인을 가르치는 스승을 가리키는 말입니다.

학인이 아직 깨달아 해탈하기 전에는 분별망상 속에서 살아가는 중생인데, 깨달음에 의하여 이러한 중생이 죽고 깨달은 부처로 거듭 살아난다고 하는 것입니다. 사실, 깨달음은 지금까지의 중생이 죽고 이제부터는 부처로 거듭 태어나는 것이라고 할 수 있습니다. 중생의 번뇌에 가득 찬 삶이 사라지고, 부처의 즐겁고 자유로운 삶이 시작되는 것이지요.

학인의 입장에서는 죽었다가 다시 살아나는 경험이고, 스승의 입장에서는 죽이기도 하고 살리기도 하는 경험이지요. 그러나 엄밀히 말하면, 스승의 역할은 중생을 죽일 뿐이고, 그 중생이 죽었다가 부처로 다시 살아나는 것은 중생 스스로가 하는 일입니다. 마치 육체의 상처를 치료하기만 하면 육체 스스로 건강하게 재생되는 것과 같다고 할까요?

스승이 은산철벽이나 금강권 율극봉 같은 관문을 설치하여 학인의 분별하는 마음을 꼼짝 못하게 만들면, 이러한 관문에 막히고 함정에 빠진 중생의 분별심은 저절로 항복하여 죽음을 맞이하는데, 여기에서 분별을 벗어난 중생의 본성이 문득 깨어나면서 깨닫게 됩니다. 다시 말해, 중생의 분별심을 감옥에 넣어 활동하지 못하게 만들어 놓으면, 이제는 분별심 뒤에 숨어 있던 불성(佛性)이 저절로 깨어나는 일이 벌어지는 것입니다.

그러므로 사람을 죽이는 칼은 동시에 사람을 살리는 칼이라고도 할 수 있는 것입니다. 중생의 분별심이 죽는 것은 스승이 설치한 함정에 빠져서 죽게 되지만, 분별하지 않는 불성이 살아나는 것은 불가사의하게 불성 스스로가 저절로 깨어서 나타나는 것이라고 해야 할 것입니다. 깨달음은 이처럼 예전의 사람이 죽고 새로운 사람으로 거듭 태어나 새로운 삶을 살게 되는 일입니다.

그러면 어떤 사람이 죽고 어떤 사람으로 되살아날까요? 분별에 사로잡힌 사람, 생각에 물든 사람, 알고 싶어서 못 견디는 사람이 죽습니다. 분별하여 알아야 편한 사람, 생각하여 이해해야 편한 사람, 알지 못하면 두려움에 싸이는 사람이 바로 분별에 물든 중생입니다. 그런 사람이 죽으면, 분별하지만 분별함이 없는 사람, 생각하지만 생각이 없는 사람, 알지만 아는 것이 없는 사람으로 되살아납니다. 이런 사람은 보고 듣고 느끼고 알면서 살아가지만, 언제나 '나'도 없고 세상도 없어서 아무 일이 없습니다.

똑! 똑! 똑! 여기에는 한마디 말도 없습니다.

13. 금강권 율극봉은 무엇인가?

똑! 똑! 똑! 여기에 있어야 말에 속지 않습니다.

선에 관심 없는 일반인들은 잘 들어 보지 못한 말이겠지만, 선을 공부하는 사람이라면 한 번은 들어 보는 말이 금강권, 율극봉입니다. 중국 송나라 원오극근(圓悟克勤; 1063-1125) 선사는 그의 어록에서 깨달음을 일러 "율극봉을 삼키고 금강권을 뛰어넘어서 분수 밖에서 가풍을 펼친다."라고 말했습니다. 그러면 금강권과 율극봉은 어떤 뜻이고, 왜 이런 말을 할까요?

금강권(金剛圈)은 '금강석으로 만든 감옥'이라는 뜻입니다. 금강(金剛) 즉 금강석은 다이아몬드이니, 세상에서 가장 단단한 돌입니다. 그러므로 금강석으로 만든 감옥은 어떤 것으로도 부술 수 없는 단단한 감옥이라는 말인데, 무엇을 가리키는 것일까요? 어떤 것으로도 부술 수 없는 단단한 감옥은 바로 우리의 생각 즉 분별심(分別心)을 가리킵니다. 중생의 분별하는 마음이 바로 금강권입니다.

깨달음은 생각 즉 분별심에서 벗어나는 체험입니다. 그러나 우리는 태어나서 지금까지 일평생 생각 속에서 살아왔습니다. 아침에 일어나 눈을 뜨는 순간부터 저녁에 잠자리에 들기까지 우리는 한순간도 빠짐없이 생각하며 살고 있습니다. 즉, 우리는 늘 분별 속에서 살고 있는 것이 당연한 습관으로 굳어져 있습니다. 그래서 생각에서 벗어나는 것은 불가능한 것처럼 보입니다.

그러나 분별심인 생각에서 벗어나야 깨달음이 이루어지므로 반드시 분별심에서 벗어나야 합니다. 대승불교에서 분별심을 벗어나도록 이끄는 방편의 성격은 파사현정(破邪顯正)이라고 하여, 삿된 분별을 부수어 바른 깨달음이 드러나도록 한다는 것입니다. 삿된 분별을 부수는 방식은 분별할 수 없는 말을 하는 것입니다. 예컨대,

《대반야경》 제16반야바라밀다분에서는 다음과 같이 말합니다.

"또 선용맹아, 이와 같은 반야바라밀다는 모든 법에서 늘어남도
없고 줄어듦도 없으며,

합하는 것도 아니고 분리되는 것도 아니며,

부족한 것도 아니고 가득한 것도 아니며,

이익도 아니고 손해도 아니며,

나가는 것도 아니고 들어오는 것도 아니며,

생겨나는 것도 아니고 사라지는 것도 아니며,

더러운 것도 아니고 깨끗한 것도 아니며,

생로병사를 따라 흘러가는 것도 아니고 생로병사의 괴로움이 사
라지는 것도 아니며,

모여 일어나는 것도 아니고 사라져 없어지는 것도 아니며,

모습이 있는 것도 아니고 모습이 없는 것도 아니며,

평등한 것도 아니고 평등하지 않은 것도 아니며,

세간도 아니고 출세간도 아니며,

즐거움도 아니고 괴로움도 아니며,

항상(恒常)한 것도 아니고 무상(無常)한 것도 아니며,

깨끗한 것도 아니고 깨끗하지 않은 것도 아니며,

유아(有我)도 아니고 무아(無我)도 아니며,

진실함도 아니고 허망(虛妄)함도 아니며,

만드는 자도 아니고 만들어진 것도 아니며,

받아들이는 것도 아니고 받아들이지 않는 것도 아니며,

믿고 이해하는 것도 아니고 믿고 이해하지 않는 것도 아니며,

자성(自性)도 아니고 자성이 아닌 것도 아니며,

죽음도 아니고 삶도 아니며,

나타나는 것도 아니고 사라지는 것도 아니며,

이어지는 것도 아니고 끊어지는 것도 아니며,

서로 어울리는 것도 아니고 서로 어울리지 않는 것도 아니며,

탐냄도 아니고 탐냄을 벗어남도 아니며,

성냄도 아니고 성냄을 벗어남도 아니며,

어리석음도 아니고 어리석음을 벗어남도 아니며,

뒤집어짐도 아니고 뒤집어지지 않음도 아니며,

인연 있음도 아니고 인연 없음도 아니며,

다함 있음도 아니고 다함 없음도 아니며,

지혜 있음도 아니고 지혜 없음도 아니며,

하근기도 아니고 상근기도 아니며,

은혜(恩惠)가 있는 것도 아니고 은혜가 없는 것도 아니며,

떠나가는 것도 아니고 돌아오는 것도 아니며,

불성(佛性)이 있는 것도 아니고 불성이 없는 것도 아니며,

좋아하는 것도 아니고 화를 내는 것도 아니며,

밝은 것도 아니고 어두운 것도 아니며,

게으른 것도 아니고 부지런한 것도 아니며,

텅 빈 것도 아니고 텅 비지 않은 것도 아니며,

생각이 있는 것도 아니고 생각이 없는 것도 아니며,

원함이 있는 것도 아니고 원함이 없는 것도 아니며,

조작(造作)하는 것도 아니고 조작하지 않는 것도 아니며,

숨어서 사라지는 것도 아니고 숨어서 사라지지 않는 것도 아니며,

무명(無明)도 아니고 무명에서 벗어남도 아니며,

고요함도 아니고 고요함이 아닌 것도 아니며,

열반도 아니고 열반이 아닌 것도 아니며,

도리와 같음도 아니고 도리와 같지 않음도 아니며,

확실히 아는 것도 아니고 확실히 알지 못하는 것도 아니며,

벗어남도 아니고 벗어나지 않는 것도 아니며,

조복(調伏)함도 아니고 조복하지 못하는 것도 아니며,

계(戒)를 지키는 것도 아니고 계를 어기는 것도 아니며,

산란한 것도 아니고 산란하지 않은 것도 아니며,

좋은 지혜도 아니고 나쁜 지혜도 아니며,

식(識)도 아니고 식이 아닌 것도 아니며,

머무는 것도 아니고 머물지 않는 것도 아니며,

같은 부분도 아니고 다른 부분도 아니며,

있는 것도 아니고 있지 않은 것도 아니며,

얻는 것도 아니고 얻지 못하는 것도 아니며,

앞의 실상(實相)을 보는 것도 아니고 앞의 실상을 보지 않는 것도 아니며,

깨닫는 것도 아니고 깨닫지 못하는 것도 아니며,

통달함도 아니고 통달하지 못하는 것도 아니다.

깊고 깊은 반야바라밀다는 모든 법에서 이들 여러 가지 일에 해

당하지 않기 때문에 앞에 나타나 있다."

요약하면, '무엇'도 아니고 '무엇이 아닌 것'도 아니라고 하여, 둘로 나누는 분별이 작동하지 못하게 하고 생각이 나아가지 못하게 하는 것이 곧 삿됨을 부수는 파사(破邪)입니다. 이처럼 분별이 일어나지 못하고 생각이 나아가지 못하면 우리의 분별심은 마치 손발이 묶인 짐승처럼 갑갑하고 답답하여 숨이 막히게 되는데, 이런 답답하고 갑갑한 상황에서 때가 되면 문득 분별심이 항복하면서 깨달음이 나타나는 것입니다. 이렇게 깨달음이 나타나는 것을 현정(顯正)이라고 한 것입니다. 대승불교에서 깨달음은 언제나 이렇게 날뛰던 생각이 항복하면서 일어납니다.

율극봉(栗棘蓬)은 '가시투성이 밤송이'라는 뜻인데, 조그만 밤송이를 입 안에 넣고 통째로 삼키려 하다가 그만 밤송이가 목구멍에 걸려서 삼킬 수도 없고 뱉을 수도 없는 진퇴양난의 상황을 가리키는 말입니다. 이런 의미의 율극봉 역시 금강권처럼 어떻게도 해결할 수 없는 함정에 빠진 상황을 가리키며, 역시 분별이 작동할 수 없어서 생각이 나아갈 수 없는 상황을 가리키는 말입니다.

선사들도 제자를 가르쳐서 깨달음으로 인도할 때 반드시 이런 금강권과 율극봉의 상황으로 몰아갑니다. 대표적으로 이런 말입니다. 선사가 제자에게 죽비를 들어 보이면서 말합니다.

"죽비라고 부르면 이름을 분별하는 것이고, 죽비라고 부르지 않으면 사물을 무시하는 것이다. 무엇이라고 부르겠느냐?"

이 경우 제자가 어떻게 말하든 어떻게 행동하든 선사는 용납하지 않습니다. 그러면 제자는 결국 이 말을 분별할 수도 없고 무시해 버릴 수도 없어서 마치 쥐가 덫에 빠진 것처럼 나아갈 수도 없고 물러설 수도 없는 상태에 봉착하게 됩니다. 대표적인 예로 원오극근 선사의 제자인 대혜종고 선사의 체험을 소개합니다.

노스님께서는 다시 나를 택목료[111]에 머물게 하시고, 자잘한 시자의 일을 시키지는 않으셨다. 매일 사대부들과 함께 서너 번 입실[112]하였는데, 노스님께서는 다만 "있다는 구절〔유구(有句)〕과 없다는 구절〔무구(無句)〕은 마치 등나무 덩굴이 나무에 기대어 있는 것과 같다."라는 말씀을 하셨는데, 내가 입을 열자마자 노스님께서는 곧 "아니다."라고 말씀하셨다. 반 년 동안 나는 단지 이와 같이 참여하였다.

하루는 여러 관원과 함께 방장실에서 약석[113]을 먹을 때, 나는 젓가락을 손에 쥐고 있을 뿐 먹을 생각을 까맣게 잊고 있었다. 노스님께서 말씀하셨다.

"이 자는 황양목선[114]에 참여하더니 도리어 움츠러들어 버렸구

---

111 택목료(擇木寮) : =택목당(擇木堂). 절을 방문한 관리(官吏)들이 머물며 쉬는 집.

112 입실(入室) : 학인이 방장이나 조실의 방에 들어가 공부를 점검받는 것.

113 약석(藥石) : 총림에서 쓰는 말. 저녁 밥. 본래 오후에는 먹지 않는 법이나 배고픈 병을 고친다는 뜻으로 저녁밥을 약석이라 함.

114 황양목선(黃楊木禪) : 황양목(黃楊木)은 회양목이다. 회양목은 자라는 것이 극히 느려서 1년에 손가락 한 마디 길이도 자라지 않다가, 윤년(閏年)에는 도리어 한 마디 정도가 줄어든다고 한다. 황양목선이란 해탈한 자리에 머물러서 공부가 더이

나."

나는 드디어 한 개 비유를 말씀드렸다.

"스님! 이 도리는 마치 강아지가 뜨거운 기름 솥을 보고 있는 것과 같아서 핥고 싶어도 핥을 수가 없고 버리고 싶어도 버릴 수가 없습니다."

노스님이 말씀하셨다.

"그대의 비유가 지극히 좋구나! 다만 이것이 곧 금강권이요 율극봉이니라."[115]

똑! 똑! 똑! 여기에는 한마디 말도 없습니다.

14. 무정물의 설법을 듣는다고?

똑! 똑! 똑! 여기에 있어야 말에 속지 않습니다.

선사들은 가끔 무정물의 설법을 들을 줄 알아야 한다는 말을 합니다. 이 말은 원래 남양혜충(南陽慧忠; ?-775) 국사가 했던 말입니다. 혜충 국사와 어떤 스님 사이에 다음과 같은 대화가 전해집니다.

어떤 스님이 물었다.

상 나아가지 않고 머물러 있는 것을 가리킨다.

115 《대혜보각선사보설》제17권 '10. 예시자 단칠이 청한 보설'

"무정물에 마음과 자성이 있다면, 법을 말할 줄도 압니까?"

국사가 말했다.

"뚜렷이 늘 말하고 있어서 끊어짐이 없다."

스님이 물었다.

"저는 무엇 때문에 듣지 못합니까?"

국사가 말했다.

"그대가 스스로 듣지 못하는 것이다."

스님이 물었다.

"어떤 사람이 듣습니까?"

국사가 말했다.

"모든 부처님이 듣는다."[116]

　무정물(無情物)은 정식(情識), 즉 감정(感情)과 의식(意識)이 없는 사물이라는 말이니, 식물이나 무생물을 가리키는 말입니다. 혜충 국사는 식물과 무생물 같은 무정물에도 마음이 있어서 언제나 뚜렷이 법을 말하고 있다고 합니다. 이 말은 삼라만상이 모두 언제나 뚜렷이 마음의 실상을 드러내고 있다는 뜻입니다. 마음의 실상을 드러내는 것이 곧 법문(法門)이고 설법(說法)입니다.

　삼라만상이 언제나 뚜렷이 말하는 법문은 모든 부처님이 듣는 다는 말은, 깨달은 사람은 삼라만상에 나타나 있는 마음의 실상을 늘 뚜렷이 보고 있다는 말입니다. 마음의 실상을 본다는 것은 곧《반 야심경》에서 말하듯이 분별세계의 모든 것이 곧 공(空)임을 본다는

---

116 《연등회요》제3권.

것이고, 육조 혜능이 말하듯이 언제나 모든 것에서 마음의 자성(自性)을 본다는 것입니다.

자성은 분별할 수 없어서 공(空)이라고도 하지만, 모든 것이 자성에서 나온다고 하듯이 단순히 텅 비고 아무것도 없는 허공이 아니라 살아서 활동하고 있는 공입니다. 그러므로 마조 선사는 "허공이 법문을 한다."라고 말했던 것입니다. 분별된 삼라만상은 늘 생기고 사라지는 허망한 것인 반면에, 분별할 수 없는 자성인 공이 진실하고 변함없다고 하여 진여자성(眞如自性)이라고도 합니다.

삼라만상과 그 자성인 공은 둘로 나누어지지 않기 때문에 《반야심경》에서는 "색은 공과 다르지 않고 공은 색과 다르지 않으며, 색이 곧 공이고 공이 곧 색이다."라고 하였고, 《금강경》에서는 "모든 모습이 곧 모습 아님을 보면 바로 여래를 보는 것이다."라고 하였습니다. 쉽게 말하면, 매 순간 온갖 것을 분별하지만 언제나 아무것도 없는 삶을 산다고 할 수 있습니다.

마음공부를 하다가 분별심에서 벗어나는 해탈의 체험을 하는 것은 곧 공(空)을 체험하는 것입니다. 처음에는 아무것도 없는 공과 온갖 분별의 세계가 마치 대립하는 다른 세계인 것처럼 여겨져서 시끄러운 분별을 버리고 고요한 공에 가까워지려고 합니다. 그러나 상당한 세월이 지나 공에 충분히 익숙해지면, 어느 날 문득 공이 사라지고 분별세계가 곧 공임이 저절로 밝혀집니다.

그리하여 다시 시간이 지나 분별세계가 곧 분별 없는 공이고 분별 없는 공이 곧 분별세계여서 공과 색이 결코 둘이 될 수 없음이 확실해지면, 비로소 아침부터 저녁까지 온통 분별로 이루어진 일상의 삶에 본래 아무것도 없음이 분명해지고, 모든 분별에서 분별을 벗어난 자성이 살아 있고 깨어 있게 됩니다. 이때가 되어야 비로소 무정물인 삼라만상이 늘 뚜렷이 법을 드러내고 있다는 말을 수긍하게 됩니다.

똑! 똑! 똑! 여기에는 한마디 말도 없습니다.

15. 사구백비를 벗어난다고?

똑! 똑! 똑! 여기에 있어야 말에 속지 않습니다.

중국 당나라 때 유명한 선승인 마조도일 선사의 어록에 이런 이야기가 실려 있습니다.

어떤 스님이 마조 대사 앞에서 네 개의 선을 그었는데, 위의 한 선은 길고 아래의 세 선은 짧았다. 그 스님이 마조에게 물었다.
"한 선은 길고 세 선은 짧다고 말해서는 안 됩니다. 사구(四句)를 떠나고 백비(百非)를 끊고서, 스님께서 저에게 답해 주십시오."
마조는 이에 땅에다 선 하나를 긋고서 말했다.
"길다고도 짧다고도 말할 수 없다. 그대에게 답했다."

이 대화에서 질문한 스님이 요구한 것은 길다거나 짧다는 분별에서 벗어난 말을 하라는 것입니다. 그러면서 그는 사구(四句)를 떠나고 백비(百非)를 끊고 말하라고 합니다. 사구와 백비는 어떤 것일까요?

사구는 사구분별(四句分別)이라는 말의 준말입니다. 사구분별은 네 구절로 된 분별이라는 뜻인데, 다음과 같은 네 구절입니다.

① '무엇'이다.(긍정)

② '무엇'이 아니다.(부정)

③ '무엇'이기도 하고 '무엇'이 아니기도 하다.(긍정과 부정을 동시 긍정)

④ '무엇'도 아니고 '무엇'이 아닌 것도 아니다.(긍정과 부정을 동시 부정)

우리가 '무엇'에 대하여 분별하여 할 수 있는 말은 이 네 가지입니다. 그러나 형식적으로는 이런 네 가지 말을 할 수 있지만, 실제로 생활에서 사용하는 분별은 ①번과 ②번 두 가지입니다. ③번과 ④번은 형식적으로는 가능한 말이지만, 현실적으로는 이해할 수 없는 무의미한 말이기 때문에 거의 사용하지 않는 말입니다. 만약 누군가가 ③번과 ④번처럼 말한다면, 사람들은 그 말을 그저 장난으로 하는 말로 여길 것입니다.

백비(百非)는 백 가지 부정해야 할 분별을 가리킵니다. 백 가지는 '같다.'(일(一)), '다르다.'(이(異)), '있다.'(유(有)), '없다.'(무(無))라는 네 가지 분별에 앞서 말한 사구분별을 각각 적용하여 16가지가 되고, 이 16가지에 과거, 현재, 미래의 3세(世)를 적용하여 48가지가 되며, 이 48가지에 '이미 일어남'[이기(已起)]과 '아직 일어나지 않음'[미기(未起)] 둘을 적용하여 96가지가 되는데, 여기에 애초의 '같다'[일(一)], '다르다'[이(異)], '있다'[유(有)], '없다'[무(無)]를 더하면 100가지 분별이 이루어집니다.

이처럼 사구백비란 우리가 생각하여 만들어 낼 수 있는 가능한 모든 분별을 가리킵니다. 선사들이 사구와 백비를 벗어나 말해 보라고 질문하는 이유는 깨달음은 모든 분별에서 벗어나는 것이기 때문입니다. 선종(禪宗)이 중국에 등장하기 전인 수(隋) 나라 때의 삼론종(三論宗) 스님 길장(吉藏; 549-623)의《대승현론(大乘玄論)》이라는 책에 이미 "진제(眞諦)[117]는 사구백비(四句百非)를 넘어선다."라는 구절이 등장하여, 진리는 어떤 문장으로도 표현할 수 없음을 말하고 있습니다. 사구백비라는 분별에서 벗어난 깨달음을 언급한 선사들의 이야기 몇 가지를 소개합니다.

약산유엄(藥山惟儼; 745-828) 선사가 처음 석두(石頭) 선사를 찾아가서는 물었다.

"불교의 교리는 제가 대략 공부했습니다. 그런데 선(禪)에서 말하는 '사람의 마음을 곧장 가리키고[직지인심(直指人心)], 자성을 보아 깨닫는다[견성성불(見性成佛)].'는 것은 도무지 알 수가 없습니다. 바라건대 스님께서 자비를 베풀어 가르쳐 주십시오."

석두가 말했다.

---

117 진제(眞諦) : 분별을 벗어난 출세간의 진리라는 뜻. 세속의 진리나는 속제(俗諦)와 상대되는 말.

"이렇게 해도 안 되고, 이렇게 하지 않아도 안 되고, 이렇게 하고 또 이렇게 하지 않아도 모두 안 된다. 그대는 어떻게 하겠느냐?"(《마조어록》)

조주종심 선사가 스승인 남전(南泉) 선사에게 물었다.

"사구(四句)를 떠나고 백비(百非)를 끊고서 말씀해 주십시오."

남전은 말없이 자리에서 내려와 방장으로 돌아갔는데, 조주가 말했다.

"이 노인네는 평소 수다스럽게 말이 많지만, 오늘 내가 한번 질문을 하니 대답할 말이 없고 펼칠 도리가 없구나."(《조주어록》)

똑! 똑! 똑! 여기에는 한마디 말도 없습니다.

16. 단상이변에 떨어지지 말라고?

똑! 똑! 똑! 여기에 있어야 말에 속지 않습니다.

육조 혜능 선사의 어록인 《육조단경》에 보면, 육조가 지도(志道)라는 비구에게 이렇게 호통치는 내용이 나옵니다.

"그대는 부처님의 제자이면서 어찌하여 외도(外道)의 단상사견(斷常邪見)을 익혀서 부처님의 진리를 논하려 하느냐?"

외도란 부처님의 가르침과는 다른 가르침을 말합니다. 단상사견은 부처님의 가르침과는 다른 외도의 가르침이라는 뜻입니다. 단상사견은 단상(斷常)이라는 잘못된 견해라는 뜻인데, 단상이란 단멸(斷滅)과 항상(恒常)이라는 두 단어의 결합입니다. 단멸이란 '끊어져 없어짐'이라는 뜻이고, 항상이란 '변함없이 늘 그대로 있음'이라는 뜻이므로, 두 단어는 서로 상대되는 뜻입니다.

다시 말해, 어떤 일 혹은 사물에 대하여 말할 때, 그것이 끊어져 없어지거나, 아니면 그대로 변함없이 있거나, 둘 중에 어느 한쪽만 말할 수 있습니다. 즉, 단멸과 항상은 둘 가운데 어느 한쪽만 선택하는 것입니다. 이렇게 둘로 나누어 둘 가운데 어느 한쪽만 선택하는 것을 분별이라 합니다. 그러므로 단상사견이란 분별이라는 잘못된 견해라는 뜻입니다.

단상사견은 단상이견(斷常二見)이라고도 합니다. 단멸과 항상이라는 두 가지 견해라는 뜻으로서, 분별의 특징을 더 잘 나타내는 말입니다. 단상이견이 외도의 잘못된 견해라는 까닭은 부처님의 가르침은 둘로 나누어 어느 한쪽만 선택하는 분별이 아니기 때문입니다. 부처님이 말씀하시는 이 세계의 실상은 불이중도(不二中道)라고 합니다.

부처님이 깨달아 밝힌 이 세계의 참모습인 실상은 우리 중생들이 보는 것과는 아주 다릅니다. 중생들은 늘 분별을 통하여 세상을 보고 있습니다. '무엇'과 '무엇 아닌 것'의 둘로 나누어 '무엇'을 선택하거나 '무엇 아닌 것'을 선택하는 것이 중생의 분별입니다. 그러므로 중생이 보는 이 세상은 '무엇'의 세상이므로, '무엇 아닌 것'은 무시된 왜곡된 세상입니다.

이처럼 중생은 '무엇'과 '무엇 아닌 것'의 둘로 나눈 이견(二見)의 눈으로 세상을 봅니다. 그러나 사실 '무엇'과 '무엇 아닌 것'은 서로가 서로를 만들어 주며, 서로 함께 나타나고 함께 사라지는 결코 분리될 수 없는 관계입니다. 이런 관계를 연기(緣起)라고 합니다. 중생이 분별하는 이 세계는 사실은 연기의 세계인 것이고, 연기의 세계이므로 둘로 나누어질 수 없는 세계입니다.

'무엇'과 '무엇 아닌 것'이 둘로 나누어지지 않아서 둘 가운데 어느 하나를 취하거나 버릴 수 없음을 나타내는 말이 바로 불이중도입니다. 불이(不二)는 둘이 아니라는 뜻이고, 중도(中道)는 이쪽도 아니고 저쪽도 아닌 혹은 이쪽이기도 하고 저쪽이기도 하다는 뜻입니다. 즉, 불이중도는 분별에서 벗어남을 가리키는 말입니다. 분별에서 벗어날 때 분별이 왜곡시킨 모습에서 벗어나 이 세계의 참모습을 깨닫기 때문입니다.

이처럼 분별망상에서 벗어나 깨달은 사람이 이 세계를 보는 눈은 분별의 눈이 아니라, 분별에서 벗어난 눈입니다. 그러므로 부처님의 가르침을 따르는 부처님의 제자라면, 분별하는 마음으로 부처님의 가르침을 판단하여 알려고 해서는 안 됩니다. 분별에서 벗어난 눈을 갖추려면 분별에서 벗어나는 불가사의한 깨달음의 체험을 하여야 합니다. 아직 분별에서 벗어나지 못했다면, 자기의 분별하는 마음으로 부처님의 가르침을 이해하려고 하지 말고, 오로지 분별에서 벗어나려고 하는 뜻으로 선지식의 법문을 들어야 합니다.

《육조단경》에서 육조 혜능이 지도 비구의 단상사견을 비판한 부분을 살펴보겠습니다.

지도(志道)라는 한 스님은 광주(廣州)의 남해(南海) 사람인데, 육조 대사를 찾아와 물었다.

"저는 출가한 이래로 《열반경》을 본 지가 10여 년이 되었습니다만, 아직 그 큰 뜻을 밝히지 못하고 있습니다. 스님께서 가르쳐 주시기 바랍니다."

육조가 물었다.

"그대는 어느 곳을 밝히지 못했느냐?"

지도가 말했다.

"모든 행위는 무상(無常)하니, 이것이 생멸법(生滅法)이다. 생멸이 사라지고 나면, 적멸(寂滅)이 즐거움이 된다.'[118]라는 이 구절에 의문이 있습니다."

육조가 물었다.

"그대는 무엇이 의문이냐?"

지도가 말했다.

"모든 중생에게는 전부 두 몸이 있으니, 색신(色身; 육체)과 법신(法身; 마음)이라 하는 것입니다.

색신은 무상(無常)하여 생멸이 있지만 법신은 항상(恒常)하여 앎

---

118 "諸行無常, 是生滅法. 生滅滅已, 寂滅爲樂." 석가모니가 전생에 설산에서 수행할 때, 석제환인(釋提桓因; 제석천)이 나찰(羅刹)로 변하여 들려준 게송(偈頌). 북량(北涼)의 담무참(曇無讖)이 번역한 《대반열반경(大般涅槃經)》 제14권 〈성행품(聖行品) 제7-4〉에 나온다.

도 없고 느낌도 없는데,[119] 경(經)에서 말한 '생멸이 사라지고 나면 적멸이 즐거움이 된다'는 것을 알 수가 없습니다.

어떤 몸[신(身)]이 적멸하는 몸이며, 어떤 몸이 즐거움을 받는 몸입니까?

만약 색신이라면 색신이 멸할 때는 사대(四大)[120]가 흩어져 모두가 고통이니 즐거움이라고 말할 수가 없고, 만약 법신이 적멸한다면 곧 풀, 나무, 기와, 돌과 같으니[121] 누가 즐거움을 받겠습니까?"

육조가 말했다.

"그대는 불제자이면서도 어찌하여 외도(外道)의 단상사견(斷常邪見)을 익혀서 가장 뛰어난 진리를 논하려 하느냐?

너의 견해에 의하면, 색신 밖에 따로 법신이 있으며 생멸을 떠나 따로 적멸을 찾는 것이다.[122]

또 열반이 늘 즐겁다는 말을 미루어 그 즐거움을 받는 몸이 있다고 말한다면, 이것은 곧 생사에 집착하여 생사를 아까워하면서 세간의 즐거움을 탐하는 것이다.

그대는 이제 알아야 한다. 부처님께서는, 모든 어리석은 사람이 오온(五蘊)[123]이 화합한 것을 자신의 모습으로 여기고 온갖 것을 분

---

119 마음의 본체는 허공과 같다는 뜻에서 하는 말.

120 사대(四大) : 지수화풍(地水火風)의 네 가지. 곧 물질인 육체를 가리킨다.

121 마음이 사라지면 의식(意識)이 사라져 사물과 같게 된다는 말.

122 마음과 몸이 따로따로 있다고 분별하고 있으며, 생멸과 생멸이 사라진 적멸이 따로따로 있다고 분별하는 것이다. 오로지 분별로써 모든 것을 이해하고 있으니, 부처님의 제자가 아니라 외도라고 한 것.

123 오온(五蘊) : 색(色; 물질, 육체), 수(受; 느낌, 감각), 상(想; 생각), 행(行; 의도적인 행위), 식(識; 분별의식)의 다섯 가지가 모여 있다는 것. 인간이 '나'라고 여기는 것

389

별하여 바깥 삼라만상의 모습으로 여겨 생(生)을 좋아하고 사(死)를 싫어하며 순간순간 흘러가며, 꿈과 같고 환상과 같은 허망한 가짜를 알지 못하고 헛되이 윤회(輪回)를 받으며, 늘 즐거운 열반을 도리어 괴로운 모습으로 여겨 종일토록 치달려 구하기만 할 뿐이기 때문에, 부처님께서 이를 불쌍히 여기시고는 이에 열반의 참된 즐거움을 보여 주신 것이다.

찰나에도 생하는 모습이 없고 찰나에도 멸하는 모습이 없어서 다시 없앨 만한 생멸이 없으니, 이것이 곧 적멸(寂滅)이 눈앞에 드러나는 것이다.

적멸이 눈앞에 드러날 때도 눈앞에 드러난다는 헤아림이 없으니, 늘 즐겁다고 하는 것이다.

이 즐거움은 받는 사람도 없고 받지 않는 사람도 없다."

지도가 이해되지 않는다고 언급한 《열반경》의 게송은 석가모니의 전생에 관한 이야기 속에 나오는데, 귀신의 모습으로 나타난 제석천이 말한 게송입니다. 이 게송의 의미를 풀이하면 다음과 같습니다.

"모든 행위는 무상(無常)하니, 이것이 생멸법(生滅法)이다."에서 모든 행위란 중생이 분별심에 사로잡혀 행하는 유위(有爲)의 행위를 가리킵니다. 유위의 행위는 분별심이 만들어 낸 분별의 결과이므로 당연히 생겨나고 사라지며 끊임없이 변화하니 무상(無常)합니다. 분별심은 순간순간 새롭게 분별하여 생각이 끊임없이 이어지기 때문이지요. 《금강경》에서도 모든 유위법은 물거품이나 아지랑이처럼 허망하게 변한다고 하였습니다. 생멸법이란 중생의 분별심이 만들어 낸 허망하게 변화하는 의식세계를 가리킵니다. 분별의 세계에는 늘 나와 남, 옳음과 그름, 좋음과 나쁨, 좋아함과 싫어함, 이익과 손해 등 온갖 분별이 일으키는 갈등과 불안이라는 번뇌가 있습니다.

"생멸이 사라지고 나면, 적멸(寂滅)이 즐거움이 된다."에서 생멸이 사라진다는 것은 분별에서 벗어난다는 뜻입니다. 분별에서 벗어난 마음에는 분별이 만든 모든 허망한 생각이 사라지니 적멸이라고 합니다. 분별에서 벗어난 마음에는 '나'도 없고 남도 없고, 옳음도 없고 그름도 없고, 좋음도 없고 나쁨도 없고, 좋아함도 없고 싫어함도 없고, 이익도 없고 손해도 없어서 아무런 갈등도 없고 불안도 없어서 어떤 번뇌도 없습니다. 번뇌가 없으니 적멸이 즐거움이 된다고 한 것입니다.

모든 것이 사라져서 고요하다는 뜻인 적멸(寂滅)은 열반(涅槃)을 번역한 말입니다. 열반은 분별하는 마음이 만든 허망한 생각이 사라졌다는 뜻입니다. 《반야심경》에서도 "중생이 만든 어리석은 꿈같은 생각에서 멀리 벗어나면, 마침내 열반이다."(遠離顚倒夢想, 究竟涅槃)라는 구절이 있듯이, 열반이란 분별심이 만든 꿈처럼 허망한 생각에서 벗어난 것을 가리킵니다. 분별이 만든 생각에서 벗어나는 것을 일러 불이중도(不二中道)에 통한다고 하고, 아무 생각이 없기 때문에 텅 빈 허공과 같다고 하여 공(空)이라고도 하고 "얻을 것이 없다."(무소득(無所得))라고도 합니다.

결국 제석천이 말한 게송은 분별의 허망함과 분별에서 벗어난 열반의 즐거움을 노래한 것입니다. 그런데 지도라는 스님은 적멸이 분별에서 벗어나는 것임을 알지 못하고, 색신(色身) 즉 육체와 법신 (法身) 즉 마음이라는 어떤 무엇이 사라져 없어진다고 이해하였기 때문에, 육체가 사라지고 마음이 사라지는데 왜 즐겁다고 하는지 이해할 수 없었던 것입니다. 지도 스님의 문제는 불교의 깨달음이 분별에서 벗어나는 것이고 부처님의 가르침이 분별에서 벗어나라 는 것임을 알지 못한 것입니다.

지도 스님은 오로지 자신의 분별하는 마음으로, 분별에서 벗어 난 세계를 말씀하신 부처님의 말씀을 이해하려 하였기 때문에 아 무리 해도 이해할 수 없었던 것입니다. 부처님이 깨달아 살아가는 세계는 분별에서 벗어난 세계이므로 부처님의 말씀은 모두 분별에 서 벗어난 세계에 대한 말씀입니다. 그러므로 중생이 자신의 분별 하는 마음으로 부처님의 말씀을 이해하려 하면, 반드시 오해하거나 이해할 수 없게 됩니다. 불교 경전에 나오는 부처님의 말씀을 이해 하려면, 반드시 먼저 스스로 분별에서 벗어나는 체험을 해야 합니 다. 분별에서 벗어나는 체험을 해야 단상이견(斷常二見)이라는 분별 에서 벗어나 불이중도의 바른 안목을 갖추어 부처님이 말씀하시는 세계의 실상에 대한 말씀을 바르게 이해할 수 있게 됩니다.

똑! 똑! 똑! 여기에는 한마디 말도 없습니다.

17. 선문답이란 어떤 것인가?

똑! 똑! 똑! 여기에 있어야 말에 속지 않습니다.

선문답이라는 말을 가끔 듣습니다. 선문답(禪問答)이라는 말은 선(禪)에 관한 질문과 대답이라는 뜻입니다. 선이 무엇인가를 질문하고 그에 대하여 알맞은 대답을 하는 것을 선문답이라고 합니다. 선문답을 또 법거량(法擧量) 혹은 법전(法戰)이라고도 합니다.

법거량(法擧量)에서 법(法)은 부처님의 깨달음인 불법(佛法)이라는 말이고, 거량(擧量)은 거각(擧覺)과 상량(商量)의 준말입니다. 거각은 '끄집어내어 말한다.'는 뜻으로서 깨달음에 대한 부처님의 말씀이나 조사 스님의 말씀을 인용하여 말한다는 뜻이고, 상량(商量)은 시장에서 흥정하여 적당한 물건값을 정하듯이 그 알맞은 값어치를 따져 본다는 뜻입니다. 그러므로 법거량이란 옛 부처님이나 조사의 말씀을 끄집어내어 그 말씀이 어떤 면에서 얼마나 깨달음에 알맞은 말인지를 서로 따져 본다는 뜻입니다.

법전(法戰)은 불법을 두고 서로 싸운다는 뜻입니다. 누가 더 불법에 대한 안목이 밝은지를 다투어 본다는 뜻이지요. 선문답이 선에 관한 문답이지만, 묻고 답하고 하게 되면 결국 서로의 안목이 드러나게 되어서 누구의 안목이 더 뛰어난지가 밝혀지겠지요. 그런 면에서 선문답을 불법을 두고 서로 다툰다는 뜻에서 법전이라고 할 수도 있습니다.

선(禪)이나 불법(佛法)은 중생의 분별망상을 벗어난 깨달음을 가리키는 말입니다. 분별망상에서 벗어난 깨달음을 체험하였다고 하더라도, 그 깨달음의 깊이는 공부를 얼마나 오랫동안 올바르게 잘해왔느냐에 따라 다를 수밖에 없습니다. 마음공부는 분별망상에 젖어서 살던 사람이 분별망상에서 벗어나는 깨달음을 체험하는 것으로 시작되는 것이고, 깨달음을 체험하고서 얼마나 깨끗하게 분별망상에서 벗어나느냐가 공부의 깊이가 됩니다.

중생은 분별망상에 사로잡혀서 분별심으로 세상을 보고 알고 말합니다. 반면에 분별망상에서 벗어난 보살은 분별심에서 벗어난 지혜의 눈으로 세상을 보고 알고 말합니다. 따라서 분별심에 사로잡혀서 말하는 것이 많을수록 중생의 마음이 많은 것이고, 분별심에서 벗어난 지혜로 말하는 것이 많을수록 보살의 마음이 많은 것이겠지요. 결국 선문답이란 누가 더 중생의 분별심이 많은지, 누가 더 보살의 지혜가 많은지를 견주어 보는 것이라고 하겠습니다.

그러나 이런 선문답에는 하나의 맹점이 있습니다. 깨달음의 지혜는 곧 세계의 실상을 보는 안목이기 때문에 자기의 안목만큼만 볼 수 있다는 한계가 있습니다. 다시 말해, 안목이 깊은 사람은 자기보다 안목이 얕은 사람의 안목을 알아볼 수 있지만, 안목이 얕은 사람은 자기보다 안목이 깊은 사람의 안목을 알아볼 수 없습니다. 그러므로 안목이 얕은 사람이 자기의 한계를 알고 안목이 깊은 사람에게 배우려는 자세를 갖추기가 어렵다는 문제가 있습니다.

안목의 깊고 얕음에 관하여 선문답이 진행되는 경우의 수는 세 가지가 있습니다. 양쪽 모두 깨달음을 얻어서 분별에서 벗어나 세계를 보는 안목을 갖춘 경우, 둘 중 한 사람만 안목을 갖춘 경우, 둘 모두 안목을 갖추지 못한 경우의 셋입니다. 양쪽 모두 안목을 갖춘 경우라면, 몇 마디 주고받고 하다가 서로의 안목을 알아보고는 문답을 그만두게 될 것입니다. 어느 한쪽만 안목을 갖춘 경우라면, 안목이 있는 사람의 말을 안목이 없는 사람은 알아듣지 못하고 대화가 엇갈리게 되어서 서로 인정하지 못하는 상태로 대화가 끝날 것입니다. 둘 모두 안목이 없는 경우라면, 서로의 견해만 내세워서 시끄럽게 논쟁하다가 서로 얼굴을 붉히며 끝날 것입니다.

선문답의 요령은 상대가 안목이 있는지를 시험하기 위하여 상대를 생각 속으로 끌어들이는 질문을 하는 것이 대부분입니다. 상대가 분별과 생각에서 벗어난 안목을 갖추고 있다면, 그런 질문을 물리치거나 되돌려주거나 하여 그 질문에 걸려들지 않을 것입니다. 상대가 아직 분별과 생각에서 벗어나지 못했다면, 그 질문에 걸려들어서 그 질문의 내용을 생각으로 파악하여 자기의 견해를 나타낼 것입니다만, 이런 경우에 질문자가 안목이 있다면 상대가 자기의 말에 말려들었다는 사실을 알려 주어서 상대의 안목이 얕음을 지적할 것입니다.

깨달은 자의 안목이란 분별에서 벗어나는 체험을 하여 분별과 생각에서 벗어난 눈으로 세계를 보는 것입니다. 이런 안목을 부처의 지혜인 반야바라밀이라고 합니다. 중생이냐 부처냐 하는 구분은 생각에 사로잡혀 살고 있느냐, 생각에서 벗어나 살고 있느냐에 달려 있습니다. 생각에 사로잡혀서 벗어나지 못하고 살면 중생이고, 생각에서 벗어나 어떤 견해도 가지고 있지 않고 어떤 분별에도 머물지 않고 걸림 없이 자유롭게 살면 부처인 것입니다.

당나라 임제의현 선사는 이런 선문답의 경우의 수를 네 가지로 분류해서 설명했는데, 이를 흔히 사빈주(四賓主)라고 합니다. 사빈주는 주인이 주인을 알아본다는 주간주(主看主), 주인이 손님을 알아본다는 주간객(主看客), 손님이 주인을 알아본다는 객간주(客看主), 손님이 손님을 알아본다는 객간객(客看客)의 넷입니다. 여기서 주인은 절의 주지나 방장을 하는 선지식을 가리키고, 손님은 이곳저곳에 선지식을 찾아서 공부하러 다니는 학인을 가리킵니다. 임제가 말하는 사빈주의 내용을 《임제록》에서 인용해 소개하면 다음과 같습니다.

학인(學人)이 선지식을 찾아와 주인과 손님이 서로 인사를 나누고 나면, 곧 상대방을 분간해 보려는 한마디 말을 하게 된다. 만약 선종의 안목이라면 죽고 사는 것이 돌고 도니 배우는 사람은 반드시 조심해야 한다.

① 주간주(主看主)
선지식이 한 개 분별되는 경계의 흙덩이를 끄집어내어 학인의 앞에서 놀리자, 학인이 즉시 알아차리고 주인이 되어 그 경계에 속지 않는다. 이에 선지식은 다시 그럴듯한 견해를 드러내는데, 학인은 바로 "악!" 하고 고함쳐서 물리친다. 선지식이 다시 온갖 분별되는 언어문자의 길 속으로 들어가 학인을 이리저리 뒤흔들면, 학인은 "좋고 나쁨도 알지 못하는 늙은 비구로다." 하고 말하는데, 이에 선지식은 찬탄하며 말한다. "참으로 올바른 도인(道人)이로다."

어떤 경우에는 학인이 하나의 깨끗한 경계를 붙잡고 선지식 앞에 나타나는데, 선지식은 그것이 경계임을 알아보고는 곧장 붙잡아 구덩이 속으로 내던져 버린다. 그러면 학인은 "참으로 훌륭하십니다!"라고 찬탄하는데, 선지식은 곧 "어허! 좋고 나쁜 것도 분별치 못하는구나."라고 말한다. 이에 학인은 곧 절을 한다. 이런 경우를 일러 '주인이 주인을 간파한다〈주간주(主看主)〉'고 한다.

② 주간객(主看客)

학인이 그럴듯한 방편의 말을 한마디 끄집어내어 선지식의 귓가에 내던지고는, 선지식이 아는지 모르는지 살핀다. 선지식이 이 경계를 알아차리고 곧장 집어서 구덩이 속으로 내던져 버리면, 학인은 곧 평상시의 배우는 자세로 되돌아간다. 그런 뒤에 학인은 선지식에게 한 말씀 가르침을 달라고 요구하지만, 선지식은 학인에 아무것도 알려 주지 않고 도리어 배울 기회를 뺏어 버린다. 이에 학인은 "매우 지혜로우십니다." 하고 말하는데, 선지식은 도리어 이렇게 말한다. "그대는 좋고 나쁨을 전혀 알지 못하는구나."

어떤 경우에는 선지식이 아무것도 보여 주지 않고서, 학인이 묻는 곳을 따라서 묻는 족족 모조리 그 질문을 빼앗아 내버린다. 이에 학인은 질문을 빼앗기면서도, 있는 힘을 다하여 그 질문을 붙잡고 무언가 해답을 얻어서 이해하려고 한다. 이런 경우를 일러 '주인이 손님을 간파한다〈주간객(主看客)〉'고 한다.

③ 객간주(客看主)

선지식이 안목이 없어서 옳고 그름을 분간하지 못한다면, 학인들이 찾아와 깨달음, 열반, 삼신(三身) 등 여러 가지 방편의 말에 관하여 질문할 경우에 눈먼 늙은 스님은 곧 그에게 자신이 알고 있는 견해를 설명해 준다. 그러다가 안목 있는 학인에게 욕을 얻어먹으면 곧 주장자를 쥐고 그를 때리면서 예의가 없다고 하지만, 당연히 선지식에게 안목이 없기 때문이니 학인에게 화를 내어서는 안 된다.

안목 있는 학인이 곧 "악!" 하고 소리치고서 먼저 하나의 아교풀 그릇을 집어 내놓는데, 선지식이 안목이 없어서 이 경계를 간파하지 못하면 곧 그 경계 위에서 이런저런 분별을 내어 견해를 말할 것이다. 이에 학인은 다시 "악!" 하고 고함을 질러서 선지식의 분별망상을 부수지만, 눈먼 선지식은 여전히 그 견해를 놓으려고 하지 않는다. 이것을 일러 '손님이 주인을 간파한다〈객간주(客看主)〉'고 한다.

④ 객간객(客看客)

좋고 나쁨을 아는 지혜가 없는 머리만 깎은 비구는 절을 차지하고 선지식이란 말을 들으면서도 부처님 가르침과 상관없는 헛된 말만 쓸데없이 지껄이면서, 맑은 날을 좋아하기도 하고 흐린 날을 좋아하기도 하고 등불과 기둥을 좋아하기도 하면서 헛소리만 늘어놓고 있다. 학인도 역시 지혜가 없어서 옳고 그름을 알지 못한다면 선지식의 말을 듣고서 곧 마음이 흘려서 미쳐 날뛰게 되는데, 이런 자들은 모두 여우귀신이요 도깨비이니 안목이 있는 사람들이 보면 비웃게 될 것이다.

어떤 경우에는 학인이 목에 죄인의 칼을 쓰고 몸이 쇠사슬에 묶인 것처럼 온갖 쓸데없는 지식과 견해에 사로잡혀서 선지식 앞에 나타나 헛된 지식과 견해를 자랑하는데, 안목 없는 선지식이 도리어 그 위에다 칼과 쇠사슬을 한 겹 더 씌우듯이 자신이 가진 지식과 견해를 말해 준다. 그럼에도 학인은 그 말을 듣고서 기뻐하며 선지식을 칭찬하니, 이는 피차가 안목이 없어서 장님이 장님을 이끌고 물속으로 들어가는 것과 같다. 이런 경우를 일러 '손님이 손님을 간파한다〈객간객(客看客)〉'고 한다.

올바른 안목을 가진다는 것은 생각에서 벗어나 생각하는 것이고 분별에서 벗어나 분별하는 것입니다. 이런 사람은 얼마든지 분별하고 얼마든지 생각하지만, 아무런 분별도 없고 아무런 생각도 없습니다. 그때그때 인연에 알맞게 분별하고 생각하면서도, 어떤 분별도 생각도 없습니다. 이런 사람은 세상에서 벗어나 세상을 보기 때문에 세상의 참모습을 있는 그대로 보게 됩니다. 세상의 참모습을 있는 그대로 보기 때문에 헛된 망상에 사로잡히지 않아서 번뇌가 없습니다.

중생들은 세상을 바라보는 나름의 방식인 세계관(世界觀)을 가지고 있으며, 인생을 바라보는 나름의 방식인 인생관(人生觀)을 가지고 있으며, 좋고 나쁨이란 가치를 바라보는 나름의 방식인 가치관(價値觀)을 가지고 있어서, 이런 관점에 얽매여 벗어나지 못합니다. 그러나 깨달은 사람에겐 이런 세계관, 인생관, 가치관이 없습니다. 깨달은 사람에겐 자기 자신도 없고 자기가 사는 세계도 없기 때문에, 어떤 사고방식이나 관점을 가질 수 없습니다. 이렇게 마음이 어디에도 사로잡혀 있지 않는 것이 바로 지혜고 안목입니다.

똑! 똑! 똑! 여기에는 한마디 말도 없습니다.

18. 도(道)가 어렵지 않다고?

똑! 똑! 똑! 여기에 있어야 말에 속지 않습니다.

법문하는 선지식이 "도는 어렵지 않다."고 말하는 것을 가끔 듣습니다. 이 말은 원래 삼조승찬(三祖僧璨; ?-606) 대사가 지은 〈신심명(信心銘)〉이라는 게송에 나오는 구절입니다. 〈신심명〉은 중국 선종(禪宗)의 제3대 조사인 승찬 대사가 지었다고 하는 게송으로서, 선(禪)을 노래한 게송 가운데 가장 잘 알려진 게송입니다.

"도는 어렵지 않다."는 말은 〈신심명〉의 맨 첫 구절로 등장하는 말입니다. 승찬 대사는 어떤 이유로 도 즉 깨달음이 어렵지 않다고 하는지 살펴보겠습니다. 〈신심명〉의 첫 두 구절은 다음과 같습니다.

"지극한 도는 어렵지 않으니, 다만 가려서 고르는 것을 싫어하기만 하라."[124]

---

124   至道無難, 唯嫌揀擇.

도(道)는 깨달음을 뜻하는 보리(菩提)를 번역한 말이니 깨달음과 같은 뜻입니다. 지극한 도란 지극한 깨달음인데, 지극하다는 것은 깨달음을 수식하는 말입니다. 깨달음은 어렵지 않으니 다만 간택(揀擇)하는 것을 싫어하기만 하라고 합니다. 간택(揀擇)에서 간(揀)은 가린다는 뜻이고 택(擇)은 고른다는 뜻이니, 간택은 가려서 고른다는 뜻입니다. 가려서 고르는 것은 바로 분별하는 것입니다.

깨달음 즉, 도가 어렵지 않은 이유는 단지 가려서 고르는 분별만 하지 않으면 되기 때문이라는 말입니다. 마음에서 가려서 고르는 분별을 하지 않는 것은 어렵거나 힘든 일은 아니지만, 그렇다고 쉽게 할 수 있는 일도 아닙니다. 분별하는 습관에서 벗어나 분별하는 습관을 이겨 내려면, 저절로 분별하는 마음이 항복하는 경험이 필요합니다.

분별하는 마음이 항복하여 분별에서 벗어나는 체험은 의도적으로 노력하여 이룰 수 있는 일이 아닙니다. 분별하는 마음이 분별할 수 없는 곳에 갇혀서 어떤 분별도 쓸모없게 되어 자기도 모르게 저절로 항복하는 불가사의한 경험이 있어야 합니다. 이렇게 분별하는 마음이 항복하여 분별에서 벗어나는 경험이 힘들거나 어렵다고 할 수는 없지만, 의도적으로 노력하여 이룰 수 있는 일이 아니라 자기도 모르게 이루어지는 불가사의한 경험이기 때문에 쉬운 일도 아닙니다.

깨달음은 분별에서 벗어나는 체험입니다. 분별에서 벗어나면, 아무것도 알 것이 없습니다. 안다거나 모른다는 분별조차도 없습니다. 아무런 분별이 없으므로, '나'라는 것도 없고, '세상'이라는 것도 없고, '깨달음'도 없고, '깨닫지 못함'도 없고, '좋은 것'도 없고, '싫은 것'도 없고, '옳은 것'도 없고, '그른 것'도 없습니다. 아무것도 없지만, 밝게 깨어 있고 활발하게 살아 있어서 무엇이든 거리끼지 않고 할 수 있습니다. 그러므로 〈신심명〉에서는 다음 두 구절을 이렇게 말합니다.

"단지 싫어하거나 좋아하지만 않으면, 막힘 없이 밝고 분명하리라."[125]

싫어하거나 좋아하는 것은 분별한 뒤에 발생하는 일입니다. 분별에서 벗어나면, 어떤 것도 없으니 싫어하거나 좋아할 까닭이 없습니다. 분별에서 벗어나면, 아무것도 없으니 가로막힐 것이 없고, 가로막힐 것이 없으니 좋아할 것도 없고 싫어할 것도 없고 밝고 분명합니다. 이처럼 〈신심명〉의 첫 번째, 두 번째 문장은 분별에서 벗어난 깨달음을 노래하고 있습니다. 〈신심명〉 세 번째 구절은 다음과 같습니다.

"털끝만큼이라도 차이가 있으면, 하늘과 땅 사이로 멀어진다."[126]

털끝만큼의 차이라는 것은 털끝만큼이라도 분별을 일으킨다는 것입니다. 분별이 전혀 없는 깨달음에서 털끝만큼이라도 분별이 일

---

125 但莫憎愛, 洞然明白.
126 毫釐有差, 天地懸隔.

어나면, 곧장 깨달음에서 벗어나 헛된 분별망상에 떨어진다는 말입니다. 분별망상은 허망한 환상과 같고 깨달음은 진실한 사실이기 때문에 둘 사이는 하늘과 땅만큼 차이가 납니다.

분별에서 벗어난 깨달음에서는 아무런 생각이 없는데, 분별을 일으켜 생각하면 모두가 헛된 생각일 뿐이고 깨달음이 아닙니다. 이것은 분별에서 벗어나 깨달으면 누구나 경험되는 일입니다. 밝고 막힘없이 깨어 있음과 분별하고 생각하는 것은 전혀 다른 세계입니다. 그러므로 생각의 세계를 세간의 중생세계라 하고, 생각을 벗어난 세계를 출세간의 불보살세계라 하는 것입니다.

깨달음은 분별하는 생각에서 확실히 벗어나 분별하는 생각에 매임 없이 자유로운 삶입니다. 분별하는 생각에서 벗어나는 것은 분별하지도 않고 생각하지도 않는다는 것이 아닙니다. 분별에서 벗어나고 생각에서 벗어나면, 분별해도 분별이 없고 생각해도 생각이 없는 것과 같습니다. 그러므로 〈신심명〉에서는 다음과 같이 말합니다.

"현묘한 뜻을 알지 못하니, 헛되이 생각만 고요히 하려 애쓴다."[127]

여기서 현묘한 뜻이란 바로 설명할 수도 없고 이해할 수도 없는 묘한 깨달음을 가리킵니다. 현묘한 뜻을 알지 못한다는 것은 분별에서 벗어나는 불가사의하고 묘한 깨달음을 체험하지 못했다는 말

---

127 不識玄旨, 徒勞念靜.

입니다. 분별에서 벗어나는 깨달음은 불가사의하고 묘한 체험입니다. 체험하면 명백한 사실로 저절로 드러나 실현되기 때문에 의심할 수 없는 현실이지만, 여전히 생각할 수도 없고 분별할 수도 없고 알 수도 없습니다.

이러한 깨달음을 얻지 못하고서 생각을 일부러 고요히 가라앉히려고 아무리 노력해도 그것은 깨달음이 될 수 없습니다. 애써 생각을 가라앉히는 것은 일부러 조작하여 만들어 낸 결과이므로 본래 갖추고 태어난 마음의 실상이 아닙니다. 본래 갖추고 태어난 우리 마음의 실상은 분별할 수 없고 생각할 수 없지만, 체험으로 확인됩니다. 본래 갖추고 있는 마음의 텅 비고 깨끗한 실상을 확인하는 것이 깨달음이지, 생각을 일부러 쉬는 것이 깨달음은 아닙니다.

똑! 똑! 똑! 여기에는 한마디 말도 없습니다.

19. 지해종도란 어떤 사람인가?

똑! 똑! 똑! 여기에 있어야 말에 속지 않습니다.

지해종도(知解宗徒)란 지해종(知解宗)을 따르는 무리라는 뜻입니다. 지해(知解)란 '알다, 이해하다'라는 뜻입니다. 그러므로 지해종이란 '아는 것, 이해하는 것으로 근본을 삼는 종파(宗派)'라는 뜻입니다.

깨달아야 할 우리 마음의 본성은 분별할 수 없어서 알 수가 없는데, 우리 마음의 본성을 안다고 주장한다면 이것은 분별에서 벗어나지 않은 것이므로 올바르게 깨닫지 못한 것입니다. 그러므로 지해종도는 올바르게 깨닫지 못하고 분별하여 아는 것을 공부로 삼는 삿된 무리를 가리키는 말입니다.

지해종도는 원래 《육조단경》에서 육조 혜능의 제자인 하택신회를 가리켜서 한 말입니다. 그 내용은 대략 다음과 같습니다.

어떤 한 동자가 있었는데, 이름은 신회이고 양양(襄陽) 고(高) 씨의 아들이었다. 13세에 옥천사(玉泉寺)로부터 육조를 찾아와 인사를 드리니 육조 대사가 말했다.

"그대는 먼 곳에서 오느라 고생이 많았다. 근본은 갖고 왔느냐? 만약 근본이 있으면 마땅히 주인공을 알 것이다. 한번 말해 보라."

신회가 말했다.

"머물지 않음을 근본으로 삼으며, 보는 것이 곧 주인공입니다."

대사가 "이 사미가 어찌 꼬박꼬박 말대꾸를 하는가?"라고 하면서 주장자로 3번 때리고 말했다.

"너는 자성(自性)을 보지도 못했으면서 감히 헛된 말을 하느냐?"

신회는 절을 올리고 뉘우치며 용서를 빌었다. 대사가 다시 말했다.

"네가 마음이 어리석어 자성을 보지 못했다면, 선지식에게 물어서 길을 찾아야 한다. 네가 만약 마음을 깨닫는다면, 곧 스스로 자성을 보아서 여법(如法)하게 수행(修行)할 것이다."

어느 날 대사가 대중에게 말했다.

"나에게 한 물건이 있는데, 머리도 없고, 꼬리도 없고, 이름도 없고, 앞면도 없고, 뒷면도 없다. 여러분은 알겠는가?"

신회가 앞으로 나와서 말했다.

"모든 부처의 본원(本源)이요, 저의 불성(佛性)입니다."

대사가 말했다.

"너에게 이름이 없다고 말했는데, 너는 곧 본원이요 불성이라고 말하는구나. 너는 앞으로 사람들에게 설법을 하더라도 다만 지해종도(知解宗徒)를 이룰 뿐일 것이다."

자성을 보아야 즉 견성해야 참된 깨달음인데, 자성은 분별할 수 없는 불이법(不二法)이니 자성을 보는 견성은 분별에서 벗어나는 체험입니다. 분별에서 벗어나면 알 것이 없고 이해할 것이 없어서 불가사의(不可思議) 해탈이라 합니다. 견성하여 분별에서 벗어나면 아는 것이 없지만 '알 수 없음'이라는 어둠 속에 있는 것이 아니라, 도리어 분별이라는 그물에서 벗어나 막힘없이 자유자재하게 보는 밝은 지혜가 발휘됩니다. 깨달아 분별에서 벗어나 해탈하면 흔들림 없고 고요히 안정되는 정(定)과 밝게 깨어 있어서 분별세계에 휘둘리지 않는 혜(慧)가 동시에 나타납니다.

생각으로 분별하고 이해하여 꼬박꼬박 말로써 표현하는 신회를 보고서 육조 대사가 지해종도를 이룰 뿐이라고 꾸짖었는데, 실제로 역사를 보면 그런 면이 없지 않습니다. 하택신회는 육조 대사의 사후에 남쪽에서 중원의 낙양으로 가서 북종을 상대로 토론하여 남

406

종은 돈교(頓教)이고 북종은 점교(漸教)라는 주장을 펼치며 육조 혜능의 가르침을 주장했지만, 정작 신회의 제자로서 뛰어난 선사(禪師)로 이름을 남긴 사람은 찾을 수 없습니다.

신회의 사후에 태어난 규봉종밀(圭峰宗密: 780-841)이 하택신회를 육조 혜능을 이은 적자(嫡子)라고 하면서 신회를 제7조로 받들었지만, 규봉종밀은 한때 선을 공부하기도 하였으나 역시 학문적인 공부에 그치고 마침내 화엄학을 공부하여 화엄종(華嚴宗)의 제5대 조사가 된 사람입니다. 규봉종밀이 남긴 선(禪)에 관한 저술인《선원제전집도서》나《중화전심지사자승습도》를 보면 선을 불교의 교학에 근거하여 학문적으로 해석한 내용이니, 규봉종밀 스스로가 지해종도입니다.

《육조단경》에서 지해종도라는 말을 한 것은 분별에서 벗어나는 해탈의 체험 없이 생각으로 분별하여 헤아리는 지식의 공부를 하는 사람들이 있기 때문에 그에 대해 지적한 것입니다. 길지 않은 일생에 올바르게 공부하여 제대로 깨달아 헛된 생각에서 해탈하여 삶과 죽음이라는 인생의 문제를 해결하려고 하지 않고, 지금까지 중생으로 살면서 익혀 온 습관에 따라 분별하고 생각하고 이해하는 것을 공부로 삼는다면, 너무나 어리석은 사람입니다.

육조의 말씀처럼 아직 분별에서 벗어나 견성하는 체험을 하지 못했다면, 자신의 생각으로 분별하여 알려고 하지 말고 참된 선지식을 찾아가 그의 가르침에 따라야 언젠가 생각을 극복하고 분별에서 벗어나는 참된 깨달음을 맛볼 수 있습니다. 분별에서 벗어나 깨달아 정(定)과 혜(慧)가 나타나야 비로소 중생의 문제가 해결되어 모든 번뇌망상에서 벗어나게 됩니다.

그럴듯한 생각과 그럴듯한 말만 찾아다닌다면, 영원히 중생의 굴레에서 벗어나지 못할 것입니다. 알고 이해하는 것은 모두 중생의 분별이고 허망한 생각입니다. 중생의 분별과 생각이 가로막혀 활동하지 못하는 곳에서 문득 분별과 생각이 부서지면서 막힘없이 통하여, 가지고 있던 온갖 생각과 견해가 깨끗이 사라져야 비로소 이전의 사람이 죽고 새로운 사람으로 재탄생할 것입니다.

똑! 똑! 똑! 여기에는 한마디 말도 없습니다.

6장
불교를 보는 바른 눈

1. 세간과 출세간은 무엇인가?

똑! 똑! 똑! 여기에 있어야 말에 속지 않습니다.

세간과 출세간이라는 말을 하는데, 세간과 출세간은 무엇일까요? 불교에서는 중생의 세계와 부처의 세계라는 두 개의 세계를 말하죠. 중생이 사는 세계를 세간이라 하고, 중생이 사는 세상을 벗어난 부처의 세계를 출세간이라고 합니다. 이렇게 두 개의 세계를 말합니다. 세간을 세속(世俗)이라고도 하고 세속의 사실을 가리켜서 속제(俗諦)라고 하며, 세속을 벗어난 부처의 세계, 깨달음의 세계를 진제(眞諦)라고도 합니다.

불교를 가장 간단히 소개할 때 사성제(四聖諦)를 말합니다. 불교를 처음 배울 때 사성제, 팔정도, 삼법인, 오온, 십팔계 등 이런 것들을 배우잖아요? 사성제는 고, 집, 멸, 도 4가지입니다. 고(苦)는 세속의 모든 것이 고통이라는 말입니다. 집(集)은 고통의 원인을 말하는 건데, 여러 가지 분별되는 것들이 모여 있다는 뜻입니다. 고와 집을 합쳐 속제라 합니다. 멸(滅)은 모든 고통이 다 사라졌다는 말이고,

411

도(道)는 그 고통이 사라진 곳으로 가는 길이라는 말입니다. 멸과 도를 합해 진제라고 합니다.

종교나 철학에서 우리가 사는 세계를 말할 때는 항상 현상과 본질이라는 양면을 나누어서 말해요. 현상(現象)이라는 말은 겉으로 드러나 있는 모습이라는 뜻이니까, 평소 우리가 경험하고 분별하고 아는 세상을 가리키는 말입니다. 겉으로 드러나 있다는 것은 경험하고 분별하여 알 수 있다는 뜻이죠. 본질(本質)이라는 말은 겉으로 드러나 있지 않고 속에 숨어 있다는 뜻이거든요. 그래서 본질은 알 수 없는 세계라고 합니다.

이처럼 철학에서든 종교에서든 세계의 실상을 말할 때는 항상 드러나서 알 수 있는 면과 숨어서 알 수 없는 면이라는 양면을 말합니다. 물론, 이 양면은 하나의 세계의 양면이니 각각 따로 떨어져 있는 별개의 것은 아닙니다. 우리가 살고 있는 이 세계는 하나의 세계인데 이 하나의 세계에 양 측면이 있다는 겁니다. 불교에서는 이 양면을 세간과 출세간이라 하는 것입니다. 또 세제와 진제, 차안(此岸; 이쪽 언덕)과 피안(彼岸; 저쪽 언덕), 예토(穢土; 더러운 땅)와 정토(淨土; 깨끗한 땅) 등 다양한 말로 표현하기도 합니다. 《대승기신론》에는 일심이문(一心二門)이라는 말이 있는데, 하나의 마음에 두 개의 문이 있다는 뜻이죠. 즉, 한 개 마음에 양 측면이 있다는 뜻이에요.

중생이 사는 세계를 세간이라고 하는데, 세간은 겉으로 드러나 있어서 분별할 수 있고 알 수 있는 세계입니다. 이것이라거나 저것이라고 분별되는 세계죠. 눈으로 보고 분별하든, 귀로 듣고 분별하든, 몸으로 느끼고 분별하든, 생각으로 헤아려 분별하든, 분별할 수 있습니다. 분별되는 세상이니까 말로써 표현할 수도 있죠. 분별되는 것은 이름을 붙여서 말할 수 있거든요. 이처럼 세간은 분별되는 세계이고, 알 수 있는 세계이고, 이름을 붙여서 말할 수 있는 세계입니다.

출세간은 세간과는 정반대예요. 출세간은 세간에서 벗어났다는 뜻인데, 모습으로 나타나지 않아서 분별할 수 없고, 알 수 없고, 생각할 수 없고, 말할 수 없습니다. 그러니까 분별할 수 없는 세계죠. 우리가 사는 이 세계에는 이처럼 분별할 수 없고 알 수 없고 생각할 수 없는 측면이 있습니다. 겉으로 드러나 분별할 수 있고 알 수 있는 세계를 현상세계라고 한다면, 겉으로 드러나지 않아서 분별할 수 없고 알 수 없는 세계를 본질세계라고 합니다. 그러므로 세간은 현상세계이고, 출세간은 본질세계라고 할 수 있습니다.

그런데 우리가 사는 세계는 우리가 의식(意識)하는 세계입니다. 눈으로 보고, 귀로 듣고, 코로 맡고, 혀로 맛보고, 몸으로 느끼고, 머리로 생각하는 것이 모두 의식 속에서 이루어집니다. 의식은 곧 우리의 마음입니다. 그러므로 우리가 경험하는 세계는 곧 마음의 세계입니다. 우리는 일반적으로 물질과 정신을 구분하지만, 물질도 마음이 의식하여 알게 되고 정신도 마음이 의식하여 알게 됩니다. 우리가 경험하고 아는 세계는 우리 의식 속의 세계이고 마음속의 세계입니다. 그러므로 이 세계는 곧 마음의 세계입니다.

바로 이 마음의 세계에 양면이 있는 것입니다. 겉으로 드러나 분별되고 알 수 있는 현상세계와, 드러나지 않아서 분별할 수 없고 알 수 없는 본질세계의 양면이 하나의 마음세계에 있는 것입니다. 그 양면을 불교에서는 세간과 출세간이라고 합니다. 세간은 곧 분별되고 알 수 있는 세계이니, 모든 사람이 다 알고 있는 평소 우리가 살고 있는 이 세계입니다. 출세간은 분별할 수도 없고 알 수도 없는 세계이니, 깨달아서 분별에서 벗어난 해탈한 사람만이 경험할 수 있는 세계입니다.

즉, 세간은 중생의 세계요, 출세간은 부처의 세계인 것입니다. 그러나 우리의 세계는 하나의 세계입니다. 그러므로 중생은 세계의 양면 가운데 겉으로 드러난 현상의 면만 알고 있는 사람이고, 부처는 드러나지 않은 본질의 면까지 경험하는 사람입니다. 중생이나 부처나 같은 세계를 살고 있지만, 중생은 세계의 실상을 모두 보는 지혜가 없어서 어둠 속을 헤매며 살고, 부처는 세계의 실상을 모두 보아서 밝은 지혜를 갖추고 헤매지 않고 산다고 할 수 있습니다.

분별되어 알 수 있는 세계인 세간은 당연히 차별의 세계입니다. 이 세계는 어떤 것과 그것 아닌 것으로 분별되는 세계이니, 차별의 세계인 것이죠. 차별의 세계에는 생기고 사라짐이 있고, 더러움과 깨끗함이 있고, 크고 작은 것이 있고, 어리석음과 지혜로움이 있고, 나와 남이 있고, 안과 밖이 있는 차별의 세계입니다.

반면에 분별되지 않고 알 수 없는 세계에는 이런 모든 차별이 해당하지 않습니다. 분별할 수 없고 알 수 없으니, 이 출세간의 본질 세계에 관해서는 말할 수가 없습니다. 다만 세간의 현상세계에 빗대어 상대적으로 말할 수 있을 뿐입니다. 《반야심경》에 나오는 "생겨나지도 않고 사라지지도 않고, 더럽지도 않고 깨끗하지도 않고, 늘어나지도 않고 줄어들지도 않는다."라는 말이나, "육체도 없고,

느낌도 없고, 생각도 없고, 행위도 없고, 의식도 없으며, 눈·귀·코·혀·몸·마음도 없으며, 색깔·소리·냄새·맛·감촉·생각도 없으며, 어리석음도 없고 어리석음이 사라지는 것도 없으며, 늙음과 죽음도 없고 늙음과 죽음에서 벗어나는 일도 없다."라고 하는 말이 바로 분별되지 않고 알 수 없는 출세간에 관한 말입니다.

불교에서 마음공부를 하여 깨닫는다는 것은 지금까지 알고 있던 분별되는 이 세계의 본질인 분별할 수 없고 알 수 없는 세계를 체험하는 일입니다. 즉, 분별되는 현상세계인 세간에서만 살던 중생이 분별할 수 없는 출세간에서도 살 수 있게 되는 것이 깨달음이고 해탈이고 열반입니다. 깨달음이란 말은 '잠에서 깨어난다.'는 뜻이니 중생이 어리석음이라는 잠에서 깨어나 밝은 지혜를 얻는다는 말이고, 해탈은 '얽매인 것을 풀고 벗어난다.'는 뜻이니 중생이 분별 세계에 얽매여 살다가 그 얽매임을 풀고 벗어난다는 말이고, 열반은 '모든 것이 사라져 고요하다.'는 뜻이니 중생의 어리석음과 그 어리석음으로 말미암은 번뇌가 모두 사라졌다는 말입니다.

불교 공부의 목적은 세간에 사는 중생이 세간을 벗어난 출세간의 삶도 살 수 있게 되는 것입니다. 세간과 출세간은 하나인 이 세계의 양면인데, 중생은 세간이라는 한 면만 알고서 어리석게 사는 사람이고, 부처는 이 세계의 양면을 모두 알고서 어리석음을 벗어나 지혜롭게 사는 사람입니다. 세간과 출세간은 하나인 세계의 양면이므로 둘을 나누어 하나는 버리고 하나는 취하는 취사선택을 할 수는 없습니다. 현상과 본질도 역시 하나의 세계의 양면이므로 그 둘을 나누어 하나는 버리고 다른 하나만 취할 수는 없습니다. 그러므로 하나인 마음에 두 개의 문이 있다는 일심이문(一心二門)을 말한 것입니다.

똑! 똑! 똑! 여기에는 한마디 말도 없습니다.

2. 삼계는 왜 중생세계인가?

똑! 똑! 똑! 여기에 있어야 말에 속지 않습니다.

불교에서는 아직 깨닫지 못한 중생의 정신세계를 삼계(三界)라고 합니다. 삼계란 욕계, 색계, 무색계라는 세 개의 세계를 가리킵니다. 이 세 개의 세계는 불교에서 만든 우주의 모습에 상응하여 그려집니다.

불교에서는 이 우주를 삼천대천세계(三千大千世界)라고 하는데, 삼천대천세계를 이루는 기본 단위를 사천하(四天下)라고 합니다. 하나의 사천하는 우주 허공 속에 위치하는데, 맨 아래에 바람바퀴〔풍륜(風輪)〕가 세계를 받들고 있고, 그 위에 물바퀴〔수륜(水輪)〕가 바다를 이루고 있고, 그 바다를 쇠로 된 산〔대철위산(大鐵圍山)〕이 둘러싸고 있고, 그 바다의 한가운데에 수미산이 높이 솟아 있고, 수미산을 중심으로 동서남북에 섬이 있는데, 남쪽에 있는 섬인 남섬부주(南贍部洲)에 우리들 인간이 살고 있다고 합니다. 남섬부주 밑에는 지옥(地獄)이 있고, 수미산 꼭대기 위에는 하늘나라가 층층이

416

펼쳐져 있다고 합니다. 이 하늘나라에는 욕계에 해당하는 6욕천(欲天), 색계에 해당하는 18색천(色天), 무색계에 해당하는 4무색천(無色天) 등 총 28개의 하늘이 층층이 펼쳐져 있다고 합니다.

중생세계인 삼계 가운데 욕계(欲界)는 욕망의 지배를 받는 중생의 정신세계를 가리키는데, 지옥과 인간세계와 수미산 위의 6개 하늘나라가 욕계에 해당합니다. 윤회하는 중생세계라고 하는 하늘〔천(天)〕, 인간(人間), 동물〔축생(畜生)〕, 아귀(餓鬼), 아수라(阿修羅), 지옥(地獄) 등 육도(六道)도 욕계에 해당합니다.

색계(色界)는 색(色) 즉 지수화풍(地水火風)의 사대(四大)인 물질에 구속되는 세계라는 뜻인데, 실제로는 육체에 얽매여 있는 수행자의 정신세계를 가리킵니다. 색계에는 18개의 하늘이 있다고 하지만, 이 하늘은 모두 4개의 선정(禪定)단계에 배분되어 있습니다. 즉, 색계는 초선(初禪), 이선(二禪), 삼선(三禪), 사선(四禪)이라는 4단계의 선정세계라고 합니다. 색계의 제1선에서는 심(尋; vitakka. 추론), 사(伺; vicāra. 성찰), 희(喜; pīti. 기쁨), 낙(樂; sukha. 행복), 일경성(一境性; ekaggatā. 정신통일)이 나타나고, 제2선에서는 심과 사는 사라지고 희와 낙과 일경성만 남고, 제3선에서는 희는 사라지고 낙과 일경성이 남고 사(捨; upeṣaka; 무관심. 무집착)와 염(念; sati. 깨어 있음. 마음지킴)과 지(知; sampajañña. 알아차림)가 나타나고, 제4선에서는 기쁨과 슬픔, 행복과 괴로움이 모두 사라지고 무관심과 염과 일경성만 나타난다고 합니다. 경전에서는 색계의 마지막 제4선에서 석가모니가 바른 깨달음을 이루었다고 합니다.

무색계(無色界)는 육체의 구속에서 벗어난 무색(無色) 즉 의식(意

識)에 얽매여 있는 수행자의 정신세계를 가리킵니다. 무색계에도 4
개의 선정단계가 있는데, 제1선은 공무변처정(空無邊處定; 끝없는 허
공에 머무는 선정)이고, 제2선은 식무변처정(識無邊處定; 끝없는 의식에
머무는 선정)이고, 제3선은 무소유처정(無所有處定; 가진 것 없음에 머무
는 선정)이고, 제4선은 비상비비상처정(非想非非想處定; 생각도 아니고
생각 아닌 것도 아닌 곳에 머무는 선정)입니다.

  이처럼 욕계·색계·무색계라는 삼계는, 비록 땅의 세계와 하늘
의 세계라는 우주관에 빗대어 말하고 있지만, 사실은 사람의 정신
세계를 가리키는 말입니다. 욕계는 마냥 욕망에 얽매여 사는 중생
의 정신세계를 가리키지만, 색계와 무색계는 깨달음을 얻으려는 수
행자의 선정세계를 가리킵니다. 그런데 불교 경전에서는 석가모니
가 색계의 제4선에서 바른 깨달음을 얻었다고 하면서, 그 위의 무
색계의 선정세계는 왜 중생세계라고 해 놓았을까요?

  사실, 공(空)이 끝이 없다는 공무변(空無邊), 식(識)이 끝이 없다
는 식무변(識無邊), 아무것도 없다는 무소유(無所有), 생각하는 것도
아니고 생각하지 않는 것도 아니라는 비상비비상(非想非非想)라는
말은 이미 분별망상에서 벗어나 깨달은 사람이 할 수 있는 말입니
다. 공(空)은 분별에서 벗어나 불이중도에 통하여 아무것도 얻을 것
이 없음을 체험한 사람이 할 수 있는 말입니다. 식(識)이 끝이 없다
는 것은 분별되는 모든 세계가 다만 식일 뿐이고 어떤 것도 실체가
없다는 사실을 말하는 것이니, 역시 분별된 대상에 대한 집착에서
벗어나는 해탈의 체험을 한 사람이 할 수 있는 말입니다. 있는 것
이 없다는 무소유는 얻을 것이 없다는 공(空)과 같은 뜻으로서 모

든 분별망상에서 벗어나 어떤 얽매임도 없다는 것이니 역시 깨달은 사람이 할 수 있는 말입니다. 생각하는 것도 아니고 생각하지 않는 것도 아니라는 비상비비상은 생각함과 생각하지 않음의 양쪽에서 벗어난 중도(中道)를 나타내는 말이니, 역시 분별에서 벗어난 깨달은 사람이 할 수 있는 말입니다.

필자의 경험에 의하면, 분별에서 벗어나는 해탈을 경험한 뒤에 무색계의 내용을 보니 바로 분별에서 벗어난 세계를 말하고 있음을 알 수 있었습니다. 그런데 왜 무색계의 사선(四禪)도 중생세계라고 할까요? 그 이유는 처정(處定)이라는 글자에 있다고 보입니다. 처정은 머물러 있는 선정이라는 뜻입니다. 공무변이라는 곳에 머물러 있는 선정이니 공무변처정, 식무변이라는 곳에 머물러 있는 선정이니 식무변처정, 무소유라는 선정에 머물러 있는 선정이니 무소유처정, 비상비비상이라는 곳에 머물러 있는 선정이니 비상비비상처정이라고 하는 것이라면, 그런 곳에 머문다는 것은 곧 그런 곳을 분별하는 것이고, 그런 곳에 머무는 '나'가 있는 것입니다. 그런 곳이라는 객관이 있고 그런 곳에 머무는 주관이 있다면, 여전히 분별 속에 있는 것입니다. 그러므로 모든 분별에서 벗어난 참된 해탈도 아니고 바른 깨달음도 아니고 남김없이 사라진 무여열반도 아닌 것이고, 그렇기 때문에 여전히 중생세계라고 해야 합니다.

필자의 경험으로는 비록 분별에서 벗어나는 견성을 체험했지만, 아직은 분별하는 습기(習氣)가 남아서 분별에서 벗어난 해탈의 힘은 약하고 여전히 분별하는 습관의 힘은 강하여 자기도 모르게 생각에 끌려가곤 하기 때문에 깨달음이 선명하지 못한 시기가 상당

419

한 기간 있습니다. 문득 분별에서 벗어나는 체험을 하고 나면, 분별에서 벗어난 곳에 익숙해져 가는 시간이 필요합니다. 분별에서 벗어난 곳에 익숙할수록 분별에서 더욱더 풀려나게 됩니다. 분별에서 벗어난 힘은 강해지고, 분별하는 힘은 상대적으로 약해진다고도 할 수 있겠지요.

그렇게 시간이 지나다가 분별 없는 공(空)과 분별인 색(色)이 둘이 아니게 되는 중도(中道)가 확립되면, 이제는 정말 분별에서 제대로 벗어나 언제나 깨끗하고 텅 빈 열반을 즐길 수 있게 됩니다. 그렇게 중도가 깔끔하게 확립되기 전에는 비록 분별에서 벗어나 분별없는 공(空), 무자성(無自性), 무소유(無所有), 불이중도를 체험했다고 하더라도, 그런 체험을 다시 분별하여 그런 체험에 머물려고 할 수 있습니다. 분별에서 벗어난 체험을 하고 그런 체험을 다시 분별하여 그곳에 머문다면, 여전히 분별에서 제대로 벗어난 것은 아닙니다. 그러므로 무색계 사선을 중생세계라고 해야 할 것입니다.

삼계를 벗어난 깨달음을 아홉 번째 선정인 멸진정(滅盡定)이라고 하기도 합니다. 멸진정은 모든 것이 남김없이 사라진 선정이라는 뜻인데, 생각과 느낌이라는 분별이 사라졌다는 뜻에서 상수멸정(想受滅定)이라고도 합니다. 분별에서 벗어난 깨달음이 무엇이라는 분별까지도 사라진 멸진정이 바로 참된 열반이고 깨달음이라고 합니다. 《문수반야경》에서 깨달음도 없고 깨달은 부처도 없다고 한 말이 이것을 가리키고, 《유마경》에서 불이법문을 묻는 질문에 답한 유마힐의 침묵이 이것을 가리키고, 깨달았다는 생각도 없다는 백장회해의 말이 이것을 가리킵니다.

420

똑! 똑! 똑! 여기에는 한마디 말도 없습니다.

3. 최고의 바른 깨달음은 어떤 것인가?

똑! 똑! 똑! 여기에 있어야 말에 속지 않습니다.

불교에서 최고의 깨달음을 한자로 무상정등각(無上正等覺)이라 합니다. 무상정등각이라는 말은 번역된 말이고, 보통 경전에서는 번역하지 않고 '아뇩다라삼먁삼보리'라고 쓰여 있습니다. 이게 산스크리트로는 anuttarā-samyak-saṃbodhiḥ인데 이걸 한자로 음역하여 아누다라삼막삼보리(阿耨多羅三藐三菩提)라고 하였는데, 우리는 보통 아뇩다라삼먁삼보리라고 읽습니다. 그 의미를 번역하여 무상정등정각(無上正等正覺), 무상정등각(無上正等覺)이라 하고, 줄여서 정각(正覺)이라 합니다.

무상(無上)이란 더이상은 없는 최고라는 뜻이고, 정등각(正等覺)은 바르고 평등한 깨달음이라는 뜻이죠. 이것을 간단히 줄여 보통은 정각(正覺)이라고 해요. 바른 깨달음이라는 뜻이죠. 이 무상정등각에 대해서는 《금강경》에 잘 나와 있어요. 《금강경》은 무상정등각이란 무엇인가를 밝히고 있는 경전이거든요.

구마라집이 한역(漢譯)한 《금강경》 '제2선현기청분'에서 수보리는 부처님께 이렇게 질문합니다.

421

"세존이시여, 착한 남자들과 착한 여인들이 위없는 바르고 평등한 깨달음의 마음을 내면, 마땅히 어떻게 그 마음을 머물고 어떻게 그 마음을 항복시켜야 합니까?"

《금강경》은 이 질문에 대한 부처님의 답변입니다. 여기서 위없는 바르고 평등한 깨달음의 마음을 낸다는 말을 줄여 보통 발심(發心)이라고 합니다. 한자로는 '발아뇩다라삼먁삼보리심(發阿耨多羅三藐三菩提心)'이라고 하는데, 이것을 줄이면 '발보리심(發菩提心)'이 되고 더 줄이면 '발심(發心)'이 되는 겁니다. 이 구절의 뜻은 '깨달음을 얻고자 하는 마음을 낸다.' 또는 '깨달음의 마음을 낸다.'입니다. 다시 말해, '깨닫고자 결심하다.' 혹은 '깨닫고자 하다.'라는 뜻이죠.

수보리의 질문은 '깨닫고자 결심한 사람은 그 마음을 어떻게 머물고 어떻게 항복시켜야 합니까?'입니다. 수보리의 이 질문에 나와 있듯이 깨달음의 본질은 '마음을 어떻게 항복시키느냐?' 하는 것과 '마음을 어떻게 머무느냐?' 하는 두 가지입니다. 다시 말해, 중생의 분별하고 집착하는 마음을 어떻게 항복시키느냐 하는 문제와, 중생의 마음을 항복시킨 뒤에는 그 마음이 어디에 어떻게 머무느냐 하는 두 가지 문제가 깨달음에 관한 핵심적인 내용입니다.

먼저 마음을 항복시킨다는 것은 중생의 분별하고 집착하는 마음을 항복시킨다는 말이지요. 간단히 말하면 중생의 마음에서 벗어나는 것이지요. 중생의 마음을 어떻게 항복시키느냐에 대하여 《금강경》의 '제3대승정종분(大乘正宗分)'에 나오는 부처님의 답변은 이렇습니다.

"모든 보살은 마땅히 이렇게 그 마음을 항복시켜야 한다. 존재하는 모든 중생—알에서 태어나든, 새끼를 낳아 태어나든, 습기에서 태어나든, 환상 속에서 태어나든, 육체가 있든, 육체가 없든, 생각이 있든, 생각이 없든, 생각이 있는 것도 아니고 없는 것도 아니든—을 나는 모두 무여열반(無餘涅槃)에 들어가게 하여 멸도(滅度)시킨다. 이렇게 헤아릴 수 없고 끝이 없는 중생들을 멸도시켰지만, 실제로는 멸도한 중생이 없다."(諸菩薩摩訶薩, 應如是降伏其心. 所有一切衆生之類 — 若卵生若胎生若濕生若化生, 若有色若無色, 若有想若無想, 若非有想非無想 — 我皆令入無餘涅槃而滅度之. 如是滅度無量無數無邊衆生, 實無衆生得滅度者.)

마음을 항복시킨다는 것이 어떤 것인가에 대한 부처님의 말씀은 이렇습니다. '온갖 종류의 존재하는 모든 중생을 전부 무여열반에 들어가게 하여 멸도시키는데, 실제로는 멸도한 중생이 없다.' 이것이 무슨 뜻일까요?

열반은 산스크리트 nirvāṇa의 음역이고, 의역은 적멸(寂滅) 혹은 멸도(滅度)인데, 그 뜻은 '사라지다' '없어지다'입니다. 무여(無餘)는 '남음이 없다'는 뜻이니 무여열반은 '남김없이 다 사라진다'는 뜻이고, 멸도도 '없어진다'는 같은 뜻입니다.

위없는 최고의 깨달음을 얻으려면 마음을 항복시켜야 하는데, 마음을 항복시키는 길은 온갖 종류의 존재하는 모든 중생을 남김없이 다 사라지게 하여 없애야 한다고 합니다. 존재하는 모든 종류의 중생을 남김없이 없앤다는 말이 나의 외부에 객관적으로 존재하는 모든 생명체인 중생을 남김없이 없앤다는 뜻일 수는 없습니다. 마음을 항복시키는 것이므로 당연히 마음속에 존재하는 모든 중생을 남김없이 없앤다는 뜻이어야 합니다. 그러므로 육조 혜능은 사홍서원(四弘誓願)을 말하면서 "자기 마음의 중생이 끝이 없지만 제도하기를 서원합니다."(自心衆生無邊誓願度)라고 말했던 것입니다.

자기 마음의 중생은 무엇을 가리킬까요? 위에 인용한 《금강경》의 부처님 말씀은 이렇게 이어집니다.

"무슨 까닭인가? 수보리야, 만약 보살에게 나라는 생각, 사람이라는 생각, 중생이라는 생각, 목숨이라는 생각이 있다면 보살이 아니기 때문이다."(何以故? 須菩提. 若菩薩有我相人相衆生相壽者相, 卽非菩薩.)

'나라는 생각, 사람이라는 생각, 중생이라는 생각, 목숨이라는 생각'이라고 번역한 것의 한역(漢譯)은 '아상(我相), 인상(人相), 중생상(衆生相), 수자상(壽者相)'인데, 여기서 구마라집이 '상(相)'이라는 한자로 번역한 산스크리트는 saṃjñā입니다. saṃjñā는 '이해, 지식, 생각, 개념, 이름'이라는 뜻으로서, 구마라집을 제외한 다른 한역자(漢譯者)들은 모두 '생각'이라는 뜻인 '상(想)'으로 번역하였습니다. 그러므로 '아상, 인상, 중생상, 수자상'은 '나라는 생각, 사람이라는 생각, 중생이라는 생각, 목숨이라는 생각'이라고 번역해야 합니다. 물론 '생각'은 곧 '분별'이므로 '분별되는 모습'이라는 측면에서 '상(相)'이라고 번역해도 '상(想)'이라는 번역과 차이는 없습니다.

결국 내 마음에 존재하는 중생은 바로 내 마음에 있는 생각들입니다. 내 마음에 있는 온갖 생각을 남김없이 모두 없앤다고 해서 실제로 없어진 무엇은 없습니다. 그러므로 "존재하는 모든 중생을 전부 무여열반에 들어가게 하여 멸도시키는데, 실제로는 멸도한 중생이 없다."고 한 것입니다. 단지 헛된 생각에서 벗어난 것이지요.

　　보살(菩薩)이라는 말은 산스크리트 bodhisattva를 보리살다(菩提薩多)라고 음역하여 보살이라고 축약한 말인데, 각유정(覺有情)이라고 번역하듯이 '깨달은 중생'이라는 뜻입니다. 그러므로 부처님의 말씀은 '깨달은 중생인 보살에게 나, 사람, 중생, 목숨이라는 생각이 있으면 깨달은 중생인 보살이 아니다.'라는 뜻입니다.

　　요컨대, 모든 중생을 남김없이 다 없앤다는 말은 곧 모든 생각을 남김없이 다 없앤다는 말입니다. 모든 생각을 남김없이 다 없애더라도 실제로 없어진 것은 아무것도 없습니다. 생각이란 원래 실체가 없는 헛된 것이므로 생각을 없앤다고 하여 실제로 무엇이 없어지는 것은 아닙니다.

　　그러면 깨달음이 모든 생각을 남김없이 다 없애는 것이라면, 깨달은 사람에게는 아무런 생각이 없을까요? 깨달은 사람은 아무 생각도 하지 않고 세상을 살아갈까요? 당연히 아닙니다. 여기에서 생각을 없앤다는 말을 '있다'와 '없다'는 분별로 이해하여 있는 것이 없어진다는 취사선택으로 이해한다면, 그런 이해는 중도를 벗어나 단상이변(斷常二邊)에 떨어진 잘못된 견해입니다. '있다'와 '없다'라고 분별되는 둘 가운데 하나를 취하고 하나를 버리는 식의 이해는 중생의 잘못된 분별일 뿐, 깨달은 사람에게 갖추어진 불이중도(不二中

道)의 올바른 안목이 아닙니다.

여래가 깨달아 얻은 법이 불이중도의 법이라는 사실을 '제14이상적멸분(離相寂滅分)'에서는 "수보리야, 여래께서 얻은 법, 이 법에는 진실함도 없고 허망함도 없다."(須菩提, 如來所得法, 此法無實無虛.)라고 말하고 있고, 또 '제17구경무아분(究竟無我分)'에서도 "수보리야, 여래가 얻은 위없이 바르고 평등한 깨달음 속에는 참됨도 없고 헛됨도 없다."(須菩提, 如來所得阿耨多羅三藐三菩提, 於是中無實無虛.)라고 말하고 있습니다.

여래가 깨달아 얻은 법에는 참됨도 없고 헛됨도 없다는 말은 참됨에도 머물지 않고 헛됨에도 머물지 않는 중도를 나타내는 말이고, 또 참됨과 헛됨이 따로 없다는 불이를 나타내는 말입니다. '제27무단무멸분(無斷無滅分)'에서 부처님은 이렇게 말합니다.

"수보리야, 만약 위없는 바르고 평등한 깨달음을 얻은 자는 모든 것이 끊어져 없어지는 모습을 말한다고 생각한다면, 그렇게 생각하지 마라. 무슨 까닭인가? 위없는 바르고 평등한 깨달음의 마음을 낸 자는 모든 것에 대하여 끊어져 없어지는 모습을 말하지 않는다."(須菩提, 若作是念: 發阿耨多羅三藐三菩提者, 說諸法斷滅相, 莫作是念. 何以故? 發阿耨多羅三藐三菩提心者, 於法不說斷滅相.)

깨달은 사람은 '있음'과 '없음'을 분별하여 '있음'을 버리고 '없음'을 취하지 않는다는 말입니다. 둘로 분별하여 취사선택하는 이법(二法)에서 벗어나 중도인 불이법(不二法)을 말하고 있습니다. 또 '제5

426

여리실견분(如理實見分)'에서 부처님은 이렇게 말합니다.

"무릇 모습은 전부 허망하다. 만약 모든 모습을 모습이 아니라고 보면, 곧 여래를 보는 것이다."(凡所有相皆是虛妄. 若見諸相非相則見如來.)

분별되는 모습은 전부 허망한데, 그런 분별되는 모습을 모습이 아니라고 보게 되면 여래를 보는 것이라고 합니다. 여래(如來)를 본다는 것은 곧 진실을 본다는 말이죠. 분별되는 모습이 곧 분별되는 모습이 아니라고 보는 것이 바로 진실을 보는 것입니다. 이것은 모습과 모습 아님이 둘이 아니라는 불이중도를 가리키는 말입니다. 분별되는 모습이 사라져 없어진다는 취사선택의 이분법을 말하는 것이 아니라, 분별되는 모습이 곧 분별되는 모습이 아니라는 불이법을 말하고 있습니다.

이러한 불이법은 '제14이상적멸분(離相寂滅分)'에서도 잘 말하고 있습니다.

"이 사람에게는 나라는 생각, 사람이라는 생각, 중생이라는 생각, 목숨이라는 생각이 없습니다. 까닭이 무엇일까요? 나라는 생각은 곧 생각이 아니고, 사람이라는 생각, 중생이라는 생각, 목숨이라는 생각도 곧 생각이 아니기 때문입니다. 왜 그럴까요? 모든 생각에서 전부 벗어남을 일러 모든 부처라고 일컫기 때문입니다."(此人無我相人相衆生相壽者相. 所以者何? 我相卽是非相, 人相衆生相壽者相卽是非相. 何以故? 離一切諸相, 則名諸佛.)

생각이 없다는 것은 생각이 곧 생각이 아니라는 말이니, 생각이 없다는 것은 생각할 수 없게 된다는 뜻이 아니라 생각하여도 생각하는 것이 아니라는 불이법임을 말하고 있습니다. 생각해도 생각하는 것이 아니라는 말을 생각에서 벗어난다고도 말하고 있습니다. "모든 생각에서 전부 벗어남을 일러 모든 부처라고 한다."는 말은 《반야심경》의 "허망한 꿈같은 생각에서 멀리 벗어나 마지막 열반에 이른다."(遠離顚倒夢想, 究竟涅槃)는 구절과 같은 뜻입니다.

정리하면, 위없는 최고의 바른 깨달음을 얻는 것은 마음을 항복시키는 것인데, 마음을 항복시키는 것은 생각을 하여도 생각을 하지 않는 것과 같은 불이중도의 마음이 성취된다는 뜻임을 알 수 있습니다. 불이중도이기 때문에 둘로 분별하여 하나를 버리고 하나를 취하는 의도적인 취사선택은 아니고, 문득 깨달아서 저절로 성취되는 무위법(無爲法)입니다. 그러므로 《금강경》 '제7무득무설분(無得無說分)'에서는 이렇게 말했습니다.

"제가 부처님이 말씀하신 뜻을 이해하기로는, 위없이 바르고 평등한 깨달음이라고 일컬을 만한 정해진 법은 없고, 여래께서 말씀하실 만한 정해진 법도 없습니다. 무슨 까닭인가 하면, 여래께서 말씀하시는 법은 모두 취할 수도 없고 말할 수도 없으며 법도 아니고 법 아닌 것도 아니기 때문입니다. 왜 그럴까요? 모든 현자와 성인께서는 전부 무위법으로써 그런 이름을 얻기 때문입니다."(如我解佛所說義, 無有定法名阿耨多羅三藐三菩提, 亦無有定法如來可說. 何以故? 如來所說法皆不可取不可說, 非法非非法. 所以者何? 一切賢聖皆以無爲法而有

差別.)

정해진 법이 없어서 취할 수도 없고, 말할 수도 없고, 법도 아니고 법 아닌 것도 아니라면, 이것이 곧 불이중도를 가리키는 말입니다. 이렇게 정해진 것이 없는 불이중도의 법은 분별하여 취하거나 버릴 수가 없으니 무위법이라고 합니다. 무위법은 분별심이 분별하여 취하거나 버리는 의도적인 행위를 하지 않는다는 뜻입니다. 이에 비하여 유위법(有爲法)은 분별심으로 분별하여 의도적으로 취하거나 버리는 행위를 가리킵니다. 유위법에 관하여《금강경》'제32 응화비진분(應化非眞分)'에서는 이렇게 말합니다.

"모습을 취하지 않으면 한결같아 변하지 않을 것이다. 왜 그런가? 모든 유위법은 꿈같고 환상 같고 물거품 같고 그림자 같고 이슬 같고 또 번개 같으니, 마땅히 이렇게 보아야 한다."(不取於相, 如如不動. 何以故? 一切有爲法, 如夢幻泡影, 如露亦如電, 應作如是觀.)

분별하여 의도적으로 행하는 모든 유위의 행위는 꿈이나 환상이나 물거품처럼 허망한데, 분별에서 벗어나 모습을 취하지 않으면 한결같아서 변함이 없다고 합니다. 사실, 분별에서 벗어나 모습을 취하지 않으면, 변한다거나 변하지 않고 한결같다고 말할 수도 없습니다.

이렇게 분별에서 벗어난 무위법은 어떻게 성취될까요? 분별하여 취하거나 버리는 행위는 모두 유위법이니, 무위법에서는 분별이 없으니 취하거나 버리는 어떤 행위도 할 수가 없습니다. 그러므로 무위법은 말 그대로 하는 일 없이 저절로 성취되는 것입니다. 실제 공부에서 깨달음의 실현은 분별심이 막혀서 어떻게 할지를 모르고 마치 덫에 갇힌 짐승처럼 꼼짝도 못하고 있다가, 어느 순간 갑자기 그런 진퇴양난의 상황이 끝나면서 모든 분별망상에서 저절로 벗어나게 되는 체험을 하는 것입니다.

이렇게 어떻게도 할 수 없이 막혀 있다가 분별에서 벗어나게 되면, 이제는 보고 듣고 느끼고 생각하는 삶을 살면서도 마음에는 아무것도 없고 아무 할 일도 없습니다. 마음이 있다고도 할 수 없고 없다고도 할 수 없게 됩니다. 사물을 보지만 보는 일이 없고, 소리를 듣지만 듣는 일이 없고, 이런저런 감정을 느끼지만 느낌이 없고, 온갖 생각이 일어나지만 생각이 없다고 할 수 있습니다. 이전처럼 같은 세상을 살지만 아무도 없고 아무것도 없습니다. 자신이 세상을 살아가지만, 자신이랄 것도 없고 세상이랄 것도 없습니다.

이런 걸림 없는 삶을 나타낸 것이 《금강경》에서 말하는 위없는 깨달음을 얻은 사람은 그 마음을 어떻게 머무느냐는 질문에 대한 답입니다. '제4묘행무주분(妙行無住分)'에서 부처님은 이렇게 말합니다.

"보살은 마땅히 법(法)에 머물지 않고 보시를 행해야 한다. 말하자면, 색깔에 머물지 않고 보시하고, 소리와 냄새와 맛과 촉감과 분별에 머물지 않고 보시해야 한다. 수보리야, 보살은 마땅히 이렇게 보시하여 생각(samjñā)에 머물지 않아야 한다."(菩薩於法, 應無所住, 行於布施. 所謂不住色布施, 不住聲香味觸法布施. 須菩提, 菩薩應如是布施, 不

住於相.)

　보시를 행한다는 것은 베푸는 행위를 한다는 뜻인데, 보살의 모든 행위는 분별에서 벗어나 자기중심적인 행위가 아니므로 보시를 행한다고 합니다. 다시 말해, 보살이 살아가면서 행하는 모든 행위는 마음이 어디에도 머물지 않는 행위인데, 그것은 달리 말하면 마음이 어떤 생각에도 머물지 않고 행하는 베푸는 행위라는 말입니다.

　이처럼 보살은 생각에 사로잡히지 않고 모든 행위를 하면서 살아갑니다. '제10장엄정토분(莊嚴淨土分)'에서는 부처님이 이렇게 말합니다.

　"모든 보살마하살은 마땅히 이렇게 깨끗한 마음을 내야 한다. 색깔에 머물지 않고 마음을 내야 하며, 소리·냄새·맛·촉감·생각에 머물지 않고 마음을 내야 한다. 마땅히 머묾 없이 그 마음을 내야 하는 것이다."(諸菩薩摩訶薩, 應如是生淸淨心. 不應住色生心, 不應住聲香味觸法生心. 應無所住, 而生其心.)

　보살의 마음은 어디에도 머물지 않아서, 보살은 어디에도 물들지 않는 깨끗한 마음을 낸다는 것입니다. 마음이 어딘가에 머문다는 것은 곧 분별하여 취하거나 버린다는 뜻입니다. 마음이 어디에도 머물지 않고 생긴다는 것은 분별에서 벗어나 살아간다는 말입니다. 마음은 살아 있어서 보고 듣고 느끼고 생각하지만, 보는 것에

431

도, 듣는 것에도, 느낌에도, 생각에도 머무는 마음은 없습니다.

어디에도 마음이 머물지 않으면 마음에는 어떤 분별도 없어서 텅 비고 깨끗하니, 사실은 마음이라고 일컬을 것도 없습니다. 마음이 없다고도 할 수 없고 있다고도 할 수 없는 것이 바로 어디에도 머물지 않는 마음이고 모든 생각이 남김없이 사라지고 생각에서 벗어난 마음입니다. 이것을 일컬어 위없는 최상의 바른 깨달음이라고 한 것입니다.

똑! 똑! 똑! 여기에는 한마디 말도 없습니다.

4. 불가사의 해탈이란 어떤 것인가?

똑! 똑! 똑! 여기에 있어야 말에 속지 않습니다.

《유마경》에 불가사의 해탈이란 말이 나와요. 불가사의(不可思議)라는 말은 '생각할 수 없다.' '알 수 없다.'라는 뜻입니다. 사의(思議)는 '생각할 사(思)'와 '말할 의(議)'라는 글자의 조합이므로 '생각하여 말한다.'는 뜻이죠. 말은 생각하여 나오므로 생각하여 말한다는 뜻이 되죠. 불가(不可)라는 말은 '할 수 없다.' '가능하지 않다.'는 뜻이니까, 불가사의는 '생각할 수도 없고 말할 수도 없다.'는 뜻이죠.

보통 불가사의라고 하면 '알 수 없다.' '분별할 수 없다.'라는 뜻으로 사용합니다. 그러니까 불가사의는 분별을 벗어난 것을 가리키는 말이지요. 해탈(解脫)이란 말은 '얽매임을 풀고 벗어난다.'라는 뜻인데, 불교에서는 번뇌에 얽매임을 풀고 번뇌에서 벗어난다는 뜻이지요. 번뇌는 마음이 허망한 생각 즉 망상(妄想)에 얽매여 어리석게 헤매면서 고통에 시달린다는 뜻이므로, 해탈은 곧 허망한 생각의 얽매임을 풀고 벗어난다는 뜻입니다. 허망한 생각은 곧 분별하는 마음 즉 분별심(分別心)입니다. 중생의 마음이 바로 분별심입니다.

허망한 생각인 분별심에서 벗어나는 것이 해탈이고, 허망한 생각에서 벗어나기 때문에 허망한 생각 속에서 헤매는 고통이 사라져서 열반이라고 하고, 또 꿈같은 허망한 생각에서 깨어나기 때문에 깨달음이라고 합니다. 허망한 생각인 분별에서 벗어나므로 둘로 나누지 않는 불이(不二)이고, 이쪽도 아니고 저쪽도 아니므로 중도(中道)라고도 합니다. 그러므로 불가사의 해탈은 불이중도의 깨달음을 가리키는 말입니다.

《유마경》불사의품(不思議品)에서 불가사의 해탈을 말하는 부분을 보면, 유마힐이 사리자에게 이렇게 말해요.

"모든 불여래응정등각과 불퇴보살에게는 불가사의라 일컫는 해탈이 있습니다."

불(佛), 여래(如來), 응정등각(應正等覺)은 모두 깨달은 자, 즉 부처님을 일컫는 여러 가지 이름입니다. 불퇴보살은 불퇴전(不退轉)의 보살 즉 '물러나지 않는 보살'이라는 뜻인데, 깨달음의 공부에서 얻은 깊이가 확고하여 공부가 다시 물러나는 일이 없는 보살이라는 말입니다. 보살의 십지(十地) 가운데 제8부동지(不動地) 이후의 보살을 가리키는 게 아닌가 합니다만, 그냥 '깨달음이 확고하여 깨달음의 자리에서 다시 물러나는 일이 없는 보살'이라는 정도로 이해하면 되겠습니다.

유마는 깨달음이 확고한 정도에 이른 깨달은 사람에게는 불가사의라고 일컫는 해탈이 있다고 하고서, 그 내용을 이렇게 말합니다.

"만약 불가사의 해탈에 머무는 보살이라면, 수미산이 그렇게 높고 그렇게 넓지만 신통력(神通力)으로써 겨자씨 속에다 집어넣으면서도, 겨자씨의 크기가 늘어나지 않도록 하고 수미산의 크기가 줄어들지 않도록 할 수 있습니다."

또 이렇게도 말합니다.

"이와 같은 불가사의 해탈에 머무는 보살이라면, 사방 큰 바다의 바닷물이 깊고 넓기가 한이 없더라도 신통력으로써 한 개 털구멍 속에 모두 집어넣으면서도, 털구멍의 크기는 늘어나지 않게 하고 사방 큰 바다의 바닷물은 줄어들지 않게 할 수 있습니다."

불가사의 해탈에 머무는 보살에게는 신통한 능력이 있는데, 그 능력을 발휘하면 엄청나게 큰 수미산을 매우 작은 겨자씨 속에 다 집어넣을 수 있고, 엄청나게 많은 바닷물을 매우 작은 털구멍 속에 다 집어넣을 수 있다고 합니다. 그런데 그렇게 하더라도 수미산의 크기를 줄이지도 않고 겨자씨의 크기를 늘리지도 않으며, 바닷물을 줄이지도 않고 털구멍을 늘리지도 않는다고 합니다.

　이런 말은 합리적으로 이해되지 않고 논리적으로 맞지도 않습니다. '큰 것'과 '작은 것'의 차이를 완전히 무시하는 말이므로, '크다'와 '작다'라는 말의 뜻을 완전히 무시하는 말입니다. '크다'와 '작다'는 뜻을 분별하여 사용하는 분별세계에서는 전혀 통할 수 없는 말입니다.

　만약 '크다'와 '작다'는 분별세계에서 통하는 말이 되려면, 큰 수미산을 줄이고 작은 겨자씨를 늘려서 수미산을 겨자씨 속에 넣는다고 해야 하고, 많은 바닷물을 줄이고 적은 털구멍을 늘려서 바닷물을 털구멍 속에 넣는다고 해야 합니다. 수미산의 크기와 겨자씨의 크기를 그대로 두고 수미산을 모두 겨자씨에 넣는다고 할 수는 없고, 바닷물의 양과 털구멍의 넓이를 그대로 두고 바닷물을 전부 털구멍 속에 넣는다고 할 수는 없습니다.

　수미산의 크기를 그대로 두고 수미산을 전부 겨자씨 속에 넣고, 바닷물의 양을 그대로 두고 바닷물을 몽땅 털구멍 속에 넣는다고 말하고 있으니, 이 말은 분별을 벗어난 말이고 분별세계에 해당하지 않는 말입니다. 다시 말해, 이런 말은 분별을 벗어난 사람이 분별을 벗어나서 하는 말입니다. 분별에서 벗어났으므로 말을 하더라도 그 말의 뜻에 매이지 않고 말하는 것이지요.

　분별세계에 매여 있는 중생의 입장에서 보면, 이런 말은 말이 되지 않는 무의미한 헛소리일 뿐입니다. 무의미한 헛소리로 보이는 이런 말을 왜 할까요? 이런 말을 할 수 있는 것은 불가사의 해탈에 머무는 보살의 신통한 능력이라고 했습니다. 다시 말해, 불가사의 해탈에 머무는 보살의 신통한 능력이 어떤 것인가를 보여 주기 위하여 이렇게 말이 되지 않는 말을 하는 것이죠.

분별 속에 갇혀 있는 중생에게 분별에서 벗어난 이해할 수 없는 말을 해 주어서 분별에서 벗어난 세계가 있다는 사실을 알려 주려는 방편의 말인 것이죠. 분별에서 벗어난 이해할 수 없는 해탈의 세계에 머무는 보살은 분별세계 속에 살면서도 또한 분별에서 벗어난 세계에서도 살고 있음을 보여 주는 말입니다.

신통(神通)이란 '신기하게 통한다.'는 뜻인데, 신기(神奇)하다는 말은 '논리적으로 이해할 수 없다.'는 뜻이니 불가사의하다는 말과 같은 뜻입니다. 즉, 신통이란 그 까닭을 논리적으로 이해할 수는 없지만, 어디에도 막히지 않고 다 통한다는 뜻입니다. 여기서 통한다는 것은 물질적 세계를 가리키는 것이 아니고 마음의 세계를 가리키는 말입니다. 마음은 어디에 막혀 있을까요? 분별에 막혀 있습니다. 마음이 신기하게 다 통한다는 것은, 곧 마음이 어떤 분별에도 막힘이 없이 다 통한다는 것입니다.

그러므로 불가사의한 해탈에 머문다는 말과, 신기하게 다 통하는 신통한 능력은 같은 뜻입니다. 분별에서 벗어난 보살은 어떤 분별에도 막힘이 없다는 사실을 말하려고 하는 것이, 수미산을 줄이지 않고 겨자씨에 넣고 바닷물을 줄이지 않고 털구멍에 넣는다는 말입니다.

물론, 수미산을 겨자씨에 넣고 바닷물을 털구멍에 넣는다고 말한 것은 분별을 벗어난 세계를 가리키는 방편의 말이므로, 그런 초자연적이고 비논리적인 신기한 세계가 있다고 분별하면 안 됩니다.

436

사실, 깨달아서 분별에서 벗어나 해탈한 사람의 삶은 분별하면서도 분별이 없는 그런 묘한 삶입니다. 분별세계 속에서 늘 분별하면서 사는데도 분별되는 것이 전혀 없다고 할 수 있습니다. 이것이 깨달아 분별에서 해탈한 사람이 누리는 걸림 없는 자유자재를 나타내는 말입니다.

《유마경》에서 유마힐은 수미산을 겨자씨에 넣는다고 말하고 이어서 이런 말도 합니다.

"비록 이와 같은 신통한 작용을 드러내지만, 저 사천왕[128]과 삼십삼천의 왕[129]이 '우리는 어디로 가고 어디로 들어가나?'라고 알지 못하고, 오직 신통력을 보고서 마음이 조복된 무리들만 '수미산이 겨자씨 속에 들어가는구나.' 하고 알 뿐입니다. 불가사의 해탈에 이와 같이 머무는 보살이 뛰어난 방편과 지혜의 힘으로 들어가는 불가사의 해탈의 경계는 모든 성문과 독각이 헤아릴 수 있는 것이 아닙니다."

또, 바닷물을 털구멍에 넣는다고 말하고서 이어서 이런 말도 합니다.

"비록 이와 같은 신통한 작용을 드러내지만, 저 모든 천룡·야

---

128 사천왕(四天王) : 수미산 중턱에 살고 있는 4명의 신령. 지국천왕(持國天王), 증장천왕(增長天王), 광목천왕(廣目天王), 다문천왕(多聞天王)의 넷이다.
129 삼십삼천(三十三天)의 왕 : 수미산 꼭대기에 있는 도리천(忉利天)의 왕인 제석천(帝釋天)을 말함.

차·아수라 등이 '우리들은 어디로 가고 어디로 들어가나?'라고 알지 못하고, 또한 저 물고기·자라·거북이·악어들과 나머지 여러 가지 수중 생물들은 해를 입을까 봐 두려워하지도 않습니다. 오직 신통력을 보고서 마음이 조복된 무리들만 '사대해의 바닷물이 털구멍 속으로 들어가는구나.' 하고 알 뿐입니다. 불가사의 해탈에 이와 같이 머무는 보살이 뛰어난 방편과 지혜의 힘으로 들어가는 불가사의 해탈의 경계는 모든 성문과 독각이 헤아릴 수 있는 것이 아닙니다.”

수미산을 겨자씨 속에 집어넣지만, 수미산에 살고 있는 중생들은 그런 신통한 일을 알지 못하고, 오직 신통력을 보고 마음이 조복된 무리, 즉 분별에서 벗어난 무리만이 그런 신통한 일을 안다는 것입니다. 또 바닷물을 털구멍 속에 모두 집어넣지만, 바다 속에 살고 있는 중생들은 그런 신통한 일을 전혀 알지 못하고 오직 신통력을 보고 마음이 조복된 무리, 즉 분별에서 벗어난 무리만이 그런 신통한 일을 안다는 것입니다. 마음이 조복되었다는 것은 분별에서 벗어나 해탈했다는 뜻입니다.

이 말은 무슨 뜻일까요? 분별에 매여서 살고 있는 중생이나 분별에서 벗어나 신통력을 갖춘 부처나 모두 같은 이 세계에서 살고 있습니다. 그러나 중생은 이 세계를 분별의 눈으로 보고 살고 있습니다만, 부처는 분별의 눈으로도 이 세계를 보지만 동시에 분별에서 벗어나 막힘없이 통하는 세계에서 살고 있기도 하다는 사실을 말하고 있는 것입니다.

예전 중국의 어떤 선사는 스승을 찾아가 깨닫고 나서 원래 머물던 절로 돌아와 사람들에게 말하기를 "당신들이 아는 것은 나도 모두 알지만, 내가 아는 것은 당신들이 알지 못할 것이다."라고 하였습니다. 바로 이런 뜻을 말한 것입니다.

깨달아 분별에서 해탈한 사람도 겉으로는 깨닫지 못한 사람과 같은 세계에서 살지만, 내면에서는 깨닫지 못한 사람이 알지 못하는 어떤 것에도 막힘없는 신통한 세계에서 사는 것입니다. 이 막힘없는 세계는 오직 깨달아 분별에서 해탈한 사람만이 아는 세계입니다.

이러한 불가사의한 해탈의 세계를 보살은 알지만 성문과 연각은 알지 못한다고 한 것은, 소승불교에서 깨달았다고 하는 성문과 연각은 분별에서 벗어난 참된 깨달음을 얻은 것이 아니라는 말입니다. 참된 깨달음은 분별에서 벗어나 어디에도 머물지 않는 불이중도(不二中道)를 성취하는 것인데, 소승불교에서 깨달았다고 하는 것은 불이중도의 성취가 아니라는 뜻입니다.

똑! 똑! 똑! 여기에는 한마디 말도 없습니다.

5. 이 세상이 왜 불국토인가?

똑! 똑! 똑! 여기에 있어야 말에 속지 않습니다.

불교에 불국토라는 말이 있습니다. 불국토(佛國土)란 부처님의 국토라는 뜻입니다. 불국토를 불국(佛國)이라고도 하는데 부처님의 나라라는 뜻입니다. 그러면 부처님의 나라 혹은 부처님의 국토는 어디일까요?

바로 지금 우리가 사는 이 세상이 곧 불국토이고 불국입니다. 왜 그럴까요? 부처님은 곧 깨달음입니다. 깨달음은 곧 깨어 있는 마음입니다. 깨달은 사람에게는 이 세상이 전부 깨달음의 세계입니다. 깨어 있는 마음은 모든 곳에 나타나 있습니다. 삼라만상이 전부 깨어 있습니다.

삼라만상이 전부 눈을 활짝 뜨고 있습니다. 삼라만상에 전부 눈이 초롱초롱 깨어 있습니다. 삼라만상이 깨달음을 증명하고 있습니다. 색깔, 소리, 냄새, 맛, 느낌, 생각이 전부 눈을 초롱초롱 뜨고 깨어 있습니다. 하나하나가 빠짐없이 깨달음을 나타내고 있습니다.

찾아서 알아보려면 깨달음은 어디에도 없습니다. 찾지 않으면 모든 곳에 두루 드러나 있습니다. 확인하려 하면 깨달음은 어디에도 없습니다. 확인하려 하지 않으면 저절로 드러나 확인됩니다. 원래 그랬고 언제나 그렇습니다.

누구에게나 마찬가지입니다. 모든 이에게 깨달음은 언제든 어디서든 두루 드러나 있습니다. 다만 스스로 분별하여 알려고 하거나 생각하려고 하면, 깨달음은 어디에도 없습니다. 모든 사람은 본래부터 깨달아 있지만, 분별하여 알려고 하는 습관에 사로잡혀서 이런 깨달음을 보지 못하고 있습니다.

분별에서 벗어나 법을 보는 눈이 열리면, 삼라만상 하나하나가 깨어나기 시작합니다. 처음에는 잘 몰라도 점차 생각의 구름이 걷히면서 깨어 있는 마음이 차차로 드러나기 시작합니다. 시간이 충분히 지나면, 모든 것이 전부 깨어나게 됩니다. 보고 듣고 느끼고 아는 모든 것이 깨어 있는 마음 아닌 것이 없습니다.

똑! 똑! 똑! 여기에는 한마디 말도 없습니다.

6. 왜 무위법인가?

똑! 똑! 똑! 여기에 있어야 말에 속지 않습니다.

불교에서 유위법(有爲法), 무위법(無爲法)이라는 말을 합니다. 물론 방편의 말입니다. 위(爲)는 '무엇을 하다.'는 뜻이니, 유위는 하는 일(혹은 해야 할 일)이 있다는 뜻이고, 무위는 하는 일(혹은 해야 할 일)이 없다는 뜻입니다.

여기에서 '무엇을 한다.'는 말은 의도적으로 일부러 하는 행위를 가리킵니다. 의도적으로 일부러 하는 행위는 분별하여 선택한 행위이니, 곧 유위는 분별하여 일부러 하는 행위가 있다는 뜻이고, 무위는 분별하여 일부러 하는 행위가 없다는 뜻입니다. 다시 말해, 유위는 일부러 만드는 행위를 가리키고, 무위는 일부러 만드는 일이 없는 자연스러운 행위를 가리킵니다.

깨달음을 유위법이 아니라 무위법이라고 하는데, 깨달음은 일부러 노력하여 만든 인위적 결과가 아니라 본래 타고난 본성인 진여자성이 저절로 드러나 발휘되는 자연스러운 일임을 가리킵니다. 《열반경》에서 "모든 중생에게는 전부 불성(佛性)이 있다."라고 하였듯이, 우리에게는 태어날 때부터 모든 번뇌망상에서 벗어난 진여자성이 갖추어져 있습니다.

깨달음을 견성성불(見性成佛)이라고 하는 것은 곧 진여자성을 밝힌다는 말인데, 사실은 우리의 분별의식 속에 잠재되어 있던 진여자성이 드러나 실현되는 것이 곧 깨달음입니다. 진여자성은 본래 부족함 없이 갖추어져 있기 때문에 노력하여 일부러 만들어 낼 필요가 없습니다. 분별할 수 없고 불가사의한 진여자성이 저절로 드러나 발휘되는 것이 곧 깨달음이고 해탈입니다. 그러므로 깨달음은 무위법이라 합니다.

《금강경》 제32분 게송에서 "모든 유위법은 꿈같고 환상 같고 물거품 같고 그림자 같고, 또 이슬 같고 번갯불 같으니, 마땅히 이렇게 보아야 한다."[130]라고 하여, 일부러 행하는 유위법이 헛됨을 말하고 있습니다. 또 《금강경》 제7분에서는 "모든 현자와 성인들은 전부 무위법으로써 차별이 있다."[131]라는 말이 있는데, 여기에서 현자와 성인은 곧 보살과 부처를 가리키고, 차별이 있다는 말은 중생과 차별이 있다는 말입니다. 깨달음을 얻은 부처와 보살은 무위법으로 행하지만, 깨닫지 못한 중생은 유위법으로 행한다는 말이지요.

또 《능엄경》 제8권에 보면 "깨끗하고 번뇌망상이 없는 하나의 진

---

130 一切有爲法, 如夢幻泡影, 如露亦如電, 應作如是觀.

131 一切賢聖, 皆以無爲法, 而有差別.

442

실한 무위법이 자성의 본래 모습이다."[132]라는 구절이 있어요. 우리가 타고난 본성인 진여자성이 깨끗하고 번뇌망상이 없으며 하나로서 진실한 것은 본래 그러하여 일부러 할 일이 없는 무위법이라는 것입니다.

그러므로 진여자성을 깨닫는 견성성불은 일부러 의도적으로 노력하여 깨닫는 것이 아닙니다. 진여자성은 분별에서 벗어나 불가사의하므로 전혀 알 수가 없으니 어떤 노력을 어떻게 해야 깨닫는다고 말할 수 없습니다. 오히려 아무것도 알 수 없고 어떻게도 할 수 없는 상황, 손발이 묶이고 생각을 움직일 수 없는 그런 상황에 마음이 처하여 갑갑하고 답답해하다가 어느 순간 저절로 그런 상황이 끝나면서 문득 깨닫게 되는 자연스러운 경험이 깨달음입니다.

이처럼 저절로 생각이 쉬어지고 분별망상이 쉬어져서 할 일이 없어지고 모든 번뇌망상에서 벗어나 자유자재하게 되는 것이 깨달음입니다. 깨달음은 번뇌망상을 버리는 것도 아니고 진여자성을 취하는 것도 아니고, 시끄러움을 버리고 고요함을 취하는 것도 아니고, 있는 것을 버리고 없는 것을 취하는 것도 아닙니다. 취사선택에서 벗어나는 것이 깨달음이니, 버릴 수도 없고 취할 수도 없어서 어떻게도 할 수 없는 막다른 곳에 막혀 있다가 문득 저절로 버림과 취함의 양쪽에서 벗어나면, 곧 불이중도의 깨달음에 저절로 들어맞게 됩니다. 이처럼 깨달음은 무위법입니다. 그러므로 일부러 깨달음을 찾고 깨달음을 취하고 깨달음을 얻기 위하여 어떤 노력을 기울인다면, 도리어 깨달을 수 없습니다.

---

132   淸淨無漏, 一眞無爲, 性本然.

똑! 똑! 똑! 여기에는 한마디 말도 없습니다.

7. 반야바라밀이란 무엇인가?

똑! 똑! 똑! 여기에 있어야 말에 속지 않습니다.

반야바라밀은 불교에서 가장 많이 사용하는 말 가운데 하나이기도 하고, 또 가장 중심적인 말이기도 합니다. 사찰에서 매일 외우는 《반야심경》의 원래 이름도 《반야바라밀다심경》입니다. 반야바라밀은 원래 산스크리트 Prajñāpāramitā의 음역 반야바라밀다에서 한 글자 줄인 말인데, 지도(智度)라고 간략히 한역(漢譯)합니다. 반야는 지혜(智慧)라는 뜻이고, 바라밀다는 도피안(到彼岸) 즉 '저 언덕에 이르다' 혹은 도(度) 즉 '건너가다'라는 뜻입니다. 그러므로 반야바라밀은 '저 언덕에 이른 지혜' 혹은 '저 언덕으로 건너간 지혜'라는 뜻입니다.

《반야심경》의 첫 줄에 "관자재보살이 깊은 반야바라밀다를 실행할 때 오온(몸과 마음)이 모두 공(空)임을 비추어 보고 모든 고통을 넘어간다."라고 하듯이, 반야바라밀다는 모든 고통에서 벗어나는 지혜입니다. 그러면 어떤 것을 반야바라밀다 즉 '저 언덕으로 건너간 지혜'라고 할까요? 모든 불교 경전 가운데 가장 양이 많은 경전인 《대반야경》의 제16반야바라밀다분에서 반야바라밀다가 무엇인지를 다음과 같이 말하고 있습니다.

"만약 모든 법에 알 것도 없고 볼 것도 없다면, 이를 일러 반야바라밀다라고 한다."

"모든 법이 합해져 있지도 않고 떨어져 있지도 않으면, 이를 일러 반야바라밀다라고 한다."

"모든 법이 줄어들지도 않고 늘어나지도 않으면, 이를 일러 반야바라밀다라고 한다."

"모든 법이 더럽지도 않고 깨끗하지도 않으면, 이를 일러 반야바라밀다라고 한다."

"모든 법에 깨끗한 법이 있는 것도 아니고 깨끗하지 않은 법이 있는 것도 아니면, 이것을 일러 반야바라밀다라고 한다."

"모든 법이 얽매여 있지도 않고 얽매임에서 벗어나 있지도 않으면, 이것을 일러 반야바라밀다라고 한다."

"모든 법이 죽은 것도 아니고 살아 있는 것도 아니면, 이것을 일러 반야바라밀다라고 한다."

"모든 법이 태어나는 것도 아니고 죽는 것도 아니면, 이것을 일러 반야바라밀다라고 한다."

"모든 법에 일어나는 법이 있지도 않고 사라지는 법이 있지도 않으면, 이것을 일러 반야바라밀다라고 한다."

"모든 법에 변하여 파괴되는 법이 있지도 않고 변하여 파괴되는 법이 없지도 않으면, 이것을 일러 반야바라밀다라고 한다."

"모든 법이 항상하지도 않고 무상하지도 않고, 즐겁지도 않고 괴롭지도 않고, 내가 있지도 않고 내가 없지도 않고, 깨끗하지도 않고 깨끗하지 않지도 않으면, 이것을 일러 반야바라밀다라고 한다."

"모든 법에 탐진치라는 법이 있는 것도 아니고 탐진치에서 벗어난 법이 있는 것도 아니면, 이것을 일러 반야바라밀다라고 한다."

"모든 법이 끊어지는 것도 아니고 이어지는 것도 아니고, 끝이 있는 것도 아니고 끝이 없는 것도 아니면, 이것을 일러 반야바라밀다라고 한다."

"모든 법이 좋은 것도 아니고 좋지 않은 것도 아니면, 이것을 일러 반야바라밀다라고 한다."

이런 말들의 요점을 말하면, 반야바라밀다는 '어떤 것'도 아니고 '어떤 것이 아닌 것'도 아니라는 것입니다. 이 말은 곧 분별에서 벗어난 불이중도(不二中道)를 나타내는 말입니다. 따라서 반야바라밀다는 곧 분별에서 벗어난 불이중도의 깨달음을 가리키는 말입니다.

분별하여 아는 것을 지식(知識)이라 하고, 분별되지 않아서 알 수 없는 것을 깨달으면 지혜(智慧)라고 합니다. 그러므로 분별을 벗어난 불이중도를 일러 지혜, 즉 반야 혹은 반야바라밀이라고 하는 것입니다. 반야바라밀이란 피안으로 건너간 지혜란 뜻인데, 피안으로 건너간다는 것은 중생의 망상을 벗어나 법계의 실상을 깨닫는다는 것입니다.

중국 선종(禪宗)의 실질적 창시자인 육조 혜능도《육조단경》에서 반야에 대하여 이렇게 말했습니다.

"자성에는 원래 반야라는 지혜가 갖추어져 있다."
"끝없는 번뇌를 끊기를 서원한다는 것은 자성에 있는 반야의 지

446

혜를 가지고 허망하게 생각하는 마음을 제거하는 것이다."

"만약 번뇌가 없다면 반야가 늘 드러나 자성을 벗어나지 않는다. 이 법을 깨달으면 생각이 없고, 기억이 없고, 집착이 없고, 거짓된 망상을 일으키지 않고, 자신의 참되고 여여한 자성을 사용한다."

"어리석음에서도 벗어나고 깨달음에서도 벗어나면 항상 반야를 드러낸다. 참됨도 없애고 허망함도 없애면 불성을 본다."

"순간순간 반야로써 비추어 보아 늘 법의 모습에서 벗어나면, 자유자재하여 마음대로 할 수 있다."

"반야에는 모습이 없고, 지혜로운 마음이 곧 반야다."

우리 마음의 본성인 자성(自性)에는 본래 반야의 지혜가 갖추어져 있으므로, 자성을 보아 깨닫는다는 견성성불(見性成佛)은 곧 반야의 지혜가 발휘되는 것이라 합니다. 자성에 갖추어진 반야의 지혜가 허망한 생각을 제거하여 분별에서 벗어나 깨닫게 하므로, 반야가 늘 드러나 있으면 망상번뇌가 없어서 자성에서 벗어나지 않는다고 합니다. 반야란 모든 분별에서 벗어나 어디에도 막힘없이 자유자재하니, 반야가 드러나면 어리석음도 없고 깨달음도 없고 허망함도 없고 참됨도 없고 다만 마음이 지혜로울 뿐이라고 합니다.

깨닫고자 발심하여 선지식의 법문을 듣다가 문득 생각에서 벗어나 깨달으면, 마음은 분별할 것이 아무것도 없어서 끝없이 텅 빈 허공처럼 느껴지는데, 이런 체험을 공(空)의 체험 혹은 견성(見性)이라고 합니다. 공에 머물면 아무것도 없어서 번뇌가 전혀 없고, 마음은 한없이 안정되고 안락하고 만족스럽습니다.

그러나 아직 생각하는 습관이 강하게 남아서 여전히 생각에 끌려가는데, 이때는 매우 불쾌하고 불안하고 불만족스럽기 때문에 다시 공으로 돌아가고자 합니다. 마치 마음속에 편안한 공과 불편한 분별이라는 두 개의 세계가 공존하는 듯하여, 불편한 분별에서는 멀어지고 싶고, 편안한 공에는 더욱 익숙해지고 싶어 합니다.

상당히 긴 기간 동안 이처럼 익숙한 분별에서는 멀어지고 낯선 공에는 가까이 다가가는 상황이 지속됩니다. 그러다 때가 되면 문득 공과 분별이 하나가 되는 순간이 옵니다. 이제는 분별이 곧 공이고 공이 곧 분별이어서 분별을 버리지도 않고 공을 추구하지도 않게 됩니다. 이렇게 되면 이전에 비하여 훨씬 더 안정되고 만족하게 됩니다.

시간이 지날수록 매 순간 분별하는 중생의 삶이 곧 언제나 아무것도 없이 텅 비어서 걸림 없이 자유로운 해탈한 삶이 자리를 잡게 됩니다. 무언가가 있는 분별이 곧 아무것도 없는 공이어서, 있음과 없음이 둘이 아닌 불이중도가 점차로 확고히 자리를 잡아 가므로, 어디에도 머물지 않고 어떤 것에도 얽매이지도 않고 무엇에도 시달리지 않아서 아무런 불편도 없고 두려움도 없습니다. 이렇게 되면 경전에서 말하는 반야바라밀이 바로 자신이 누리고 있는 삶임을 알 수 있습니다.

똑! 똑! 똑! 여기에는 한마디 말도 없습니다.

8. 파사현정이란 무엇인가?

똑! 똑! 똑! 여기에 있어야 말에 속지 않습니다.

불교에서 쓰는 말 가운데 파사현정이라는 말이 있습니다. 파사현정(破邪顯正)은 '잘못된 것을 부수고 바른 것을 드러낸다.'는 뜻입니다. 파사현정은 불교 가르침의 특색을 나타내는 말로서 중생의 분별망상을 부수어 깨달음의 불성을 드러낸다는 뜻입니다.

분별망상에 물든 어리석은 중생을 구제하여 분별망상에서 벗어나 깨달음을 얻도록 이끄는 불교 가르침의 특색을 나타내는 말이 파사현정입니다. 부수어야 할 삿된 것이란 곧 중생의 분별심입니다. 중생의 분별심을 부수는 방식은 원래 사구(四句)를 부정하는 방식입니다. 사구란 "① 무엇이다. ② 무엇이 아니다. ③ 무엇이기도 하고 무엇이 아니기도 하다. ④ 무엇도 아니고 무엇이 아닌 것도 아니다."라는 네 구절인데, 우리가 분별하는 형식을 나타냅니다.

이것을 부정하면, "① 무엇이 아니다. ② 무엇이 아닌 것도 아니다. ③ 무엇이기도 하고 무엇이 아니기도 하지 않다. ④ 무엇도 아니고 무엇이 아닌 것도 아니지 않다."가 될 것입니다. 그러나 실제로 우리가 분별할 때 사용하는 것은 "① 무엇이다. ② 무엇이 아니다."라는 두 구절입니다. 상대되는 양쪽 가운데 어느 한쪽을 선택하는 것이 분별이기 때문입니다. 그러므로 분별을 부수는 파사의 형식도 "① 무엇이 아니다. ② 무엇이 아닌 것도 아니다."라는 두 구절의 형식을 취합니다.

"무엇이다."와 "무엇이 아니다."라는 양쪽 가운데 어느 것도 취하지 못하게 하면, 우리의 분별심은 어떻게도 할 수 없어서 그대로 얼어붙어 꼼짝도 못하게 됩니다. 이처럼 양쪽 가운데 어느 쪽도 선택하지 못하게 하여 분별심이 활동하지 못하게 가로막아서 분별심을 부수는 것이 '삿됨을 부순다.'는 의미인 파사(破邪)입니다. 이런 파사의 가르침은 스승이 제자에게 사용하여 제자의 분별심이 멈추도록 만들기 때문에 파사는 스승이 제자를 구제하기 위하여 사용하는 방편입니다.

이런 파사를 통하여 제자의 분별심이 작동하지 못하도록 만들어 놓으면, 분별이 가로막힌 제자의 마음에서 마침내 분별할 수 없는 불성이 저절로 드러나게 됩니다. 이렇게 파사의 상황에서 올바른 불성이 저절로 드러나는 것을 일러 '바름을 드러낸다.'고 하여 현정(顯正)이라고 합니다. 그러나 현정이 비록 바름을 드러낸다는 뜻이지만, 스승이 만들어 내는 파사와는 달리 현정은 제자의 불성이 저절로 드러나는 불가사의한 일입니다.

대개 파사가 곧 현정이라고 말하지만, 이 말은 엄밀히 올바른 말이 아닙니다. 스승이 제자의 분별을 가로막아 제자의 분별심이 활동하지 못하게 하면, 제자의 마음은 활동하던 분별심이 멈추니 마침내 아무것도 알지 못하고 앞뒤가 막혀 있는 막연한 상황에 떨어집니다. 파사가 곧장 현정으로 이어져서 깨달음이 실현되는 것이 아니고, 분별이 막힌 제자의 마음은 함정에 빠진 상황이어서 어떻게 해야 할지 전혀 모르고 의문만 남아 있는 캄캄한 상태가 됩니다. 함정에 빠져서 탈출할 길을 모르고 죽기만 기다리는 상황에 갇혀 있으면, 어느 순간 갑자기 분별심이 확 무너지면서 깨달음의 불성이 저절로 드러나는 현정의 체험이 불가사의하게 일어납니다.

이처럼 파사하면 현정할 가능성이 생기기 때문에 파사는 현정의 필요조건이지 충분조건이라고 할 수는 없습니다. 그러나 파사가 되지 않고 현정이 될 가능성은 없으므로 파사가 중생을 깨달음으로 이끄는 필요조건이 되는 것입니다. 즉, 분별심이 어떻게도 할 수 없어서 사방이 꽉 막힌 함정에 빠진 상황에서 답답하고 갑갑하게 되지 않으면, 우리의 마음에서 분별심이 저절로 항복하는 일은 없습니다.

분별심이 항복해야 비로소 불성이 드러나며 깨닫게 되기 때문에, 중생을 깨닫도록 이끌기 위하여 분별심을 막는 파사는 반드시 필요합니다. 깨달음이 일어나는 현정은 파사의 상황에서 마음속에서 저절로 일어나는 일이지, 스승이 불성을 끄집어내어 보여 줄 수는 없습니다. 불성은 분별할 수 없어서 알 수도 없고 설명할 수도 없기 때문입니다.

불교 경전은 주로 파사만 함으로써 현정이 될 상황을 조성하는 형식으로 되어 있습니다. 그렇기 때문에 파사가 곧 현정이라고 말하지만, 사실 파사와 현정을 동시에 진행하는 것은 선의 가르침인 직지인심(直指人心)입니다. 분별할 수 없는 사람의 마음을 곧장 가리켜서 저절로 분별심이 막히도록 하고 분별할 수 없는 불성을 깨닫도록 자극하는 것이 바로 직지인심입니다. 불교 경전에서 행하는 파사의 예와 선사들이 행한 직지인심의 대표적인 예를 들어 봅니다.

"반야바라밀다는 모든 법에서

늘어남도 없고 줄어듦도 없으며,

합하는 것도 아니고 분리되는 것도 아니며,

부족한 것도 아니고 가득한 것도 아니며,

이익도 아니고 손해도 아니며,

나가는 것도 아니고 들어오는 것도 아니며,

생겨나는 것도 아니고 사라지는 것도 아니며,

더러운 것도 아니고 깨끗한 것도 아니며,

생로병사를 따라 흘러가는 것도 아니고 생로병사의 괴로움이 사
라지는 것도 아니며,

모여 일어나는 것도 아니고 사라져 없어지는 것도 아니며,

모습이 있는 것도 아니고 모습이 없는 것도 아니며,

평등한 것도 아니고 평등하지 않은 것도 아니며,

세간도 아니고 출세간도 아니며,

즐거움도 아니고 괴로움도 아니며,

항상(恒常)한 것도 아니고 무상(無常)한 것도 아니며,

깨끗한 것도 아니고 깨끗하지 않은 것도 아니며,

유아(有我)도 아니고 무아(無我)도 아니며,

진실함도 아니고 허망(虛妄)함도 아니다."[133]

어떤 스님이 조주종심 선사에게 물었다.

"어떤 것이 분별을 벗어난 도(道)입니까?"

---

133 《대반야경》 제16반야바라밀다분.

조주가 말했다.

"뜰 앞의 측백나무다."

그 스님이 말했다.

"화상께서는 분별되는 사물을 사람에게 보여 주지 마십시오."

조주가 말했다.

"나는 사물을 사람에게 보여 주지 않는다."

그 스님이 다시 물었다.

"어떤 것이 분별을 벗어난 도입니까?"

조주가 말했다.

"뜰 앞의 측백나무다."[134]

똑! 똑! 똑! 여기에는 한마디 말도 없습니다.

9. 불이법이란 무엇인가?

똑! 똑! 똑! 여기에 있어야 말에 속지 않습니다.

불교에서 흔히 하는 말 가운데 불이법(不二法)이라는 말이 있습니다. 불이법은 이법(二法)이 아니라는 말입니다. 이법은 둘로 나눈다는 뜻이므로, 불이법은 둘로 나누지 않는다는 뜻입니다. 둘로 나눈다는 것은 곧 분별(分別)한다는 것입니다. 그러므로 둘로 나누지

---

134 《연등회요》 제6권.

않는 불이법은 분별에서 벗어나는 깨달음을 가리킵니다.

불이법에 대해서는 《유마경》의 불이법문품(不二法門品)에 많은 설법이 되어 있습니다. 유마힐 거사는 32명의 보살에게 불이법에 관하여 질문하여 그들의 답을 듣고서 자신에게 묻는 불이법문에 대해서는 침묵으로 답했습니다. 유마힐은 처음 보살들에게 이렇게 질문했습니다.

"보살은 어떻게 불이법문으로 잘 깨달아 들어갈 수 있습니까?"[135]

이 질문에서 보듯이 불이법문으로 들어가는 것은 깨달아 들어가는 것입니다. 깨달아야 불이법문으로 들어간다는 것은 깨달음이 곧 이법(二法)인 분별에서 벗어나는 것이기 때문입니다. 여기에 대한 승밀보살의 답변은 이와 같습니다.

"나와 나의 것이라고 분별하면 둘이 되니, 나를 헤아리기 때문이고 곧 나의 것도 헤아리기 때문입니다. 만약 나도 없고 나의 것도 없음을 깨닫는다면, 이것이 불이법문에 깨달아 들어가는 것입니다."[136]

분별하여 헤아리면 둘이 되고, 분별하여 헤아릴 것이 없음을

---

135 云何菩薩, 善能悟入, 不二法門?
136 我及我所, 分別爲二, 因計我故, 便計我所. 若了無我, 亦無我所, 是爲悟入, 不二法門.

깨달으면 둘이 아닌 불이법문이라고 합니다. "분별하면 둘이 된다."(分別爲二)는 말은 32명 보살 대부분이 하는 말입니다. 이법(二法)은 분별하는 것이고, 불이법(不二法)은 분별하지 않는 것임을 알수 있습니다. 분별하여 생각으로 헤아리는 것이 곧 중생의 헛된 생각인 망상(妄想)입니다. 그러므로 분별망상 혹은 망상분별이라는말을 하기도 합니다.

중생의 분별망상에서 벗어나는 것이 곧 깨달음이라는 사실을《유마경》의 불이법문품은 말하고 있는 것입니다. 분별하면 언제나둘이 되는데, 분별에서 벗어나 그렇게 분별할 것이 없음을 깨닫는것이 곧 불이법문에 들어가는 깨달음이고 해탈입니다.

32명의 보살이 제각각 취함 있음과 취함 없음, 더러움과 깨끗함,산만하게 움직임과 고요하게 사유함, 하나의 모습과 아무 모습 없음, 선(善)함과 선하지 않음, 죄 있음과 죄 없음, 허망함과 진실함,바른 길과 삿된 길, 열반과 생사윤회, 밝음과 어둠 등 여러 가지 상대되는 말을 분별하면 둘이 되고, 분별에서 벗어나면 그렇게 분별할 것이 없다고 불이법문을 말하고 있습니다.

마지막으로 문수보살은 불이법문에 대하여 보살들에게 이렇게말했습니다.

"그대들이 말한 것이 비록 모두 훌륭하긴 하지만, 나의 뜻에 따르면 그대들의 이러한 말들은 아직 둘이 된다고 하겠다. 만약 모든보살이 모든 법에 대하여 말도 없고 설명도 없고 드러냄도 없고 보여 줌도 없어서 모든 헛된 논의를 벗어나고 분별을 끊었다면, 이것이 곧 불이법문에 깨달아 들어가는 것이다."[137]

　문수보살의 말은 이렇습니다. 둘로 분별하는 것에서 벗어나면 불이법문이 된다고 하는 보살들의 말도 분별하여 말하는 것이므로 아직 제대로 된 불이법문은 아니고, 분별에서 벗어나야 한다는 분별도 끊어져서 불이법이라는 말도 하지 않을 때 참된 불이법문이라고 합니다. 분별에서 벗어났다면 분별에서 벗어났다는 분별도 없으니, 분별에서 벗어났다는 말도 없는 것이 당연합니다.

　그렇지만 문수 자신도 아직은 분별에서 벗어나면 분별도 없고 말도 없어야 한다고 말하고 있으니, 문수도 역시 제대로 된 불이법문을 실현하지는 못하고 있습니다. 그리하여 문수보살은 도리어 유마힐에게 불이법문을 물어봅니다. 이에 유마힐은 말없이 가만히 있었는데, 문수는 이런 유마힐의 침묵을 크게 칭찬하며 이렇게 말합니다.

　"훌륭합니다! 훌륭합니다! 이와 같이 보살은 불이법문에 참되이 깨달아 들어가니, 그 속에서는 어떤 문자나 말씀에 의한 분별이 전혀 없습니다."[138]

　분별에서 벗어나 말할 것이 없어서 말도 없이 침묵함으로써 참

137　汝等所言, 雖皆是善, 如我意者, 汝等此說, 猶名爲二. 若諸菩薩, 於一切法, 無言無說, 無表無示, 離諸戲論, 絶於分別, 是爲悟入, 不二法門."

138　善哉! 善哉! 如是菩薩, 是眞悟入不二法門, 於中都無一切文字言說分別.

된 불이법문으로 깨달아 들어갔다고 칭찬하고 있습니다. 그러나 여기에는 오해의 여지가 있습니다. 이와 같다면 모든 깨달은 사람은 분별이 사라져서 더이상 말을 하지 말아야 할 것입니다. 그러나 대장경에서 보듯이 깨달음을 얻은 부처님과 보살님들은 많은 말을 하고 있습니다. 그러므로 분별에서 벗어나 불이법문에 깨달아 들어가는 것과 말을 하지 않는 것이 일치하지는 않습니다.

사실은 분별에서 벗어나 말할 것이 없는 것과 분별하지 않고 말하지 않는 것은 별개의 일입니다. 이법(二法)인 분별에서 벗어나 불이법(不二法)에 들어가는 것은 곧 불이중도(不二中道)에 들어가는 것입니다. 불이법은 단순히 분별하지 않는 것이 아니라, 분별함과 분별하지 않음의 둘에서 벗어나는 것입니다. 분별함과 분별하지 않음의 둘에서 벗어나는 것이 불이법문에 들어가는 것이고, 말함과 말하지 않음의 둘에서 벗어나는 것이 불이법문에 들어가는 것입니다.

분별함과 분별하지 않음의 둘에서 벗어나 불이법문에 들어가면, 분별함에 머물지도 않고 분별하지 않음에 머물지도 않습니다. 분별함과 분별하지 않음이 둘이 아니어서, 분별해도 분별이 없고 분별이 없으면서도 분별하는 것이 곧 분별함과 분별하지 않음이 둘이 아닌 불이법문입니다. 말함과 침묵함도 마찬가지입니다. 말함과 침묵함이 둘이 아니어서, 말해도 침묵함이고 침묵해도 말함입니다. 다시 말해, 말해도 말하지 않고 침묵해도 침묵하지 않는 것이 곧 불이법문입니다.

이처럼 분별함과 분별하지 않음이 둘이 아니고, 말함과 침묵함이 둘이 아닌 불이법문은 곧 분별함과 분별하지 않음이 중도(中道)이고 말함과 침묵함이 중도인 것입니다. 그렇기 때문에 이미 이법에서 벗어나 불이법문에 깨달아 들어간 사람은, 얼마든지 분별해도 분별에서 벗어나 있고 얼마든지 말해도 말에서 벗어나 있습니다. 그러므로 석가모니 부처님은 일평생 하루도 빠짐없이 말씀하시고서도, 마지막에 일평생 한마디도 말하지 않았다고 말씀하신 것입니다.

결국 유마힐의 침묵이나 그 침묵을 참된 불이법문이라고 칭찬한 문수보살의 말도 방편의 말인 것입니다. 방편의 말은 언제나 일부만 말하기 때문에 그 말을 그대로 진실이라고 믿으면 안 됩니다. 비유하면 가을에 소를 밭 사이 길로 몰고가는 것과 같아서, 오른쪽 곡식에 입을 대면 왼쪽으로 고삐를 당기고 왼쪽 곡식에 입을 대면 오른쪽으로 고삐를 당기는 것과 같은 것이 곧 방편입니다. 오른쪽으로 고삐를 당긴다고 하여 오른쪽 곡식을 먹으라는 뜻으로 알면 안 되고, 왼쪽으로 고삐를 당긴다고 하여 왼쪽 곡식을 먹으라는 뜻으로 이해하면 안 되는 것입니다.

똑! 똑! 똑! 여기에는 한마디 말도 없습니다.

10. 신통력이란 무엇인가?

똑! 똑! 똑! 여기에 있어야 말에 속지 않습니다.

458

불교 경전에서는 신통(神通) 혹은 신통력(神通力)이라는 말을 많이 씁니다. 불교사전에서 그 뜻을 찾아보면, '부처나 보살에게 있는 능력으로서 어떤 것에도 막히지 않고 불가사의하게 통하는 자유자재한 힘'이라고 되어 있습니다.

또 신통을 육신통(六神通)이라고 하여 여섯 가지 신통이 있다고 합니다. 육신통을 불교사전에서 찾아보면 이렇게 설명되어 있습니다.

① 천안통(天眼通) : 지상세계와 하늘세계와 땅 밑 지옥의 모든 모습을 막힘없이 보는 능력.
② 천이통(天耳通) : 지상세계와 하늘세계와 땅 밑 지옥의 모든 소리를 막힘없이 듣는 능력.
③ 숙명통(宿命通) : 오래된 과거 전생(前生)의 운명을 아는 능력.
④ 타심통(他心通) : 타인의 마음을 아는 능력.
⑤ 신족통(神足通) : 어디든 자유롭게 갈 수 있는 능력.
⑥ 누진통(漏盡通) : 분별되는 경계를 따라 마음이 흘러 나가는 미혹(迷惑)이 사라져서 온갖 분별경계에서 막힘없이 자유자재한 능력.

이런 내용을 보면 보통 사람들은 깨달음을 얻은 부처나 보살에게는 신화 속에 나오는 신들이 가진 능력처럼 초자연적이고 전지전능한 능력이 있는 것처럼 생각할 수 있고, 실제로 그렇게 이해하는 경우가 대부분입니다. 신통력이 과연 그런 능력일까요? 신통력

이 어떤 것인가를 잘 밝혀 놓은 경전은 《유마경》입니다. 《유마경》
을 통하여 신통력이 어떤 것인지를 살펴봅니다.

《유마경》 성문품에 보면 세존이 아나율에게 "그대가 유마힐을
찾아가 문병하여라."라고 말씀하셨을 때 아나율은 유마를 문병할
수 없다고 말하면서 그 까닭을 이렇게 말합니다.

세존이시여, 저는 그를 찾아가 문병할 수 없습니다. 까닭이 무엇
인가 하니, 기억하건대 옛날 한때 저는 큰 숲 속의 한곳에서 거닐고
있었습니다. 그때 엄정이라는 이름의 범왕이 만 명의 범천들과 함
께 큰 광명을 내면서 제가 있는 곳으로 찾아와, 머리 숙여 절하고서
저에게 물었습니다.

"존자께서 얻은 천안(天眼)으로 얼마나 볼 수 있습니까?"

그때 제가 답했습니다.

"대선인께서는 마땅히 아십시오. 저는 석가모니 부처님의 이 삼
천대천세계를 마치 손바닥 안에 있는 아마락 열매를 보듯이 볼 수
있습니다."

그때 유마힐이 그곳으로 와서 저의 발에 이마를 대고 절을 하고
서 이렇게 말했습니다.

"존자 아나율이여, 얻으신 천안은 모습을 분별하는[139] 것입니까?
모습을 분별함이 없는 것입니까? 만약 모습을 분별한다면, 외도의

---

139 행상(行相) : 마음의 작용. 마음이 작용하여 모습을 분별하는 것. 분별심이 대
상을 아는 것.

오신통[140]과 같습니다. 만약 모습을 분별함이 없다면, 곧 무위(無爲)이니 당연히 보이는 것[141]이 있지 않을 것입니다. 그러니 어떻게 존자께서 얻은 천안으로 보이는 것이 있겠습니까?"

그때 저는 세존이시여, 할 말이 없어서 대답할 수 없었습니다. 그러나 그곳에 있던 모든 범천은 그의 말을 듣고서 이전에 못 들었던 법문이라고 놀라면서 곧 그에게 절을 올리고 물었습니다.

"세간에서 누가 참된 천안을 얻었습니까?"

유마힐이 말했습니다.

"부처님이신 세존께서 참된 천안을 얻으셨으니, 적정(寂定)[142]을 버리지 않고 모든 불국토를 보시며, 둘로 분별된 모습[143]이나 여러 가지로 분별된 모습을 만들지 않으십니다."[144]

---

140 오신통(五神通) : 번뇌망상이 사라진 누진통(漏盡通)을 제외한 나머지 다섯 가지 신통.

141 유견(有見) : 눈에 보이는 것. 색(色)을 유견(有見)이라 함. 무견(無見)의 반대.

142 적정(寂定) : 고요한 선정삼매(禪定三昧). 생각이 사라져서 고요하고 생각에 따른 흔들림이 없이 안정됨. 열반(涅槃), 해탈(解脫), 깨달음과 같음. 고요하고 흔들림 없음은 시끄러운 분별망상에서 벗어났음을 가리키는 말.

143 상(相) : 상(相)은 분별되는 모습인데, 눈에 보이는 모습과 마음에서 분별하는 모습이라는 두 가지 뜻이 있지만, 모두 분별을 나타내고 있다. ① lakṣaṇa. 눈에 보이는 사물의 모습. 《반야심경》에서 "是諸法空相"의 상(相). 《금강경》에서 "凡所有相皆是虛妄, 若見諸相非相則見如來."의 상(相). ② saṃjñā. 개념. 상(想)과 같음. 마음이 분별한 사물의 모습. 작상(作相)은 '생각하다'는 뜻. 《반야심경》에서 "無色無受想行識"의 상(想). 《금강경》에서 "離一切相", "無復我相人相衆生相壽者相, 無法相亦無非法相."의 상(相).

144 時無垢稱來到彼所, 稽首我足而作是言: '尊者無減, 所得天眼, 爲有行相, 爲無行相? 若有行相, 即與外道五神通等. 若無行相, 即是無爲不應有見. 云何尊者所得天眼能有見耶?'時我世尊, 默無能對. 然彼諸梵聞其所說得未曾有, 即爲作禮而問彼言: '世孰有得眞天眼者?' 無垢稱言: '有佛世尊得眞天眼, 不捨寂定見諸佛國, 不作二相及種

461

아나율은 자신이 얻은 천안통으로 삼천대천세계 즉 우주를 손바닥 안에 있는 듯이 자세히 볼 수 있다고 합니다. 여기에 대하여 유마힐은 그렇게 우주를 보는 것이 모습을 분별하는 것인가 하고 묻습니다. 만약 천안통으로 우주를 보는 것이 모습을 분별하는 것이라면, 그것은 부처나 보살의 천안통이 아니라 외도의 천안통이라고 합니다. 만약 천안통이 모습을 분별하는 것이 아니라면, 그것은 부처나 보살이 얻은 무위여서 보이는 것이 있을 수 없다고 합니다.

무위(無爲)란 산스크리트 asaṃskṛta를 번역한 말인데, '하는 일이 없다.'는 뜻입니다. 하는 일이 없다는 말은 곧 깨달음, 해탈, 열반과 같은 뜻의 말인데, 상대되는 말은 유위(有爲)입니다. 《금강경》에서는 모든 유위는 물거품이나 아지랑이처럼 허망하다고 하였습니다. 위(爲)는 '행한다.'는 뜻으로서 분별하여 취하거나 버리는 행위를 가리킵니다. 중생의 마음은 언제나 분별하여 좋아하거나 싫어하거나 취하거나 버리거나 하므로 곧 유위입니다. 이와 달리 분별에서 벗어난 부처와 보살의 마음에는 그런 행위가 없으므로 무위라고 합니다.

모습을 분별하는 것이 아니라면 곧 분별에서 벗어나 해탈한 사람이므로 주관과 객관이 사라져서 하는 일이 없는 무위이니 '내가 무엇을 본다.'라는 분별은 없습니다. 그러므로 해탈한 사람에게는 천안통으로 온 우주를 자세히 보고 분별한다는 일이 없습니다. 다시 말해, 천안통으로 무엇을 본다는 것은 곧 분별하는 것이므로 중생의 분별하는 마음이지 해탈한 부처나 보살의 마음은 아닙니다. 만약 천안통으로 모습을 보고 분별한다면 그것은 외도의 신통이지 부처나 보살의 신통은 아니라는 것입니다.

　여기서 유마힐은 외도의 오신통이라고 하였는데, 눈으로 모습을 보고 분별하는 천안통, 귀로 소리를 듣고 분별하는 천이통, 과거의 삶을 분별하는 숙명통, 타인의 마음을 분별하는 타심통, 이곳저곳을 분별하여 어디든 갈 수 있는 신족통, 이 다섯 가지 신통은 모두 분별을 벗어나지 않고 분별 속에서 통하는 것이므로 외도의 신통이라고 한 것입니다. 오신통에 비하여 육신통인 누진통은 분별망상이 사라져서 분별에 막히지 않는 부처와 보살의 신통을 가리킵니다.

　오신통의 경우에도 외도의 오신통이 아닌 부처와 보살의 오신통은 분별에서 벗어나 분별에 막힘이 없는 것임을 유마힐은 말하고 있습니다. 아나율이 유마힐의 말을 듣고서 말문이 막히자, 범천들이 유마힐에게 그러면 누가 참된 천안통을 얻었느냐고 물었을 때 유마힐은 이렇게 말합니다.

　"부처님이신 세존께서 참된 천안을 얻으셨으니, 적정(寂定)을 버리지 않고 모든 불국토를 보시며, 둘로 분별된 모습이나 여러 가지로 분별된 모습을 만들지 않으십니다."

　부처의 참된 천안통은 분별에서 벗어나 고요하고 안정된 적정에서 떠나지 않고 모든 불국토를 보는 것이니, 불국토를 보면서도 분별된 모습을 만들지는 않는다고 합니다. 이처럼 부처의 참 천안통의 두 가지 특징을 말하면, 적정을 버리지 않고 불국토를 본다는 것과 분별된 모습을 만들지 않는다는 것입니다. 적정이란 곧 분별에서 벗어난 열반을 가리키는 말인데, 분별인 생각이 사라져서 고요하고 생각에 흔들리는 일이 없어서 무한히 안정되어 있으므로 적정(寂定)이라 합니다. 모든 분별망상에서 벗어나 텅 비고 고요한 열반에 머물러 온갖 차별세계를 보는 것이 부처의 참된 천안통이니, 온갖 차별세계를 보더라도 분별된 모습은 만들지 않고 언제나 텅 비고 깨끗한 열반입니다.

실제로 분별에서 벗어나는 해탈을 체험하면, 세상의 모든 일을 이전처럼 경험하는데도 이전과는 달리 주관인 '나'도 없고 객관인 '세상'도 없어서 아무것도 없이 텅 비고 흔들림 없이 고요합니다. 모든 것이 다 있으면서도 또한 아무것도 없는 것이 해탈하여 열반에 들어간 사람이 사는 삶입니다. 분별심에서 해탈하여 열반을 얻은 사람의 삶은 이처럼 온갖 차별세계 속에서 살면서도 언제나 아무것도 가로막는 것이 없는 신통한 삶입니다.

온갖 일이 다 있는데도 아무것도 없는 이러한 삶은 오로지 분별이 사라져 열반을 얻은 사람 스스로가 내면의 마음에서 겪는 삶이므로 남이 알 수 있는 모습으로 밖으로 드러나지는 않습니다. 깨달음도 해탈도 열반도 신통도 모두 마음에서 일어나는 일이므로 물질세계의 모습으로 나타나지는 않습니다. 그러므로 신통은 깨달은 사람만이 경험하여 아는 일이지, 깨닫지 못한 사람은 전혀 알지 못합니다. 깨달은 사람끼리는 서로 경험을 공유할 수 있으나, 깨달은 적이 없는 중생들은 결코 알 수 없습니다.

부처의 신통이란 이처럼 분별을 벗어나 모든 모습이 사라진 고요한 열반 속에서 모든 것을 보고 듣고 느끼고 생각하는 것입니다. 비록 보고 듣고 느끼고 생각하지만, 보고 듣고 느끼고 생각함이 없이 언제나 고요하게 안정된 열반입니다. 이것이 바로 부처의 참된 육신통이고, 참된 깨달음입니다.《유마경》에는 이렇게 말합니다.

"신통이 묘한 깨달음이니, 육신통을 갖추었기 때문입니다. 해탈이 묘한 깨달음이니, 분별을 벗어나 움직이기 때문입니다."[145]

묘한 깨달음은 분별을 벗어나 움직이는 것이고, 그것은 육신통이기도 합니다. 또《유마경》불사의품(不思議品)에서는 유마힐이 부리는 신통을 이렇게 말합니다.

그때 유마힐은 생각을 거두어들여 선정(禪定)에 들어가 이와 같은 자재한 신통(神通)을 일으키니, 즉시 동방 산당세계의 산등왕 부처가 32억의 커다란 사자좌를 보내왔는데, 높고 드넓고 아름답고 깨끗하여 매우 좋아할 만한 것이었다. 공중을 날아서 유마힐의 방 안으로 들어오니, 이곳의 모든 보살과 성문과 제석천과 범천과 호세사천왕이 이전에는 보지 못했던 일이고 듣지 못했던 것이었다. 그 방은 돌연 드넓고 아름답고 깨끗하게 변하여 32억의 사자좌를 걸림 없이 포용할 수 있게 되었지만, 광엄성과 남섬부주를 비롯한 사대주의 모든 세계 속에 있는 성읍과 취락과 국토와 왕도와 천룡과 야차와 아수라가 거주하는 궁전들에 이르기까지 좁혀지거나 오그라들지 않고 모두 본래와 같이 드러나 이전과 다름이 없었다.

145　神通是妙菩提, 具六神通故. 解脫是妙菩提, 離分別動故.《유마경》보살품)

유마힐이 신통을 일으킬 때는 생각 즉 분별을 거두어들이고 생각이 사라진 고요한 선정에서 신통을 일으킨다고 하는데, 앞서 적정을 버리지 않고 모든 불국토를 본다고 하는 말과 같습니다. 분별에서 벗어났기 때문에 세상의 모습은 그대로 있지만, 유마힐의 마음은 선정 속에서 그 모습에서 벗어나 크고 작음에 막히지 않고 자유자재하게 통하여 가로세로 3미터 정도에 불과한 유마힐의 좁은 방에 커다란 사자좌를 무려 32억 개나 가져다 놓을 수 있는 것입니다.

하나의 사자좌도 놓을 수 없는 좁은 방에 32억 개의 사자좌를 놓았으나 방이 크게 늘어난 것도 아니고 사자좌가 작게 줄어든 것도 아니고 주변의 모든 모습이 이전과 다름이 없다는 것은, 객관적 차별세계는 변함없이 그대로지만 유마힐의 마음이 분별에서 벗어난 선정 속에 있기 때문에 유마힐의 마음에는 '크다'와 '작다'라는 등의 온갖 분별이 없음을 나타내는 말입니다. 이처럼 신통력이 행해져도 누구나 보고 듣고 경험하는 아는 객관적 차별세계가 달라지는 것은 아니고, 신통력은 분별에서 벗어난 부처와 보살의 마음에서 행해지는 내면적인 것입니다.

어떤 사람은 이런 신통을 나타내는 이야기를 읽고서 컴퓨터 그래픽으로 만들어 내는 환상 같은 영화의 장면을 생각할 수도 있을 것입니다. 이런 영화 속에서는 큰 것을 갑자기 작게 줄이고 작은 것을 한순간 크게 늘여서 큰 것과 작은 것을 자유자재하게 변화시키거나 과거와 현재와 미래를 자유롭게 오가는 장면을 볼 수 있습니다. 그러나 이런 환상 같은 컴퓨터 그래픽의 장면에서도 큰 것을 작은 것 속에 넣으려면 큰 것은 작게 줄이고 작은 것은 크게 늘이는 변화 속에서만 가능하고, 과거와 현재와 미래를 여전히 분별하고 있습니다. 그러므로 이런 컴퓨터 그래픽도 여전히 분별 속에서 이루어지는 것이지 분별에서 벗어난 신통이 행해지는 것은 아닙니다.

그러나 유마힐이 행하는 신통은 큰 것을 작은 것 속에 넣는데, 큰 것을 줄이지도 않고 작은 것을 늘이지도 않는다고 합니다. 이런 경우는 '크다'와 '작다'라는 분별에서 벗어난 경우에만 가능합니다. 선사(禪師)들은 흔히 "조그만 풀 한 포기로 육 척 높이의 커다란 금불상을 만들고, 육 척 높이의 커다란 금불상을 조그만 풀 한 포기로 만드는 것이 손바닥 뒤집기보다 쉽다."라는 말을 합니다. 이 말도 신통을 나타내는 말인데, '작다' '크다' '풀' '금불상' 등의 온갖 이름과 모습이라는 분별에서 벗어났음을 나타내는 말일 뿐입니다. 선사들이 외부 세계에 컴퓨터 그래픽 같은 조화를 부린다는 말은 전혀 아닙니다.

그러므로 신통의 본질은 분별에서 벗어나 분별에 막히지 않는 해탈, 열반, 깨달음입니다. 이처럼 분별에서 벗어나 분별에 막히지 않고 보고 듣고 느끼고 아는 깨달은 부처와 보살의 삶이 바로 참된 신통입니다. 분별에서 벗어난 마음은 보지만 보는 일이 없고, 듣지만 듣는 일이 없고, 느끼지만 느끼는 일이 없고, 알지만 아는 일이 없습니다. 《반야심경》에서 말하는 "육체, 느낌, 생각, 행위, 의식의 오온이 전부 공(空)이다."라는 사실이 실현되는 지혜로운 삶인 것이죠. 그러므로 신통이란 깨달아 분별망상에서 해탈한 부처와 보살의 평소의 삶을 나타내는 것이지, 무슨 특별하고 기이한 사건을 말하는 것이 아닙니다.

부처와 보살이 법을 말한다는 것은 모두 깨달음에 의하여 실현되는 이런 신통을 보여 주는 것이니, 모든 경전은 이런 신통력을 보여 주는 말씀입니다. 《유마경》 불사의품에서 말하는 신통 가운데 몇 개를 봅니다.

"모든 부처와 보살에게는 불가사의라 일컫는 해탈이 있습니다. 만약 이러한 불가사의 해탈에 머무는 보살이라면, 수미산이 높고 넓지만 신통력으로써 겨자씨 속에다 집어넣고 겨자씨의 크기가 늘어나지 않도록 하고 수미산의 크기가 줄어들지 않도록 할 수 있습니다."

"만약 이러한 불가사의 해탈에 머무는 보살이라면, 사해의 바닷물이 깊고 넓지만 신통력으로써 한 개 털구멍 속에 넣고서, 털구멍의 크기는 늘어나지 않고 사해의 바닷물의 크기는 줄어들지 않게 할 수 있습니다."

"만약 이러한 불가사의 해탈에 머무는 보살이라면, 신통력으로써 부처의 공덕으로 꾸며진 모든 깨끗한 세계를 모아 하나의 불국토에 놓고서 모든 중생에게 보여 줄 수 있습니다.

또 신통력으로써 한 개 털구멍에서 모든 뛰어나고 묘한 향, 꽃, 음식을 나타내어 온 우주의 모든 세계를 두루 거쳐서 모든 부처, 보살, 성문을 공양합니다.

또 신통력으로써 한 개 털구멍에서 온 우주의 모든 세계에 있는 해 · 달 · 별의 색과 모습을 두루 나타냅니다.

또 신통력으로써 온 우주의 모든 세계와 대풍륜[146] 등에 이르러 입 속에 삼키지만 몸에 손상이 없고, 모든 세계의 초목과 숲이 비록 이 바람을 만나더라도 전혀 움직임이 없습니다.

또 신통력으로써 온 우주에 있는 불국토가 겁화(劫火)[147]에 불탈 때 모든 불을 뱃속에 삼키는데, 이 불꽃이 비록 활활 타면서 멈추지 않더라도 그 몸은 전혀 해를 입지 않습니다.

비록 이와 같은 신통한 작용을 나타내지만, 인연이 없는 자는 보지도 못하고 알지도 못하며, 온갖 중생들에게도 전혀 해로움이 없습니다.

오직 신통력을 보고서 조복된 모든 사람만이 곧장 이 일을 알도록 할 뿐입니다.

불가사의한 해탈에 이와 같이 편안히 머무는 보살이 뛰어난 방편과 지혜의 힘으로 들어가는 불가사의한 해탈의 경계는 모든 성문과 독각이 헤아릴 수 있는 것이 아닙니다."

신통력은 분별에서 벗어난 부처와 보살의 마음이 어떤 분별에도

---

146 대풍륜(大風輪) : 풍륜(風輪)·수륜(水輪)·금륜(金輪) 3륜의 하나. 불교의 세계관에서 이 세계를 붙들어 받치고 있는 3륜의 맨 밑에 있는 윤(輪). 넓이는 무수(無數). 두텁기는 16억 유순(由旬), 이 풍륜의 밑은 허공인데, 허공을 공륜(空輪)이라 하면 모두 합하여 4륜임.

147 겁화(劫火) : 우주의 파괴 시기(壞劫)의 종말에 일어나는 화재를 말함. 이 때문에 초선천(初禪天)이하 모든 것이 태워진다고 함. 세계 종말의 시기의 큰 화재, 지구 최후의 불, 세계를 다 태우는 대화재를 말한다.

걸리지 않고 자유자재하게 통하는 것이므로, 분별에서 벗어나지 못한 중생이나 소승의 성자들은 부처와 보살의 신통력이 이루어지는 것을 알 수도 없고 영향을 받지도 않습니다. 신통력이란 이처럼 분별에서 벗어나 깨달은 사람의 마음이 어떤 분별에도 막힘없이 신령스레 통하는 자유자재함이지, 중생이 분별하여 알 수 있는 모습으로 나타나는 것이 아닙니다. 부처와 보살은 언제나 어디서나 불가사의한 신통력으로써 분별에 막힘없는 삶을 살고 있지만, 분별에 사로잡혀 있는 중생과 소승의 성자들은 이런 신통력을 전혀 알지 못합니다.

선사(禪師)들의 어록에서도 이러한 신통력을 말합니다.

"지금 다만 있거나 없는 온갖 것에 가로막히지 않고, 또 가로막히지 않는다는 생각에도 머물지 않고, 또 생각에 머물지 않는다는 생각조차 없다면, 이를 일러 신통(神通)이라고 한다."[148]

"부처의 육신통은 그렇지가 않아서, 색깔 세계에 들어가서는 색깔에 속지 않고, 소리 세계에 들어가서는 소리에 속지 않고, 냄새 세계에 들어가서는 냄새에 속지 않고, 맛의 세계에 들어가서는 맛에 속지 않고, 감촉의 세계에 들어가서는 감촉에 속지 않고, 법의 세계에 들어가서는 법에 속지 않는다. 그러므로 색깔, 소리, 냄새, 맛, 촉감, 생각의 여섯 가지 경계가 모두 헛된 모습임을 밝게 알고

---

148 《백장록(百丈錄)》.

있으니, 이런 경계에 구속될 수 없다."[149]

선문(禪門)의 공안(公案)에도 이런 내용이 있습니다. 고려시대 진각혜심 선사가 편찬한《선문염송》에 다음과 같은 공안이 나옵니다.

세존에게 오통선인(五通仙人)[150]이 물었다.

"부처님께서는 육신통(六神通)을 지니셨는데, 저는 오신통(五神通)을 갖추었습니다. 여섯 번째 신통은 어떤 것입니까?"

이에 세존께서 "오통선인!" 하고 부르니, 선인이 "예!" 하고 대답하였다. 그러자 세존께서 말씀하셨다.

"이 하나의 신통을 그대가 나에게 물었느냐?"[151]

부처님의 신통은 이름을 부르고 대답하는 일상생활의 평범한 순간에도 늘 실현되고 있습니다. 이름을 부르지만 부른 적이 없고 대답을 들었지만 들은 적이 없어서 어디에도 사로잡히지 않는 것이 곧 부처님의 참된 신통입니다. 분별에서 벗어나 분별에 막히지 않는 해탈열반을 얻지 못한 외도의 수행자나 중생들은 이름을 부르면 부르는 줄만 알고 대답을 하면 대답하는 줄만 아니, 부처님의 신통력을 전혀 알 수 없습니다.

육조 혜능의 제자인 남양혜충 국사가 인도에서 온 대이삼장(大

---

149   《임제록(臨濟錄)》.

150   오통선인(五通仙人) : 천안통(天眼通), 천이통(天耳通), 숙명통(宿命通), 타심통(他心通), 신족통(神足通) 등 외도(外道)의 다섯 신통을 갖춘 브라만의 수행자.

151   《연등회요》 제1권.

耳三藏)이라는 스님이 타심통(他心通)을 얻었다고 하자 이를 시험하여 꾸짖은 일화가 다음과 같이 전하고 있습니다. 혜충 국사는 처음 두 번은 생각을 하여 대이삼장이 자기 생각을 읽어 내는 것을 보고서, 세 번째에는 아무 생각을 하지 않음으로써 생각을 읽어 내지 못하는 대이삼장을 크게 꾸짖었습니다. 생각을 읽어 내는 것은 분별하는 것이므로 신통이라고 하더라도 부처의 신통은 아니고 외도의 신통이므로 꾸짖은 것입니다.

대이삼장이라는 분이 타심통을 얻었다고 하자 숙종(肅宗) 황제가 혜충 국사에게 그를 시험해 보라고 하였다. 삼장은 국사를 보자마자 곧 절을 올리고서 오른쪽에 서 있었다. 국사가 물었다.

"그대는 타심통을 얻었는가?"

삼장이 말했다.

"그렇습니다."

국사가 물었다.

"그대는 말해 보라. 내가 지금 어디에 있는가?"

삼장이 말했다.

"스님은 한 나라의 국사이면서, 어찌하여 서천(西川)으로 가서 용선(龍船) 경기를 구경하고 계십니까?"

국사가 잠시 말없이 있다가 다시 물었다.

"그대는 말해 보라. 내가 지금은 어디에 있는가?"

삼장이 말했다.

"스님은 한 나라의 국사이면서, 어찌하여 천진교(天津橋) 위로 가서 원숭이의 재롱을 구경하고 계십니까?"

국사가 잠시 말없이 있다가 다시 물었다.

"그대는 말해 보라. 내가 지금은 어디에 있는가?"

삼장이 어쩔 줄 모르고 머뭇거리고 있자, 국사가 꾸짖었다.

"이 여우귀신아, 타심통은 어디에 있느냐?"

삼장은 말이 없었다.[152]

똑! 똑! 똑! 여기에는 한마디 말도 없습니다.

11. 출세간과 세간은 어떤 관계인가?

똑! 똑! 똑! 여기에 있어야 말에 속지 않습니다.

아직 깨닫지 못한 중생이 사는 분별세계를 세간(世間)이라 하고, 분별을 벗어난 부처의 세계를 세간에서 벗어났다는 뜻에서 출세간(出世間)이라고 합니다. 세간의 사실을 속제(俗諦)라 하고, 출세간의 진실을 진제(眞諦)라고 하기도 합니다. 세간을 이쪽 언덕이라 하여 차안(此岸)이라 하고, 출세간을 저쪽 언덕이라 하여 피안(彼岸)이라 하기도 합니다.

마음공부는 번뇌에 시달리는 세간의 마음에서 벗어나 번뇌가 없는 출세간의 마음으로 나아가는 것을 목적으로 하는 공부입니다.

---

152 《연등회요》 제3권.

세간과 출세간은 외부의 물질세계를 가리키는 것이 아니고, 내면의 마음세계를 가리키는 것입니다. 그러면 세간과 출세간의 특징은 무엇일까요?

우선 세간을 살펴보겠습니다. 우리 모든 사람이 공통적으로 알고 있는 세계가 바로 세간입니다. 이 세간에는 물질도 있고, 느낌 · 생각 · 욕망 · 의식이라는 정신세계도 있습니다. 즉, 세간이란 분별되는 것들이 있는 세계입니다. 이런 분별은 '누가?' '무엇을?' '언제?' '어디서?' '어떻게?' '왜?'라는 방식으로 이루어집니다. 다시 말해, 주관과 객관이 있고, 시간과 장소가 있고, 방식과 이유가 있습니다. 달리 말하면, '나'라는 주관이 여러 가지 객관을 분별하는 것이지요. 이런 식으로 분별되는 세계가 바로 세간이고, 우리 모두가 알고 있는 세계입니다. 이 세간이 바로 중생의 세계입니다.

반면에 출세간은 이런 모든 분별에서 벗어난 세계입니다. 그러므로 누구도 없고, 무엇도 없고, 시간도 없고, 장소도 없고, 방식도 없고, 이유도 없습니다. '나'와 '세계'가 없는 것입니다. 분별에서 벗어났기 때문에 생각도 없고, 느낌도 없고, 아는 것도 없고, '나'라는 주관도 없고, '세계'라는 객관도 없습니다. 이처럼 출세간에서는 분별이 없고 생각이 없으므로 말도 없습니다. 물론 지금처럼 생각으로 분별하여 출세간을 말할 수 있습니다만, 이것은 세간에서 출세간을 생각하여 말하는 것입니다.

깨달음은 세간 속에서만 살아가던 우리가 세간을 벗어나 출세간으로 나아가는 것입니다. 그래서 이쪽 언덕에서 벗어나 저쪽 언덕에 이른다는 뜻인 '도피안(到彼岸)'이 깨달음을 나타내는 말입니다.

세간을 벗어난다는 것은 곧 분별세계를 벗어난다는 것입니다. 분별세계를 벗어나면 분별할 수 없기 때문에 분별세계를 벗어나는 것은 알 수가 없는 불가사의(不可思議)한 일입니다. 깨달음은 언제나 불가사의한 경험으로 우리에게 일어납니다.

그런데 분별되는 세간도 마음의 세계이고 분별에서 벗어난 출세간도 마음의 세계입니다. 우리의 마음은 하나뿐입니다. 다시 말해, 하나의 마음에는 분별하여 알 수 있는 세계도 있고, 분별할 수도, 알 수도 없는 세계도 있습니다. 깨달음은 분별할 수도 없고 알 수도 없는 이 마음을 확인하는 체험입니다.

흔히 투명한 수정구슬과 거울을 마음에 비유합니다. 투명한 수정구슬 속에 온갖 모습이 굴절되어 나타나고, 텅 비고 깨끗한 거울에는 온갖 모습이 비쳐 나타납니다. 하나의 구슬이고 하나의 거울이지만, 텅 비고 투명한 면과 온갖 모습이 나타나는 면이라는 양면이 있습니다. 비록 온갖 모습이 나타나지만, 여전히 텅 비어 있고 투명하고 깨끗합니다. 세간과 출세간의 관계는 이런 비유가 더욱 적절하게 보여 줍니다.

투명하고 맑은 수정구슬은 언제나 변함없이 투명하고 맑으며, 이 투명하고 맑은 곳에는 또한 언제나 온갖 모습이 나타나고 사라집니다. 텅 비고 깨끗한 거울은 언제나 변함없이 텅 비고 깨끗하며, 이 텅 비고 깨끗한 곳에는 또한 언제나 온갖 모습이 나타나고 사라집니다. 나타나고 사라지는 온갖 모습은 투명하고 텅 비고 맑은 바탕을 오염시키지 않고, 투명하고 텅 비고 맑은 바탕은 온갖 모습이 나타나고 사라지는 것을 방해하지 않습니다.

이런 관계가 바로 출세간과 세간의 관계입니다. 그러므로 《법화경》에서는 "이 법은 법의 자리에 머물러 있고, 세간의 모습도 늘 세간의 모습으로 머문다."(是法住法位, 世間相常住)라고 한 것입니다. 여기서 법(法)이란 곧 불법(佛法)이니 바로 출세간을 가리킵니다. 출세간인 법과 세간의 모습은 하나의 마음이지만, 이런 양면이 있는 것입니다.

그런데 사람들이 흔히 범하는 오해는 출세간의 불법을 깨달으면 세간도 불법의 모습으로 달라져야 한다고 생각하는 것입니다. 출세간의 진리를 깨달았으니 이제 그 출세간의 진리의 힘을 가지고 세간의 문제를 해결하여 세간을 좀더 좋은 세계로 만들어야 한다고 생각하는 것인데, 이런 생각은 깨달아 세간을 벗어나 출세간을 경험해 보지 못한 사람의 상상이 만든 헛된 생각입니다.

세간과 출세간의 관계는 앞에서 말했듯이, 텅 빈 거울과 그 속에 나타나는 모습의 관계와 같고, 투명한 구슬과 그 속에 나타나는 모습의 관계와 같습니다. 하나의 구슬이고 하나의 거울이어서 텅 비고 맑은 본체와 그곳에 나타나는 온갖 모습이 서로 분리될 수는 없지만, 그렇다고 서로 영향을 주고받는 것도 아닙니다.

중생의 분별하는 마음에서는 좋음과 나쁨이 있으므로 중생은 더 좋은 것을 바라겠지만, 분별심을 벗어나 깨달으면 좋음도 없고 나쁨도 없습니다. 즉, 중생은 깨달음을 통하여 무언가 세간의 이익을 바라겠지만, 실제로 깨달아 분별에서 벗어나면 세간과 출세간이 따로 없고 이익과 손해가 따로 없어서 어떤 좋은 것을 바라는 마음이 없습니다.

깨달음을 얻어 분별에서 벗어난 마음으로 살아가면 세간의 좋음과 나쁨, 옳음과 그름, 이익과 손해에 얽매여 고통을 받는 일이 사라지는 것이지, 세간에 좋은 일이 생기는 것은 아닙니다. 물론 이익과 손해에서 벗어나 초연한 마음으로 살아가므로, 이기심에 사로잡혀 일으키는 문제는 없습니다. 아마도 깨달음이 세간에 이익을 준다면 이렇게 이기심에 사로잡혀 일으키는 문제가 없다는 정도일 것입니다.

그러므로 깨달음을 얻으면 어떤 기적처럼 신비로운 깨달음의 힘이 작용하여 자신과 자신의 주변에 특별한 이익을 준다는 망상은 하지 말아야 합니다. 그런데 이런 망상을 하는 공부인을 많이 볼 수 있는 것이 현실이므로 이런 방편의 말이 필요한 것입니다.

똑! 똑! 똑! 여기에는 한마디 말도 없습니다.

12. 도량은 어디에 있는가?

똑! 똑! 똑! 여기에 있어야 말에 속지 않습니다.

불교의 사찰을 도량이라고 합니다. 도량은 원래 도장(道場)이라는 말을 불교에서 조금 다르게 발음한 것입니다. 도장이란 도(道)가 있는 장소란 뜻입니다. 도란 곧 깨달음입니다. 그러므로 도량이란 깨달음이 있는 장소란 뜻입니다. 즉, 사찰은 깨달은 마음을 나타낸 방편의 시설물입니다.

사찰로 들어가는 문을 불이문(不二門)이라고 합니다. 불이문이란 그 문을 통과하려면 불이가 되어야 한다는 뜻입니다. 불이(不二)란 둘이 아니라는 뜻인데, 둘로 분별하지 않는다는 뜻입니다. 즉, 분별에서 벗어나야 깨달음이 있는 곳인 도량으로 들어갈 수 있다는 것입니다. 그러므로 불이문에는 보통 "이 문으로 들어오는 자는 견해를 가지고 있어선 안 된다."(入此門來者莫存知解)라는 구절이 쓰여 있습니다.

사찰은 분별에서 벗어난 깨달은 마음을 나타내는 방편의 시설이고, 실제로 도량은 깨달은 마음입니다. 참된 도량은 우리의 본래 깨달아 있는 마음입니다. 마음이 도량이고 마음이 부처이고 마음이 출세간이며, 마음이 세속이고 마음이 중생이고 마음이 세간입니다. 마음에 더러운 세간의 중생이 있고, 마음에 깨끗한 출세간의 부처가 있습니다. 마음에 시끄러운 분별망상이 있고, 마음에 고요한 실상이 있습니다.

불교의 팔만대장경에 나오는 모든 부처님과 보살님과 조사 스님의 말씀은 전부 마음에 관한 이야기지 외부의 물질세계에 대한 이야기가 아닙니다. 물질세계를 말하더라도 역시 마음의 입장에서 말하고 있습니다. 삼계유심(三界唯心)이라고 하여 중생세계인 삼계(三界)가 오로지 마음일 뿐이라거나, 만법유식(萬法唯識)이라고 하여 삼라만상 모든 것은 전부 마음에서 분별하여 아는 것이라거나, 일체유심조(一切唯心造)라고 하여 모든 것은 오로지 마음이 만든 것이라고 하는 등의 말들처럼 불교는 오직 마음세계만 말하고 있습니다.

똑! 똑! 똑! 여기에는 한마디 말도 없습니다.

13. 나와 남이 둘이 아니라고?

똑! 똑! 똑! 여기에 있어야 말에 속지 않습니다.

자타불이라는 말도 불교에서 드물지 않게 듣는 말입니다. 자타불이(自他不二)란 '나와 남이 둘이 아니다.'라는 뜻입니다. 나와 남이 둘이 아니라는 말은 나와 남이 하나라거나 나와 남이 다르지 않다는 뜻으로도 이해할 수 있습니다.

나와 남이 어떤 면에서 둘이 아닐까요? 둘이 아니라는 말에서 둘은 무엇을 가리킬까요? 둘은 둘로 나누어진다는 뜻으로서 곧 분별을 가리키는 말입니다. 그래서 불교에서는 분별을 둘이라 해서 이법(二法)이라 하고, 분별에서 벗어남을 둘이 아니라고 해서 불이법(不二法)이라고 합니다. 그러므로 불이(不二)란 '둘로 나누어지지 않는다' '분별되지 않는다' '분별에서 벗어났다'는 뜻입니다.

불이가 분별에서 벗어난 것이므로 불이에서는 어떤 분별도 없습니다. 나와 남이 둘이 아니라는 자타불이에서는 '나'도 없고 '남'도 없고, '같음'도 없고 '다름'도 없고, '하나'도 없고 '둘'도 없습니다. 즉, 자타불이란 '나'와 '남' 사이에 다르지 않고 같은 무엇이 있다는 뜻이 아니라, 분별심에서 벗어난 해탈 즉 깨달음을 가리키는 말입니다.

분별심에서 벗어나면 주관도 없고 객관도 없고, 안도 없고 바깥도 없고, 나도 없고 남도 없고, 아무것도 없습니다. 분별심에서 벗어난 해탈을 아무것도 없이 텅 비었다고 하여 공(空)이라고도 합니다. 또 분별에서 벗어나 공에 통하는 것을 일러 자성을 본다고 하여 견성(見性)이라고도 합니다. 자성은 분별에서 벗어난 공이라고 경전에서는 말하고 있습니다. 또 자타불이를 '나'도 없고 '남'도 없고 아무것도 없다는 뜻에서 아공법공(我空法空)이라고 말하기도 합니다.

그러므로 '나'와 '남'을 분별하고서 다시 '나'와 '남'이 둘이 아닌 까닭을 찾는 것은 매우 어리석은 짓입니다. 사실, 불교에서 말하는 불이(不二), 불이법(不二法), 불이중도(不二中道)라는 말은 모두 분별심에서 벗어난 해탈열반을 가리키는 말이기 때문에, 스스로 분별심에서 벗어나는 경험을 해야만 바르게 알 수 있는 말입니다.

똑! 똑! 똑! 여기에는 한마디 말도 없습니다.

14. 윤회는 있는가, 없는가?

똑! 똑! 똑! 여기에 있어야 말에 속지 않습니다.

불교에서 말하는 윤회는 정말 있을까요? 아니면 없을까요? 이 질문도 많은 사람이 궁금하게 여기는 질문 가운데 하나입니다. 윤회가 정말로 있다고 주장하는 불교인도 많고 윤회의 증거라며 제시하는 사례들도 있습니다.

그러나 윤회가 있느냐 없느냐 하는 질문은 중생이 생각으로 분별하여 하는 질문입니다. 윤회가 있다고 답해도 역시 생각으로 분별하는 것이고, 윤회가 없다고 답해도 역시 생각으로 분별하는 것입니다. 생각으로 분별하는 것은 헛된 생각 즉 망상(妄想)이지, 분별을 벗어나 깨달은 지혜가 아닙니다. 이것이 이 질문에 대한 답입니다.

우리가 불교를 공부하는 목적은 윤회가 있는지 없는지를 알려고 하는 것이 아닙니다. 불교를 공부하는 목적은 중생의 어리석은 망상에서 벗어나 깨달음의 지혜를 얻기 위함입니다. 깨달음의 지혜를 반야바라밀이라고 합니다. 반야(prajñā)는 지혜라는 뜻이고 바라밀(pāramitā)은 저 언덕에 이른다는 뜻입니다. 저 언덕에 이른다는 것은 중생의 고통스러운 세계에서 벗어나 고통이 없는 해탈열반의 세계에 이른다는 뜻입니다.

중생이 고통스러운 이유는 지혜가 없기 때문인데, 지혜가 없는 이유는 분별망상에 사로잡혀 있기 때문입니다. 분별망상이란 분별하여 생각하는 것은 허망하여 진실하지 않다는 말입니다. 즉, 중생이 가진 근본적인 문제는 분별에 사로잡혀서 벗어나지 못하고 있다는 사실입니다. 그러므로 깨달음은 분별에서 벗어난 불이법(不二法)이고 중도(中道)이며, 분별할 것이 없는 공(空)이고 열반(涅槃; 사라짐)입니다.

분별에서 벗어난 지혜가 바로 반야바라밀입니다. 분별에서 벗어나 반야바라밀의 지혜를 갖추어야 세계의 실상, 삶의 실상을 보게됩니다. 세계의 실상은 분별에서 벗어났기 때문에 있다거나 없다고할 수 없습니다.

그러므로 올바른 불자(佛子)라면 윤회가 있는지 없는지를 분별할 것이 아니라, 윤회의 실상이 무엇인가를 깨달아야 합니다. 윤회의 실상이 무엇인가를 깨닫는 것은 곧 윤회라는 분별에서 벗어나는 것입니다. 윤회라는 한마디 말에서 문득 분별을 벗어난다면, 윤회의 실상뿐만 아니라 온 세계의 실상에 밝게 통하게 될 것입니다.

똑! 똑! 똑! 여기에는 한마디 말도 없습니다.

15. 윤회를 벗어나 어디로 가는가?

똑! 똑! 똑! 여기에 있어야 말에 속지 않습니다.

불교를 처음 배우면, 중생은 삶과 죽음을 반복하는 윤회 속을 흘러 다닌다는 말을 듣습니다. 윤회(輪回)라는 말은 '바퀴가 돈다.'는 뜻입니다. 바퀴가 반복하여 돌아가듯이 인간의 삶도 태어나고 죽음이라는 고통스러운 삶을 반복한다고 하는 것입니다. 불교를 공부하여 깨달아 해탈하는 것은 바로 이 윤회에서 벗어나는 것입니다.

인도에서는 고대로부터 사람의 삶은 태어나고 죽는 윤회의 삶을 반복한다고 하는데, 태어나서 살아가는 것은 매우 힘들고 고통스러운 일입니다. 그래서 불교 이전부터 인도의 종교에서는 이런 태어나고 죽는 고통스러운 삶에서 벗어나는 해탈을 목표로 하였습니다. 인도의 모든 종교에서는 지금도 그 목표가 윤회하는 삶에서 벗어나는 해탈입니다.

이렇게 말하면 태어나고 늙고 병들고 죽는 인간의 삶과는 다른 태어남도 없고 늙고 병들어 죽음도 없는 해탈의 세계가 어딘가에 따로 있는 것처럼 생각할 수 있습니다. 실제로 인도 종교에서는 고대로부터 윤회를 벗어나 태어남과 죽음이 없는 영원한 삶을 누리는 곳이 따로 있다고 말해 왔습니다. 그러나 과연 그런 별도의 세계가 있을까요?

불교에서는 그렇게 말하지 않습니다. 부처님이 깨달으신 세계의 실상은 오직 체험할 수 있을 뿐, 말로써 설명할 수는 없습니다. 그러나 방편으로는 많이 말하고 있으므로 방편으로 말해 보겠습니다.

불교에서 말하는 해탈은 '생사즉열반(生死卽涅槃)'이라는 한마디로 표현할 수 있습니다. 태어나고 죽는 윤회가 곧 태어남도 없고 죽음도 없는 열반이라는 뜻입니다. 윤회가 곧 윤회가 아니라는 말이니, 매우 모순적인 말입니다. 사실 삶의 실상을 말하면 모순적으로 말할 수밖에 없습니다. 실상은 우리의 분별에서 벗어나 있기 때문에 모순처럼 들립니다.

말로써 표현하면 모순이지만 분별에서 벗어나면 이렇게 말할 수 있는 것이 실상입니다. 《반야심경》에서 "색(色)이 곧 공(空)이고, 공이 곧 색이다."라는 말도 '있는 것이 곧 없는 것이고, 없는 것이 곧 있는 것이다.'라는 뜻이니 모순적인 말이지만, 바로 분별에서 벗어나 깨달은 사람이 누리는 삶의 실상을 가리키는 말입니다.

《반야심경》에서는 "오온이 모두 공임을 비추어 본다면, 모든 고통스러운 재앙에서 벗어난다."라고 하였습니다. 오온이란 '육체, 느낌, 생각, 행위, 의식'의 다섯 가지이니 우리가 살아가며 경험하는 모든 것입니다. 공이란 '텅 비었다'는 뜻인데, 분별할 것이 아무것도 없다는 뜻입니다. 즉, 공은 분별에서 벗어난 것을 가리키는 말로서 불이(不二)나 중도(中道)와 같은 뜻입니다.

그러므로 "오온이 모두 공이다."라는 말은 '모든 것이 있지만 아무것도 없다.'는 말인데, 이 말은 곧 '모든 것이 분별되지만, 분별되는 것이 아무것도 없다.'는 뜻입니다. 그래서 《반야심경》에서는 "이 공(空) 속에는 색수상행식(色受想行識; 오온)이 없고, 눈·귀·코·혀·몸·마음도 없고, 색깔·소리·냄새·맛·촉감·의식도 없고, 육식(六識)세계도 없고, 어리석음도 없고, 어리석음이 끝남도 없고, 늙어 죽음도 없고, 늙어 죽음이 끝남도 없고, 고집멸도(苦集滅道; 불교의 가르침)도 없고, 지혜도 없고, 얻을 것이 없다."라고 하여 분별되는 것이 전혀 없음을 말하고 있습니다.

모든 것이 분별되지만 분별되는 것이 아무것도 없다는 말은 이해할 수 없는 말이지만, 분별에서 벗어나는 체험을 하면 본래 우리가 사는 세계가 그런 것임을 경험하게 됩니다. '나'가 있는데 '나'가 없고, 세상이 있는데 세상이 없고, 태어나고 늙고 병들고 죽는데, 태어남도 없고 늙음도 없고 병듦도 없고 죽음도 없는 것이 바로 깨달아 해탈한 사람의 삶입니다. 그러므로 윤회에서 벗어나 어디로

484

가는 것이 아니라, 깨달아 분별망상(分別妄想)에서 벗어나면 윤회하는 삶이 곧 윤회에서 벗어난 삶입니다.

똑! 똑! 똑! 여기에는 한마디 말도 없습니다.

16. 업장은 어떻게 소멸하는가?

똑! 똑! 똑! 여기에 있어야 말에 속지 않습니다.

불교에서 하는 흔한 말 가운데 업장소멸이라는 말이 있습니다. 업장소멸(業障消滅)은 '업장이 사라진다' 혹은 '업장을 없앤다'는 뜻인데, 업장이란 '업이 만드는 장애(障碍)' 혹은 '업이라는 장애'라는 뜻입니다. 장애란 '가로막는다'는 뜻인데, 업이 깨달음을 가로막는 장애가 된다는 뜻에서 업장이라고 합니다.

업(業)이란 무엇일까요? 업은 산스크리트 karma를 번역한 말인데, 업에는 대체로 다음과 같은 뜻이 있습니다.

① 행위 = 보통 생각하는 행위, 말하는 행위, 몸으로 움직이는 행위 등 3종류의 행위를 가리켜서 이를 신구의(身口意) 삼업(三業)이라고 함.

② 행위가 남기는 습관적 기운 = "바늘 도둑 소도둑 된다."는 속담은 도둑질의 업이 어떻게 작용하는지 나타내고 있다. 어떤 행위

를 하면 그 행위에 물이 들어 다음부터는 더욱더 그 행위를 쉽게 하게 되는데, 이런 습관화를 업이라 함.

③ 행위가 불러오는 결과에 대한 원인으로서의 행위 = 이 경우 원인인 업을 업인(業因)이라 하고, 결과를 과보(果報) 혹은 업보(業報)라고 함.

요약하면, 우리가 생각하거나 말하거나 행동할 경우에 그런 생각, 말, 행동이 우리 마음에 어떤 흔적을 남겨서 이후의 생각, 말, 행동에 영향을 끼치게 되는데, 이 때문에 우리는 과거의 생각, 말, 행동의 굴레에서 벗어나기 어렵다는 면에서 우리의 생각, 말, 행동을 업(業)이라고 한다는 것입니다. 다시 말해, 우리의 생각, 말, 행동이 우리의 마음을 얽어매어서 우리는 자신이 행한 생각, 말, 행동의 영향을 벗어나지 못한다는 면에서 생각, 말, 행동을 업이라고 합니다.

이런 업이 문제가 되는 것은 우리가 원하는 깨달음을 방해하기 때문입니다. 깨닫지 못한 중생으로서 행하는 생각, 말, 행위에서 벗어나지 못하면, 우리는 중생의 상태에 묶여서 해탈하지 못한다는 것입니다. 나쁜 습관에 물든 사람이 그 나쁜 습관을 반복하면서 그 습관에서 벗어나지 못하듯이, 중생의 습관에 물든 사람은 중생의 습관을 반복하면서 중생의 습관에서 벗어나지 못하기 때문에 깨달음을 얻기 어렵다는 것입니다.

그렇다면 생각, 말, 행동이 왜 우리를 얽어매는 업이 될까요? 그 까닭은 우리가 분별하는 마음에서 벗어나지 못하기 때문입니다. 분별하는 마음에서는 이 세계의 온갖 분별되는 것들이 전부 실제로 있는 것이므로 그 영향에서 벗어날 수가 없습니다. 그런 생각이 있고, 그런 말이 있고, 그런 행동이 있기 때문에, 우리는 그런 생각, 말, 행동에서 벗어날 수 없습니다.

이렇게 비유하여 말할 수 있을 것입니다. 내가 꿈에 백화점에 가서 평소 가지고 싶던 값비싼 물건을 사서 집으로 가지고 왔다고 합시다. 아직 꿈에서 깨어나기 전에는 나는 그 물건을 애지중지하면서 그것에 얽매이게 됩니다. 그러나 문득 꿈에서 깨어나게 되면, 원래 그런 물건을 얻은 적이 없었기 때문에 그 물건에 얽매일 일도 없습니다. 분별하는 마음속에서 사는 중생에게는 분별되는 온갖 것이 늘 있는 것이므로 그런 온갖 것에 얽매여 벗어날 수 없습니다. 분별심에서 벗어난 부처에게는 이 세상의 온갖 것이 마치 꿈속의 일처럼 실제로 있는 것이 아닙니다.

십이지연기설에서 늙어 죽는〔노사(老死)〕 고통의 원인을 태어나서 살기〔생(生)〕 때문이라 하고, 태어나서 사는 원인을 있기〔유(有)〕 때문이라 하는 이유가 여기에 있습니다. 중생에게는 이 세계가 분별되는 온갖 것이 있는 세계입니다만, 부처에게는 이 세계의 분별되는 온갖 것의 자성이 전부 공(空)이어서 이 세계에는 아무것도 없습니다.

십이지연기설에서는 있는〔유(有)〕 원인은 붙잡아 가지기〔취(取)〕 때문이라 하고, 붙잡아 가지는 원인은 좋아하기〔애(愛)〕 때문이라 하고, 좋아하는 원인은 받아들이기〔수(受)〕 때문이라 하고, 받아들이는 원인은 접촉하기〔촉(觸)〕 때문이라 하고, 접촉하는 원인은 육식(六識)에 있다고 합니다.

눈으로 보고 알고, 귀로 듣고 알고, 코로 냄새 맡고 알고, 혀고 맛보고 알고, 몸으로 느끼고 알고, 마음으로 분별하여 아는 육식은 누구에게나 있는 것입니다. 중생은 어리석게 분별심에 매여 있기 때문에 육식에 나타나는 온갖 것에 얽매여서 생로병사가 고통스러운 번뇌가 됩니다. 하지만 분별심에서 벗어난 부처는 분별심에서 벗어났기 때문에, 부처에게는 분별되는 모든 것이 꿈과 같고 환상과 같아서 본래 아무것도 없는 공(空)이 진실입니다. 생로병사 역시 공이어서 고통이 되지 않습니다. 이처럼 깨달음을 가로막는 업장이란 분별에 사로잡혀 있는 마음인 중생의 분별심이고, 분별심에서 벗어나 깨달을 때 업장은 사라지는 것입니다.

실제로 발심하여 선지식을 찾아 그 법문을 들으며 공부하면 분별심이 활동하지 못하여 의문만 있는 의단에 들게 되고, 의문의 덩어리 속에 있다가 문득 분별심에서 벗어나 깨닫게 되면 마음속에 가득 차 있던 것들이 모두 사라지게 됩니다. 이러한 공(空)의 체험이 있으면 저절로 세상의 모든 일이 무의미해져서 비록 나타나 있으나 마치 없는 것처럼 홀가분하게 벗어납니다. 이렇게 분별심에서 벗어나면 과거, 현재, 미래가 없고, '나'와 '남'과 '세상'이 없습니다. 깨닫지 못했을 때는 세상의 모든 것이 업장이지만, 깨닫고 나면 세상의 모든 것이 업장이 아니라 막힘없는 깨달음의 세계입니다.

똑! 똑! 똑! 여기에는 한마디 말도 없습니다.

17. 죄는 어떻게 참회하나요?

똑! 똑! 똑! 여기에 있어야 말에 속지 않습니다.

불교에서는 죄를 지으면 어떻게 참회할까요? 양심을 가진 사람은 어쩌다 죄를 지으면 '나는 죄를 지었다.'라는 죄의식 때문에 마음이 괴롭습니다. 사람은 누구나 죄를 지을 가능성이 있으므로 죄를 한 번 지었다고 하여 일평생 그 죄의식으로 괴로워하며 살 수는 없습니다. 그렇다면 죄를 지은 사람은 어떻게 참회를 하여야 죄의식에서 벗어날까요?

죄를 지은 사람의 올바른 참회에 관해서는 《유마경》 성문품의 우파리의 고백에 다음과 같이 잘 나타나 있습니다.

"과거 한때 두 명의 비구가 받은 계(戒)를 어겼습니다. 그들은 부끄러워하는 마음이 깊이 들어서 감히 부처님을 찾아가지 못하고, 저에게 찾아와 저의 발에 머리를 조아리고는 말했습니다.

'여보세요, 우파리시여. 지금 저희 두 사람은 계율을 많이 어겼습니다. 참으로 부끄러워서 감히 부처님을 찾아뵙지 못하겠습니다. 원컨대 우파리님께서 저희의 근심과 후회를 풀어 주셔서 이 허물에서 벗어나게 해 주십시오.'

저는 곧 그들에게 부처님의 법에 알맞게 설명해 주어, 그들이 근심과 후회를 제거하고 허물을 깨끗이 없애도록 해 주었습니다. 그때 유마힐 거사가 그곳으로 와 저의 발에 머리 숙여 절하고서 말했습니다.

'여보세요, 우파리시여. 이 두 비구의 죄를 더욱 두텁게 만들지 마십시오. 마땅히 곧장 근심과 후회를 제거하여, 계율을 범한 허물이 그들의 마음을 어지럽히지 못하게 해야 합니다. 까닭이 무엇일까요? 그 죄의 자성은 안에 머물지도 않고, 밖으로 나가지도 않고, 둘 사이에 있지도 않기 때문입니다.

모든 법의 자성(自性)은 생겨나고 사라지며 머물지 않으니, 마치 환상과 같고 신기루와 같고 번개와 같고 구름과 같습니다. 모든 법의 자성은 서로 마주 보고 응대하지 않으며, 나아가 한순간에도 머물지 않습니다. 모든 법의 자성은 전부 헛되고 망녕된 견해이니, 마치 꿈같고 불꽃 같고 건달바성[153]과 같습니다. 모든 법의 자성은 전부 분별심(分別心)이 일으킨 영상(影像)이니, 물속의 달과 같고 거울 속의 모습과 같습니다.

이와 같이 아는 것을 일러 계율을 잘 지킨다고 하고, 이와 같이 아는 것을 일러 잘 조복(調伏)한다고 합니다.'

그때 두 비구는 이 말을 듣고서 깜짝 놀라며 함께 말했습니다.

'기이하도다! 거사가 이와 같이 뛰어난 지혜와 말솜씨를 가지고 있으니, 우파리님이 미칠 수 없구나. 부처님께서는 우파리님이 계

---

153 건달바성(健達婆城) : gandharva-nagara. 번역하여 심향성(尋香城). 실체는 없이 공중에 나타나는 성곽. 바다 위나 사막 또는 열대지방에 있는 벌판의 상공(上空)에서 공기의 밀도와 광선의 굴절작용으로 일어나는 신기루(蜃氣樓)해시(海市). 이것을 건달바성이라 하는 것은, 건달바는 항상 천상에 있다는 데서 생긴 것. 또는 서역에서 악사(樂師)를 건달바라 부르고, 그 악사는 환술로써 교묘하게 누각을 나타내어 사람에게 보이므로 이와 같이 부른다.

율을 지키는 일에서 가장 뛰어나다고 하셨지만, 계율을 지키는 이상의 일에 대해서는 우파리님이 말할 수 없구나."

두 명의 비구가 계율을 어기고서 참회를 하여 계율을 어긴 허물에서 벗어나려고 합니다. 둘은 먼저 석가모니 부처님 제자 가운데 계율을 가장 잘 지키고 계율에 관하여 가장 잘 아는 우파리 존자를 찾아가서 참회를 하려고 합니다. 이에 우파리는 계율에 정해진 대로 그 허물을 묻고서 참회를 하는 절차를 진행합니다.

그런데 그때 유마힐 거사가 나타나서 우파리가 행하는 식의 참회로는 두 비구의 죄를 참회할 수 없고 도리어 그들의 마음에서 죄의식을 더욱 두텁게 만들 뿐이라고 비판합니다. 유마힐은 말하기를, 올바른 참회란 두 비구의 마음을 괴롭히는 근심과 후회를 즉시 제거하여 계율을 범한 허물이 마음을 괴롭히지 못하게 해야 한다고 합니다.

두 비구의 마음에 근심과 후회라는 괴로움을 일으키는 것은 계율을 범한 죄가 두 비구의 마음에 자리 잡고 있기 때문인데, 유마힐은 그 죄의 자성(自性)은 어디에도 없다고 합니다. 마음속에도 죄의 자성은 없고 마음 밖에도 죄의 자성은 없고 마음의 안과 밖의 사이에도 죄의 자성은 없다고 합니다.

모든 법의 자성은 분별심이 일으킨 모습이어서, 모든 법의 자성은 환상과 같고 신기루와 같고 번개와 같아서 허망할 뿐임을 깨달으면, 죄의 자성도 역시 환상과 같고 신기루와 같아서 허망할 뿐, 진실하지 않다고 합니다. 환상과 같고 꿈과 같은 허망한 것 때문에 괴로워할 까닭은 없는 것이지요. 이처럼 죄의 자성이 환상처럼 허망함을 깨닫는 것이 올바른 참회라고 유마힐은 말합니다.

참된 참회란 분별심을 벗어나 진여자성을 깨달아 분별심이 만든 분별의 세계가 허망함을 확인하는 것입니다. 분별심에서 벗어나 해탈하여 깨달으면 모든 분별되는 일이 빠짐없이 전부 꿈처럼 허망하고 진실하지 않습니다. 꿈처럼 허망하고 진실하지 않은 일이 괴로움이나 즐거움을 일으킬 수는 없습니다. 결국 참된 참회란 곧 분별심에서 벗어나는 해탈이고 깨달음입니다.

나아가 유마힐은 모든 분별세계의 자성이 허망함을 깨닫는 것이 바로 계율을 잘 지키는 것이라고 합니다. 즉, 참으로 계율을 지키는 일이란 곧 깨달음입니다. 사실 불교에서 배워야 한다고 하는 삼학(三學) 즉 계율, 선정, 지혜라는 세 가지가 사실은 깨달음 하나임을 알 수 있습니다. 참된 계율이 깨달음이고, 참된 선정도 깨달음이고, 참된 지혜는 당연히 깨달음입니다.

선에서도 당연히 죄의 참회에 대해서는 같은 가르침을 베풉니다. 중국 선종의 제2조 혜가와 제3조 승찬의 다음 이야기가 잘 알려져 있습니다.

혜가가 북제(北齊)로 가니 한 거사[154]가 있었는데, 나이가 40세를 넘었다. 그 거사가 혜가를 찾아와 절을 올리고 말했다.

---

154 거사(居士) : kulapati; grhapati. 가라월(迦羅越)·의가하발저(疑咖賀鉢底)라 음역. 가주(家主)라 번역. 재물을 많이 가진 사람, 집에 있는 선비라는 뜻. 불교에서는 보통 출가하지 않고 가정에 있으면서 불문(佛門)에 귀의한 남자. 여자는 여거사(女居士).

"저는 전생에 지은 죄로 말미암아 온몸에 부스럼이 뒤덮였습니다. 스님께서 저의 죄를 참회하게 해 주십시오."

혜가가 말했다.

"죄를 가져오너라. 그대를 참회토록 해 주겠다."

거사는 잠시 묵묵히 있다가 말했다.

"죄의 자성을 찾아도 전혀 찾을 수 없습니다."

혜가가 말했다.

"당신이 죄를 참회토록 하였다. 마땅히 불법승(佛法僧) 삼보에 의지하여 머물러야 한다."

거사가 말했다.

"지금 스님을 뵈오니 승(僧)을 알았습니다. 그런데 어떤 것을 일러 불(佛)과 법(法)이라 합니까?"

혜가가 말했다.

"이 마음이 바로 불(佛)이고, 이 마음이 바로 법(法)이다. 불과 법은 둘이 아니고, 승(僧) 역시 그렇다."

거사가 말했다.

"죄의 자성은 안에도 있지 않고 밖에도 있지 않고 그 사이에도 있지 않음을 오늘 비로소 알았습니다. 이 마음이 그런 것처럼 불법(佛法)에도 둘이 없습니다."

혜가는 그를 그릇이 된다고 깊이 인정하였다.[155]

세상에서 분별되는 모든 것이 그렇듯이, 죄란 분별심이 분별하

---

155 《연등회요》 제2권

여 만든 허상일 뿐이고 진실은 아닙니다. 이렇게 분별로 나타난 세계가 바로 중생의 어리석은 환상세계입니다. 깨달아서 분별에서 벗어나면 모든 분별되는 것들은 전부 허망하여 아무런 진실됨이 없으니, 어떤 일에도 구속되지 않고 어떤 일 때문에도 괴로워할 것이 없습니다. 이런 깨달음이 곧 불교에서 중생을 구제하는 길입니다.

여담이지만, 기독교에서 말하는 원죄와 구원도 같은 내용으로 보입니다. 기독교의 경전인 성서의 창세기를 보면 하느님이 이 세계를 창조할 때 온갖 종류의 동식물을 만들고는 하느님 자신의 모습을 본떠 사람도 만들었는데, 아담과 이브라는 남자와 여자라고 합니다. 하느님은 사람을 에덴동산에 살게 하였는데, 에덴동산에 있는 온갖 과일나무 가운데에는 생명나무와 선악을 알게 하는 선악과나무도 있었다고 합니다. 그런데 하느님은 아담과 이브에게 에덴동산의 모든 나무의 과일을 마음대로 따먹어도 좋으나 선악과만 따먹지 못하도록 이르고는 만약 선악과를 따먹으면 반드시 죽게 될 것이라고 합니다.

그런데 뱀의 유혹으로 아담과 이브는 그만 선악과를 따먹게 됩니다. 선악과를 따먹게 되자 아담과 이브는 분별하는 눈이 밝아져서 자신의 벗은 몸을 부끄럽게 여기고 옷을 만들어 입었고, 하느님을 두려워하여 숨게 되었습니다. 이에 하느님은 아담과 이브가 선악과를 먹고서 선과 악, 즉 좋음과 나쁨을 분별하는 눈이 밝아졌음을 알고는 이제 너희들은 나와 함께 에덴동산에 머물 수 없다고 하면서 에덴동산에서 내쫓았는데, 이것을 일러 기독교에서는 최초의 인간이 지은 죄라 하여 원죄(原罪)라 하고, 모든 인간은 태어날 때

494

부터 원죄를 가지고 태어난다고 합니다.

기독교에서 말하는 이 원죄 이야기는 불교에서 말하는 중생의 숙명과 그 극복이라는 이야기와 매우 비슷합니다. 선악과를 먹으면 선과 악을 알게 되는 눈이 밝아진다고 하니, 선악과란 곧 좋음과 나쁨을 분별하는 분별심을 가리킵니다. 선악과를 먹고서 분별하는 눈이 밝아지자, 아담과 이브는 자신과 하느님을 분별하게 되어 부끄러움과 두려움이 일어나게 됩니다. 하느님은 에덴동산에 있는 생명나무의 열매는 마음대로 먹어도 좋으나, 선악과를 먹으면 생명을 잃고서 죽게 될 것이라고 합니다. 하느님은 인간에게 생명나무의 열매를 먹고 삶과 죽음이 없는 영원한 삶을 누리라고 했는데, 인간이 선악과를 먹고 스스로 삶과 죽음 속으로 떨어진 것이죠.

불교에서도 중생이 생로병사라는 삶과 죽음 속을 흘러가는 것은 분별망상이라는 어리석음에 떨어졌기 때문이라고 합니다. 타고난 불성을 깨달아 분별망상에서 벗어나면 생로병사라는 삶과 죽음에서 벗어난다고 하지요. 중생은 태어날 때 생로병사가 없는 불성을 타고나지만, 태어나면서부터 분별심이 발동되어 분별심이 불성을 뒤덮어 가리는 바람에 삶과 죽음에 떠도는 중생이 된다고 합니다.

분별심 속에 있을 때는 '나'도 있고, '남'도 있고, '중생'도 있고, '부처'도 있지만, 분별심에서 벗어나면 아무것도 없습니다. '나'와 '남'이 있으면 '나'에게 부끄러움이 생기고, '중생'과 '부처'가 있으면 '중생'에게 두려움이 생기지요. 깨달아 분별심에서 벗어나 해탈하면 모든 것이 사라져서 열반이 되니, 마음에는 아무것도 없어서 텅 비게 됩니다.

기독교에서 인간이 원죄를 벗어나는 것도 선악과를 먹기 이전으로 돌아가는 것이니, 선악과를 먹기 이전으로 돌아가면 인간은 자신에 대한 분별도 없고 하느님에 대한 분별도 없으니 부끄러움도 없고 두려움도 없습니다. 분별하여 아는 지식이 사라지니 마음은 텅 비고 깨끗하게 되는데, 기독교에서 마음이 가난한 자가 천국에 들어간다는 이야기가 이런 뜻이라고 보입니다.

똑! 똑! 똑! 여기에는 한마디 말도 없습니다.

18. 생사윤회가 곧 열반이라고?

똑! 똑! 똑! 여기에 있어야 말에 속지 않습니다.

불교에서 하는 말 가운데 번뇌가 곧 깨달음이라는 뜻인 번뇌즉보리(煩惱卽菩提), 삶과 죽음의 윤회가 곧 삶과 죽음이 없는 열반이라는 뜻인 생사즉열반(生死卽涅槃), 중생의 헛된 분별인 망상이 곧 깨달아 확인되는 세계의 실상이라는 뜻인 망상즉실상(妄相卽實相)이라는 말이 있습니다.

이 세 마디 말의 뜻은 중생세계가 곧 부처세계라는 뜻입니다. 보통 우리는 중생세계에서 벗어나 부처세계로 들어가야 하는 것으로 알고 있습니다. 해탈이란 중생의 어리석음에서 벗어나 부처의 지혜로 들어가는 것이고, 열반이란 중생의 어리석은 망상번뇌가 다 사라져서 깨끗한 부처의 세계가 되는 것이고, 깨달음이란 중생의 꿈과 같은 헛된 생각에서 깨어나 진실을 깨닫는 것입니다.

이처럼 중생세계와 부처세계를 둘로 나누어 중생세계에서 벗어나 부처세계로 들어가는 것을 불교 공부요 마음공부요 선 공부라고 아는 것이 일반적입니다. 물론, 이렇게 말하는 것이 당연합니다. 그러나 이것은 아직 깨달음을 얻지 못한 중생에게 말하는 방편입니다. 이미 깨달아서 분별을 벗어난 보살에게는 이런 방편이 맞지 않습니다. 이런 방편은 중생세계와 부처세계를 둘로 나누어 말하기 때문에 분별에서 벗어난 보살에게는 맞지 않은 것입니다.

분별에서 벗어난 보살에게는 마음세계의 실상이 불이중도(不二中道)임을 말해 주어야 합니다. 중생의 분별세계와 분별이 없는 공(空)인 진여자성이 둘이 아닌 불이중도가 곧 깨달아서 확인되는 우리 마음세계의 실상이기 때문입니다. 불이중도는 무언가 있는 세계와 아무것도 없는 세계가 둘이 아니라 하나여서, 있으면서도 없고 없으면서도 있는 것입니다.

그러므로 깨달아서 분별망상에서 벗어난 보살은 태어나고 늙고 병들고 죽는 삶을 살면서도 본래 태어난 적도 없고 늙은 적도 없고 병든 적도 없고 죽음도 없습니다. 그렇기 때문에 생사윤회 속에서 흘러가지만 본래 아무 일도 없으니 어떤 두려움도 번뇌도 없습니다. 이것이 깨달은 사람의 삶입니다.

이런 불이중도를 나타내는 말이 《반야심경》의 "색이 곧 공이고 공이 곧 색이다."라는 구절이며, 《금강경》의 "모든 모습이 모습이 아니다."라는 구절이며, 위에서 언급한 "번뇌가 곧 깨달음이다." "삶

과 죽음이 곧 열반이다." "망상이 곧 실상이다."라는 구절입니다. 이
런 깨달음을 노래하는 세존의 게송을 소개합니다.

"중생의 자성은 얻을 수 없으니
제도할 중생은 사실 없다.
비유하면 세간의 위대한 마술사가
끝없는 천억 명의 무리를 환상으로 만들어
다시 이 모든 환상 속의 사람들에게 해를 끼쳐도
이 환상 속의 사람들이 늘어나거나 줄어듦이 없는 것과 같다.
모든 중생은 환상으로 만들어진 것과 같아서
그 끝을 찾아도 찾을 수 없다.
만약 이와 같은 끝없는 자성을 안다면
그 사람은 세속에 머물러도 지치고 싫어함이 없다.
모든 것의 참된 모습을 밝게 안다면
삶과 죽음 속을 늘 살아가는 것이 곧 열반이다."[156]

"또 문수사리야. 만약 보살이 계를 어긴 것이 곧 어긴 것이 아님
을 본다면, 또 계율 아닌 것이 곧 계율임을 본다면, 또 묶여 있음이
곧 풀려 벗어남임을 본다면, 삶과 죽음이 곧 열반의 세계임을 본다
면, 이렇다면 일러 모든 업장(業障)을 깨끗이 없앴다고 말한다."[157]

---

156 衆生自性不可得, 實無衆生可度者. 譬如世間大幻師, 化作無邊千億衆, 還復害
    此諸化人, 於此幻化無增損. 一切衆生如幻化, 求其邊際不可得. 若知如是無邊性, 斯
    人處世無疲厭. 了知諸法如實相, 常行生死卽涅槃.(《대보적경(大寶積經)》제90권)
157 復次文殊師利, 若有菩薩觀於犯戒卽是不犯, 觀非毘尼卽是毘尼, 觀於繫縛卽是

"열반이 곧 삶과 죽음이고 삶과 죽음이 곧 열반이니, 실상(實相)의 참뜻은 이와 같다."[158]

"모든 것의 실상(實相)인 제일의(第一義) 속에서는 삶과 죽음을 떠나 따로 열반이 있다고 말하지 않으니, 경에서 '열반이 곧 삶과 죽음이고, 삶과 죽음이 곧 열반이다.'라고 말하는 것과 같다."[159]

똑! 똑! 똑! 여기에는 한마디 말도 없습니다.

19. 참된 출가란 어떤 것인가?

똑! 똑! 똑! 여기에 있어야 말에 속지 않습니다.

불교에는 출가(出家)라는 제도가 있습니다. 출가의 반대말은 재가(在家)입니다. 재가란 집에 있다는 뜻이고, 출가는 집을 떠난다는 뜻입니다. 여기서 집이란 곧 세속에서 자기가 태어나고 자라서 살고 있는 집을 가리킵니다. 보통 우리가 출가라고 말할 때는 세속에서 살고 있던 집을 떠나 머리를 깎고 옷을 승복(僧服)으로 갈아입고 사찰로 들어가 스님의 삶을 사는 것을 가리킵니다. 겉으로 드러난

解脫, 觀於生死卽涅槃界, 是則名爲淨諸業障.(《불설정업장경(佛說淨業障經)》)

160   涅槃卽生死, 生死卽涅槃, 實相義如是.(《보승경(寶勝經)》)

161   諸法實相第一義中, 不說離生死別有涅槃, 如經說: '涅槃卽生死, 生死卽涅槃.'(《중론(中論)》 관박해품(觀縛解品) 제16)

모습을 보고 말하는 것이지요.

그러나 세속이냐 세속을 벗어난 출세간이냐 하는 것의 기준은 실제로는 겉으로 드러난 모습에 있지는 않습니다. 불교에서 말하는 번뇌와 번뇌로부터 해탈, 세간의 중생세계와 출세간의 부처세계는 모두 마음에 관한 말이지, 바깥의 물질세계에 관한 말이 아닙니다.

불교에서는 언제나 두 개의 서로 반대되는 세계를 말합니다. 세간의 중생세계와 세간을 벗어난 출세간의 부처세계입니다. 불교를 공부하는 목적은 세간의 중생세계를 벗어나 출세간의 부처세계로 들어가는 것입니다. 중생세계냐 부처세계냐 하는 구분은 한 사람의 마음속에서 구분되는 것입니다. 중생세계는 분별되는 세계이고 부처세계는 분별에서 벗어난 세계인데, 분별은 마음의 문제이기 때문입니다.

출가란 세간의 중생세계를 벗어나 출세간의 부처세계로 들어가는 것을 가리키므로, 사실 출가란 마음속에서 분별을 벗어나 깨닫는 것을 가리키는 것입니다. 사찰을 도량(道場)이라고 하고 도량으로 들어가는 문을 불이문(不二門)이라고 하는 데에서도 이런 사실이 나타나 있습니다. 도량이란 도(道) 즉 깨달음이 있는 곳이란 뜻이고, 깨달음이 있는 곳으로 들어가려면 불이문을 통과해야 하는데 불이문이란 분별에서 벗어나 불이중도(不二中道)에 통하는 것을 가리킵니다.

불이문에는 일반적으로 '입차문래자막존지해(入此門來者莫存知解)'라는 글을 써 놓는데, 그 뜻은 '이 문으로 들어오는 자는 알음알이를 가지고 있지 마라.'는 것입니다. 지해(知解)는 '안다'는 뜻인데,

곧 분별을 가리키는 말입니다. 이처럼 사찰의 이름에서도 세간의 집을 떠나 출세간인 사찰로 들어가는 출가가 곧 마음의 출가임을 잘 나타내고 있습니다.

참된 출가가 곧 분별망상에서 벗어나 불이중도의 깨달음에 들어가는 것임은《유마경》성문품에서 유마힐이 출가에 관하여 하는 말에도 잘 나타나 있습니다. 유마힐이 말하는 출가를 간단히 정리하면 다음과 같습니다.

① 공덕이 없고, 뛰어난 이익이 없는 것이 곧 출가입니다. 유위법(有爲法) 속에서는 공덕과 뛰어난 이익이 있다고 말할 수 있습니다만, 무릇 출가라는 것은 무위법(無爲法)입니다. 무위법 속에서는 공덕과 뛰어난 이익이 있다고 말할 수 없습니다.

② 무릇 출가라는 것은 저쪽도 없고 이쪽도 없고 그 중간도 없습니다. 모든 견해(見解)를 멀리 벗어나, 색(色)도 없고 색 아님도 없는 것이 곧 열반(涅槃)의 길이요, 지혜로운 자가 칭찬하는 것입니다.

③ 나와 나의 것에서 벗어나고 모든 집착을 끊을 수 있다면, 이름하여 참된 출가입니다.

중생이 분별하여 좋아하고 싫어하고 취하고 버리는 행위인 유위법(有爲法)에서 벗어나 분별할 것이 없어서 이익도 공덕도 없는 무위법(無爲法)을 출가라고 하니, 무위법은 분별망상에서 벗어나 깨달은 마음이 저절로 실현하는 행위입니다. 이쪽과 저쪽이라는 분별에서 벗어나 모든 생각이 사라진 열반을 출가라고 합니다. 나와 나

501

의 것이라는 분별에서 벗어나 모든 집착이 사라진 깨달음을 출가라고 합니다. 이처럼 참된 출가는 마음에서 중생의 분별심을 벗어나 깨달음을 얻는 것입니다.

똑! 똑! 똑! 여기에는 한마디 말도 없습니다.

20. 불교에서 선과 악은 무엇인가?

똑! 똑! 똑! 여기에 있어야 말에 속지 않습니다.

우리는 평소 사회생활에서 선(善)과 악(惡)을 많이 말합니다. 일반적으로 우리는 선과 악을 도덕적 가치의 개념으로 이해하여, 선은 도덕적이고 좋은 것이고 악은 부도덕하고 나쁜 것이라고 생각합니다.

그러나 이런 이해는 세속의 중생이 하는 이해이고, 분별에서 벗어난 깨달음을 추구하는 불교에서는 선과 악의 의미를 다르게 이해해야 합니다. 선은 좋은 것이고 악은 나쁜 것이라는 뜻이 달라지지는 않으나, 어떤 것이 좋은 것이고 어떤 것이 나쁜 것인가 하는 면에서는 세간의 의미와 출세간의 의미는 다릅니다.

세간에서는 도덕적 가치를 앞세우기 때문에 선과 악을 도덕적인 것과 부도덕한 것으로 이해하지만, 출세간에서는 분별에서 벗어나는 깨달음을 최고의 가치로 두기 때문에 깨달음에 도움이 되면 선이라 하고 깨달음에 방해가 되면 악이라고 합니다. 즉, 출세간의 깨달음으로 이끄는 불교에서는 깨달음에 도움이 되면 선이라 하고 깨달음에 방해가 되면 악이라 하는 것입니다.

우리가 자주 듣는 불교의 게송 가운데 칠불통계게라는 유명한 게송이 있습니다. 칠불통계게란 석가모니 이전 과거의 일곱 분 부처님에게 공통되는 계(戒)를 노래한 것인데,《증일아함경》제1권에 다음과 같이 실려 있습니다.

"[제악막작(諸惡莫作)] 어떤 악도 짓지 말고,
[제선봉행(諸善奉行)] 모든 선을 삼가 행하라.
[자정기의(自淨其意)] 마음을 스스로 깨끗하게 함이,
[시제불교(是諸佛敎)] 모든 부처님의 가르침이다."

이 게송을 세속의 도덕적 의미로도 이해할 수 있습니다. 악한 행위를 하지 말고 선한 행위만 하고, 이기적인 마음을 깨끗이 정화하여 도덕적인 마음으로 만들라는 가르침으로 해석하면, 세속의 도덕적 해석이 됩니다.

그러나 불교는 세속의 분별세계를 벗어난 출세간에 대한 가르침입니다. 그러므로 칠불통계게의 불교적 이해는 이래야 합니다.

분별망상을 전혀 짓지 말고,
늘 불이중도의 깨달음을 행하라.
분별심을 항복시켜 공에 통함이

모든 부처님의 가르침이다.

불교의 법문에서도 세속에서 사용하는 단어를 많이 사용합니다. 그러나 불교에서 어떤 단어를 사용하면, 세속에서 사용할 때와는 그 뜻을 달리 이해해야 합니다. 세속에서 추구하는 가치와 불교에서 추구하는 가치가 다르기 때문입니다. 세속에서 가장 큰 가치로 여기는 것은 이른바 진선미(眞善美), 즉 사실적 진리, 도덕적 좋음, 미적 아름다움이라는 분별세계의 세 가지 가치지만, 출세간인 불교에서는 분별망상에서 벗어난 해탈, 분별망상이 사라진 열반, 분별망상에 속지 않는 깨달음을 가장 큰 가치로 여기는데, 이 셋은 사실 분별에서 벗어남이라는 하나의 일입니다.

이처럼 불교에서는 일불승(一佛乘)이라고 하듯이 분별망상에서 벗어나 깨닫는다는 하나의 가치가 있을 뿐이므로, 불교에서 말하는 선(善)은 분별망상에서 벗어나 깨달음으로 이끄는 것을 가리키고 악(惡)은 반대로 분별망상으로 이끄는 것을 가리킵니다. 육조 혜능이 첫 제자인 도명 상좌에게 가르침을 베풀 때 다음과 같이 말했습니다.

"선도 생각하지 않고 악도 생각하지 않을 때 상좌의 본래 모습은 어디에 있습니까?"

선이라거나 악이라는 분별을 하지 않을 때 우리의 본래 모습을 깨달을 수 있다는 말입니다. 혜능의 이 말은 칠불통계게에서 말하는 늘 선을 행하고 악을 행하지 말라는 가르침과 같은 불교의 가르침입니다.

똑! 똑! 똑! 여기에는 한마디 말도 없습니다.

21. 사홍서원은 무엇인가?

똑! 똑! 똑! 여기에 있어야 말에 속지 않습니다.

처음 불교를 접할 때 배우는 것 가운데 사홍서원이란 것이 있습니다. 사홍서원은 거의 모든 불교 행사에서 일반적으로 외워지는 말이기도 합니다. 사홍서원(四弘誓願)은 '네 가지 넓은 바람'이라는 뜻으로서, 사홍행원(四弘行願)이라고도 합니다. 대승보살이 가지는 네 가지 넓은 바람이라는 뜻입니다.
사홍서원의 네 가지는 다음과 같이 말합니다.

중생무변서원도(衆生無邊誓願度)
번뇌무진서원단(煩惱無盡誓願斷)
법문무량서원학(法門無量誓願學)
불도무상서원성(佛道無上誓願成)

네 가지를 각각 달리 말했지만, 사실 이 네 가지는 하나의 깨달음을 가리킵니다. 먼저 중생무변서원도(衆生無邊誓願度)는 '중생이 끝이 없으나 모두 제도하기 바란다.'는 뜻인데, 여기에서 중생은 마음속에 나타나는 분별되는 모습을 가리킵니다. 중생세계와 부처세계는 모두 마음의 세계입니다. 분별하는 마음은 중생세계이고, 분별에서 벗어난 마음은 부처세계입니다. 분별하는 마음이 끝이 없지만, 문득 분별에서 벗어나면 하나의 분별도 없이 텅 비고 깨끗합니다. 이것을 일러 중생이 끝이 없지만 모두 제도한다고 합니다. 중생이 끝이 없으나 모두 제도한다는 것은 곧 분별망상에서 벗어나 깨닫기를 바란다는 말입니다.

두 번째 번뇌무진서원단(煩惱無盡誓願斷)은 '번뇌가 다함이 없으나 남김없이 다 끊기 바란다.'는 뜻입니다. 번뇌는 마음에 나타나는 허망한 생각인 망상(妄想)인데, 마음은 늘 생각을 일으키므로 망상은 다함이 없습니다. 그러나 분별에서 벗어나면 허망한 생각이 다함 없이 일어나더라도 하나의 생각도 없으니, 번뇌가 다함이 없으나 남김없이 다 끊기를 바란다는 것도 역시 깨닫기를 바란다는 말입니다.

세 번째 법문무량서원학(法門無量誓願學)은 '법문이 한량없으나 모두 다 배우기 바란다.'는 뜻인데, 법문(法門)은 깨달음인 법(法)으로 들어가는 문이라는 뜻으로서 중생을 깨달음으로 이끄는 말씀인 부처님이나 보살님의 설법(說法)을 가리킵니다. 깨달음으로 이끄는 설법은 보고 듣고 배우는 지식으로 할 수 있는 것이 아닙니다. 지식은 생각으로 이해하고 기억하는 분별망상이지 깨달음이 될 수 없습니다.

깨달음으로 이끄는 설법은 설법을 하는 사람이 이미 깨달아 그 깨달음이 살아 있어야 깨달음을 방해하는 온갖 삿된 망상을 부수고 깨달음으로 이끄는 설법을 할 수 있습니다. 설법은 깨달은 사람이 깨달음의 지혜와 힘으로써 하는 것이므로, 법문이 한량없으나 모두 다 배우기 바란다는 것은 역시 깨달음을 원만하게 얻기를 바란다는 말입니다.

네 번째 불도무상서원성(佛道無上誓願成)은 '불도가 가장 뛰어나지만 이루기 바란다.'는 뜻인데, 불도(佛道)는 바로 깨달음이라는 뜻이므로 사람이 이룰 수 있는 최고의 가치입니다. 불도가 가장 뛰어나지만 이루기 바란다는 것은 더이상이 없는 최고의 가치인 깨달음을 얻겠다는 뜻이므로, 역시 깨달음을 얻기를 바란다는 뜻입니다.

이처럼 사홍서원이 원하는 것이 네 가지인 것처럼 말하지만, 실제로는 깨달음 하나 얻기를 바란다는 뜻입니다. 사실, 불교에서 말하는 모든 가르침은 빠짐없이 전부 깨달음 하나를 가리키는 말입니다. 깨달음이 가장 근본이고 본질이고 기초이기 때문입니다. 하나의 깨달음이 근본 바탕이 되어서 나머지 온갖 다양한 방편이 나오므로, 근본 바탕인 깨달음을 올바르게 해야만 하기 때문입니다. 만약 깨달음이 잘못되면 그 바탕에서 나오는 모든 방편은 전부 잘못되기 때문입니다.

똑! 똑! 똑! 여기에는 한마디 말도 없습니다.

22. 대승과 소승은 어떻게 다른가요?

똑! 똑! 똑! 여기에 있어야 말에 속지 않습니다.

불교를 분류할 때 가장 흔하게 대승불교와 소승불교로 나눕니다. 대승(大乘)이란 '큰 수레'란 뜻이고, 소승(小乘)이란 '작은 수레'란 뜻입니다. 수레라고 하는 것은 불교의 가르침이 중생을 싣고서 부처의 나라로 가는 방편이라는 뜻에서 붙인 이름입니다. 대승이란 더 많은 중생을 싣고 갈 수 있는 큰 수레라는 뜻에서 소승에 비해 우월한 불교라는 뜻이 있습니다.

그러나 대승과 소승이라는 이러한 분류는 대승불교에서 하는 분류이고, 소승불교로 분류되는 곳에서는 자신을 소승불교라고 하지 않고 상좌부불교라고 합니다. 다시 말해, 소승불교란 대승불교에서 상좌부불교를 낮추어 부르는 명칭입니다. 현재 대승불교는 중국, 한국, 일본, 티벳, 베트남 지역에 있는 불교이고, 소승불교 즉 상좌부불교는 스리랑카, 미얀마, 태국 등에 있는 불교입니다.

그러면 대승불교에서 자신을 내세우기 위하여 아무 까닭 없이 소승불교라는 낮춘 이름을 붙인 것일까요? 그렇지 않습니다. 대승불교에서는 소승불교의 문제점을 명확히 지적하고, 그런 문제를 극복한 불교를 대승불교라고 부르고 있습니다. 대승불교 초기 경전인 《유마경》과 선사의 어록 몇 가지를 통하여 이들이 지적하는 소승불교의 문제점을 살펴보겠습니다. 먼저 소승불교에서 깨달은 이는 성문(聲聞)과 연각(緣覺) 혹은 독각(獨覺)이라 부르고, 대승불교에서

508

깨달은 이는 보살(菩薩)이라고 부른다는 사실부터 말해 둡니다.

《유마경》제3 성문품에 이런 내용이 있습니다.

"이와 같이 먹는다면, 더러운 것도 아니고 더러움에서 벗어난 것
도 아니고, 고요한 선정(禪定)에 들어간 것도 아니고 선정에서 나온
것도 아니고, 삶과 죽음에 머물지도 않고 삶과 죽음이 사라진 열반
에 머물지도 않으니, 이러해야 먹을 수 있습니다. 존자에게 음식을
보시하는 모든 이에게는 작은 결과도 없고 큰 결과도 없고, 손해도
없고 이익도 없으니, 불도(佛道)로 나아가지 성문으로 나아가지는
않습니다."

더러움도 아니고 더러움에서 벗어난 것도 아니고, 선정에 들어
간 것도 아니고 선정에서 나온 것도 아니고, 삶과 죽음에 머물지도
않고 삶과 죽음이 사라진 열반에 머물지도 않고, 손해도 없고 이익
도 없으므로, 부처님의 길로 가지 소승인 성문으로 나아가지 않는
다고 합니다. 이런 것도 아니고 이렇지 않은 것도 아니라는 것은 곧
불이중도(不二中道)를 가리키는 말이니, 부처님의 길인 불도(佛道)
는 불이중도라는 말입니다. 그렇다면 소승인 성문의 길은 불이중도
가 아니라는 뜻이 숨어 있습니다.

《유마경》제5 문질품(問疾品)에는 이런 내용이 있습니다.

"또 문수사리여, 병이 든 보살은 마땅히 이와 같이 그 마음을 조
복해야 합니다. 마음을 조복함과 마음을 조복하지 못함에 머물러

있어선 안 됩니다. 까닭이 무엇일까요? 만약 마음을 조복하지 않음에 머물러 있으면, 이것은 범부의 법입니다. 만약 마음을 조복함에 머물러 있으면, 이것은 성문의 법입니다. 이 까닭에 보살은 이 두 쪽 모두에 머물지 않으니, 이것을 일러 보살의 행위라고 합니다. 만약 이처럼 머물러 범부의 행위도 아니고 성인의 행위도 아니라면, 이것을 일러 보살의 행위라고 합니다."

보살이 마음을 조복한다는 것은 마음을 조복함과 조복하지 못함의 양변에 머물지 않는 것이라고 합니다. 만약 마음을 조복하지 못함에 머물러 있다면 이것은 중생인 범부이고, 마음을 조복함에 머물러 있다면 이것은 소승인 성문이라고 합니다. 그러나 보살의 행위는 범부(凡夫)인 중생의 행위도 아니고 성인(聖人)인 부처의 행위도 아니라고 합니다.

이러한 말 역시 분별되는 두 쪽에서 어느 쪽에도 머물지 않는 불이중도를 가리키는 말입니다. 소승인 성문은 마음을 조복한 부처의 행위에 머물러 있는 자라고 하니, 불이중도에 있지 못하고 어느 한 쪽에 머물러 있다는 말입니다. 결국 대승인 보살이 불이중도를 성취한 사람이라면, 소승인 성문은 불이중도를 성취하지 못하고 취사선택을 하고 있다는 것입니다.

《유마경》 제6 불사의품(不思議品)에는 이런 내용이 있습니다.

"모든 부처와 보살에게는 불가사의(不可思議)라 일컫는 해탈이 있습니다. 만약 이러한 불가사의 해탈에 머무는 보살이라면, 수미산이 그렇게 드높고 넓더라도 신통력으로써 겨자씨 속에다 집어넣는데, 겨자씨의 크기가 늘어나지 않도록 하고 수미산의 크기가 줄어들지 않도록 할 수 있습니다. 보살의 이와 같은 불가사의 해탈의 경계는 성문들과 독각들이 헤아릴 수 있는 것이 아닙니다."

대승의 보살은 불가사의 해탈에 머물러 신통력을 사용하는데, 수미산의 크기를 줄이지도 않고 겨자씨의 크기를 늘리지도 않고서 수미산을 그대로 겨자씨 속에 넣는다고 합니다. 이러한 불가사의 해탈은 소승인 성문과 독각이 알 수는 없다고 합니다.

수미산의 크기를 줄이지도 않고 겨자씨의 크기를 늘리지도 않고서 수미산을 그대로 겨자씨 속에 넣는 것을 불가사의 해탈에서 발휘되는 신통력이라고 합니다. 불가사의란 생각할 수 없다는 뜻이니, 불가사의 해탈이란 생각에서 벗어났다는 뜻입니다. 생각은 곧 분별이므로, 불가사의 해탈이란 분별에서 벗어났다는 뜻입니다.

분별에서 벗어났으니, 수미산과 겨자씨의 분별이 없고, 크다와 작다의 분별이 없습니다. 그러므로 큰 수미산을 작은 겨자씨 속에 넣는다는 말을 할 수 있습니다. 만약 분별 속에 있다면 큰 수미산을 작은 겨자씨 속에 넣는다는 말이 말이 될 수 없습니다만, 분별에서 벗어나 불가사의한 해탈에 머물러 있기 때문에 큰 수미산을 작은 겨자씨 속에 넣는다고 말하든 작은 겨자씨를 큰 수미산 속에 넣는다고 말하든 하등의 문제가 없습니다.

분별에서 벗어나 불가사의 해탈에 머물러 있다는 것은 곧 불이중도를 가리키는 말입니다. 둘로 나누는 분별인 이법(二法)에서 벗어나 불이법(不二法)인 중도에 머무는 것이 곧 불가사의한 해탈인 것입니다. 이처럼 대승의 보살은 분별에서 벗어나 불가사의 해탈에 머물러 있지만, 소승인 성문과 독각은 분별에서 벗어나지 못했다고 합니다.

결국《유마경》에서 말하는 대승과 소승의 차이는 대승은 분별에서 벗어나 불이중도를 성취하였는데, 소승은 분별에서 벗어나지 못하여 불이중도를 성취하지 못했다는 것으로 정리가 됩니다. 참된 깨달음이 허망한 생각의 세계인 분별망상에서 벗어나 어디에도 머물지 않는 불이중도의 세계라면, 소승은 참된 깨달음을 성취하지 못했다는 것입니다.

대승불교에서 피어난 꽃이라고 할 수 있는 중국 선종(禪宗)의 선사(禪師)들이 말하는 소승에 대해서도 살펴보겠습니다. 마조도일 선사의 어록에 이런 내용이 있습니다.

"성문(聲聞)은 깨달은 듯하다가 도리어 미혹하게 되고, 중생은 미혹함 속에서 깨닫게 된다. 성문은 부처님의 마음에는 본래 정해진 지위, 원인과 결과, 점차적 계급이 없다는 것을 모르고, 마음으로 헤아려 수행이 원인이고 깨달음이 결과라고 허망하게 생각한다. 마음을 비우는 선정(禪定)에 머물러 긴긴 시간을 지나면, 비록 깨달았다고 하더라도 깨닫고 나서 다시 미혹해진다. 모든 대승의 보살이 이러한 소승의 성문을 마치 지옥의 고통과 같이 여기는 것은, 성문이 이처럼 공(空)에 빠지고 고요함에 머물러서 불성(佛性)을 보지 못하기 때문이다."

소승인 성문은 수행이 원인이 되어 결과로서 깨달음을 얻는다고 여기고서 마음을 비우는 선정을 수행하여 깨달음을 추구하는데, 이러한 것은 마음을 조작하여 어떤 심리적인 결과를 만들어 내는 것이지 분별에서 벗어나 불이중도에 통하는 깨달음은 아니라는 것입니다. 분별에서 벗어나 불이중도에 통하는 것이 곧 불성을 보는 견성(見性)이고 바른 깨달음입니다. 불이중도에는 정해진 지위도 없고, 원인과 결과도 없고, 단계적 수행도 없고, 다만 분별에서 벗어났을 뿐입니다.

마조도일의 제자인 백장회해 선사의 어록에는 이런 내용이 있습니다.

"성문은 오랫동안 선정에 머물렀으니, 그들은 수행에 의지하고 집착하며 깨끗한 법의 술에 취한 이들이다. 그러므로 '성문은 불법을 들어도 위없는 깨달음의 마음을 낼 수 없다.'라고 하였으니, 그들은 깨달을 가능성을 끊은 사람들이다."

소승인 성문은 오랫동안 선정을 수행하여 깨달음을 추구하므로, 성문은 수행에 의지하고 집착하는 사람이며, 선정 수행을 통하여 나타나는 깨끗하고 고요한 경지에 취하여 있는 사람이라 합니다. 즉, 성문은 수행하여 이루어진 깨끗하고 고요한 경지에 의지하여 머물러 있으므로 어디에도 머물지 않는 자유자재한 깨달음은 없습니다. 깨달음은 마음이 어디에도 머물지 않는 무주법(無住法)입니다. 백장 선사는 또 이렇게 말했습니다.

"나쁜 것에 머무는 것을 일러 중생의 깨달음이라 한다. 좋은 것에 머무는 것을 일러 성문의 깨달음이라 한다. 좋음과 나쁨의 양쪽에 머물지 않고 머물지 않는 것을 옳다고 여기는 것을 일러 연각의 깨달음이라 한다. 좋음과 나쁨의 양쪽에 머물지 않으면서 머물지 않는다는 생각도 내지 않는 것을 일러 보살의 깨달음이라 한다."

시끄러운 분별망상이라는 나쁜 것에 머물러 있는 것이 중생의 깨달음이고, 고요한 선정이라는 좋은 것에 머물러 있는 것이 소승인 성문이고, 좋음과 나쁨의 양쪽에 머물지 않으면서 그렇게 양쪽에서 벗어난 것을 옳다고 여기는 것이 소승인 연각이고, 좋음과 나쁨의 양쪽에 머물지 않으면서 양쪽에서 벗어났다는 생각도 없어야 비로소 대승의 보살이라고 합니다.

성문은 나쁜 것을 버리고 좋은 것을 취했으니 분별에 머물러 있습니다. 반면에 연각은 좋음과 나쁨이라는 양쪽에서 벗어났으니 중도에는 통하였지만, 그렇게 양쪽에서 벗어난 중도가 옳다는 생각을 일으키고 있으니 여전히 분별에서 벗어나지 못한 것입니다. 중도는 분별에서 벗어났으니 생각이 있을 수 없는데, 중도라는 생각을 냈으니 다시 분별에 떨어진 것입니다. 그러므로 연각도 소승입니다.

이에 비하여 대승의 보살은 양쪽에서 벗어나 중도에 통하여 분별에서 벗어나 다시는 어떤 분별도 일으키지 않으므로 참으로 불가사의한 중도에 통한 것입니다. 여기서도 소승은 분별에서 벗어나지는 못하고 단지 수행에 의지하여 어떤 분별되는 경지에 머무는 수행자일 뿐이고, 대승은 분별에서 벗어나 머무는 곳 없이 자유자

514

재하여 어떤 수행도 하지 않는 깨달은 자임을 말하고 있습니다.

백장회해의 제자인 황벽희운(黃檗希運; ?-850) 선사의 어록에서 대승과 소승에 대한 언급을 살펴보겠습니다.

"깨달음과 열반이 있다는 말을 듣고서 오랜 세월 수행하여 깨달음을 이룬다면, 모두 성문의 깨달음에 속하니 일러서 성문의 부처라 한다. 다만 곧장 자기의 마음이 본래 부처임을 문득 깨달아 얻을 법이 하나도 없고 닦을 수행이 하나도 없으면, 이것이 위없는 깨달음이고 참되고 변함없는 부처다."

소승의 성문은 자기에게 본래 없던 깨달음과 열반을 오랜 세월 수행하여 새로 만들어 내려 하므로, 비록 깨달음과 열반을 이루었다고 하여도 역시 만들어진 것이니 자기 마음에 본래 갖추어져 있던 참된 깨달음은 아닙니다. 대승의 보살은 자기의 마음이 본래 깨달아 있는 부처임을 지금 비로소 문득 깨달아 확인하는 것이니, 새로 얻는 것은 없고, 갈고 닦을 수행도 없습니다. 다시 말하면, 소승인 성문은 자신이 중생이라고 분별하여 수행하여 부처가 되려고 생각하는 사람이고, 대승인 보살은 문득 분별에서 벗어나 본래 중생도 없고 부처도 없고 수행도 없고 깨달음도 없어서 아무 생각이 없고 할 일이 없고 막힘이 없는 사람입니다. 즉, 소승은 분별하여 취하고 버리는 일을 하는 사람이고, 대승은 분별에서 벗어나 아무런 할 일이 없는 사람입니다.

황벽 선사는 또 이런 말도 했습니다.

"대체로 가르침의 말씀을 듣고서 깨달은 자를 일러 성문이라 하고, 인연(因緣)을 관찰하여 깨달은 자를 일러 연각이라고 한다. 만약 자기 마음에서 깨닫지 못하면, 비록 깨달았다고 하더라도 역시 성문의 깨달음이라고 일컫는다. 도를 배우는 사람들이 흔히 가르침의 말씀에서는 깨달으나 자기 마음에서는 깨닫지 못하니, 비록 무한한 세월을 수행한다고 하더라도 마침내 자기 마음에 있는 본래의 부처가 아니다. 만약 마음에서 깨닫지 못하고 가르침의 말씀에서 깨닫는다면, 마음을 가벼이 여기고 말씀을 중하게 여길 것이니 결국 흙덩이만 뒤쫓으면서 자기의 본래 마음은 잊게 된다. 참된 깨달음이란 단지 자기의 본래 마음에 들어맞는 것이다."

가르침의 말씀을 듣고서 그 내용을 이해하여 깨달았다면, 그 깨달음은 분별로 헤아려 생각으로 알아낸 것이니 불가사의한 자기 마음의 본래 모습을 실제로 확인한 깨달음은 아닙니다. 성문은 가르침의 말씀을 듣고서 그 내용을 이해하여 그 말에서 시키는 대로 수행하여 깨닫고자 하는 사람이므로, 설사 그렇게 수행하여 깨달음을 얻었다고 하더라도 그것은 들은 대로 노력하여 만들어 낸 결과일 뿐이고, 자기에게 본래부터 있던 자기 마음의 참 모습을 깨달은 것은 아닙니다.

이런 면에서 보면 소승의 깨달음과 대승의 깨달음은 서로 같은 깨달음이 아닙니다. 소승의 깨달음은 마음에서 수행이라는 심리적 조작을 통하여 어떤 결과물을 만들어 내는 것이고, 대승의 깨달음은 분별이라는 헛된 생각에서 벗어나 분별에 의하여 왜곡되지 않은 마음의 본래 모습이 드러나는 체험입니다.

조작하여 만든 것은 본래부터 있던 것이 아니므로 끊임없이 조작하는 노력을 하지 않으면 다시 사라지지만, 생각이라는 꿈에서 깨어나 본래의 자기 모습을 확인하는 깨달음은 본래부터 있던 것을 이제야 비로소 확인한 것이므로 영원히 사라지지 않습니다. 그러므로 대승의 깨달음이 참 깨달음이고 소승의 깨달음은 참 깨달음이 아닙니다.

똑! 똑! 똑! 여기에는 한마디 말도 없습니다.

23. 기복 불교도 불교인가?

똑! 똑! 똑! 여기에 있어야 말에 속지 않습니다.

가끔 신문지상에서 보는 말 가운데 기복 불교라는 말이 있습니다. 기복(祈福)이란 말은 '복을 빈다'라는 뜻인데, 어떤 신령스러운 존재에게 복을 달라고 빈다는 말입니다. 여기서 말하는 복은 세속의 중생들이 좋다고 여기는 부귀영화나 가족의 화목이나 건강과 같은 세속에서 바라는 좋은 일들을 가리킵니다.

그러므로 기복 불교란 세속의 가치인 복을 비는 불교라는 뜻입니다. 이들은 불교에서 방편으로 시설해 놓은 각종 보살이나 부처가 어떤 초자연적이고 신령스러운 존재로서 실제로 어딘가에 존재하고 있다고 믿고서, 마치 신(神)을 믿는 종교에서 신에게 기도하듯이 이들 보살이나 부처에게 기도하여 세속적인 소원을 이루려고 합니다.

이처럼 세속의 가치인 복을 비는 것이 과연 불교일까요? 물론 아닙니다. 불교는 세속에서 해탈한 출세간의 깨달음을 추구하는 가르침이지, 세속에서 부귀영화를 누리라고 가르치는 종교가 아닙니다. 그런데도 불구하고 불교를 믿는 불교 신자들 가운데 다수가 세속의 복을 비는 기복 신앙의 형태로 불교를 믿고 있는 것이 현실입니다. 사실 불교뿐만 아니라 모든 종교에 속한 종교인들 대다수가 기복 종교의 형태로 종교 생활을 하는 것이 현실입니다.

세계의 실상을 깨달아 지혜를 얻으려는 불교와 같은 고등종교에서 이런 기복신앙의 형태가 두루 행해지고 있는 까닭은 역시 중생들의 어리석음 때문이라고 하겠습니다. 중생들은 출세간의 지혜가 없고 부처님의 올바른 가르침을 공부해 본 적도 없기 때문에, 세속에서 당장 눈앞의 이익을 추구하는 것이 자연스럽다고 하겠습니다. 그러나 부처님의 바른 가르침을 알려 주어야 할 사찰에서조차 이런 세속적 기복 신앙을 조장하는 경우가 많은 것은 역시 불교의 탈을 쓴 외도(外道)들이라고 해야 할 것입니다.

똑! 똑! 똑! 여기에는 한마디 말도 없습니다.

518

24. 부처는 부처가 아니라고?

뚝! 뚝! 뚝! 여기에 있어야 말에 속지 않습니다.

《금강경》의 구절에 "무엇은 무엇이 아니다." 혹은 "무엇은 무엇이 아니라, 이름이 무엇이다."라는 구절이 다음과 같이 여러 곳에 나옵니다.

"수보리야, 이른바 불법이라는 것은 불법이 아니다."[160]
"수보리야, 모든 법이라는 것은 곧 모든 법이 아니니, 이 까닭에 모든 법이라고 일컫는다."[161]
"세존이시여, 여래가 말씀하시길, 사람의 몸집이 크다는 것은 몸집이 큰 것이 아니라, 몸집이 크다라고 일컫는 것입니다."[162]
"여래가 말하길, 불국토를 장엄하는 것은 곧 장엄이 아니라 장엄이라고 일컫습니다."[163]
"여래께서 말씀하시길, 색신을 다 갖춘다는 것은 색신을 다 갖추는 것이 아니라, 색신을 다 갖춘다고 일컫는 것입니다."[164]
"세존께서 말씀하시길, 나라는 생각·사람이라는 생각·중생이라는 생각·목숨이라는 생각은 곧 나라는 생각·사람이라는 생

---

160 須菩提, 所謂佛法者卽非佛法.
161 須菩提, 所言一切法者, 卽非一切法, 是故名一切法.
162 世尊, 如來說, 人身長大, 則爲非大身, 是名大身.
163 如來說, 莊嚴佛土者, 卽非莊嚴, 是名莊嚴.
164 如來說, 具足色身, 卽非具足色身, 是名具足色身.

각·중생이라는 생각·목숨이라는 생각이 아니라, 나라는 생각·
사람이라는 생각·중생이라는 생각·목숨이라는 생각이라고 일컫
는다고 하셨습니다."¹⁶⁵

이처럼 '무엇은 무엇이 아니라, 무엇이라고 일컫는 것이다.'라는
형식의 말이 많이 등장하고 있습니다. 왜 이렇게 말할까요? 그 까
닭은《금강경》제5 여리실견분(如理實見分)의 내용에 밝혀져 있습
니다.

"수보리야, 어떻게 생각하느냐? 몸의 모습을 가지고 여래(如來)
를 볼 수 있느냐?"
"볼 수 없습니다. 세존이시여. 몸의 모습을 가지고는 여래를 볼
수 없습니다. 왜 그럴까요? 여래께서 말씀하신 몸의 모습은 곧 몸
의 모습이 아니기 때문입니다."
부처님께서 수보리에게 말씀하셨다.
"무릇 모습은 전부 허망하다. 만약 모든 모습이 곧 모습 아님을
본다면, 곧 여래를 보는 것이다."¹⁶⁶

몸의 모습으로써는 여래를 볼 수 없는데, 그 이유가 몸의 모습은

---

165 世尊說, 我見人見衆生見壽者見, 卽非我見人見衆生見壽者見, 是名我見人見衆
生見壽者見.
166 "須菩提, 於意云何? 可以身相見如來不?" "不也. 世尊. 不可以身相得見如來. 何
以故? 如來所說身相卽非身相." 佛告須菩提: "凡所有相皆是虛妄. 若見諸相非相則見
如來."

곧 몸의 모습이 아니기 때문이라고 합니다. 몸의 모습이 곧 몸의 모습이 아니라는 말에 대하여 부처님은 "모든 모습은 전부 허망하다. 만약 모든 모습이 모습 아님을 본다면, 곧 여래를 보는 것이다."라고 말했습니다.

모습은 왜 전부 허망할까요? 분별되는 것이기 때문입니다. '모든 모습은 전부 허망하다.'는 말은 곧 '모든 분별은 전부 허망하다.' 혹은 '모든 생각은 전부 허망하다.'는 말과 같습니다. 우리가 분별망상(分別妄想)이라고 말하듯이, 분별은 곧 헛된 생각입니다.

그러고는 모든 모습을 보는데 모습이 곧 모습이 아니라면, 이것이 바로 여래를 보는 것이라고 합니다. 모든 모습을 본다는 것은 곧 분별하는 것이고, 모습이 곧 모습이 아니라는 것은 분별하는데 분별이 없다는 것입니다. 온갖 것을 분별하는데 아무 분별이 없다면, 이것은 곧 불이중도(不二中道)에 통달한 깨달음입니다. 그러므로 모든 모습을 보는데 모습이 아니라면 곧 여래를 보는 것이라고 했습니다. 여래를 본다는 것은 곧 깨닫는다는 말입니다.

이처럼 온갖 모습을 보는데 모습이 없는 것, 즉 온갖 분별을 하는데 분별이 없는 것은 깨달은 사람이 세계를 보는 것이고 세계를 분별하는 것입니다. 그러므로 "무엇은 곧 무엇이 아니라."라는 것은 깨달은 사람은 '무엇'이라고 분별하지만 '무엇'이라는 분별이 없다는 말입니다. 그러나 '무엇'이라고 말은 하기 때문에, '무엇은 무엇이 아니라, 무엇이라고 일컫는 것이다.'라고 말한 것입니다.

산을 산이라고 분별하여 산이라고 말하지만, 깨달은 사람에게 산이라는 분별은 없는 것이지요. 물을 물이라고 분별하여 물이라고 말하지만, 깨달은 사람에겐 물이라는 분별이 없는 것이지요. 이처럼 깨달은 사람은 세계의 온갖 삼라만상을 분별하고 말하더라도, 그 마음에는 아무런 분별이 없어서 언제나 마음은 텅 비고 깨끗합니다. 《금강경》에서 "무엇은 무엇이 아니라, 무엇이라고 일컫는 것이다."라는 말은 이러한 깨달은 사람의 마음을 말한 것입니다.

똑! 똑! 똑! 여기에는 한마디 말도 없습니다.

25. 색즉시공이란 무엇인가?

똑! 똑! 똑! 여기에 있어야 말에 속지 않습니다.

불교 경전 가운데 가장 널리 알려진 경전은 《반야심경》입니다. 인도의 산스크리트로 쓰여진 《반야심경》을 중국에서 한문으로 번역한 것은 시대별로 총 7가지 종류가 있습니다. 그 가운데 우리가 일반적으로 보는 것은 당(唐)나라의 현장(玄奘) 스님이 649년 한역(漢譯)한 《반야심경》입니다. 이 경전의 원래 이름은 《반야바라밀다심경(般若波羅蜜多心經)》인데 줄여서 《반야심경(般若心經)》이라고 합니다.

반야(般若)는 지혜라는 뜻이고, 바라밀다는 도피안(到彼岸) 즉 '저 언덕에 이르다'는 뜻이고, 심(心)은 핵심이라는 뜻이고, 경(經)은 부처님의 가르침인 말씀이라는 뜻입니다. 도피안은 차안(此岸)인 이쪽 언덕을 벗어나 피안(彼岸)인 저쪽 언덕에 이르렀다는 뜻인데, 이쪽 언덕은 중생의 망상세계를 가리키고, 저쪽 언덕은 부처의 깨달음의 세계를 가리킵니다. 그러므로 《반야바라밀다심경》의 뜻은 '깨달음에 이른 지혜에 대한 부처님의 핵심적인 말씀'입니다. 즉, 깨달음에 대한 부처님의 말씀 가운데 가장 핵심적인 말씀을 간략하게 적어 놓은 것이 《반야심경》이라는 것입니다.

불교 경전 가운데 여타의 경전과는 비교할 수 없을 만큼 가장 분량이 많은 경전이 총 600권으로 된 《대반야경(大般若經)》입니다. 사실 《반야심경》은 《대반야경》의 내용을 단지 260여 자로 간략히 요약해 놓은 것입니다. 깨달음의 지혜가 어떤 것인지를 핵심적인 내용만 간략하게 밝혀 놓은 것이지요.

《반야심경》에서 가장 널리 알려진 구절은 "색즉시공(色卽是空) 공즉시색(空卽是色)."이라는 구절입니다. 이 한 구절이 《반야심경》 전체의 내용을 대표하고 있다고 할 수 있습니다. 여기에서는 현장 본 《반야심경》을 가지고 《반야심경》이 밝히고 있는 깨달음의 세계가 어떤 것인지 살펴보겠습니다. 《반야심경》의 첫 번째 문장은 다음과 같습니다.

"관자재보살이 깊은 반야바라밀다를 행할 때 오온이 전부 공(空)임을 비추어 보고서 모든 고통에서 벗어났다."(觀自在菩薩, 行深般若波羅蜜多時, 照見五蘊皆空, 度一切苦厄.)

여기서 먼저 분명히 해 놓을 것은 불교 경전에서 말하는 내용은 모두 마음에 관한 것이지, 물질세계에 관한 말이 아니라는 것입니다. 마음이 깨닫는 것이고, 마음이 번뇌에서 벗어나는 것이고, 마음이 어리석은 망상에서 벗어나는 것입니다. 어리석음도 마음이 어리석은 것이고, 지혜도 마음이 지혜로운 것입니다. 어리석음에서 벗어나 깨달아 지혜로워지라는 가르침은 모두 마음에 관한 말입니다.

깨달음을 얻은 관자재보살이 깨달음의 깊은 지혜를 행할 때는 오온이 전부 공임을 비추어 봄으로써 중생의 모든 고통에서 벗어난다는 말입니다. 오온(五蘊)은 색(色; 육체, 물질)·수(受; 지각, 느낌)·상(想; 생각)·행(行; 욕구, 의지)·식(識; 의식)의 다섯 가지를 가리킵니다. 이 다섯은 사람에게선 육체와 정신이고, 세계에서는 물질세계와 정신세계를 가리킵니다. 이 다섯 가지의 공통점은 분별하여 알 수 있다는 것입니다. 그러므로 오온은 중생이 경험하며 살아가는 중생세계를 나타냅니다.

공(空)은 텅 비었다는 뜻이지만, 여기서의 공은 우주의 물리적인 공간(空間)을 가리키는 것이 아니라, 마음에서 분별되는 것이 아무것도 없어서 마음이 텅 비었다는 뜻입니다. 마음이 텅 비었다는 것은 마음에 분별이 없다는 것이고, 마음에 담고 있는 생각이 없다는 것이고, 마음이 분별에서 벗어났다는 뜻입니다. 《반야심경》 다섯 번째 줄에 "얻을 것이 없다."(無所得), "마음에 가로막는 것이 없다."(心無罣碍), "꿈 같은 어리석은 생각에서 멀리 벗어나 마침내 모든 것이 사라진다."(遠離顚倒夢想, 究竟涅槃.) 등의 구절이 나오는데, 이것이 바로 마음이 텅 빈 공(空)을 가리킵니다.

우리는 오온 즉 물질과 정신이라는 온갖 분별세계를 경험하면서 살아가는데, 우리 마음이 이런 온갖 분별을 하면서 살아도 마음은 본래 텅 비어서 아무것도 없다는 사실을 말하는 것이 "오온이 전부 공이다."라는 구절입니다. 우리에게 분별되는 세계가 사실은 텅 비어서 아무것도 없다는 사실을 깨달아 확인한 것이 반야바라밀이라는 지혜이고, 이런 지혜가 있다면 모든 고통에서 벗어난다고 말하는 것이 《반야심경》 첫 번째 문장입니다.

우리가 경험하는 세계는 마음이 경험하는 세계입니다. 우리들 중생은 경험되는 세계의 온갖 것에 얽매여 있습니다. 자기 몸에 얽매여 있고, 자기 마음에 얽매여 있고, 바깥 세상의 온갖 일에 얽매여 살고 있습니다. 그러므로 몸이나 마음이나 세상의 일들이 우리를 늘 괴롭힙니다. 몸은 건강에 대한 욕구, 질병에 대한 두려움, 남에게 보이는 몸의 모습에 대한 스트레스, 쾌적하거나 피로한 문제, 식욕·성욕·수면욕 등 욕구가 주는 괴로움 등으로 우리를 괴롭힙니다. 마음은 기분, 느낌, 감정, 생각 등으로 우리를 괴롭힙니다. 이 세상의 온갖 문제들은 늘 우리를 괴롭힙니다.

우리 중생이 괴로운 이유는 몸과 마음과 세상의 이런 온갖 일들에서 우리가 벗어날 수 없다는 사실 때문입니다. 만약 우리가 몸과 마음과 세상에서 벗어나 몸과 마음과 세상에 영향을 받지 않을 수 있다면, 괴로울 까닭이 전혀 없습니다. 모든 것에서 벗어나 모든 것이 마치 강 건너 남의 일처럼 되어 나와는 상관이 없다고 여겨진다면, 우리가 이런 모든 것 때문에 고통스러울 이유가 없는 것이지요.

그래서 불교에서는 중생세계인 세간에서 벗어나 부처세계인 출세간으로 들어가라고 말합니다. 그런데 세간이나 출세간이 외부의 물리적인 세계에 존재할까요? 당연히 아닙니다. 인간이 사는 물리적인 세계는 우리가 아는 이 지구 하나뿐이고, 지구에 세간의 구역이 따로 있고 출세간의 구역이 따로 있을 수는 없습니다. 앞에서도 말했듯이 세간도 출세간도 모두 마음의 세계에 해당합니다.

사람에게는 몸이 하나뿐이듯이 마음도 하나뿐입니다. 하나의 마음에 세간이 있고 출세간이 있는 것입니다. 세간의 마음은 오온이라고 하듯이 몸·느낌·생각·의욕·의식 등으로 분별되는 마음입니다. 출세간의 마음은 아무것도 없이 텅 빈 공(空)의 마음입니다. 하나의 마음에 온갖 분별이 나타나기도 하지만, 또한 마음은 텅 비어 있기도 합니다.

우리 마음의 이런 양면을 불교에서는 흔히 거울이나 투명한 수정구슬인 마니주에 비유합니다. 텅 빈 거울에는 온통 비친 모습인 영상(影像)이 나타나 있습니다. 거울을 보면 텅 빈 거울은 보이지 않고 온갖 모습으로 가득 차 있습니다. 그러나 온갖 모습들로 가득 차 있는 거울은 사실 텅 비어 있습니다. 투명한 수정구슬도 마찬가지입니다. 투명한 수정구슬을 보면 역시 온갖 모습이 나타나 보이지만, 사실은 구슬 속에는 아무것도 없이 투명합니다.

우리 마음도 그와 같아서 마음은 텅 비어 있지만, 텅 빈 마음에는 세계의 모든 것이 나타나 있습니다. 마치 거울의 텅 빈 모습을 볼 수 없고 수정구슬의 투명함을 볼 수 없는 것처럼, 우리는 마음이 텅 비어 있음을 알지 못합니다. 우리 마음은 세계의 온갖 모습들로 가득 차 있습니다. 우리 마음은 우리 앞에 나타나는 세계의 모든 것을 분별하여 아는 것이 기본적인 기능입니다. 이렇게 분별하여 아는 마음이 바로 중생의 분별심입니다.

　그러나 우리 마음에 이런 분별심만 있는 것이 아닙니다. 분별하지 않고 분별을 벗어난 세계를 깨닫는 부처의 마음도 있습니다. 분별함 없이 활짝 깨어 있는 마음이 있는데, 이것이 바로 분별하는 마음의 본바탕입니다. 분별하는 마음이 거울에 나타난 모습을 보는 마음이라면, 분별함 없이 깨어 있는 본바탕 마음은 텅 빈 거울 자체입니다. 텅 빈 거울에 온갖 모습이 나타나듯이, 텅 빈 마음바탕에 세계의 삼라만상이 나타나 있습니다.

　그러므로 중생이 깨달아 부처가 되는 것은 마음이 분별에서 벗어나 텅 빈 마음바탕이 확인되는 체험입니다. 다시 말해, 생각하는 마음에서 벗어나 생각 없는 마음이 드러나는 체험입니다. 거울에 나타나는 모습은 허망하고 텅 빈 거울이 진실이듯, 마음에서 분별을 벗어나 텅 빈 마음을 깨달으면 분별되는 삼라만상은 허망하고 분별을 벗어난 텅 빈 마음이 진실하다는 사실이 확인됩니다.

　분별되는 세계를 벗어나 텅 빈 마음이 진실함이 확인되면, 분별되는 세계의 온갖 일들에서 풀려나 해탈하게 됩니다. 세계의 삼라만상은 허망해져서 저절로 집착이 떨어지므로 세계에서 벗어나게 되는데, 이것이 바로 세간을 벗어나 출세간으로 들어가는 것이고, 또 이쪽 언덕에서 벗어나 저쪽 언덕에 이르는 도피안(到彼岸)입니다.

　거울이 텅 비어 있다는 사실을 알아도 거울을 보면 텅 빈 거울에는 여전히 온갖 모습이 나타나 있습니다. 마찬가지로 분별에서 벗어나 텅 빈 마음을 깨달았더라도, 텅 빈 마음에는 여전히 세계의 삼라만상이 이전처럼 그대로 나타나 있습니다. 그러므로 오온이라는 분별세계 그대로가 공(空)이라고 말한 것입니다.

즉, 분별되는 온갖 모습으로 가득한 세계 그대로가 아무것도 없는 공(空)입니다. 이것이 바로 "색이 바로 공이고 공이 바로 색이다."라는 색즉시공 공즉시색(色卽示空 空卽示色)입니다. 다시 말해, 온갖 것으로 가득 찬 분별세계 그대로가 곧 아무것도 없이 텅 빈 공(空)이라는 사실이 우리가 분별망상에서 벗어나 깨달아서 확인하는 이 세계의 실상(實相)입니다.

이러한 실상을 깨달으면 언제나 어디서나 온갖 것이 나타나지만 또한 본래부터 아무것도 없이 텅 비고 깨끗하기 때문에, 온갖 것에 얽매여 시달리는 고통은 사라지고 없는 것입니다. 이것이 깨달아서 분별에서 벗어나면 모든 것이 남김없이 다 사라지는 무여열반(無餘涅槃)입니다. 깨달아 분별에서 벗어나 아무것에도 얽매이지 않는 마음이 고통 없이 활짝 깨어 있는 것이 바로 깨달음의 지혜인 반야바라밀다이고, 부처님 가르침의 핵심적 내용입니다.

《반야심경》의 두 번째 문장인 "사리자여, 색(色)은 공(空)과 다르지 않고 공은 색과 다르지 않으며, 색이 곧 공이고 공이 곧 색이다. 수·상·행·식도 그와 같다."(舍利子, 色不異空空不異色, 色卽是空空卽是色, 受想行識亦復如是.)라는 문장이 나타내는 것이 바로 깨달아서 확인하는 세계의 실상을 나타내는 말입니다. 분별세계인 색수상행식의 오온이 모두 분별 없는 공이라는 사실을 말하고 있는데, 이것이 바로 깨달아 확인되는 우리 마음세계의 진실입니다.

《반야심경》의 세 번째 문장과 네 번째 문장은 공(空)을 더욱 강조하여 말하고 있습니다.

"사리자여, 이 모든 것은 공(空)인 모습이니, 생기지도 않고 없어지지도 않으며, 더러워지지도 않고 깨끗해지지도 않으며, 늘어나지도 않고 줄어들지도 않는다."(舍利子, 是諸法空相, 不生不滅, 不垢不淨, 不增不減.)

분별되는 모습은 생기거나 사라지거나 더러워지거나 깨끗해지거나 늘어나거나 줄어들지만, 분별을 벗어나 텅 빈 공은 그렇게 될 수 없습니다. 그러므로 이 문장은 "생겨나는데 생겨나지 않고 사라지는데 사라지지 않으며, 더러워지는데 더러워지지 않고 깨끗해지는데 깨끗해지지 않으며, 늘어나는데 늘어나지 않고 줄어드는데 줄어들지 않는다."는 말입니다.

"그러므로 공(空) 속에는 색(色)도 없고 수(受)·상(想)·행(行)·식(識)도 없으며, 눈·귀·코·혀·몸·마음이 없으며, 색깔·소리·냄새·맛·촉감·생각이 없으며, 눈으로 보는 세계에서 마음으로 의식하는 세계까지가 없으며, 중생의 어리석음도 없고 중생의 어리석음에서 벗어나는 일도 없으며, 나아가 늙어 죽음도 없고 늙어 죽음에서 벗어나는 일도 없으며, 부처님의 가르침도 없고 깨달음의 지혜도 없고 또 얻는 것이 전혀 없다."(是故, 空中, 無色無受想行識, 無眼耳鼻舌身意, 無色聲香味觸法, 無眼界乃至無意識界, 無無明亦無無明盡, 乃至無老死亦無老死盡. 無苦集滅道, 無智亦無得.)

분별에서 벗어난 공(空)에는 아무것도 없다는 것입니다. 중생도 없고 부처도 없고, 중생세계도 없고 부처세계도 없고, 중생의 어리석음도 없고 부처의 지혜도 없습니다. 분별에서 벗어나면 아무것도 없으니, 좋은 것도 없고 나쁜 것도 없습니다. 그러므로 공(空)에서는 번뇌가 있을 수 없습니다. 좋은 것도 없고 나쁜 것도 없고 좋아할 것도 없고 싫어할 것도 없으므로, 번뇌가 있을 수 없습니다.

분별에서 벗어난 공(空)에는 아무것도 없지만, 분별하면서 분별에서 벗어나 있으므로 있음과 없음이 둘이 아닙니다. 눈이 있는데 눈이 없고, 귀가 있는데 귀가 없고, 색깔이 있는데 색깔이 없고, 소리가 있는데 소리가 없고, 늙고 병들어 죽는데 늙고 병들어 죽음이 없는 것입니다. 이처럼 분별을 벗어나면 있음과 없음이 둘이 아닌 불이중도(不二中道)가 성취됩니다.

분별에서 벗어난다는 것은 주관과 객관의 관계에서 벗어난다는 뜻이기도 합니다. 주관과 객관의 관계가 있다면, 언제나 주관이 객관을 분별합니다. 주관과 객관이라는 말의 뜻이 그러합니다. 분별에서 벗어나면 주관도 없고 객관도 없으므로, 안팎이 없다고 하기도 하고, 또 주관인 '나'도 없고 객관인 대상도 없다고 하여 아공법공(我空法空)이라 하기도 합니다. 주관과 객관이 사라져서 모든 분별에서 벗어나면, 텅 비어서 아무것도 없는 열반이니 사실 마음이라고 할 것도 없습니다. 《반야심경》의 다섯 번째 문장이 이런 내용을 말하고 있습니다.

"얻는 것이 없기 때문에 보살은 반야바라밀다에 의지하는데, 그 때문에 마음에는 걸리는 것이 없고, 걸리는 것이 없기 때문에 두려움도 없고, 꿈 같은 어리석은 생각에서 멀리 벗어나니, 마침내 모든 것이 사라진 열반이다."(以無所得故, 菩提薩埵, 依般若波羅蜜多故, 心無罣碍, 無罣碍故, 無有恐怖, 遠離顚倒夢想, 究竟涅槃.)

마음에서 얻는 것이 없다는 말은 곧 마음에 분별되는 것이 없다는 말입니다. 마음에서 모든 분별을 벗어나 마음에 아무것도 없는 것이 곧 깨달은 사람인 보살이 의지하는 도피안의 지혜입니다. 마음이 분별에서 벗어나 텅 빈 공이라는 사실이 밝혀지는 것이 바로 깨달음이라는 말입니다. 텅 빈 마음에는 아무것도 없으니 두려움이 생기지 않아서 번뇌가 없고, 텅 빈 마음은 모든 생각에서 멀리 벗어나 모든 생각이 사라지고 열반이 성취된 마음입니다.

반야바라밀은 분별세계인 세속을 벗어나 출세간인 저쪽 언덕에 이른 지혜라는 뜻으로서 곧 깨달음을 나타내는 말입니다. 분별에서 벗어나면 분별하는 것과 분별 없는 것이 동일하여 분별하면서 분별이 없고 분별이 없으면서 분별하는 불이중도(不二中道)가 성취됩니다. 반야바라밀은 불이중도의 깨달음인 것입니다. 그리하여《반야심경》에서는 이렇게 말합니다.

"과거 · 현재 · 미래의 모든 부처님은 반야바라밀다에 의지하기 때문에 최고의 올바른 깨달음을 얻는다."(三世諸佛, 依般若波羅蜜多故, 得阿耨多羅三邈三菩提.)

똑! 똑! 똑! 여기에는 한마디 말도 없습니다.

26. 부처와 공자의 가르침이 같은가요?

똑! 똑! 똑! 여기에 있어야 말에 속지 않습니다.

가끔 부처님의 가르침인 불교와 공자님의 가르침인 유교가 본질적으로 같은 가르침이 아니냐고 묻는 사람이 있습니다. 옛날의 문헌에서도 유불도(儒佛道) 삼교(三敎)를 회통한다고 하여, 유교, 불교, 도교의 가르침이 본질적으로 다름이 없다는 주장이 가끔 보입니다.

과연 그럴까요? 결론적으로 말하면, 부처님의 가르침과 공자님의 가르침은 매우 다릅니다. 어떤 면에서 다른지를 몇 가지로 간단히 살펴보겠습니다.

첫째, 불교는 출세간에 대한 가르침이고, 유교는 세간에 대한 가르침입니다.

불교의 목표는 분별세계인 세간에서 벗어나는 해탈인 반면에, 유교는 세간에서 더욱 도덕적인 삶을 살고 더욱 살기 좋은 사회의 건설을 목적으로 한 공부입니다. 유교의 가르침을 간단히 말하면 극기복례와 수기치인이라고 할 수 있습니다. 극기복례(克己復禮)는 자신을 이겨 내고 예의를 실천한다는 뜻이고, 수기치인(修己治人)은 자신을 수양하여 백성을 다스린다는 뜻입니다. 극기복례는 자신의 이기심을 이겨 내고 남을 먼저 고려하는 예의를 실천하는 것으로서 개인의 인품을 수양함을 가리키는 말이고, 수기치인은 자신의 인품을 수양하여 그 인품을 바탕으로 도덕적인 정치를 실현하여 나라를 평화롭게 만든다는 통치자의 역할을 가리키는 말입니다.

이렇게 보면 유교는 개인의 인품을 도덕적으로 만드는 수양과 국가사회를 평화롭게 만드는 좋은 정치를 목적으로 하는 가르침이므로, 순전히 세속적인 가치를 실현하라는 가르침입니다. 반면에 불교는 악을 버리고 선을 추구하라는 도덕이나 예의나 정치를 말하지 않고, 오로지 한 개인의 인간적인 고통과 한계에서 벗어나 영원한 구원을 얻으라는 종교적 가르침입니다.

둘째, 불교에서는 마음의 본성이 분별할 수 없어서 불가사의하고 미묘하다고 말하고, 유교에서는 마음의 본성이 선(善)하거나 악(惡)한 도덕적인 것이라고 말합니다.

불교에서는 마음의 본성을 진여자성이라고 하는데, 진여자성은 분별할 수 없어서 불가사의하고 분별되는 것이 없어서 텅 빈 허공과 같다고 하고, 분별에서 벗어나 진여자성을 깨달으면 분별이 만드는 온갖 번뇌와 어리석음과 삶과 죽음의 문제에서 벗어난다고 합니다.

여기에 비해 유교의 경우, 공자(孔子)는 인간의 마음에 남을 사랑하는 인(仁)이 있다고 하여 인간의 마음이 선(善)하다 하였고, 맹자(孟子)도 공자를 따라 인간의 마음은 본래 선(善)하기 때문에 그 선한 마음을 잘 계발하여 발휘하도록 교육하고 다스려야 한다고 주장하였고, 순자(荀子)의 경우에는 인간의 마음은 본래 이기심으로 가득 차 악(惡)하기 때문에 그 악한 이기심을 이겨 내고 예의를 실천하도록 교육하고 다스려야 한다고 합니다.

역시 불교는 삶과 죽음이라는 인간의 숙명적인 고통에서 벗어난다는 종교적인 가르침인 반면에, 유교는 악을 극복하고 선을 실천한다는 도덕적인 가르침입니다.

셋째, 불교의 이상적 인간상은 세간을 떠난 부처이고, 유교의 이상적 인간상은 세간을 다스리는 성인(聖人)입니다.

불교에서는 중생과 부처라는 두 인간상을 말하는데, 중생은 진여자성을 깨닫지 못하여 어리석게 분별을 따라서 차별세계를 헤매며 삶과 죽음이라는 고통을 받고 있다고 하고, 부처는 자기 마음의 본성인 진여자성을 깨달아 분별을 벗어나 차별세계에서 살더라도 삶과 죽음의 고통 없이 해탈해 있다고 합니다.

유교에서는 소인과 성인군자라는 두 인간상을 말하는데, 소인은 성인의 가르침을 배우지 못하여 자신의 욕망과 감정을 이기지 못하는 사람이라 하고, 자기의 욕망과 감정을 극복하고 예의를 실천할 줄 아는 사람을 성인(聖人) 혹은 군자(君子)라 합니다. 성인군자는 자기를 수양하여 훌륭한 인격과 능력을 갖추는 개인의 수양에 그치지 않고, 그 인품과 능력으로 나라를 다스려 태평성대를 이루는 정치를 실천해야 한다고 합니다.

넷째, 불교의 깨달음 공부는 분별하여 아는 길이 가로막혀서 아무것도 모르는 의단 속에 있다가 문득 분별심이 극복되는 불사의한 무위(無爲)의 체험이고, 유교의 성인되는 공부는 사실을 접하여 그 내용을 잘 알고 성실한 뜻으로 마음을 바르게 하는 의도적인 노력에 의한 유위(有爲)의 공부입니다.

불교에서는 부처가 되려고 하면 먼저 부처님의 가르침을 믿고 부처님의 가르침을 따라 공부하여 자신의 생각을 벗어나 마음의 불가사의한 진여자성을 깨달아 모든 번뇌망상이 사라지도록 해야 합니다. 진여자성을 깨닫기 위해서는 자신의 생각에서 벗어나야 하는데, 자신의 생각에서 벗어나는 경험은 자신의 의도적인 노력이 소용없게 되고 생각할 수도 없고 어떻게도 할 수 없는 상황에 부닥쳐서 생각이 저절로 쉬어지는 무위(無爲)의 경험입니다.

유교에서 성인군자가 되는 공부는 성인의 말씀을 배우고 자신의 마음과 행동을 늘 돌아보고 반성하며 성인의 가르침을 열심히 실천하는 것이므로, 자기가 가야 할 바른 길을 잘 알아야 하고, 그 바른 길을 잘 실천해야 하고, 나아가 올바로 실천하고 있는지 반성해 보아야 하므로, 유교의 공부는 자신의 의도적인 노력이 필요한 유위(有爲)의 공부입니다.

간단히 말해, 불교는 고통에 물든 세속적 삶의 속박을 벗어나 해탈을 얻어 삶과 죽음 속을 헤매는 인간의 한계에서 벗어나려는 세속에서 벗어남을 지향하는 종교이고, 유교는 사람의 마음을 도덕적으로 만들어 세속을 더욱 살기 좋은 사회로 만들려는 도덕 교육이고 정치 사상인 세간의 공부입니다.

이런 사실은 불교의 창시자인 석가모니와 유교의 창시자인 공자의 삶을 보아도 분명히 드러나 있습니다. 석가모니는 왕자라는 세속사회의 지위를 포기하고 무소유의 수행자로서 일생을 살면서 정치에는 관여하지 않았지만, 공자는 자신의 도덕 사상을 정치적으로 실현하기 위하여 평생 여러 나라를 찾아다니며 왕들을 설득하려고 했던 사람입니다.

똑! 똑! 똑! 여기에는 한마디 말도 없습니다.

27. 과학이 불교의 진리를 증명하나?

똑! 똑! 똑! 여기에 있어야 말에 속지 않습니다.

요즈음 불교계에서 흔히 불교에서 밝혀 낸 진리를 현대 과학이 증명하고 있다고 주장하는 경우를 종종 봅니다. 현대과학 가운데 특히 양자역학이 불교가 밝힌 진리를 증명하고 있다고 많이 주장합니다. 과연 과학이 불교가 밝힌 진리를 증명하고 있을까요?

결론적으로 말하면, 이런 주장은 전혀 말이 되지 않는 엉터리 주장입니다. 불교와 과학은 목적이 다르고, 대상으로 삼는 영역이 다르고, 접근하는 방법이 다르고, 나타내는 말의 성격이 다릅니다. 그렇기 때문에 비록 불교의 말과 과학의 말 가운데 비슷한 구절이 있다고 하더라도, 그 내용은 근본적으로 다른 것입니다.

과학의 목적은 물질세계의 진실을 밝히려는 것이므로, 과학이 연구하는 영역은 우리가 눈, 귀, 코, 혀, 몸으로 경험하고 마음으로

536

분별하여 이해할 수 있는 분별세계인 물질세계이고, 과학의 연구방법은 관찰, 실험, 추론이라는 분별세계의 방법이며, 과학에서 하는 말은 누구나 관련 지식을 배워서 이해하거나 실험적으로 입증할 수 있는 사실에 대한 주장입니다.

반면에 불교를 공부하는 목적은 마음에서 번뇌의 고통을 벗어나 안락을 얻으려는 것이므로, 불교가 말하는 영역은 우리가 눈, 귀, 코, 혀, 몸으로 경험할 수 없고 마음으로 분별할 수 없는 분별에서 벗어난 마음세계이고, 불교를 공부하는 방법은 깨닫고자 발심하고 스승인 선지식을 찾아 그 가르침을 따르면 분별심인 생각이 막혀서 막막해하다가 어느 순간 불가사의하게 문득 분별에서 벗어나 해탈하는 방식이며, 불교에서 하는 말은 어떤 사실에 대한 주장이 아니라 분별인 생각에서 벗어나 깨달음으로 향하도록 이끄는 방편의 말이고, 불교의 말은 누구나 사유하여 이해하거나 실험적으로 입증할 수 있는 말이 아니고 오직 분별에서 벗어나 깨달은 사람만이 공감할 수 있는 방편의 말입니다.

이처럼 불교와 과학은 모든 면에서 전혀 다릅니다. 그러므로 비록 하는 말에 비슷한 구절이 보인다고 하더라도 그 내용은 전혀 다른 것입니다. 양자역학과 불교의 말이 비슷하다고 주장하는 사람들은 그 유사점으로 있음과 없음이 둘이 아니라는 중도(中道)라든가, 세계의 모든 것은 서로 연결되어 있다는 연기(緣起)라든가, 어떤 사물도 실체가 없다는 무자성(無自性) 등을 주로 말합니다.

그러나 언뜻 보아 말이 비슷하다고 하더라도, 불교에서 하는 말은 누구나 감각과 사유로써 분별할 수 있는 객관적 사실에 대한 주장이 아니라 오로지 깨달음으로 이끌기 위한 방편의 말일 뿐입니다. 반면에 과학에서 하는 말은 누구나 관련 지식을 배워서 이해하거나 실험으로 검증해 볼 수 있는 어떤 객관적 사실에 대한 주장입니다.

방편의 말을 달을 가리키는 손가락이라고 비유하는데, 깨달음인 달과 그것을 가리키는 손가락 사이에는 어떤 사실적 관계도 없습니다. 손가락은 다만 일시적으로 달을 가리킬 뿐이니, 달을 보면 될 뿐이고 손가락은 잊어야 하는 것입니다. 그러나 양자역학은 잊어야 할 방편이 아니라 잘 이해하고 실험적으로 증명해야 할 학문적 주장입니다.

똑! 똑! 똑! 여기에는 한마디 말도 없습니다.

7장
종교를 보는 바른 눈

1. 종교 생활의 세 가지 형태란?

똑! 똑! 똑! 여기에 있어야 말에 속지 않습니다.

인간사회에서 이루어지는 종교 생활의 형태를 나누어 보면 대체로 기복 종교, 도덕 종교, 초월 종교라는 세 가지를 말할 수 있습니다. 인간의 종교 생활은 세속적 복을 비는 것을 목적으로 하는 기복 종교(祈福宗教), 도덕적 삶을 목적으로 하는 도덕 종교(道德宗教), 세속을 초월하여 구원을 얻으려고 하는 초월 종교(超越宗教)로 나누어 볼 수 있다고 봅니다.

세속의 복을 비는 기복 종교는 세속적으로 나쁜 일을 없애고 좋은 일을 불러온다는 인간의 이기적인 세속적 욕망을 이루려는 욕망 추구가 본질이라고 할 수 있습니다. 기복 종교는 인간이 가질 수 없는 초자연적인 능력을 가진 신(神)을 믿고 그 신에게 의지하여 세속적인 복을 달라고 비는 형태입니다. 자연 속 사물에 깃들어 있다는 신령이나 조상신에게 복을 비는 무속(巫俗)과 같은 원시 신앙이 기복 신앙을 대표하고 있습니다.

541

그러나 고등 종교인 불교에서도 부처나 보살을 어떤 초인적인 존재로 여겨서 현세나 내세의 복을 비는 이들이 많고, 기독교에서도 하느님이니 창조주니 하는 초인적인 신에게 현세의 복이든 내세의 복이든 복을 비는 형태의 종교 생활을 하는 사람들이 대다수입니다. 아마도 전세계에 있는 온갖 종류의 종교를 믿는 대다수 사람이 기복 종교의 형태로 종교 생활을 하고 있다고 해도 과언이 아닐 것입니다.

도덕적으로 살려고 하는 도덕 종교는 자신의 이기심인 세속적 욕망을 억누르고 타인과 사회를 배려하는 도덕적 삶을 성취하려는 것이 본질이라고 할 수 있습니다. 사람들은 이기심을 억누르고 이타심을 발휘하여 타인과 사회를 배려하는 도덕적 행위를 높이 평가합니다.

자기를 극복하고 예의범절을 회복하자는 가르침을 근본으로 삼는 유교(儒敎)가 도덕 종교의 대표적인 형태입니다만, 불교나 기독교 같은 종교에서도 도덕적 삶을 요구하고 있으며 특히 성직자에게는 엄격하게 도덕적이기를 요구합니다. 그러나 불교나 기독교를 믿고 종교 생활을 하면서 도덕을 종교 생활의 근간으로 삼는 사람의 숫자는 기복을 근간으로 삼는 사람들에 비하여 적다고 해야 할 것입니다.

초월 종교는 세속적 욕망을 추구하거나 욕망을 억제한 도덕적 삶을 추구하는 것이 아니라, 세속에서 벗어나기를 바라는 종교입니다. 이기적이거나 이타적으로 살라는 가르침을 펼치는 것이 아니라, 그런 식으로 좋음과 나쁨으로 분별되는 세속에서 벗어나 좋음도 없고 나쁨도 없는 해탈을 얻으라고 가르치는 종교입니다.

세속에서의 좋은 삶을 아무리 추구하더라도 인간은 끝내 만족하지 못합니다. 아무리 부귀영화를 누리더라도 여전히 불안하고 불만족스럽고 삶과 죽음이 두렵고 부담스럽습니다. 그 까닭은 인간에게는 태어날 때부터 극복해야 하는 문제점이 있기 때문입니다. 이 근본적인 문제가 해결되지 않으면 인간은 결코 완전한 행복에 이를 수 없습니다.

이 근본적인 문제를 불교에서는 중생의 분별망상이라는 어리석음이라 하고, 기독교에서는 선악과를 먹고 선과 악을 알게 된 원죄라고 합니다. 선과 악을 분별하여 좋아하고 싫어하는 분별망상이라는 인간의 어리석음에서 벗어나 해탈하는 초월이 인간을 최종적으로 구원하는 것입니다. 불교나 기독교 같은 고등 종교의 본질은 이와 같은 초월 종교입니다.

똑! 똑! 똑! 여기에는 한마디 말도 없습니다.

2. 인간 번뇌의 근본 원인은 무엇일까?

똑! 똑! 똑! 여기에 있어야 말에 속지 않습니다.

인간이 가진 본질적인 문제는 무엇일까요? 삶이 즐겁기보다는 고통스럽고, 밝고 투명하기보다는 알 수 없이 의문스럽고, 안정되기보다는 불안하고, 만족스럽기보다는 불만족스럽다는 사실이 인간 삶의 문제입니다. 불교에서는 삶의 이런 온갖 문제를 통틀어 번뇌라고 합니다.

인간은 누구나 삶을 좋아하고 죽음을 싫어하지만 죽음을 피할 수 없고, 젊음을 좋아하고 늙음을 싫어하지만 늙음을 피할 수 없고, 즐거움을 좋아하고 괴로움을 싫어하지만 괴로움을 피할 수 없고, 확실한 것을 좋아하고 불확실한 의문을 싫어하지만 불확실한 의문을 피할 수 없고, 안정된 것을 좋아하고 불안한 것을 싫어하지만 불안을 피할 수 없고, 만족을 좋아하고 불만족을 싫어하지만 불만족을 피할 수 없습니다.

사람들은 이러한 번뇌 속에서 살아가는 것이 인간의 당연한 삶이라고 여기고 견디면서 살아갑니다. 그러나 사실은 이러한 번뇌 속에서 고통스럽게 사는 것이 당연한 것은 아닙니다. 오히려 당연한 것은 번뇌에서 벗어나 고통 없이 사는 것입니다. 모든 위대한 종교가 인간을 구원하는 것은 바로 고통스러운 번뇌가 없는 곳으로 인간을 이끌어 가는 것입니다. 그렇게 하려면 인간의 이런 온갖 번뇌의 원인을 정확하게 파악하여 그 번뇌의 원인에서 벗어나는 것입니다.

그러면 인간에게 있는 이러한 온갖 번뇌의 근본 원인은 무엇일까요? 불교에서는 인간번뇌의 근본 원인이 분별하여 아는 것이라는 사실을 밝혔습니다. 일반적으로는 인간이 고통스럽게 살 수 밖에 없는 원인을 자기중심의 이기심, 끝없는 욕망, 자기에 대한 집착인 아집(我執), 혹은 신의 명령을 듣지 않고 제멋대로 행동한 결과등이라고 합니다. 그러나 이기심과 아집에는 먼저 나와 남을 분별함이 있고, 욕망에는 먼저 좋음과 나쁨을 분별함이 있고, 신의 명령을 어김에는 먼저 나와 신을 분별함과 따름과 어김을 분별함이 있습니다.

이처럼 모든 문제의 가장 밑바닥에는 분별이 있습니다. '무엇'에 대한 분별이 없다면, 애초에 어떤 문제도 있을 수 없습니다. '나'와 '남'의 분별이 있어야 이기심이나 아집이란 문제가 있고, '나'와 '신'을 분별해야 순종과 어긋남이란 문제가 있고, '좋음'과 '나쁨'을 분별해야 욕망이라는 문제가 나타납니다. '나'와 '남'이 없고, '인간'과 '신'이 없고, '좋음'과 '나쁨'이 없다면, 어떤 문제도 있을 수 없습니다. 아무것도 없으면 아무런 문제도 없는 것이지요.

분별이 모든 문제의 근원이라는 사실을 밝힌 것이 불교의 가장 위대한 업적입니다. 분별이 모든 문제를 일으키는 것을 일러 불교에서는 "마음이 생기면 온갖 일도 생기고, 마음이 사라지면 모든 것이 다 사라진다."(心生種種法生, 心滅種種法滅.)라고 합니다. 중국 선종(禪宗)의 승찬 대사는 〈신심명〉첫 구절에서 "지극한 도는 어렵지 않으니, 다만 가려서 선택하지만 마라. 싫어하거나 좋아하지만 않으면, 막힘 없이 밝고 분명하리라."(至道無難, 唯嫌揀擇. 但莫憎愛, 洞然明白.)라고 하였습니다.

물론 불교에서만 분별이 문제의 근원이라고 말하는 것은 아닙니다. 기독교의 성서에서 아담과 이브가 에덴동산에서 내쫓기는 이유도 선악과를 먹고 선과 악을 분별할 줄 알았기 때문이라고 합니다. 브라만교의 경전인 《우파니샤드》에서는 참된 아트만을 말하면서

"이것도 아니고 저것도 아니다."(neti, neti.)라고 하였습니다.

　불교에서는 번뇌의 근본 원인을 찾았기 때문에 번뇌에서 벗어나
는 확실한 길도 제시하였습니다. 번뇌의 근본 원인이 분별이기 때
문에 분별에서 벗어나면 모든 번뇌에서 완전히 벗어납니다. 분별에
서 벗어나는 길은 분별할 수 없기 때문에 알 수가 없습니다. 어떻게
하면 분별에서 벗어나는지를 분별하는 마음으로 알 수는 없습니다.

　불교에서는 "좋은 것도 아니고 나쁜 것도 아니다." "옳은 것도 아
니고 그른 것도 아니다." "있는 것도 아니고 없는 것도 아니다." "이
것도 아니고 이것이 아닌 것도 아니다."라는 등의 말로써 분별할 수
없도록 만들기만 합니다. 분별할 수 없게 되면, 분별에서 벗어날 가
능성이 생기기 때문입니다. 그러나 분별할 수 없는 곳에서 어떻게
분별에서 벗어나는지를 말할 수는 없습니다. 분별할 수 없게 만들
면 저절로 분별에서 벗어나는 일이 일어나는 것을 일러, 파사현정
(破邪顯正)이라 합니다. 삿된 것을 부수는 것이 곧 바른 것을 드러내
는 것이라는 말입니다.

　선(禪)에서는 한 걸음 더 나아가서 분별할 수 없게 만들면서 동
시에 분별할 수 없는 진실을 바로 가리킵니다. 예컨대, 선사(禪師)
에게 "깨달음이 무엇입니까?" 하고 물으면, 선사는 "오늘은 날이 흐
리구나."라고 합니다. "오늘은 날이 흐리구나."라는 말을 분별하여
이 말에서 깨달음을 찾을 수는 없습니다. 그러나 "오늘은 날이 흐
리구나."라는 말은 분별할 수 없는 말이면서 동시에 분별할 수 없는
깨달음을 나타내고 있는 말이기도 합니다. 선에서는 분별을 부수는
파사와 분별에서 벗어난 깨달음을 드러내는 현정을 동시에 하고

있습니다. 이 점이 선이 대승불교의 경전보다 한 걸음 나아간 가르침입니다.

분별에서 벗어나면 모든 번뇌에서 벗어난다는 사실은 분별에서 벗어나 보아야 확인할 수 있는 말이지, 말만 듣고서 이해할 수는 없는 말입니다. 분별에서 벗어나는 것을 일러 해탈이라 하기도 하고, 열반이라 하기도 하고, 깨달음이라 하기도 합니다. 분별에서 벗어나는 해탈은 졸도한 사람처럼 의식이 없어서 분별이 없는 것은 아닙니다. 지금까지 살아온 것처럼 의식이 있는데도, 분별에서 벗어나 아무것도 없는 그런 불가사의한 경험입니다. 이런 경험을 불이중도(不二中道)라고 합니다. 분별이 있는데도 분별이 없으므로, 있음과 없음이 둘이 아니어서 불이(不二)이고, 있음에 머물지도 않고 없음에 머물지도 않기 때문에 중도(中道)라고 합니다. 깨달음은 불이중도입니다.

똑! 똑! 똑! 여기에는 한마디 말도 없습니다.

3. 인간의 구원이란 어떤 것인가?

똑! 똑! 똑! 여기에 있어야 말에 속지 않습니다.

종교는 인간을 구원한다는 말을 가끔 듣습니다. 구원(救援)이라는 말은 위험하고 고통스럽고 불행한 상황에서 구해 낸다는 뜻입

547

니다. 세속적으로는 구원이라는 말보다는 구출이라는 말을 일반적으로 사용하고, 구원이란 말은 기독교에서 주로 사용합니다. 불교에서 구원이라는 말과 같은 의미로 사용하는 말은 제도(濟度)입니다. 불행한 이쪽 언덕에 있는 중생을 언덕의 사이에 있는 물을 건너 행복한 저쪽 언덕으로 데려다준다는 뜻입니다. 그러면 인간을 구원하거나 제도하는 것은 어떤 일일까요?

기독교에서는 인간과 세계를 창조한 창조주와 에덴동산에서 함께 살던 인간이 선악과를 먹고서 선과 악을 분별하게 됨으로써 에덴동산에서 내쫓긴 것이 인간의 근본적인 불행이라고 하고, 선악과를 먹기 이전으로 돌아가 다시 에덴동산의 창조주에게로 되돌아가는 것을 구원이라고 합니다. 불교에서는 분별에 홀려서 분별을 따라 헤매는 것이 중생이 겪는 고통인 번뇌의 근본 원인이라 하고, 분별에서 벗어나는 해탈을 얻음으로써 모든 고통에서 벗어난다고 합니다.

기독교에서든 불교에서든 애초에 인간이 불행한 원인은 분별하여 좋음과 나쁨을 알게 된 것이라고 합니다. 즉, 인간이 불행해진 근본 원인은 내면인 마음의 분별에 있지, 외부의 물질적이거나 사회적인 것이 아닙니다. 인간이 불행해진 근본 원인이 마음에서 행해지는 분별이므로, 분별에서 벗어나는 것이 인간을 불행에서 건져내는 구원일 수밖에 없습니다. 종교적인 의미에서 인간이 안고 있는 근본적인 불행에서 벗어나는 구원의 길은 분별에서 벗어나는 것입니다.

똑! 똑! 똑! 여기에는 한마디 말도 없습니다.

4. 다시 살아난다는 것은?

똑! 똑! 똑! 여기에 있어야 말에 속지 않습니다.

종교에서 구원을 얻는다는 것은 이전의 사람이 죽고 새 사람으로 다시 살아나는 체험이라고 할 수 있습니다. 지금까지 어리석게 살아온 사람이 죽고, 지혜로운 사람으로 다시 살아난다고 할까요? 사람이 바뀌고 삶이 바뀌고 세계가 바뀌는 경험이라고 할 수 있습니다.

물질적인 세계는 그대로입니다. 육체도 이전과 똑같이 그대로이고 눈·귀·코·혀·몸·의식도 이전과 똑같이 그대로입니다. 그런데도 모든 것이 바뀌어서 새로운 세계, 새로운 사람, 새로운 삶이 펼쳐집니다. 눈앞에 나타나는 세계는 그대로인데, 이 세계가 이전과는 다르게 경험됩니다.

지금까지는 '나'도 실제로 있고 '내가 사는 세계'도 실제로 있었는데, 다시 살아나니 '나'도 허깨비고 '내가 사는 세계'도 허깨비여서 있지 않은 듯합니다. 지금까지는 '나'도 있고 '세계'도 있었는데, 다시 살아나니 '나'라고 할 것이 없고 '세계'라고 할 것도 없습니다.

지금까지는 집착과 번뇌 때문에 괴로웠는데, 다시 살아나니 집착도 없고 번뇌도 없어서 이런 것에 시달리는 괴로움은 없습니다.

지금까지는 탐내고 성내는 일이 사실이어서 괴로움이 되었는데, 다시 살아나니 탐내고 성내는 일이 꿈속의 일이어서 괴로움이 되지 않습니다. 지금까지는 욕심과 분노가 있었는데, 다시 살아나니 욕심도 없고 분노도 없습니다.

지금까지는 모든 것이 있었는데, 다시 살아나니 아무것도 없습니다. 정확히 말하면, 모든 것이 이전처럼 여전히 있는데, 아무것도 없습니다. 지금까지는 세계가 현실이었는데, 다시 살아나니 세계가 환상이고 꿈입니다. 이전에는 헛된 거짓도 있고 참된 진실도 있었는데, 이제는 헛된 거짓도 없고 참된 진실도 없습니다.

모든 것이 있는데도 아무것도 없으니, 어떤 것에도 시달리지 않고 두려움도 없고 괴로움도 없습니다. 이전처럼 태어나고 늙고 병들고 죽는 인생을 살고 있는데도, 묘하게도 태어난 적도 없고 늙음도 없고 병듦도 없고 죽음도 없습니다. 겉으로 드러나 경험되는 세계는 변함없이 그대로인데, 묘하게도 아무것도 없어서 아무런 문제가 없습니다.

이전에는 어떻게 살고 어떻게 죽을 것인가를 고민하면서 살았는데, 지금은 그런 생각이 전혀 없습니다. 온갖 일이 일어나는 세상을 살고 있지만, 누구라는 사람도 없고 무엇이라는 사물도 없습니다. 누구도 없고 아무것도 없는데, 모든 일이 일어나고 있습니다.

똑! 똑! 똑! 여기에는 한마디 말도 없습니다.

5. 영생이란 무엇인가?

똑! 똑! 똑! 여기에 있어야 말에 속지 않습니다.

인간은 예로부터 삶과 죽음을 벗어난 영원한 삶을 추구해 왔습니다. 인간에게 늙어서 병들어 죽는 것은 가장 큰 두려움이고 고통이기 때문입니다. 모든 지역의 신화에서 영원히 죽지 않는 신들이 등장하는 것도 인간의 이러한 욕망을 나타냅니다. 신화 같은 상상의 세계에서 인간은 죽음이 없는 삶을 꿈꾼 것이지요.

인간의 이러한 욕망은 종교에서 잘 나타나 있습니다. 모든 종교에서 죽음을 극복하는 길을 제시하고 있습니다. 예컨대, 중국 도교(道敎)에서는 영원히 살아서 죽지 않는다는 장생불사(長生不死)를 말하고, 기독교에서는 최후의 심판일에 부활한 사람은 영원히 죽지 않고 산다는 영생(永生)을 말하고, 불교에서는 삶과 죽음이 반복되는 윤회에서 벗어나는 해탈을 말하고 있습니다.

여기서 영원히 산다는 것이 어떤 것인지를 검토해 보겠습니다. 우선 무엇이 영원히 산다는 것인지를 따져 보면, 몸과 마음이 갖추어진 현재의 인간이 영원히 산다는 것, 몸은 죽어도 마음이 영원히 산다는 것, 몸은 죽고 마음이 살았다가 나중에 다시 몸을 받아서 영원히 산다는 것 등 세 가지로 영생을 말하고 있음을 알 수 있습니다.

몸과 마음으로 된 현재의 인간이 지금의 몸과 마음을 가지고 죽지 않고 영원히 산다는 주장은 중국의 도교에서 오랜 옛날에 주장했던 것입니다. 이들은 몸을 늙지도 않고 죽지도 않게 만들어 주는 불로불사(不老不死)의 약(藥)을 구하기도 하고, 썩는 음식을 피하고 썩지 않는 이슬만 먹기도 하고, 몸의 기운을 강하게 하는 훈련을 하기도 하고, 호흡을 수련하여 태아와 같은 생명력을 얻으려고 하기도 하는 등 몸을 늙지도 않고 죽지도 않는 것으로 만들기 위해 온갖 노력을 하였습니다.

그러나 몸이 늙지도 않고 죽지도 않는 사람은 전설 속에서만 등장할 뿐이고 현실에서는 없었습니다. 사실, 몸이라는 것은 생명체인데 모든 생명체는 본래 생기고 늙고 병들고 죽는 과정을 거쳐 간다는 것이 과학적으로 증명된 합리적이고 경험적인 사실입니다. 그리하여 송(宋)나라에 이르자 도교는 불교의 영향으로 몸은 늙어서 죽으나 마음은 영원히 산다는 식으로 교리를 바꾸게 됩니다. 그러나 몸이 죽고 난 뒤에 영원히 살고 있는 마음의 존재를 증명하지는 못하고 단지 그러한 주장만 하는 것으로 그쳤습니다.

몸은 죽고 마음이 살았다가 최후의 심판을 받고서 몸이 부활하여 몸과 마음을 가진 인간으로 영원히 산다는 주장은 기독교의 주장입니다. 이 주장 역시 그 진실성이 증명될 수 없는 단순한 주장일 뿐입니다. 몸이 죽은 뒤에 마음이 어딘가에 살고 있다는 사실이 증명된 적이 없고, 최후의 심판이란 알 수 없는 미래의 일이기 때문에 그 진실함을 증명할 길이 없습니다. 또 몸이 다시 살아나 영원히 산다는 주장은 생긴 것은 반드시 사라진다는 과학적 사실에도 부합하지 않습니다.

이처럼 몸과 마음이 영원히 죽지 않고 산다는 주장은 지금까지

인류의 역사에서 증명된 적이 없었고 지금의 과학적 지식으로도 실현 가능한 합리적인 주장이 아닙니다. 그러면 불교에서 말하는 삶과 죽음에서 벗어나 해탈한다는 것은 어떤 것일까요?

불교에서는 영원히 산다는 의미의 영생을 말하지는 않습니다. 다만 삶과 죽음이라는 고통에서 벗어난다는 해탈을 말할 뿐입니다. 불교에서는 인간이 본질적으로 안고 있는 고통을 생로병사(生老病死)의 넷이라고 합니다. 태어나고, 늙고, 병들고, 죽는 존재라는 사실이 인간의 피할 수 없는 근본적인 번뇌요 고통이라는 것입니다. 육체가 생로병사하느냐, 마음이 생로병사하느냐를 따지진 않습니다.

인간을 비롯한 모든 생명체가 반드시 생로병사의 과정을 거쳐 가는 것은 피할 수 없는 당연하고 자연스러운 사실인데, 왜 생로병사가 인간에게 고통이 될까요? 생로병사가 당연하고 자연스러운 일인데도 인간에게 고통이 되는 이유는 인간이 분별하기 때문이라는 사실을 불교에서는 밝혔습니다.

인간은 '나'라는 분별을 일으켜 나의 몸이 젊고 건강하게 영원히 살기를 바랍니다. '나'라는 생각도 분별이고, 젊음과 늙음, 건강과 질병, 삶과 죽음도 모두 분별입니다. 이러한 분별 속에서는 좋아함과 싫어함이 생깁니다. 젊음을 좋아하고 늙음을 싫어하며, 건강을 좋아하고 질병을 싫어하며, 삶을 좋아하고 죽음을 싫어합니다. 이렇게 좋아하고 싫어함을 우리는 너무나 당연하게 여깁니다. 분명히 젊고 건강한 몸이 늙고 병든 몸보다는 좋기 때문입니다.

그런데 여기에 우리 중생들이 잘 모르는 비밀이 있습니다. 이 비밀은 분별에서 벗어나 깨달은 사람만이 확인하게 되는 그런 일이기 때문에, 아직 깨닫지 못한 사람은 전혀 알 수 없는 일입니다. 분별에서 벗어나는 불가사의한 경험을 하여 모든 생각이 사라지면, 우리가 세상에서 겪고 있는 모든 일이 마치 꿈속의 일이나 환상 속의 일처럼 더이상 괴로움이 되지 않습니다.

늙고 병들고 죽는 일이 아무런 두려움이나 근심이 되지 않을 뿐만 아니라, 세상의 모든 일이 마치 아무런 상관없는 일처럼 괴로움을 일으키지 않습니다. 이렇게 되면 태어나서 늙고 병들어 죽는 과정을 살아가는데도 이런 삶이 전혀 번뇌가 되질 않습니다. 불교에서는 번뇌가 모두 사라진 것을 열반이라고 하는데, 경전에서 부처님은 생로병사가 곧 열반이라는 말을 합니다. 이것이 바로 불교에서 말하는 삶과 죽음에서 벗어나는 해탈입니다.

이러한 해탈은 깨달아 해탈해 본 적이 없는 중생이 전혀 알 수 없으며, 합리적으로 이해하기도 어렵습니다. 그러나 불교를 공부하여 분별에서 벗어나 생각에 대한 집착이 끊어져서 살아 보면 이런 사실이 진실이며, 우리가 안고 있는 삶과 죽음의 문제를 해결하는 합리적이고 실현 가능한 유일한 길이라는 사실을 알게 됩니다. '나'의 몸과 마음을 분별하여 '나'의 몸과 마음에 집착하면서 '나'의 몸과 마음이 영원히 살아가기를 바라는 것은 어리석은 중생의 허망한 상상이고 욕망일 뿐입니다.

참된 해결책은 영생이 아니라, 삶과 죽음에서 벗어나는 것입니다. 만약 영원히 산다고 하면 누가 영원히 사는 것일까요? 영생이 있다면, 누구의 영생일까요? '나'의 영생이겠지요. '나' 아닌 다른 사람이나 사물의 영생은 아무 의미가 없을 것입니다. 그러므로 영원한 삶이란 '나'에 집착한 어리석은 중생의 헛된 욕망일 뿐입니다. 영생이 있다면 영생하는 '나'가 있고, '나'가 있으면 '나'에 대한 집착이 있고, 집착이 있으면 번뇌에서 벗어나지 못합니다. '나'와 '나의 삶'에 대한 집착이 번뇌의 원인이지요.

'나'와 '나의 삶'에 대한 집착에서 벗어나야 번뇌의 고통이 없습니다. 집착에서 벗어나는 유일한 길은 앎에서 벗어나는 것입니다. 알지 못하고서 집착할 수는 없기 때문입니다. 앎에서 벗어나는 길은 분별과 생각에서 벗어나는 것입니다. 분별에서 벗어나면 '나'도 없고 삶과 죽음도 없으므로, 삶과 죽음도 없고 영생도 없어서 집착도 번뇌도 없습니다. 분별과 생각이라는 앎에서 벗어난 것은 분별, 생각, 앎이 없는 것이 아닙니다. 분별, 생각, 앎이 있어도 분별, 생각, 앎에서 벗어나는 불가사의하고 묘한 불이중도(不二中道)의 성취가 깨달음이고 해탈입니다. 삶과 죽음의 고통에서 벗어나는 유일한 길은 영생하는 것이 아니라, 이러한 불이중도의 성취입니다.

똑! 똑! 똑! 여기에는 한마디 말도 없습니다.

6. 진리가 너희를 자유롭게 한다고?

똑! 똑! 똑! 여기에 있어야 말에 속지 않습니다.

기독교의 성서에 "진리가 너희를 자유롭게 할 것이다."[167]라는 말이 있는데, 이 말은 사실 모든 종교에 해당하는 말입니다. 종교가 사람을 구원하는 것은 사람들이 얽매여 있는 온갖 헛된 생각에서 풀려나게 하여 모든 헛된 생각으로부터 자유롭게 살아가도록 하는 것입니다. 즉, 우리를 얽어매어 구속하는 것이 아니라, 우리를 풀어주어 자유롭게 만드는 것이 종교의 참된 본질입니다.

그런데 안타깝게도 현실에서 보면 거의 모든 종교가 자기만의 독단적인 교리를 가지고 사람들을 얽어매어 놓고 있음을 볼 수 있습니다. 이것은 종교의 가르침이 잘못된 것입니다. 병을 치유해야 할 약이 도리어 병을 만드는 꼴인 것입니다. 아마도 그 까닭은 생각에 물들어 살아온 중생들이 생각에 물들기는 쉬워도 생각에서 벗어나기는 어렵기 때문일 것입니다.

그렇다면 종교에서 말하는 자유는 어떤 것일까요? 기독교의 경우에 인간은 선악과를 먹고서 선과 악을 판단할 수 있게 됨으로써 자유를 잃고 얽매이게 되었습니다. 불교의 경우에 중생이 얽매여 있는 것은 망상(妄想) 즉 헛된 생각입니다. 이처럼 판단력, 분별력, 이해력이 바로 우리를 얽어매는 것입니다. 즉, 우리는 자기의 생각에 얽매여 자유가 없습니다. 그러므로 종교에서 말하는 자유는 자기의 생각으로부터의 자유, 즉 아는 것으로부터의 자유입니다.

좋음과 나쁨을 분별하여 판단하고 아는 것이 왜 우리를 얽어매는 나쁜 일인지를 사람들은 이해할 수 없습니다. 오히려 우리는 좋음과 나쁨을 잘 판단하고 분별하는 것이 세상을 살아가는 데에 꼭

---

167 요한복음 8:32.

필요한 좋은 일이라고 여깁니다. 그러나 종교에서는 이런 분별의 세계가 바로 천국에서 쫓겨난 죄인의 세계이고, 번뇌에 괴로워하는 어리석은 중생의 세계라고 합니다.

다시 말하면, 중생으로서 혹은 죄인으로서 살아가는 데에는 좋고 나쁨을 잘 판단하고 분별하여 좋은 것은 취하고 나쁜 것은 버리는 것이 반드시 필요한 일입니다. 그러나 중생을 벗어나고 죄를 벗어나려면 이처럼 분별과 판단에 의지하여 행동하면 안 됩니다. 도리어 분별에서 벗어나고 판단에서 벗어나야 비로소 우리가 모르고 있었던 진리의 세계로 들어갑니다.

종교의 경전에 나오는 가르침은 분별에서 벗어나고 생각에서 벗어나도록 이끄는 뗏목과 같고 약과 같습니다. 경전의 가르침을 따르는 것은 뗏목을 타고 분별의 이쪽 언덕에서 분별을 벗어난 저쪽 언덕으로 건너가는 것과 같고, 분별망상이라는 병을 치료하는 약을 먹는 것과 같습니다.

외면적인 세계에서 자유라고 하면, 사상의 자유, 언론의 자유, 거주 이전의 자유, 사유재산의 자유 등 정치적이거나 경제적인 자유를 말합니다만, 종교에서의 자유란 내면의 자유입니다. 외면에서는 정치적 경제적 굴레가 우리를 얽어매지만, 내면에서는 자기의 생각이나 견해가 우리를 얽어맵니다. 즉, 자기의 세계관, 인생관, 가치관에 우리는 얽매여 살고 있습니다.

종교를 통한 인간의 구원은 그 내면에서 이루어집니다. 불교에서는 애초에 분별하여 생각하는 것이 중생을 만든다고 하고, 기독교에서는 선과 악을 분별하여 판단하는 것이 죄를 짓는 것이라고 했는데, 이것은 내면의 문제입니다. 문제가 내면에 있으니 해결도 내면에서 해야 합니다. 내면에 있는 문제는 분별에 얽매인 것이니, 분별에서 벗어나는 것이 문제의 해결입니다.

우리는 자기의 세계관, 인생관, 가치관에 의지하여 세상을 봅니다. 그러므로 같은 세상의 같은 일도 제각각 다르게 봅니다. 각자 자기가 보고 싶은 대로 보는 것이죠. 그러므로 세계를 있는 그대로 보지 못합니다. 이것이 우리의 어리석음입니다. 세계를 있는 그대로 보려면 어떤 관점이나 견해나 생각에 의지하지 않고 세계를 보아야 합니다.

마치 거울이 세계를 비추는 것과 같다고 할까요? 우리가 관점과 견해를 가지고 세계를 보면 우리는 보고 싶은 것만 보게 됩니다. 그러나 거울은 아무런 관점도 견해도 없으므로 있는 그대로 왜곡 없이 보게 됩니다. 이렇게 세계를 보는 것이 바로 지혜입니다.

마음에 아무런 견해나 관점 없이 세상을 보는 것은 지혜이기도 하고 또 모든 번뇌에서 벗어난 해탈이기도 합니다. 마음이 거울처럼 텅 비어 아무런 생각이 없으면, '나'라는 생각도 없고 '나의 것'이라는 생각도 없기 때문에 어떤 번뇌도 괴로움도 없습니다. 모든 번뇌와 괴로움은 '나'와 '나의 것'에 대한 집착 때문에 생기기 때문입니다.

이처럼 '나'와 '나의 것' '나의 생각' '나의 견해'가 없어서 이런 것들에 얽매이지 않는 것이 바로 내면의 자유입니다. 종교는 분별에서 벗어나도록 이끌어서 모든 생각에서 벗어난 자유를 누릴 수 있게 하는데, 이것이 바로 "진리가 너희를 자유롭게 하리라."는 말의 뜻입니다.

종교에서 말하는 진리는 진리라는 어떤 것이 있는 것이 아니라, 바로 마음이 분별에서 벗어나도록 하여 어디에도 얽매임이 없는 자유를 얻도록 하는 것이 바로 진리입니다. 만약 진리라는 무엇을 얻어야 한다면, 다시 진리라는 것에 얽매여 자유가 없을 것입니다.

그러므로 에덴동산으로 되돌아가려면 선과 악을 분별하기 이전으로 돌아가야 하고, 부처가 되려면 분별에서 벗어나 마음이 텅 비어야 합니다. 분별에서 벗어나고 마음이 텅 비게 되는 불가사의한 체험이 바로 깨달음이고 구원입니다. 이렇게 분별에서 벗어나면, 분별하면서도 분별이 없고, 모든 것이 있으면서도 아무것도 없고, 인간이면서도 인간이 아닌 불이중도의 불가사의한 세계를 살아가게 되는데, 이것이 바로 영원한 자유입니다.

똑! 똑! 똑! 여기에는 한마디 말도 없습니다.

7. 우상파괴란 무엇인가?

똑! 똑! 똑! 여기에 있어야 말에 속지 않습니다.

종교계에서 흔히 우상파괴라는 말을 하는 것을 봅니다. 우상을 부수어야 한다는 뜻입니다. 우상(偶像)이라는 말의 뜻을 사전에서 찾아보면, '믿음이나 의미를 부여하여 만든 모습' '숭배의 대상이 되는 물건이나 사람' 등으로 되어 있습니다. 요컨대, 우상이란 믿음과 숭배의 대상이 되는 어떤 것이라고 하겠습니다.

그러면 왜 이런 우상을 파괴하라고 할까요? 우리는 일반적으로 잘못된 믿음과 숭배의 대상이기 때문에 부수어야 하는 것으로 알고 있습니다. 예컨대, 기독교의 경우 자기들이 믿고 숭배하는 하느님의 형상이 아닌 다른 종교의 형상을 우상이라고 하여 부수라고 하는 것으로 알고 있습니다.

그러나 이렇게 이해한다면, 제대로 된 이해가 아닙니다. 우리의 마음이 온갖 헛된 생각에서 벗어나 자유로워지도록 이끄는 것이 종교이기 때문에, 우리의 마음을 얽어매는 모든 것이 전부 우상입니다. 우리 마음을 얽어매고 있는 생각, 견해, 관점 등이 모두 우상인 것입니다. 그러므로 참된 우상파괴는 우리 마음이 분별에서 벗어나 어떤 생각이나 관점에도 걸림 없이 자유로워지는 것입니다.

옛 스님이 말했습니다.

"어리석은 사람은 사물은 없애고 마음은 가지고 있지만, 지혜로운 자는 마음이 없고 사물을 없애지는 않는다."[168]

우상이 밖에 있는 것이 아니라, 자기의 분별하는 마음이 바로 우상이라는 말씀입니다. 자기의 분별하는 마음이 깨달음을 가로막고 자유를 가로막으니 부수어야 할 우상이라고 할 수 있습니다. 자기

---

168 《황룡회당심화상어록(黃龍晦堂心和尙語錄)》의 상당법어(上堂法語) 가운데 한 구절.

의 생각, 자기의 견해, 자기의 관점이 자기를 얽매고 있으니, 바로 우상입니다. 어리석은 사람은 자기의 생각을 믿고 자기의 견해와 관점을 숭배하므로, 자기의 생각과 견해와 관점이 바로 부수어야 할 우상인 것입니다.

이처럼 우상의 파괴란 곧 자기의 생각, 견해, 관점을 부수는 것인데, 이렇게 하려면 분별하는 마음에서 벗어나야 합니다. 분별하는 마음에서 벗어나는 길은 자기가 알 수 없습니다. 안다면 그렇게 아는 것이 바로 분별이기 때문이죠. 알 수 없는 곳에서 스승의 가르침을 듣고 또 들으면, 어느날 문득 분별에서 벗어나는 불가사의한 체험을 합니다. 이것이 바로 참된 우상파괴입니다.

똑! 똑! 똑! 여기에는 한마디 말도 없습니다.

8. 참 종교와 거짓 종교란?

똑! 똑! 똑! 여기에 있어야 말에 속지 않습니다.

종교의 목적은 고통 속에서 살아가는 사람을 구제하는 것입니다. 종교에서 말하는 고통이란 육체적이거나 사회적인 고통을 말하는 것이 아닙니다. 육체적이거나 사회적인 고통에서 사람을 구제하는 역할은 세속의 정치가 담당하고 있습니다. 종교에서 말하는 인간의 고통은 개인의 내면의 고통, 즉 마음의 고통입니다.

마음이 불안하고, 근심과 걱정에 시달리고, 자기의 모든 것이 만족스럽지 않고, 후회가 밀려오고, 자기의 진실이 뭔지를 알지 못하여 의문 속에 있고, 삶의 진실이 뭔지를 알지 못하여 어떻게 살아야 할지가 고민되고 하는 등의 마음의 불편함이 바로 종교에서 말하는 고통입니다. 마음의 고통은 마음에서 해결해야 합니다. 이처럼 종교의 구원은 내면의 일입니다.

내면의 고통에서 해방시켜 주는 종교가 참 종교이고, 그렇지 못하면 종교로서의 역할을 하지 못하는 거짓 종교입니다. 내면의 고통은 분별하여 알기 때문에 일어납니다. 분별하여 '나'와 '남'을 알고, '나의 것'과 '남의 것'을 알고, '나'와 '나의 것'에 집착하기 때문에 고통이 일어납니다.

분별하고 생각하여 그 생각에 집착하므로, 그 생각과 같지 않은 경우를 보면 분노하고 괴로워합니다. 또 분별은 '나'라는 생각을 만들어 '나'를 중심에 놓고 '나'에게 집착하도록 합니다. 그러면 자존심이 만들어지고 자기를 중심에 놓고 자기에게 집착하게 되는데, 이런 일들이 모두 우리를 괴롭힙니다.

이런 분별이 없다면 좋아할 것이 없고 싫어할 것이 없으니, 고통이 일어날 까닭이 없습니다. 그러므로 참 종교는 우리를 분별에서 벗어나도록 이끌어 줍니다. 참 종교는 우리를 분별, 생각, 견해, '나'와 '나의 것'이라는 생각 등에서 벗어나도록 이끌어 줍니다. 그러지 못하고 도리어 어떤 생각, 견해를 심어 주어 그런 생각과 견해에 집착하도록 만드는 종교는 모두 우리를 더욱 고통에 묶어 두는 거짓 종교입니다.

어리석은 중생은 생각의 하인이 되어 생각이 시키는 대로 끌려 다니지만, 지혜로운 사람은 생각을 자유자재로 부리면서도 생각에 끌려다니지 않습니다. 몸을 부리면서 몸에 끌려다니지 않고, 생각, 느낌, 욕망을 부리면서 생각, 느낌, 욕망에 끌려다니지 않는 것이 바로 종교가 우리에게 제공하는 가장 큰 행복인 자유입니다. 종교 는 우리의 마음에 자유를 주는 것입니다.

똑! 똑! 똑! 여기에는 한마디 말도 없습니다.

9. 선악과를 먹은 것이 원죄라고?

똑! 똑! 똑! 여기에 있어야 말에 속지 않습니다.

육조 혜능이 깨달음을 얻고서 고향인 영남으로 갈 때 가장 먼저 따라와 최초의 제자가 된 몽산도명(蒙山道明)에게 베푼 최초의 가 르침은 이러합니다.

"선(善)도 생각하지 말고, 악(惡)도 생각하지 마십시오. 바로 이러 한 때 어떤 것이 당신의 본래 모습입니까?"

선과 악이라는 분별에서 벗어나야 본래 타고난 자기 모습을 깨 달을 수 있다는 말입니다. 선과 악을 분별하면 자기의 본래 모습을 잃고서 고통 속에서 헤맬 것이라는 말이기도 합니다. 이 말은 기독 교의 이른바 원죄설(原罪說)을 생각나게 합니다. 기독교의 경전인 성서(聖書)의 창세기 편에 이런 이야기가 있습니다.

　여호와 하느님은 에덴동산을 만들어서 자신이 창조한 인간인 아담과 이브를 그곳에 살도록 하였다. 에덴동산에는 여러 가지 열매가 열리는 나무를 심었는데, 그 가운데는 영원한 삶을 누릴 수 있는 열매가 열리는 생명나무도 있고, 선악(善惡)을 알 수 있게 하는 열매가 열리는 나무도 있었다. 여호와 하느님은 아담과 이브에게 이르기를 다른 나무의 열매는 다 따먹어도 좋으나, 선악을 알게 하는 선악과(善惡果)는 먹으면 반드시 죽을 것이므로 먹으면 안 된다고 하였다. 아담과 이브는 에덴동산에서 벌거벗고 살았으나, 부끄러운 줄을 몰랐다. 그런데 그만 이브가 뱀의 유혹에 넘어가 선악과를 따먹고는 아담에게도 먹게 하였다. 선악과를 먹고 난 아담과 이브는 눈이 밝아져(분별하는 마음이 생겨) 자기들이 벌거벗은 것을 부끄럽게 여기고는 옷을 만들어 입었다. 아담과 이브는 여호와 하느님이 부르는 소리를 듣고서 두려워하며 숨었는데, 하느님은 그들이 선악과를 먹은 것을 알고서 에덴동산에서 내쫓으며 평생 힘들게 일하며 살 것이고 자손들도 대대로 그렇게 살게 될 것이라는 저주를 내린다.

　창조주인 하느님과 함께 영원히 살 수 있는 낙원인 에덴동산에서 내쫓긴 이유가 선과 악을 분별하여 알 수 있게 하는 선악과를 먹었기 때문이고, 이것이 바로 모든 인간이 힘들게 살게 된 근본 원인인 원죄(原罪)라고 합니다. 아담과 이브가 선악과를 먹고서 최초에 한 일은 벌거벗은 몸이 부끄러워 옷을 해 입은 것이라고 하는데, 부끄러움을 안다는 것은 나와 남을 분별하게 되었다는 말입니다. 선악과는 단순히 좋음과 나쁨을 구분하는 능력만 준 것이 아니고, 모든 것을 분별하는 능력을 준 것이죠.

선과 악을 잘 분별하는 것을 세속의 인간들은 지혜라고 하지만, 창조주인 하느님의 입장에서는 죽음을 불러오는 죄악인 것입니다. 왜 분별하는 것이 죽음을 불러오는 죄악일까요? 가장 먼저 분별하는 것은 '나'이고, '나'를 중심으로 세계를 하나하나 분별하게 됩니다. 이 '나'라는 것은 분별이 만든 허상(虛想)인데도 불구하고 우리는 '나'를 중심에 놓고 '나'에게 집착하게 됩니다. 이렇게 되면 '나'와 관련한 모든 문제가 발생하게 됩니다.

'나'의 몸, '나'의 마음, '나'의 생각, '나'의 기분, '나'의 자존심, '나'의 삶과 죽음, '나'의 이익과 손해, '나'의 편안함과 불편함 등 온갖 문제가 '나'로 말미암아 생깁니다. '나'로 말미암아 생기는 이런 온갖 문제가 바로 하느님이 내린 저주에 해당합니다. '나'는 분별이 만들어 낸 것이니, 분별은 인간을 고통에 빠뜨린 근원적인 죄악이라고 할 수 있습니다.

인간이 원죄를 벗어나 에덴동산으로 되돌아가려면 선악과를 먹기 이전으로 돌아가야 하는데, 그것은 바로 분별에서 벗어나는 것입니다. 분별에서 벗어나야 '나'라는 망상이 사라져서 벌거벗어도 부끄러움이 없고 하느님을 만나도 두려움이 없는 것이지요. 천국인 에덴동산에서 영원히 사는 비결은 분별에서 벗어나는 것입니다.

최초에 만들어진 인간이 일하지 않고 편안하게 살 수 있었던 에덴동산에는 영원히 살 수 있게 하는 생명나무와 죽음을 불러오는 선악과가 열리는 나무가 같이 심어져 있다는 것도 의미가 있습니다. 인간의 마음에는 삶과 죽음이 없는 면과 삶과 죽음이 있는 면의 양면이 있다는 것을 나타내기 때문입니다. 분별하는 마음에는 삶과 죽음이 있고, 분별하지 않는 마음에는 삶과 죽음이 없습니다.

하나의 마음에 이런 상반된 양면이 있는 것은 마치 거울과 같습니다. 거울은 텅 비어 있지만 텅 빈 거울에는 언제나 모습이 가득 나타나 있습니다. 거울의 본바탕은 텅 비어서 애초에 아무것도 없는데, 그 텅 빈 거울에 나타난 온갖 모습을 분별하여 그 모습에 사로잡혀서 좋아하거나 싫어한다면 온갖 허망하고 어리석은 일이 일어날 것입니다. 분별에 사로잡혀 사는 인간의 삶이 바로 그러한 삶입니다. 하느님의 품속으로 되돌아가려면, 분별에서 벗어나야 합니다.

그러므로 예수님은 "마음이 가난한 자에게 복이 있으니 천국이 그들의 것이다. 마음이 깨끗한 자에게 복이 있으니 그들이 하느님을 볼 것이다."라고 한 것입니다. 마음이 가난하고 깨끗하다는 것은 마음에 분별이 없고 생각이 없어서 마음이 텅 비어 있다는 것입니다. 마음이 분별에서 벗어나 텅 비어 있어야, 비로소 다시 천국인 에덴동산으로 돌아가 하느님을 만난다는 말이지요.

똑! 똑! 똑! 여기에는 한마디 말도 없습니다.

10. 종교가 어떻게 인류에게 해를 끼치는가?

똑! 똑! 똑! 여기에 있어야 말에 속지 않습니다.

종교의 역할은 인류를 고통에서 구원하는 것이라고 합니다. 당연히 종교의 본질은 인간을 고통에서 건져 내는 것입니다. 그런데 이러한 종교가 도리어 사람에게 해를 끼치는 경우가 있습니다. 과거를 보거나 오늘날을 보거나 종교가 인류에게 해를 끼치는 경우가 너무나 많습니다. 인류를 고통에서 구해 내는 것이 아니라 도리어 인류를 더욱 고통으로 몰아넣기도 하고, 인간을 어리석음에서 구해 내어 지혜롭게 만드는 것이 아니라 도리어 인간을 더욱 무지몽매하게 만드는 경우를 많이 봅니다.

종교로 말미암아 일어나는 수많은 갈등과 심지어 전쟁까지 일어나는 것을 보면, 종교가 인간에게 도움보다는 도리어 해를 끼치는 것이 아닌가 하는 생각이 들 정도입니다. 이런 문제는 동서고금을 막론하고 나타났고, 지금도 여전히 일어나고 있는 문제입니다. 종교 때문에 일어나는 가족 사이의 불화, 맹목적 종교관념에 사로잡혀 행하는 비이성적 행위, 상대를 이단으로 규정하고 공격하는 종교단체들, 같은 종교 안에서도 갈라진 종파 사이의 갈등, 종교 때문에 일어나는 전쟁에 이르기까지 수많은 문제를 매일같이 봅니다.

종교가 이런 문제를 일으키는 근본적 원인은 어디에 있을까요? 사람들 사이에서 일어나는 모든 갈등은 기본적으로 서로 생각이 다르기 때문에 일어납니다. 서로 생각이 다르고 견해가 다르고 관점이 다르기 때문에 모든 갈등은 일어납니다. 자기의 생각을 고집하고 자기와는 다른 남의 생각을 용납하지 않기 때문에 서로 싸우게 되는 것이 모든 사람 사이에 일어나는 다툼의 공통된 원인입니다.

그런데 사실, 종교의 역할은 본래 우리를 생각에서 벗어나도록 하여 우리의 마음이 어떤 생각이나 견해에 사로잡히지 않도록 하는 것입니다. 즉, 종교의 진리가 우리를 자유롭게 한다는 것은 우리를 우리의 생각에서 벗어나도록 하는 것입니다. 종교가 인간을 구원하는 것은 곧 인간을 분별에서 벗어나도록 하여 생각에 얽매여 있지 않도록 하는 것입니다. 이것이 종교가 인간을 구원하는 길입니다.

그런데 종교를 잘못 가르치면 생각에서 벗어나도록 만드는 것이 아니라 도리어 생각에 얽매이도록 만들고, 종교를 잘못 공부하면 분별에서 벗어나는 것이 아니라 도리어 분별에 사로잡히게 됩니다. 분별에 사로잡히고 생각에 얽매이면, 반드시 서로 갈등이 발생하게 됩니다. 모든 사람이 똑같이 분별할 수도 없고 똑같이 생각할 수도 없기 때문입니다.

그러면 어떻게 하여 종교를 잘못 가르치고 잘못 배우는 것일까요? 종교를 잘못 가르치고 잘못 배우는 까닭은 종교의 언어에 대한 안목이 없기 때문입니다. 경전에 쓰여진 말씀은 외부세계에 관한 말이 아니라 내면의 마음에 관한 말이며, 분별할 수 없고 말할 수 없는 깨달음에 대한 방편의 말입니다. 이런 사실을 모르고 경전의 말이 내면의 마음이 아니라 외부세계에 대한 말이라고 착각하거나 중생의 분별세계에 대한 말이라고 오해한다면, 경전의 가르침은 우리에게 매우 큰 해를 끼치게 됩니다.

다시 말하면, 종교의 경전에 쓰여진 말씀은 분별할 수 없고 말할 수 없는 우리의 생각을 넘어선 마음에 대하여 억지로 말한 방편의 말입니다. 분별할 수 없어서 말할 수 없는 깨달음의 세계로 우리를 이끌어서 분별에서 벗어나고 생각에서 해탈하도록 하는 것이 종교가 중생을 구원하는 길이기 때문에, 말할 수 없는 세계이지만 중생을 구원하기 위하여 억지로 그 세계를 말하여 그 세계로 이끌어 가려는 것이 바로 경전에 쓰여진 방편의 말입니다.

방편의 말을 일러 달을 가리키는 손가락이라고 하고, 달을 가리키면 손가락은 보지 말고 달을 보라고 합니다. 손가락이 곧 달도 아니고 또 손가락에 달이 있는 것도 아니고, 손가락은 달과는 아무런 상관이 없고 다만 달을 가리키는 역할을 할 뿐입니다. 손가락은 진실이 아니고 달이 진실입니다. 손가락은 일시적으로 달을 가리키는 수단으로 사용될 뿐, 손가락은 달과 아무런 관계가 없습니다.

이처럼 경전의 말씀은 모든 분별과 생각에서 벗어난 세계를 가리키는 방편의 말일 뿐, 우리가 분별하고 이해할 수 있는 역사적인 사실이나 물질세계의 사실이나 인간사회의 사실을 가리키는 말이 아닙니다. 그러므로 경전의 말씀을 보면 볼수록 자기의 생각에서 더욱더 벗어나야 경전을 바르게 보는 것이지, 만약 경전의 말씀을 보고서 그 말씀에 담긴 생각이나 견해를 배우고 얻어서 지식을 쌓아 간다면 그것은 경전을 완전히 거꾸로 보는 것입니다.

다시 말하지만, 종교가 인간을 구원하는 것은 인간을 모든 생각으로부터 벗어나도록 하는 것입니다. 생각이 모든 문제의 발단이 되기 때문입니다. 그런데 경전을 읽고서 그 경전의 말씀을 그대로 믿고 이해하고 기억하여 그 말씀을 진리라고 집착한다면, 그 사람은 종교에서 구원을 얻는 것이 아니라 도리어 맹목적으로 생각에 사로잡혀 더욱더 어리석게 되고 더욱더 갈등에 빠져들게 될 것입니다. 이렇게 경전의 말씀을 마치 역사적인 사실이라거나 객관적으로 존재하는 사실처럼 믿고 집착하는 것이 바로 종교가 온갖 갈등과 투쟁을 일으키는 가장 근본적인 원인입니다.

어떤 종교를 막론하고 종교의 경전에 나오는 말은 전부 우리로 하여금 분별, 생각, 견해에서 벗어나도록 하는 방편입니다. 생각에 사로잡힌 어리석은 중생을 구제하려는 말이 바로 경전의 말입니다. 그러므로 경전의 말을 문자 그대로 이해하여 집착하는 것은 경전을 완전히 거꾸로 읽는 것입니다. 약을 먹고서 병이 낫는 것이 아니라, 약이 도리어 독이 되어 병을 일으키는 꼴이 되기 때문입니다. 방편의 말이 어떤 것인가에 대해서는 앞서 말했으니 자세히 살펴보기 바랍니다.

똑! 똑! 똑! 여기에는 한마디 말도 없습니다.

마음 공부?
무엇이든 물어보세요 2

초판 1쇄 발행 2023년 11월 24일

지은이 김태완

펴낸이 김윤
펴낸곳 침묵의향기
출판등록 2000년 8월 30일, 제1-2836호
주소 10401 경기도 고양시 일산동구 무궁화로 8-28,
　　　 삼성메르헨하우스 913호
전화 031) 905-9425
팩스 031) 629-5429
전자우편 chimmukbooks@naver.com
블로그 http://blog.naver.com/chimmukbooks

ISBN 979-11-984410-7-2 03220

*책값은 뒤표지에 있습니다

초판 1쇄 발행 2023년 11월 24일

지은이 김태완

펴낸이 김윤
펴낸곳 침묵의향기
출판등록 2000년 8월 30일, 제1-2836호
주소 10401 경기도 고양시 일산동구 무궁화로 8-28,
　　　 삼성메르헨하우스 913호
전화 031) 905-9425
팩스 031) 629-5429
전자우편 chimmukbooks@naver.com
블로그 http://blog.naver.com/chimmukbooks

ISBN 979-11-984410-7-2 03220